DE LA

VICOMTÉ DE L'EAU

DE ROUEN.

DE LA

VICOMTÉ DE L'EAU

DE ROUEN

Et de ses Coutumes au XIII° et au XIV° siècles ;

PAR M. CH. DE BEAUREPAIRE,

Archiviste de la Seine-Inférieure, Membre de la Société de l'Eure.

ÉVREUX,

IMPRIMERIE DE AUGUSTE HÉRISSEY.

M DCCC LVI.

DE LA
VICOMTÉ DE L'EAU
de Rouen.

DE L'ORIGINE DE LA VICOMTÉ.

La Vicomté de l'Eau de Rouen peut être envisagée sous deux points de vue, comme recette et comme juridiction. Comme recette, elle occupa une place de plus en plus restreinte dans l'ensemble des revenus royaux. Fixés dès l'origine, les droits dont elle se composait allèrent toujours en déclinant, par une suite naturelle de la dépréciation des monnaies ; ils s'effacent à côté des aides et des impositions qui furent créées au profit de l'Etat, à côté des octrois qui furent concédés à la ville. Comme juridiction, elle eut un sort différent. Après avoir perdu de son importance pendant le cours des XIVe et XVe siècles, elle se releva en vertu d'un édit du 22 mai 1554, qui attribuait force de loi à son *Coutumier* [1]. Bientôt, malgré l'établissement de tribunaux rivaux, elle se développa et se fit, en maintes occasions, assimiler à la prévôté de Paris. Elle s'étendit sur la Seine normande et jusque sur les affluents de ce fleuve. Elle embrassa

[1] Voir cet édit aux pièces justificatives.

plus ou moins étroitement dans sa compétence, outre la police des quais, les faits relatifs aux péages, aux bacs et passages, au halage, au flottage, au voiturage par eau ; toutes matières dont l'étude, liée intimement à l'histoire du commerce, ne m'a paru manquer ni d'intérêt, ni d'utilité.

Les coutumes, assez analogues à nos droits d'octroi, qui formaient à Rouen un des revenus de la Vicomté, remontent à une antiquité fort reculée. Je ne chercherai point à éclaircir leur origine. Je me contente de faire remarquer qu'il est question dans la charte de confirmation de la commune de Rouen par Henri II (vers 1150), de *barriers* établis aux portes de la ville pour percevoir les acquits et de *mereaux* que ces officiers remettaient en signe de paiement [2]. Quant à la dénomination de Vicomté de l'Eau, elle ne date que de la première moitié du XIIIe siècle. Le *Coutumier* contient une sentence arbitrale de l'année 1238, intervenue entre le maire et les Vicomtes de l'Eau [3]. D'autre part, Philippe-Auguste confirmant, en 1207, les privilèges de Rouen, confirmés déjà par Henri II, vers 1150, par Jean sans Terre, en 1200, reproduit ces dispositions de leurs chartes : « Nul citoyen ne recevra du *vicomte* de mereau à la barrière ; le *vicomte* de Rouen prélèvera sur chaque navire venant d'Irlande 20 s. et le chambellan de Tancarville un autour [4]. » Dans un état du commencement du XIIIe siècle, les charges

---

[2] M. Chéruel. *Hist. de Rouen pendant l'époque communale*, I, 243-244.

[3] *Coutumier de la Vic. de l'Eau*, ch. xxx.

[4] Duchesne, *Hist. norm.*, p. 1063. Cf. M. Chéruel, *Hist. de Rouen pendant l'époque communale*, I, 244, 252, 254.

que nous voyons plus tard imposées sur la Vicomté de l'Eau le sont encore sur la vicomté [5]. Enfin, en 1212, une charte royale confirme aux religieux de Grammont leur rente de 200 liv. angevines sur la vicomté de Rouen [6]. On ne saurait tirer argument d'un prétendu diplôme de Henri II, daté du 3 juillet 1156, où la Vicomté de l'Eau est nommée. Cette pièce, en effet, porte des caractères si évidents de fausseté qu'elle ne mérite point d'être prise en considération [7]. C'est donc par mégarde que le savant auteur de l'*Histoire de Rouen pendant l'époque communale* parle de Vicomte de l'Eau au XIIe siècle [8]. On ne connaissait alors que la vicomté ou la prévôté. Ces deux mots présentaient à peu près le même sens; ils sont employés indifféremment dans les chartes et dans les rôles de l'échiquier pour désigner, dans le domaine du duc, une classe de revenus composée principalement de tonlieux, de pêcheries et de moulins [9]. Mais lorsqu'un système complet et régulier de

---

[5] M. Léop. Delisle. *Cartul. norm.*, n° 211. — Nous avons eu très-souvent recours à cet ouvrage, véritable trésor pour tous ceux qui s'occupent de l'histoire de Normandie au XIIIe siècle. Nous avons aussi mis largement à contribution deux ouvrages du même auteur : les *Etudes sur la condition de la classe agricole*, etc., et le *Mémoire sur les Revenus publics en Normandie au XIIe siècle*. Nous ne saurions trop remercier cet excellent ami des documents de la Bibliothèque impériale qu'il nous a signalés et qu'il a mis à notre disposition.

[6] *Cartul. norm.*, n° 224. Le mot *angevines* ne me semble rien prouver contre l'authenticité de cette pièce. — Cf. pour l'emploi du mot *vicomté* le *Registrum regis Philippi, de feodis*, dans les *Grands Rôles de l'Echiquier*, publiés par M. Léchaudé d'Anisy, p. 169, c. 2, et la *Charte pour Jean de Monceaux* (1221), *ibid.*, p. 157, cart. 2.

[7] M. Léop. Delisle. *Examen de treize chartes de l'ordre de Grammont*, dans les *Mém. de la Soc. des Antiq. de N[ie]*, XX, 174, 190.

[8] M. Chéruel. *Hist. de Rouen pendant l'époque communale*, I, 8.

[9] M. Léop. Delisle. *Des Revenus publics en Normandie au XIIe siècle*, p. 72.

circonscriptions administratives et judiciaires fut organisé, que la Normandie fut divisée en bailliages et en vicomtés, le mot de *prévôté*, afin de prévenir l'équivoque, s'appliqua presque exclusivement aux revenus *muables*, qui appartenaient au roi dans l'enceinte des villes ou des bourgs [10]. Il serait bien difficile de préciser les droits propres et caractéristiques de ces prévôtés, envisagées en général. On avait partout formé des fiefs ou des fermes distinctes de l'une ou de l'autre, ou de plusieurs de leurs branches, soit des moulins, soit de la pêche, soit du travers, soit de la jauge, du mesurage, de l'aunage, etc. Qu'il me suffise de dire que la Vicomté de l'Eau est analogue à ces prévôtés, à cette différence près que le commerce actif qui se faisait à Rouen, et par la Seine, lui donnait une importance exceptionnelle et qu'elle conserva une plus large part de juridiction. Ce fut peut-être pour cela qu'on lui laissa le nom de vicomté; il en fut ainsi, disait l'auteur d'un factum du xv siècle, pour *honneur et exaltacion de justice* [11]. Il fallait bien pourtant se résoudre à modifier ce mot par un autre: on en choisit un qui indiquait à la fois le territoire ordinaire de la juridiction et l'*aquagium*, source principale, mais non pas unique, des revenus de cette vicomté. A Dieppe et à Fécamp, villes pas-

---

[10] Citons les prévôtés d'Alençon, Andelis, Argentan, Arques, Avranches, Baïeux, Bonneville, Bréval, Breteuil, Caen, Carentan, Cauquainvilliers, Conches, Etran, Evreci, Evreux, Gavrai, Gisors, Lire, Leure et Harfleur, Neufchatel, Nonancourt, Paci, Pont-Audemer, Pont-de-l'Arche, S.-James, Valognes, Vaudreuil, Vauvray, Verneuil et Vernon, etc., etc.; *Comptes des Domaines*, Arch. de la S.-Inf. B. 334 et suivants.

[11] Voy. *Mém. et Instr. pour les gens d'église prenans fiefs et aumônes sur la Vicomté de l'Eau, à l'encontre de Michel Du Busc*, aux Arch. de la S.-Inf. F. de l'arch. Arm. 2, cart. 18.

sées aux mains de seigneurs ecclésiastiques, l'ancien nom resta en usage ; on continua de dire la vicomté de Fécamp, la vicomté de Dieppe [12]. Nous trouvons enfin une Vicomté de l'Eau dépendante du comté de Tancarville, mais je n'oserais affirmer qu'elle datât du XIIIe siècle.

Dans l'origine, la vicomté de Rouen fut administrée pour le compte du duc par les vicomtes de cette ville, dont un des plus connus est ce Gosselin, fondateur de la Trinité du Mont, qui passait pour l'auteur des poids et mesures de Normandie. Mais dès le milieu du XIIe siècle, tout au moins, on la donnait à ferme. Il est question d'une vicomtesse de Rouen, et par cette expression il faut évidemment entendre une fermière ou la veuve d'un fermier de la vicomté, dès l'an 4 de Henri II (1158) [13]. Le rôle de L'échiquier, de 1180, mentionne une femme qualifiée de vicomtesse, qui était demeurée redevable d'arrérages considérables sur le prix de la ferme de Rouen [14]. Le désir de s'entourer de garanties sérieuses de solvabilité, et peut-être aussi le besoin de s'assurer la fidélité des Rouennais, en les intéressant plus vivement à la défense du gouvernement anglo-normand, portèrent nos derniers ducs à confier l'exploitation

---

[12] *Coutumiers* de Dieppe et de Fécamp, aux arch. de la S.-Inf.

[13] M. Léop. Delisle. *Des Revenus publics en Normandie*, p. 64.

[14] C'est peut-être cette Emma nommée avec la qualité de vicomtesse, dans le rôle de l'échiquier de 1198 (Stapleton, *Magn. Rot.* II, 305), l'Emma, vicecomitissa Rothomagi, qui, par une charte non datée, donna à S.-Lazare de Paris, sur chaque nef chargée de sel ou de harengs où elle avait part, une mine de sel et un millier de harengs (copie communiquée par M. Léop. Delisle). Un nommé Hugues, fils de la vicomtesse, figure dans la convention conclue, en 1204, entre Philippe-Auguste et les bourgeois de Rouen. Duchesne. *Hist. norm.*, p. 1057

de la vicomté au maire et aux officiers de la commune, usage du reste très-fréquent en Angleterre et dont on trouve en France, à la même époque, d'assez nombreux exemples [15]. Ce sont les bourgeois de Rouen qui comptent de ce domaine à l'échiquier aux années 1180, 1195, 1198. Il y a tout lieu de croire qu'ils gardèrent cette exploitation jusqu'en 1204 [16]. Mais une ville conquise reste longtemps suspecte. Philippe-Auguste dut chercher naturellement à diminuer l'autorité dont jouissait la commune. Celle-ci d'ailleurs se trouva sans doute trop appauvrie par la perte de ses priviléges en Angleterre et en Irlande, par l'interruption de ses relations commerciales avec ces pays, pour ambitionner le fardeau de cette administration périlleuse et compliquée. Il est donc probable qu'à partir de la conquête la vicomté fut, ou baillée en garde, ou, selon plus de vraisemblance, donnée à ferme à des particuliers. Cet abandon, au plus haut enchérisseur, de la recette d'un domaine et de la juridiction qui y était jointe, ne présentait alors rien d'étrange. La plupart des baillies et des vicomtés étaient devenues la proie des fermiers. La prévôté de Paris elle-même ne fut point soumise à des conditions plus favorables jusqu'à l'année 1258, où S. Louis en fit un office qu'il donnait « *à quelque grand et sage homme avec bons*

---

[15] M. Léop. Delisle. *Des Revenus publics en Normandie*, p. 64.

[16] Ils en étaient chargés en 1201. Voy. *Carta Petri de Pratellis Rot. Chartarum*, p. 33. Il est question aux *Rot. Norm.*, p. 55 et 75, de vicomte et de vicomtes de Rouen. Laurent du Donjon, Robert du Vieux Pont, Jean fils de Luce, semblent avoir été en possession de cette charge, sans doute comme officiers municipaux, en 1202 et 1203. *Ibid.*, p. 48, 50, 59, 82, 100, 107, 108.

gages et grands » [17]. Si ami du peuple que fût ce prince, l'abus était trop général et trop invétéré pour qu'il fût possible de l'abolir complétement ; la Vicomté de l'Eau continua d'être affermée ; c'était l'usage suivi du temps de la compilation du *Coutumier*, qu'on peut rapporter au règne de S. Louis. L'auteur, dans le prologue, annonce qu'il a pour but « de s'opposer à la couvoitise d'aucuns non pas refreinte qui, en guise de fermiers, pussent u tens à venir entrer en ladite Viscontée ». Ce n'était pas trop, eu égard à l'élévation du prix de la ferme et aux embarras de son exploitation, des ressources pécuniaires et du concours de plusieurs personnes [18]. Ces fermiers sont désignés sous le nom de Vicomtes de l'Eau. Ils faisaient conjointement la recette des revenus et rendaient conjointement la justice, en s'aidant à l'occasion du maire et des échevins, ou de chevaliers convoqués par le vicomte du château.

La Vicomté de l'Eau étant analogue aux prévôtés, on ne saurait douter que les dispositions législatives qui les concernaient ne lui fussent applicables. Ainsi donc, en vertu de diverses ordonnances, elle ne pouvait être affermée à des nobles, à des prêtres, à des clercs, ni, par une raison contraire, à des usuriers, à des gens d'une réputation douteuse ou soupçonnés d'extorsions envers les sujets du Roi [19], ni deux fois

---

[17] Delamare. *Traité de la Police*, liv. I, tit. VIII, ch. II.

[18] Voy. *Coutumier de la Vic. de l'Eau*. Cf. Arrêt sur un procès entre Nicolas de Senort, Guillaume Croisset et Pierre Blondel, Vicomtes de l'Eau, en 1270, dans les Olim, I, 355.

[19] Ord. pour le bien, l'utilité et la réformation du royaume, 23 mars 1302, dans les Ord. des Rois de Fr. I, 360, 366. Les clercs pouvaient être officiers de la Vicomté de l'Eau. En 1400, Nicolas Anfrie, curé de S.-Sauveur de Rouen, était en même temps receveur des acquits. Arch. de la S.-Inf. F. de l'arch. Arm. 2, 49.

de suite aux mêmes personnes, ni pour plus de trois ans à la fois [20].

Les Vicomtes de l'Eau étaient subordonnés au bailli. Ils devaient lui prêter serment, suivant une prescription de S. Louis, renouvelée par une ordonnance de Philippe le Bel (1291) [21]. C'était par cet officier que la Vicomté de l'Eau leur était adjugée [22]. C'était à lui qu'ils comptaient de la recette et de la dépense. C'était lui qui se chargeait, dans son compte, du prix de cette ferme. C'était à lui enfin de faire rentrer les sommes d'argent dues par les fermiers [23]. Au XIVe siècle la plupart de ces fonctions passèrent soit au receveur du domaine, soit au vicomte.

Cet usage de donner les prévôtés à ferme était trop vicieux pour que de fois à autre, surtout dans les moments d'effervescence populaire, l'idée ne vînt point de s'y soustraire. Mais après des essais plus ou moins longs, plus ou moins malheureux, le besoin d'argent ramenait à l'ancien système [24]. Il était rare, en effet, que les administrateurs auxquels les prévôtés étaient confiées déployassent, pour la conserva-

---

[20] Ord. de Louis X pour le bailliage d'Amiens, 1315, dans les ord. des Rois de Fr. I, 566. Brusselle, *Usage général des fiefs*, I, 425.

[21] Ord. des Rois de Fr. I, 321.

[22] Ord. du 23 mars 1302, *ibid.*, 366.

[23] En 1317, nous voyons le bailli de Rouen faire vendre les héritages d'un nommé Pinel, fermier de la Vicomté de l'Eau de Rouen, qui devait au Roi certaines sommes d'argent, à raison de cette ferme. La sentence du bailli fut confirmée à Rouen par les maîtres des comptes, et à Paris, en appel, par le Parlement. Olim, II, 647.

[24] Ord. des Rois de Fr. II, 239, 262, 303; III, 129.

tion des droits du Roi, l'activité, la vigilance que l'intérêt personnel commandait aux fermiers.

Heureusement, une réforme capitale ne tarda point à s'opérer. A partir de la fin du xiiie siècle l'autorité judiciaire tendit à se dégager de cette qualité compromettante de receveur et de fermier. Déjà S. Louis avait séparé de la charge de prévôt la recette de la prévôté de Paris [25]. Dans les premières années du xive siècle [26], peut-être même à une époque antérieure, un magistrat distinct des fermiers de la Vicomté de l'Eau fut constitué pour juger les questions relatives à la perception des acquits, recevoir les serments des officiers subalternes, bouteillers, sergents, etc. Le titre de Vicomte de l'Eau lui fut réservé. Les bourgeois, adjudicataires de la ferme, cessèrent même d'en exploiter directement les revenus. Leur occupation se borna à poursuivre en leur nom, devant le juge compétent, le paiement des coutumes, en cas de contestation; celui des amendes, en cas de forfaiture. Ils ne touchaient point immédiatement les deniers. L'argent était versé préalablement dans la caisse de la Vicomté de l'Eau. On comprend sans peine la raison de cette mesure; le Roi avait intérêt à connaître le montant de la recette, et il importait d'ailleurs de garantir autant que possible,

---

[25] Philippe le Bel établit, vers l'an 1292, un receveur du domaine dans chaque bailliage. Voy. Brusselle, *Usage général des fiefs*.

[26] Farin commence la liste des Vicomtes de l'Eau par le nom de Jean Mustel, 1302. — En 1313, Michel Pinel, adjudicataire de la Vicomté de l'Eau, n'est plus appelé Vicomte de l'Eau, mais fermier de la Vicomté de l'Eau. (Olim, II, 647.) En 1335, Pierre le Clerc exerçait la juridiction de la Vicomté de l'Eau. (Plaids de l'Echiq. de N^{le}, Echiq. de Rouen, de la S.-Mich. 1336, et de Pâq. 1337, f° 3, v^o, et 38, v^o). Aux arch. du Palais de Justice de Rouen.

aux possesseurs de fiefs et d'aumônes, l'intégralité de leurs rentes. La boîte de la Vicomté de l'Eau était confiée à la garde d'un officier du Roi ; au xv° siècle, pour empêcher toute connivence entre les fermiers et le receveur, les gens des comptes décidèrent que cette boîte serait fermée au moyen de trois serrures différentes, dont les clefs seraient remises, l'une au receveur, l'autre aux fermiers et la troisième à un contrôleur [27].

---

[27] *Mém. et Instr. pour les gens d'église prenant fiefs et aumônes sur la Vicomté de l'Eau, à l'encontre de Michel Du Busc.* Arch. de la S.-Inf. F. de l'arch. Arm. 2, cart. 18. « Tous... acquiz se prennent en l'ostel de lad. Vicomté de l'Eaue et baille l'en à ceulx qui acquitent mereaux ou merel, en général ou en particulier, selon la quantité et qualité des acquiz, et en la fenestre de l'ostel de lad. Vicomté de l'Eaue il y a doux boistes et doux acquiz, et à deux costez ; l'un est pour l'acquit de l'eaue et partie du grant poix ; l'autre costé est pour l'acquit de la... ferme des IIII. piez, et n'y a que la table entre les deux acquiz. » *Ibid.*

PREMIÈRE PARTIE.

DE LA VICOMTÉ DE L'EAU ENVISAGÉE COMME RECETTE.

Le *Coutumier* publié à la suite de ce mémoire me dispense d'entrer dans un examen approfondi des différents droits connus sous le nom de droits de vicomté. Je ne m'attacherai ici qu'à indiquer les quantités qui servaient de base pour le règlement de ces droits, à en faire connaître quelques-uns, à signaler les principales sous-fermes qu'on en faisait d'ordinaire, les personnes, les fiefs et les villes qui en étaient exempts, les charges qui pesaient sur la recette, et, autant qu'il me sera permis de l'apprécier, l'importance de cette ancienne partie du domaine.

CHAPITRE Ier.

DES QUANTITÉS QUI SERVAIENT DE BASE AU RÈGLEMENT DES DROITS DE VICOMTÉ.

A Rouen, au XIIIe siècle, le hareng et le maquereau payaient par millier, grenier, charrette, coste, tonneau ; le poisson d'eau douce par charge à col, charge à cheval, bouteille ; les peaux par douzaine, cent, quarteron, vestir ; les fruits par mine ; les cuirs par loth ou lest, douzaine ; les vins par setier, gallon, doublier, treseau, tonneau de la Rochelle, charrette, pipe, queue ; l'acier par gerbe ; les draps par trousseau ; les fromages par chef et par demi-chef ; les cendres par tonneau ; la laine par sac et hardel ; le sel par poise ; le blé par somme ; le linge et les toiles par fardeau [1].

---

[1] Voy. sur ces quantités le Fleta, dans Houard, *Tr. sur les Cout. anglo-norm.*, III, 463 : « Lastus coriorum consistit ex decim dakris et quodlibet dakrum ex decim coriis. » « Garba vero acceris fit ex triginta peciis. » Ducange, aux mots *Costa, Fardellus, Hardeia* ; Léop. Delisle, *Études sur la condition de la classe agricole*, p. 565, 566, 567, 568. Le *Coutumier de la Vicomté de l'Eau*, ch. XI, nous apprend que le vestir se composait de vj^{xx} peaux. La bouteille était une espèce de bateau, ainsi nommé de la forme qu'il affectait, destiné à la conservation et au transport du poisson. Il en est question dans les statuts des coutumes et du péage de Paris : « Poisson d'eau douce, la buticle qui vendra de Chalons, 10 s... Item, les buticles de Rouen, 10 s. » et dans une transaction entre les religieux de S.-Georges de Bocherville et le s^r de Bardouville, citée dans ce mémoire, au chapitre relatif aux droits perçus sur la Seine. Le 16 octobre 1400, on procéda à la détermination de la contenance du tonneau de la Rochelle et de la queue de Bourgogne,

en l'hôtel de Gui Chrétien, trésorier de France, à Rouen, en présence du vicomte de Rouen, du receveur, des fermiers et des bouteillers de la Vicomté de l'Eau. On trouva que le tonneau de la Rochelle contenait 72 brocs 8 pots et demi, équivalant à 746 pots et demi-chopine de Rouen, ou à 373 gallons et une chopine; que la queue de Bourgogne contenait 42 brocs 6 pots, équivalant à 441 pots et trois quarts de chopine, ou à 220 gallons 1 pot et un quart de chopine, ou à 2 muids et demi à la jauge d'Auxerre. Dix loz d'Auxerre équivalaient à 11 gallons de Rouen; — selon le *Coutumier de la Vicomté de l'Eau*, le tonneau de la Rochelle équivalait à 4 muids; mais en 1400, il n'avait déjà plus la même contenance : il ne contenait plus que 373 gallons. — Arch. de la S.-Inf. F. de l'arch. Arm. 2, cart. 19.

CHAPITRE II.

DE QUELQUES DROITS DE VICOMTÉ.

La Vicomté de l'Eau se composait des coutumes perçues sur les marchandises apportées à Rouen soit par la Seine, soit par une des sept portes de la ville, les portes Cauchoise, Étoupée, Bouvreuil, Beauvoisine, la porte du Pont-Honfroi, la porte Saint-Ouen et celle du Pont de Seine; des droits dus pour l'étalage sur les places comprises dans l'enceinte de Rouen, aux foires et aux marchés, des droits de pesée, etc... Quelques branches avaient été détachées, dès le xiie siècle, du domaine de la vicomté et attribuées à des particuliers. Henri II, vers 1170, avait confirmé à Odoin de Malpalu l'office de la paneterie. Le panetier avait la garde et la justice de tous les boulangers de Rouen et de la banlieue, les amendes provenant de la mauvaise fabrication et du faux poids du pain[1]. En 1197, Richard Cœur de Lion avait abandonné les moulins de Rouen à l'archevêque Gauthier de Coutances. Cédés par Eudes Rigaud à S. Louis, en juillet 1262, ils furent trois mois après fieffés à la commune, ainsi que ceux de Déville; le marché de la Vieille-Tour et la halle aux

---

[1] *Cartul. norm.*, n° 14. Laurent le Chambellan, en 1286, céda à la ville de Rouen pour 20 l. t. de rente les droits qu'il avait à raison de son fief de la paneterie. *Ibid.*, n° 569.

toiles [2]. Enfin, le 23 juin 1203, Jean sans Terre inféoda à Laurent du Donjon les droits auxquels donnait lieu la vente du bois et du charbon dans la ville de Rouen [3].

Aux barrières de la ville on payait, indépendamment de la coutume due au Roi pour l'entrée des denrées, un tourteau au *barrier* ou *barragier*. Nous voyons dans un accord conclu vers la fin du xiie siècle, entre R., abbé de Jumiéges, et Henri de Longchamp, seigneur du Marais-Vernier, que les vassaux de ce seigneur devaient au portier de Quillebeuf, une fois par an, à Noël, un pain ou un denier [4]. A Dieppe, tous ceux qui devaient coutume à la boîte devaient

[2] *Cartul. norm.*, no 688.
[3] *Rot. Chartarum*, p. 106.
[4] Noverint presentes et futuri quod per juramentum et recognitionem fidelium hominum de Chilebo et de maresco Warneri recognitum est et concessum ab R. abbate Gemeticensi et conventu ejus et a Domino Henrico de Longo Campo quod ab utraque parte in perpetuum teneri debet et a successoribus eorum videlicet, quod homines de Chilebo immunes ab omni consuetudine erunt apud marescum Warneri, quicquid vendere vel emere voluerint, undecunque attulerint, et similiter homines de maresco Warneri immunes erunt aput Chilebo, quicquid vendere vel emere voluerint, undecunque attulerint. Item si homines de maresco Warneri ad portum de Chilebo transire voluerint et ad natale Domini portario secundum consuetudinem dederint panem vel nummum, per totum annum illum immunes erunt ; si autem noluerint dare panem vel nummum, quotiens transire voluerint, pretium dabunt, exceptis qui sunt de mensa Domini Henrici ; cujus rei si ignoti fuerint, fidem corporaliter facient et immunes erunt. Si autem forisfactum aliquod factum fuerit, ab aliquo alterutrius partis aput Chilebo vel aput marescum in divisione terrarum, ab utraque parte emendabitur, vel si ibi convenire non potuerint propter aquam, ubi complacuerit utrique parti emendabitur, salvo jure tam abbatis quam domini Henrici. Quod si aliquis transiens, qui de neutro istorum tenet, aput Chilebo vel aput marescum forisfecerit vel contra eum forisfactum fuerit ibidem continuo secundum consuetudinem veterem emendabitur ubi forisfactum fuerit. — Chirographe. Arch. de la S.-Inf. F. de Jumiéges.

tourteau à la barre⁵. Au xiii⁵ siècle, la plupart de ces redevances furent remplacées par des rentes en argent. Quand le *Coutumier* de la Vicomté de l'Eau fut rédigé, le tourteau s'acquittait par deux deniers de monnaie.

On ne devait de coutume pour les poissons d'eau douce que de Pâques à la Trinité. Cette coutume portait le nom d'*alleites*⁶.

Sous celui de *desliage*, on désignait une coutume que les Vicomtes de l'Eau pouvaient prendre à leur gré, soit le vendredi qui précédait, soit le vendredi qui suivait la fête S.-André⁷.

Outre les coutumes perçues sur les marchandises qui formaient leurs cargaisons, les nefs payaient des droits différents, selon qu'elles venaient d'Angleterre, de Guernesei, de Dieppe, d'entre Dieppe et le Mont-Saint-Michel, d'au delà de Dieppe, de Flandre, de Frise et de Danemark⁸. La nef d'Angleterre qui abordait pour la première fois au quai de Rouen devait un droit particulier pour ses épousailles. Celle d'Irlande, d'après un usage mentionné dans une charte de 1150⁹, devait 20 s. au vicomte, un timbre de martre¹⁰ au Roi, un autour

---

⁵ *Coutumier de Dieppe*, f⁰ xjv.

⁶ *Coutumier de la Vic. de l'Eau*, ch. x.

⁷ *Ibid.*, ch. xviii.

⁸ *Ibid.*, ch. xvi.

⁹ M. Chéruel, *Hist. de Rouen pendant l'époque communale*, I, 244.

¹⁰ Voy. Ducange, v⁰ Timbrium. Compte d'Etienne de la Fontaine, argentier du Roi, 1351. « Pour 60 timbres... contenans chacun timbre 60 peaux...... » — « Le timbre de vair, c'est assavoir 40 peaux bastles. »

au chambellan de Tancarville. A défaut d'autour et de timbre, elle était tenue de payer 16 s. au chambellan et 10 l. au Roi. Mais cette compensation n'était admise que lorsque les mariniers avaient affirmé par serment qu'ils avaient fait inutilement tous leurs efforts pour se procurer ces précieux objets. La redevance due au chambellan de Tancarville ne lui avait pas été accordée à titre gratuit. Il devait fournir le bois nécessaire pour appareiller la nef. Plus tard il trouva moyen de se dispenser de cette obligation, et la redevance attribuée d'abord à son office, et payée à Rouen, fut transférée à Tancarville et comprise dans les revenus de la seigneurie [11]. Quant à la nef ou coque de Flandre, elle ne pouvait vendre ses marchandises sans le congé du Vicomte de l'Eau, sous peine d'amende. Mais la nef de Frise et celle de Danemark, cette dernière peut-être par privilége pour l'ancienne patrie des Normands, n'étaient point assujetties à cette formalité. Au xiiie siècle, l'Angleterre et la Flandre expédiaient à Rouen des harengs et d'autres poissons salés; l'Angleterre fournissait de plus, de la laine et des fromages; les cuirs venaient de Frise et de Danemark; les fourrures, d'Irlande. L'Espagne n'est point nommée dans le *Coutumier*. On en peut conclure que si les relations commerciales de Rouen avec ce pays n'étaient point nulles, elles étaient loin d'avoir pris l'extension que nous leur voyons au siècle suivant. Attirés par les faveurs dont nos rois les comblèrent, les marchands de Majorque, d'Aragon et de Castille remplissaient, au xive siècle, de leurs vaisseaux, des produits de

[11] M. A. Deville. *Hist. du château de Tancarville*, p. 359.

leur sol et de leur industrie, le port de Rouen et surtout ceux de Honfleur et de Harfleur [12].

Mais, si considérable que fût l'importation de ces pays étrangers, les vins de Guyenne et de Gascogne, qui venaient par mer, les vins de France et d'Auxerre, qui descendaient la Seine, formèrent pendant longtemps l'objet principal du commerce de Rouen. On sait que la cause de la guerre qui éclata, en 1292, entre Edouard Ier et Philippe le Bel, fut l'attaque, sur les côtes de la Basse-Bretagne, par soixante navires anglais, de deux cents vaisseaux normands qui revenaient chargés de vins de Gascogne [13].

Ce commerce, auquel Rouen dut pendant longtemps sa prospérité, faisait un des plus beaux revenus du domaine ducal. Les vins donnaient lieu à la perception de deux sortes de droits : la coutume et la mueson. Ce dernier mot, dont l'équivalent latin est *modiatio*, présente plusieurs significations. Il est quelquefois synonyme de capacité : « Et se il est einsi que les xix tonneaus soient tous d'une quantité et d'une moeison... [14] » « Treseil de la mueson de seint Jehan ou de Gascogne... sessante tonneaus de vin tenans chacun à la mueison des tresiaux de S. Jehan ou de Gascoingne [15]. » Il s'entend d'une rente en vins constituée généralement comme prix de vignes

---

[12] M. Chéruel, *Hist. de Rouen pendant l'époque communale*, I, 320 et suiv.; II, 358. Cf. Ord. des Rois de Fr., II, 137, 600.

[13] *Anglica-Normannica... ex bibliotheca Guill. Cambdeni*. — Tho. Walsingham (hist. angl.), p. 60. Cf. *Ibid.*, Ypodigma Neustriæ, p. 481.

[14] *Coutumier de la Vicomté de l'Eau*, ch. xv.

[15] Voy. Charte de Guy de la Roche, chevalier, de l'année 1282, dans le *Cartul. de S.-Wandrille*, f° cccvij, v°, aux arch. de la S.-Inf.

fieffées [16]. Il désigne enfin un droit local prélevé habituellement en nature sur les vins amenés par terre ou par eau. C'est à tort et par suite d'une fausse étymologie que M. de Pastoret considère la mueson comme un droit sur le mouvement donné aux vins [17].

Ce ne fut guère qu'à Rouen que ce droit de mueson eut de l'importance ou qu'il se maintint [18]. Il était sans doute destiné dans le principe à approvisionner de vins le cellier du duc, comme ce droit de *prise* que le roi d'Angleterre possédait à Londres, et dont les Rouennais eux-mêmes n'étaient point exempts [19]. Dès 1032, Richard II avait fait don aux religieux de Cerisi de 60 muids de vin à prendre à Rouen, sur la rive de la Seine. Ils provenaient vraisemblablement de ce droit, qui ne reçut que plus tard un nom particulier.

Quand le siége du gouvernement des ducs de Normandie eut été transféré en Angleterre, les provisions de leurs celliers, les parcs et les maisons de plaisance qu'ils possédaient dans notre province leur devinrent moins nécessaires. Aussi les abandonnèrent-ils aux couvents et aux églises avec une libéralité qui témoigne autant, ce me semble, du change-

---

[16] M. Léop. Delisle. *Des Revenus publics en Normandie*, au XIIe siècle, p. 80. *Etudes sur la condition de la classe agricole*, etc., p. 467.

[17] Ord. des Rois de Fr., xvi, p. lj.

[18] M. Léop. Delisle trouve quelques traces de ce droit à Pont-Audemer ; il cite une charte de Robert de Meulan, de 1197... par laquelle ce seigneur donne à l'abbaye de Bonport un hôte à Pont-Audemer, « quietum à pasnagio, modiatione ». *Des Revenus publics en N[le]*, p. 95.

[19] Voy. Charte de Jean sans Terre (1200), dans l'*Hist. de Rouen pendant l'époque communale*, I, 252.

ment de leurs affections que de leur piété. Peu de temps après son avénement au trône d'Angleterre Guillaume le Conquérant donna aux religieuses de S.-Amand la dîme de la mueson de Rouen. Henri Ier, en 1122, fit don aux religieux de Bonne-Nouvelle de 40 muids de vin sur son cellier de Rouen. Richard Cœur de Lion se montra plus libéral encore, il assigna à l'archevêque et aux chanoines de Rouen 300 muids de vin sur la mueson.

Ces concessions n'auraient point eu leur effet si les ducs n'avaient veillé à assurer le paiement de ce droit. Aussi en font-ils la réserve dans beaucoup de chartes, où ils abandonnent la coutume et le tonlieu. En 1170, Henri II en cédant aux religieux de Bonne-Nouvelle la propriété de trois masures de terre et de trois maisons, qu'Anfrède de Pont-Audemer possédait à Rouen, les déclare quittes de tout cens, de toute coutume et de toute autre redevance, à l'exception de la mueson du vin. La même exception est formulée dans deux autres chartes, par lesquelles il donnait à ces religieux les quatre masures d'Anfrède, la blanchisseuse, et celle d'Albérède, la guimplière, et d'Etienne son fils, situées à l'intérieur de la ville [20].

Ce même prince avait bien accordé (v. 1150) aux bourgeois de Rouen de ne payer la mueson qu'en nature, mais il ne les avait dispensés que de la coutume. En 1174 il déclara franches les denrées qui provenaient des terres des bourgeois, sauf les muesons du vin et les revenus des moulins et de la boulangerie. Jean sans Terre, confirmant, en 1200, les franchises des Rouennais, réservait encore la mue-

[20] Chartes originales, aux arch. de la S.-Inf. F. de Bonne-Nouvelle.

son du vin. « Salva modiatione nostra vini Rothomagi [21]. » A une époque où le commerce du vin par la Seine était aux mains des marchands de Rouen, il n'était point possible de faire plus en leur faveur, sans épuiser d'un seul coup cette source féconde de revenus, dont l'abondance avait permis aux ducs de Normandie de faire de si royales libéralités. Pendant tout le xiiie siècle, les Rouennais payèrent la mueson comme les forains. Ils prétendirent s'en affranchir au commencement du xive siècle, après qu'ils furent rentrés en grâce avec Philippe le Bel; mais ils ne réussirent qu'à se faire maintenir dans l'ancien privilége, un moment supprimé [22], de ne rien payer pour les vins de mer débarqués à Rouen; on continua d'exiger d'eux la mueson pour les vins apportés à Rouen par la France, en descendant la Seine, et même pour ceux qu'ils transportaient directement de la mer en France [23].

La mueson, comme nous venons de le voir, pesait généralement sur les Rouennais comme sur tous autres; on avait égard, pour sa perception, à la saison, à l'état, au cru, au mode de transport du vin. La coutume, au contraire, ne se prélevait que sur les forains, et les mêmes distinctions n'étaient point observées. Cette dernière imposition était moins lourde et moins productive que la première. La mueson équivalait souvent à la dix-neuvième partie de la

[21] M. Chéruel, *Hist. de Rouen pendant l'époque communale*, I, 248, 250.

[22] A la suite de la révolte de 1292.

[23] Charte de Philippe le Bel, vendredi avant la Pentecôte, 1304, dans l'*Hist. de Rouen pendant l'époque communale*, I, 309, 340.

cargaison. Dans le compte du terme de Pâques 1301[24], la mueson du vin français produisait 1926 l. 11 s. 6 d., celle du vin d'Auxerre 477 l. 4 s. ; tandis que la coutume du vin français ne dépassait pas 322 l. 7 s., ni celle du vin d'Auxerre 221 l. 16 s. 4 d.

La mueson se prélevait sur les vins moûts, reposant encore sur *mère* ou sur lie. D'après un rôle de l'abbaye de S.-Amand, du milieu du xiiie siècle[25], les vins *reechs* en étaient exempts. Une distinction plus facile à saisir est posée dans le *Coutumier*. Pendant le temps de moût et de vendanges, qu'on considérait comme s'étendant jusqu'à la mi-mars, les pièces de vin doux et de vin reech (ce mot est encore usité dans le patois normand) devaient mueson et coutume. Le marchand était tenu de payer 1 setier de vin pour 19 setiers, 1 setier et 1 gallon pour 1 muid, 21 d. pour la queue, 2 s. 6 d. pour la pipe, 3 s. 6 d. pour le doublier (équivalant à 3 muids), 4 s. pour le tresel (équivalant à 3 muids et demi), 5 s. pour le tonneau de la Rochelle et 7 s. pour la charretée. Lorsque dans une nef il se trouvait 19 pièces d'égale quantité, le Roi en pouvait prendre une à son choix ; mais il était permis au marchand de mettre à part deux pièces sur lesquelles ce droit de choix ne pouvait s'exercer.

Les vins de Poitou, de Gascogne, d'Anjou, qui venaient à Rouen par eau, n'étaient point sujets à la mueson ; privilége qui rappelait encore, longtemps après la conquête de Philippe-Auguste, l'ancienne union de la Normandie et de ces riches provinces

---

[24] *Cahier d'extraits de comptes de la Vicomté de l'Eau*, pendant le xive siècle. Arch. de la S.-Inf. F. de l'arch. Arm. 2, cart. 18.

[25] Arch. de la S.-Inf. F. de S.-Amand.

sous le sceptre de nos ducs. Dans le rôle de S.-Amand cette exemption est formulée d'une manière plus générale. « Item sciendum est vinum quod venit per Secanam de subtus pontem Rothomagi nullus (sic) debet modiacionem. »

Les forains payaient 16 d. de coutume pour chaque tonneau, quel que fût sa contenance, et au sergent 1 d. quand le tonneau était ferré, 3 s. pour tonne *reequie* après la mi-mars et aux sergents 5 d., 8 d. pour le muid, 5 d. pour 14 setiers, 4 d. pour le demi-muid.

Tout bourgeois ayant compagnon coutumier payait 12 d. à la vicomté et 1 d. aux sergents. Les vins, comme les autres denrées, devaient acquit lorsqu'ils étaient achetés par un forain pour être transportés en dehors de la banlieue.

Le *Coutumier* de la Vicomté de l'Eau fut réformé au commencement du XVIe siècle [26]. Des usages nouveaux s'étaient introduits et s'y trouvent consacrés. Les vins paraissent alors assujettis à trois sortes de droits : à la coutume, à la mueson, et au choix, que l'on distinguait de la mueson dès 1317 [27]. Le choix consistait à prendre de 19 pièces 1 pièce pour le Roi. La mueson n'était plus qu'un prélèvement en deniers qui variait selon que les vins provenaient d'entre Pont-de-l'Arche et Vernon ou des pays situés au-dessus de cette dernière ville, comme de Mantes, de Paris, de Bourgogne et de Beaune.

[26] Un exemplaire de ce *Coutumier*, provenant de l'abbaye du Valasse, est déposé aux arch. de la S.-Inf., et fait partie de la collection des cartulaires.

[27] *Cahier d'extraits de comptes de la Vicomté de l'Eau de Rouen*, pendant le XIVe siècle. Arch. de la S.-Inf. F. de l'arch. Arm. 2, cart. 19, 18.

Une troisième réforme du *Coutumier* eut lieu vers la fin du xvie siècle. Les explications que Germain de la Tour a publiées sous chaque chapitre de l'ancien texte ne sont vraisemblablement, pour la plupart, que des extraits de ce coutumier réformé dont j'ai vainement fait la recherche dans les registres de la Cour des aides de Normandie. En tous cas il résulte de ces explications que les vins de Vernon, de Paris, de Bourgogne, de Malvoisie, d'Espagne ne payaient point des droits d'égale quantité. Ceux d'Oissel, de Freneuse, de Conihout, localités voisines de Rouen, de même que ceux de Bordeaux, étaient affranchis de la mueson et du choix. Cette dernière imposition avait été sensiblement modifiée; on l'avait enfin jugée excessive; et pour ce motif, et sans doute aussi afin de mettre un terme aux fraudes inévitables qui la rendaient à peu près improductive, on l'avait changée en un droit de 20 s. par ponson de vin (demi-queue ou barrique), de 70 s. pour 100 ponsons [23].

[23] Voyez les explications de Germain de la Tour, sous le chapitre xv du *Coutumier*.

CHAPITRE III.

FERMES ET SOUS-FERMES DE LA VICOMTÉ DE L'EAU.

Le domaine de la Vicomté de l'Eau était trop considérable pour qu'on ne songeât point de bonne heure à le diviser en plusieurs branches. Nous voyons par une charte de Jean sans Terre, en faveur de Pierre de Préaux [1], que dès l'année 1201 les revenus des étaux du marché et de la foire du Pardon étaient distincts du reste de la vicomté. Au XIIIe siècle la Vicomté de l'Eau se divisait en sept fermes : 1° la ferme des Etaux, de laquelle dépendaient la porte Cauchoise, la porte Etoupée, les tourteaux qu'on y cueillait et la porte Beauvoisine ; 2° la ferme des Peaux engravelées ; 3° la ferme du Chanvre ; 4° la ferme des Quatre-Pieds ; 5° la ferme de la Caherie ; 6° la ferme de la Prévôté de Darnétal ; 7° la ferme du Grand et du Petit Poids [2].

La ferme des Quatre-Pieds fut toujours regardée comme un des membres principaux de la Vicomté de l'Eau ; elle fut généralement baillée à ferme séparément. Vers le milieu du XVe siècle, un fermier tenta de la faire considérer comme indépendante du reste du domaine ; mais il échoua, dans sa prétention,

---

[1] *Rot. Chartarum*, p. 70.
[2] *Coutumier de la Vic. de l'Eau*, premiers chapitres.

contre les efforts réunis et bien concertés des établissements religieux, qui n'avaient déjà que trop sujet de se plaindre de l'insuffisance des revenus de la Vicomté de l'Eau pour le paiement de leurs fiefs et de leurs aumônes [3].

En 1317 la ferme du Grand et du Petit Poids était baillée séparément à Guérin du Poids et à ses consorts [4]. Bientôt on en forma deux fiefs qui se maintinrent avec cette qualité jusqu'au moment de la Révolution.

Dans le bail général de la Vicomté de l'Eau, de l'année 1682, on énumère les fermes suivantes : 1° ferme des droits reçus au bureau de devant de ladite vicomté ; droits du grand poids ; droit du poids aux laines ; ferme de la poissonnerie du Vieux-Marché ; ferme des 6 d. perçus sur chaque panier de marée vendu dans la ville et dans la banlieue ; ferme du launage (pour lignage) sur les bois et le charbon ; ferme du croquet du Neuf-Marché, consistant en 1 d. par chaque pesée de beurre au-dessous de 25 l., avec le droit de percevoir 1 d. sur chaque mine de fruits ; ferme des droits perçus sur les volailles, le gibier, les légumes et autres denrées vendues sur les places du Pont-de-Robec, de la Fontaine-S.-Ouen, du *belle* du Vieux-Marché ; ferme de la halle aux bouchers du Vieux-Marché, de la maison et des greniers de la halle ; ferme des étaux destinés aux ven-

---

[3] *Mém. et Instr. pour les gens d'église prenans fiefs et aumônes sur la Vic. de l'Eau, à l'encontre de Michel Du Busc.* Arch. de la S.-Inf. F. de l'arch. Arm. 2, cart. 18. Arrêt rendu en faveur des gens d'église, 9 fév. 1466 (v. s.). Reg. capit. — Délibérat. du 9 fév. 1467. Ibid.

[4] *Cahier d'extraits de comptes de la Vic. de l'Eau au XIVe siècle.* Arch. de la S.-Inf. F. de l'arch. Arm. 2, cart. 18.

deurs de poisson frais et salé; ferme des herbières et des triplères de la poissonnerie et de la halle; ferme des barrages des portes Cauchoise, Bouvreuil, Beauvoisine, S.-Hilaire, Martainville, de l'Avenue-du-Pont; ferme des places de la Croix-de-Pierre, de la Calende, du Coq, du Parvis-N.-D., du Ponchel; ferme des droits cueillis sous la halle de la Vieille-Tour; et enfin ferme des coutumes perçues sur les bestiaux exposés en vente au marché aux veaux et sur les chevaux de la Rouge-Mare, en y comprenant le petit pied fourché [5].

Je ne sais si dans l'origine les acquits de la Vicomté de l'Eau se percevaient ailleurs qu'au bureau de Rouen; ce qu'il y a de certain, c'est que dès 1311 on fit une ferme de la mueson des vins de mer débarqués aux ports de Moulineaux et de Couronne, etc. Cette année-là, on prit sur la recette les fonds nécessaires pour la réparation du quai de Moulineaux [6]; on y établit un bureau et un autre à Jumiéges, au bout de la Neuve-Quesnaie. Toutes les marchandises sujettes aux droits de vicomté, chargées aux ports de Moulineaux, la Bouille, Caumont, le Val des Leux, Saint-Georges, la Foulerie, Anneville, les Tuileries et Jumiéges, pour être transportées à val devaient payer acquit comme à Rouen même, entre les mains des *fermiers branchiers* ou des collecteurs de la Vicomté de l'Eau, soit à l'un, soit à l'autre des petits bureaux

[5] Bail pour six ans des fermes dépendantes de la Vicomté de l'Eau, à Pierre Le Gay, par Jean Buffet, fermier des domaines et droits y joints en la généralité de Rouen, à lui baillés par Jean Fauconnet, adjudicataire général des fermes royales unies, 6 janv. 1682. Arch. de la S.-Inf. F. de S.-Wandrille.

[6] *Cahier d'extraits de comptes de la Vic. de l'Eau*, au XIVe siècle. Arch. de la S.-Inf. F. de l'arch. Arm. 2, cart. 18.

établis dans ces ports, ou, si les marchands le préféraient, au *Peel du Kay le Roy*, à Jumiéges; mais cette limite ne pouvait être dépassée, sous peine de confiscation. Les marchandises embarquées aux mêmes endroits, pour aller à mont, s'acquittaient au bureau de Rouen. Pour celles qui ne faisaient que traverser la Seine en barques, flètes ou bateaux, il paraît, par les dépositions de nombreux témoins, qu'elles étaient affranchies de tous droits de vicomté, et ne payaient que les droits de passage dus au Roi et aux seigneurs.

Les ports de Moulineaux et de Jumiéges méritent seuls une mention particulière.

On lit dans une pièce du milieu du XVe siècle : « Soubz le chastel de Moulineaux commencboit la chaussée qui sen aloit au travers des prez en Seine, et encore y est, par laquelle touz marchands et toutes marchandises, charriots, charrettes et voitures, aloient jusque sur le bord de la Seine, et illec chargeoient en fleites et basteaux et traversoient ladite rivière, et sen aloient par la foret de Rommare ou bon leur sembloit. » Le passage de Moulineaux appartenait au Roi et formait une branche minime de la Vicomté de l'Eau. Elle rapportait au XVe siècle, années communes, 40 s. t. de rente, encore y comprenait-on trois vergées de prairie nommées la *Mare du Roi*[1].

Le port de Jumiéges était plus fréquenté; on en expédiait des vins de Conihout, qui malgré leur mauvaise qualité trouvaient du débit en Angleterre et en Flandre. En l'année 1407, qui fut appelée l'année

---

[1] Arch. de la S.-Inf. F. de Jumiéges.

des grandes gelées, cinquante-deux nefs chargées de harengs, de figues, de vins doux et autres denrées destinées à être vendues de l'autre côté de la Seine, furent arrêtées par la glace dans la fosse de Leure. Le carême approchait, et les marchands pouvaient craindre de manquer l'occasion favorable; les marchandises furent donc transportées par terre; les chariots traversèrent la Seine sur la glace au port de Jumiéges.

En 1452, Michel Du Busc, ce même fermier qui plus tard tenta de faire séparer complétement la ferme des Quatre-Pieds de la Vicomté de l'Eau de Rouen, s'avisa de contester aux moines de Jumiéges le droit de percevoir les coutumes sur les marchandises qui traversaient la Seine à leur port, « soubz umbre de ce quil avoit droit de poursuite de l'acquit des denrées et marchandises non acquittées à la Vicomté de l'Eau, montans et avalans au long de ladicte riviere de Seine, jusqu'au port de Jumiéges, à Caudebec, et même jusquà la mer [8] ». Il prétendit pouvoir établir à Jumiéges un collecteur, une boîte et une enseigne à l'*Ecu de France*. Mais, après un long procès, il fut décidé que le passage de Jumiéges ne faisait point partie du domaine de la Vicomté de l'Eau [9].

[8] Caudebec était généralement considéré comme limite pour la perception des droits de coutume. Le *Coutumier de la Vicomté* déclare que les tonneaux de vin transportés de Villois (Villez?), en charrette, sur un point quelconque des rives de la Seine, entre Rouen et Caudebec, devaient autant que s'ils étaient déchargés à Rouen même.

« Se ung coustumier fait venir avoir de poix qui doye coustume si tost comme il est venu par eaue jusques à Caudebec, il ne le peult ne doit faire deschargier devant qu'il aura acquitté à la Vicomté de l'Eau. »

[9] Arch. de la S.-Inf. F. de Jumiéges.

De l'autre côté de la Seine, un bureau avait été établi à Elbeuf. Le commis ou le fermier qui y était installé pouvait faire arrêt sur les vins que l'on débarquait de l'un ou de l'autre côté de la rivière, entre le Port-Saint-Ouen et Caterage, avant d'avoir payé la mueson. Elle consistait pour ces vins en un droit de 2 s. 6 d. par tonneau et de 15 d. par queue. Les hommes du Port-Saint-Ouen, en leur qualité de vassaux de l'abbaye de Saint-Ouen, en étaient seuls exemptés[10].

---

[10] Voy. *Coutumier de la Vic. de l'Eau.* Caterage, aujourd'hui Quatre-Ages. Il y a deux hameaux de ce nom sur la Seine et dans le canton de Pont-de-l'Arche ; l'un dépendant de la par. de Martot, le second de la par. de Criquebeuf-sur-Seine.

CHAPITRE IV.

EXEMPTIONS.

L'appui que les bourgeois de Rouen prêtèrent à Geoffroy d'Anjou fut largement récompensé. Ce ne fut point assez de leur assurer le monopole de tout le commerce qui se faisait sur la Seine, de les exempter à Rouen de toutes coutumes pour les provisions qu'ils faisaient venir de leurs terres, pour les denrées dont ils juraient de ne point faire un objet de trafic ; l'Irlande n'était ouverte qu'à leurs nefs, et toutes celles qui partaient de cette île étaient dans l'obligation de se diriger vers Rouen dès qu'elles avaient dépassé le cap de Gernes. Une exception unique avait été établie en faveur de Cherbourg : une fois par an, un vaisseau pouvait partir de cette île pour l'Irlande. A Londres, un port particulier, le port de Dunegate, était réservé aux marchands rouennais, et tout homme de leur *ghilde*, dans cette capitale de l'Angleterre comme dans la capitale du duché, ne devait aucune coutume, hormis pour le vin et le craspois. En 1174, Henri II étendit ces priviléges, qui nous semblent déjà si exorbitants ; il déclara les Rouennais francs de toutes les coutumes qu'on percevait en son nom, tant sur terre que sur eau, des deux côtés de la mer ; la mueson seule fut toujours réservée. Maîtres sur tout le cours de la Seine dans l'étendue du duché, ils pouvaient monter et descendre librement, lever et rétablir les ponts et les barrages, sans avoir besoin de l'autorisation de personne. La conquête de la Normandie par Philippe-Auguste apporta bien des changements à cette situation; le commerce de Rouen en reçut un coup fatal et irréparable. Son monopole, fondé en partie sur la différence de nationalité, fut vivement attaqué; après une lutte opiniâtre qui se prolongea pendant deux siècles et demi, il fut complétement aboli en 1450. Mais, au milieu de toutes ces révolutions, les bourgeois de Rouen purent du moins se maintenir dans leurs exemptions, non-seulement à l'intérieur de leur cité, mais dans toutes les terres anglo-normandes devenues françaises, si l'on en excepte le comté d'Evreux, le Vexin normand, Paci, les terres de Hugues de Gournai et le pays qui s'étendait de Pont-de-l'Arche à la frontière de France [1].

Il faut remarquer qu'au XIIIe et au XIVe siècles, tous les habitants de Rouen n'étaient point admis aux mêmes priviléges. La vieille et la nouvelle ville formaient deux corps tout à fait distincts. Ceux qui demeuraient dans l'enceinte déterminée par les sept portes que nous avons nommées, jouissaient seuls des franchises octroyées par les ducs; les autres étaient tenus au fouage et à la coutume. Nous voyons dans le *Coutumier de Dieppe*, de la fin du XIVe siècle, que « tous les resseans de Rouen, dedens les principaulx anciennes portes, étoient exempts de la cou-

---

[1] Charte de Ph.-Aug., confirmative des priviléges de la ville de Rouen, 1207. Dans Duchesne, *Hist. norm.*, p. 1062. — Ord. des Rois de Fr., II, 412.

tume et les autres non². » Cette différence dans la condition des habitants d'une même ville ne fut effacée que par l'ordonnance de Charles VII, donnée à Montils-les-Tours, au mois de mars 1450³.

Bon nombre de terres et de fiefs étaient exempts, à Rouen, des droits de coutume; on en trouve l'indication au chapitre XX du *Coutumier*. C'étaient la cité de Poitiers, Sault-Chevreuil, aujourd'hui Villedieu-les-Poêles, Breteuil, Verneuil⁴, la Rochelle, Domfront, Nonancourt, Falaise⁵, Niort et S.-Jean-d'Angeli⁶, dont les communes étaient organisées sur le modèle de celle de Rouen; la Roche-Mabille et

---

² *Coutumier de Dieppe*, f° iv, v°. Cf. *Ibid.*, f°s xxj, v° et xxij.

³ Ord. des Rois de Fr., xiv, 131.

⁴ D'après le *Coutumier de Dieppe*, f° iv, v°, étaient exempts de coutume dans cette ville, « les reseans de Bretueil et de Verneuil et plusieurs du fieu de Bretueil, manans en autre lieu, si comme ceulx de Breteville et les reseans de la Bouteillerie au seigneur de Basqueville ».
Dans un aveu du fief de Berville, par Jean de Moy, 9 mars 1586, arch. de la S.-Inf. B. 474 : « Tous nos hommes et subjectz et tenans sont francs et exemptz de guet, de pennage, barrage, pontage, travers, acquits et coutumes... par tous les bourgs, villes et endroictz de la duché de Normendie, tout et ainsy que sont et doibvent estre les hommes et tenans soubz ledit franc fief de Bretheuil. » Cf. Aveu par Jacques Remond, bourgeois du Havre, du fief d'Aussetot, quart de fief de haubert, qui fut anciennement des francs-fiefs de Breteuil, par. S.-Romain de Colleboso (vic. de Montivilliers), 1633, Arch. de la S.-Inf. B. 187. — *Coutumier de la prévôté de Harfleur*, 1387, au même dépôt, collection des Cartul.

⁵ Ph.-Aug., par charte datée de Falaise, 1204, confirma le privilége de cette ville, et accorda aux bourgeois franchise par toute sa terre, excepté à Mantes, « de panagio, pontagio, pedagio et lestagio, et omni alia consuetudine ad nos pertinentibus de omnibus rebus et mercaturis suis ». *Cartul. norm.*, n° 1070. Cf. Duchesne *Hist. norm.*, p. 1066.

⁶ Ph.-Aug. avait concédé en août 1204, aux bourgeois de Niort, une commune « ad puncta et consuetudines communie Rothomagi ». Ord. des Rois de Fr., xi, 287.—M. Chéruel, *Hist. de Rouen pendant l'époque communale*, I, 107.

Pontorson, les fiefs de la Bouteillerie[7], de Nanteuil, d'Aumeville[8], d'Auborville ou Ambourville[9], d'Aurelandois[10], de Martot[11], de Janval[12], d'Acre[13]; ceux enfin de Bonport[14], de Foucarmont[15], des Templiers

[7] Peut-être le fief de la Bouteillerie, à Houquetot, appartenant, en 1268, à Guill. Martel, seigneur de Bacqueville (*Cartul. norm.*, n° 1216), et que nous voyons exempt de coutume à Dieppe.

[8] Il y avait un fief de ce nom, par. d'Aumeville (arr. de Valognes); mais je crois qu'il s'agit ici d'Omerville (arr. de Mantes), où Toussaint Duplessis indique une commanderie de Malte.

[9] Il s'agit vraisemblablement du fief d'Ambourville ou Obourville (Osburvilla), par. du même nom (arr. de Rouen), appartenant aux religieux de Bonne-Nouvelle.

[10] Ce fief est évidemment le fief Herlandois, plus tard nommé le fief Faucon, du nom de son propriétaire, assis en la par. d'Oissel (arr. de Rouen). Ce nom de *Au relandois* vient, sans aucun doute, de Roland d'Oissel, auquel nous voyons Henri Ier, vers 1120, rendre sa terre avec toutes ses prérogatives, à charge de fournir au duc de la paille pour son lit et une couëtte de *dun*, lorsqu'il viendrait à son manoir d'Oissel. Henri Ier accorda à ce seigneur, pour lui et pour ses héritiers, le privilége de tenir son fief *libere et quiete in civitatibus et castellis in bosco et plano, in aquis et molendinis, et piscariis, et pasnagiis, et pasturagiis, et herbagiis, et toneliis in nundinis et foris*. (*Cartul. norm.*, n° 1er et p. 273.) Il est question du manoir royal d'Oissel, ainsi que de l'obligation singulière du seigneur d'Oissel, dans le *Coutumier des forêts de Normandie* (forêt de Rouvrai;) Cf. Aveux au Roi, arch. de la S.-Inf. B. 204, Toussaint Duplessis, *Descript. géogr. et hist. de la H. N[ie]*, II, 674.

[11] Martot (arr. de Louviers). Les religieux du Bec y avaient des propriétés.

[12] Janval, hameau dépendant de Dieppe. Il y avait une léproserie, sous l'invocation de sainte Madeleine, qui fut réunie dans les derniers temps à l'hôpital de la ville. (Toussaint Duplessis, *Descript. géogr. et hist. de la H. N[ie]*, I, 428.) On lit dans le *Coutumier de Dieppe*, f° iv, v°, que les resseans de Janval et du Fief-aux-Malades de Janval étaient exempts de coutume à Dieppe.

[13] Il s'agit vraisemblablement de la terre nommée l'Acre-Rousselin, déclarée franche de coutume dans le *Coutumier de Dieppe*, f° v.

[14] Richard Cœur de Lion, par charte datée de Chinon, 24 juin, avait exempté les religieux de Bonport, leurs denrées, leurs terres et leurs hommes « de theloneo, et pontagio, et passagio, et tallagio, et de carriagio, et de modiatione vini et de omni alia consuetudine ». S. Louis confirma ce privilége, avril 1257. *Cartul. norm.*, n° 578. Cf. *ibid.*, n°s 592, 1139. — *Cartul. latin de Bonport*, f° 24, v°, à la Bibl. imp. F. S.-Germ. latin.

[15] Voy. aux *Rot. Chartarum*, p. 104, une charte de Jean sans

et des Hospitaliers [16]. Gardons-nous de croire que cette énumération fût limitative; elle ne l'était ni pour les villes, ni pour les fiefs, ni pour les établissements religieux.

Ainsi, il est certain que Jean sans Terre, en 1200, accorda aux bourgeois d'Andeli les franchises dont jouissaient ceux de Rouen [17].

Parmi les fiefs exempts des droits de coutume, passage, pontage et subside, non-seulement à Rouen mais dans toute la Normandie, nous citerons ceux d'Auricher (par. de Grainville-l'Alouette) [18], de Bec-Crespin dit Mortemer (par. de Bec-Crespin) [19], d'Hocqueville (par. de Cani) [20], de Livet (par. d'Oissel) [21], du Parquet (par. de la Vaupalière) [22], de Rames (par. de Gomerville) [23], de la Franche-Table-de-Dun, anciennement nommé le fief de la Graverie de Raimbertot (par. de Vireville) [24], le franc-fief de la Tourelle [25] et le fief du Paon, à Montivilliers [26].

Terre en faveur des religieux de Foucarmont, datée de Pont-del'Arche, 31 mai 1203.

[16] Voy. dans le *Cartul. norm.*, n° 27, la charte de Richard Cœur de Lion en faveur des Hospit. de S.-Jean de Jérus., datée de Spire, 5e année du règne.

[17] *Rot. Chartarum*, p. 65.

[18] Arch. de la S.-Inf. B. 187.

[19] *Ibid.* B. 187.

[20] *Ibid.* B. 175.

[21] *Ibid.* B. 201.

[22] *Ibid.* B. 205.

[23] *Ibid.* B. 188.

[24] *Ibid.* B. 188.

[25] *Ibid.* B. 188.

[26] *Ibid.* F. de Montivilliers. — Décl. du *Temporel* de l'abbaye au XVe siècle. Le fief était ainsi nommé du paon que les religieuses étaient obligées de présenter au Roi quand il venait à Montivilliers.

Beaucoup de maisons religieuses, des abbayes et des prieurés de tout ordre, mais surtout de l'ordre de Citeaux, furent exemptés des impositions et des péages, non-seulement à Rouen, mais bien souvent, d'une manière absolue. Le *Coutumier* cite les Templiers, les Hospitaliers, Bonport et Foucarmont. Ajoutons-y, entre autres, les abbayes du Val-Notre-Dame[27], de Royaumont, de S.-Antoine de Paris, du Valasse, de Mortemer, du Trésor-Notre-Dame, de Beaubec[28]. Elles ne devaient ni coutume ni mueson; leurs vins passaient librement sous les quais de Rouen. Plusieurs couvents, notamment celui de Bonne-Nouvelle, entretenaient sur la Seine des franches nefs pour le transport des denrées destinées à leur consommation. Ces priviléges n'étaient point réservés exclusivement aux religieux, il n'était point rare que leurs vassaux y participassent. Nulle part il n'y avait d'égalité dans la condition des personnes; les paysans enviaient le sort de ceux d'entre eux qui vivaient sous la crosse ou dans la dépendance d'un fief favorisé.

Toutes les denrées n'étaient point soumises aux droits de coutume. Le chapitre XIX du *Coutumier* énumère celles qui en étaient exemptes. Le vin, le blé, le pain, les fruits et toutes choses données ou à donner en aumônes, entraient en franchise, lorsque celui qui les portait jurait de les employer en noces, frairies et festins, *en l'honneur de la benoiste vierge*

---

[27] V. Chartes de Richard Cœur de Lion (20 avril, 9ᵉ année du règne) et de Louis VIII, 1225, dans le *Cartul. norm.*, nᵒˢ 917, 1097.

[28] *Cartul. norm.*, nᵒˢ 917, 1158, 1184, 1206.

Marie, de saint Nicolas et de tous les saints et saintes de Paradis [29].

La qualité de clerc et de gentilhomme exemptait de la coutume. « Quareté à prestre et chevalier, et à chascun gentilhomme ou femme qui aient esté fex ou fille de chevalier et toutes autres choses por lor user, clers establis à avoir ordres, toutes ices choses sont franches de coustumes, mes que le serement des choses desus dites ou de leur mesnie soit priz, si les vins qui aront esté vendus ou autres choses qui doivent moeson ou coustume soient revendus de ceus meesmes qui les aront acheléz, ou par lor commandement que il aporteront la coustume ou la moeson à la Viscontée de l'Eau de Rouen [30]. » Ce privilége était général et consacré dans tous les *Coutumiers*; il ne s'appliquait point aux denrées que les clercs ou les gentilshommes auraient destinées au commerce. En 1414, lors du voyage à Rouen de Charles VI et de son fils aîné le duc de Guyenne, le duc de Bourbonnais, qui devait les accompagner, donna ordre à ses serviteurs de transporter pour sa provision 16 queues et 96 muids de vin de S.-Pourçain. N'ayant pu séjourner en Normandie aussi longtemps qu'il s'y attendait, il se crut permis de faire vendre son vin à Caudebec et à Rouen. Il fut poursuivi, à raison de ce fait, par les fermiers de la Vicomté de l'Eau et par les chanoines de Rouen, et eût été certainement condamné s'il n'eût excipé de sa qualité de pair de France pour faire évoquer l'affaire au conseil du Roi [31].

---

[29] *Coutumier de la Vic. de l'Eau*, ch. LXII.

[30] *Ibid.*, ch. XIX.

[31] Voy. Lettres du Roi, du 13 avril 1415 (v. s.), aux arch. de la S.-Inf. F. de l'arch. Arm. 2, cart. 19.

Les privilèges dont jouissaient les nobles et les gens d'église furent étendus aux arbalétriers de Rouen, aux sergents d'armes du Roi, aux officiers du Roi, non marchandants, aux écoliers des universités, aux pourvoyeurs de la maison du Roi et de celles des princes, et aux monnayeurs. « Les monnoyeurs de Rouen portoient autrefois, dit Farin, une médaille d'or ou d'argent pour se faire connoître, et passoient ainsi francs et quittes de toutes impositions. Cette médaille portoit d'un côté la figure du prince régnant, avec son nom en la légende, et de l'autre un marteau, un maillet et des tenailles dans le champ, qui étoit parsemé de fleurs de lys, et au-dessous étoit écrit : *Barriers, péagiers, pontaniers, laissez passer les monnoyeurs* [32]. »

Les privilèges accordés nouvellement par le Roi n'auraient pu sans injustice porter préjudice aux anciennes donations faites par les ducs à S.-Wandrille, à S.-Amand, à Bonne-Nouvelle, à l'archevêque et au chapitre de Rouen. Aussi les abbayes du Val-Notre-Dame, de Royaumont, de S.-Antoine de Paris, bien que franches de la mueson à l'égard du domaine, furent condamnées à indemniser les religieuses de S.-Amand, propriétaires, en vertu d'une charte de Guillaume le Conquérant, de la dîme de cette branche de la vicomté [33]. Les abbayes du Valasse (1287), du Trésor et de Mortemer (1288) ne furent point plus heureuses dans leurs prétentions; des arbitres, auxquels fut remis le soin de terminer

---

[32] Farin, *Hist. de Rouen*, ch. de la Monnaie de Rouen.

[33] Voy. Charte de Philippe III, fév. 1277 (v. s.), dans le *Cartul. norm.*, n. 917. Cf. Olim II, 550.

le procès, décidèrent qu'à l'avenir elles paieraient au couvent de S.-Amand des rentes annuelles, et que ces indemnités seraient prélevées sur le premier bateau chargé de leurs vins qui aborderait au quai de Rouen. Au xive siècle, quand les revenus de la mueson ne suffirent plus au paiement intégral des rentes en nature dues aux chanoines et à l'archevêque, ceux-ci veillèrent avec le plus grand soin à ce que la générosité du Roi ne tournât point à leur détriment. Vainement, en 1308, Geoffroi Cocatrix et un nommé Pierre *de Inclaustro* alléguèrent les lettres royaux qui les autorisaient à faire circuler librement leurs marchandises et leurs vins : ils se virent condamnés à payer la mueson due aux chanoines et aux religieuses de S.-Amand [34]. Des sentences analogues furent rendues contre les monnayeurs de Rouen, en 1340, au profit de l'archevêque et du chapitre [35]; en 1345, au profit des religieuses de S.-Wandrille [36].

---

[34] Olim II, 494, 495, 496. — Geoffroi Cocatrix avait été nommé par Philippe le Bel grand maître des ports et passages. (Daresté de la Chavanne, *Hist. de l'administration en France*, II, 106.)

[35] Arch. de la S.-Inf. *Cartul. de Ph. d'Alençon*, p. 692, 695.

[36] Farin, *Hist. de Rouen*, chap. de la Vic. de l'Eau. Cf. lettres patentes qui déclarent les membres de la cour du Parlement de Normandie tenus à payer à l'archevêque et au chapitre la mueson des vins. Blois, 11 déc. 1500. Arch. de la S.-Inf. F. de l'arch. Arm. 2, cart. 19.

CHAPITRE V.

DES CHARGES QUI PESAIENT SUR LA VICOMTÉ DE L'EAU.

Nous allons suivre par ordre de dates les charges imposées d'abord sur la vicomté de Rouen, et qui plus tard furent transférées sur la Vicomté de l'Eau.

Pendant le xi° et le xii° siècles rien n'était plus fréquent que de voir les souverains et les seigneurs, dans le but sans doute de donner l'exemple au peuple, aliéner, en faveur des églises, la dîme des diverses parties de leur domaine, surtout celle de leurs tonlieux, de leurs prévôtés et vicomtés [1].

En 1024, Richard Ier, obéissant à ce sentiment religieux, donna aux moines de S.-Wandrille la dîme de tout le tonlieu de Rouen [2]. Elle leur fut retirée pendant quelque temps; Geoffroi d'Anjou la leur rendit; il leur confirma toutes les dîmes en blé, en deniers et de toute autre nature qu'ils avaient possédées du temps du roi Henri, entre autres, la dixième semaine du tonlieu de Rouen [3]. A son tour Henri II eut regret à cette aliénation; la donation de Ri-

---

[1] Stapleton, *Magni Rot. Observations*, I, LXI, LXXXIII, LXXXV, LXXXVI, XCI, XCVI, XCVII, CVIII, CIX, CXXIII, CXXV, CXXIX, CLXXV, etc., etc.

[2] « Decimam totius thelonei quod Rothomagi accipitur. » *Neustria pia*, 165.

[3] « Scilicet decimam hebdomadarum telonei mei de Rhotomago. » Arch. de la S.-Inf. *Cartul. de S.-Wandrille*, f° ccc ix, v°.

chard Ier fut une seconde fois révoquée ; mais le duc ne tarda pas à se repentir et à rendre aux moines leur privilége [4]. Cette dîme du tonlieu est désignée sous le nom de dîme de la Vicomté de l'Eau dans la bulle de Clément IV, de 1267. « Decimam in Vicecomitatu aque que vobis provenit ratione thelonei. » Elle consistait, ainsi qu'on le voit par la charte de Geoffroi d'Anjou, dans le droit de percevoir, pendant une semaine sur dix, tous les revenus que le Roi prenait à Rouen, à raison de sa vicomté ou, comme on disait anciennement, à raison de son tonlieu.

Les produits de la dixième semaine variaient considérablement, selon les saisons où elle tombait. Du 2 janvier 1541 au 22 avril 1548 ils montèrent à 6,982 l. L'année 1541, à elle seule, avait rapporté 552 l. Mais ces revenus étaient souvent réduits de plus de moitié par les gages qu'il fallait payer au Vicomte de l'Eau, aux deux clercs siégés de la vicomté, aux commissaires et au receveur. En 1765 la dixième semaine fut affermée pour 950 l. par an. En 1784, le prix de bail n'était plus que de 872 l. [5]

En 1032, Robert Ier donna aux moines de Cerisi 30 arpents de vigne, à Rouen, et 60 muids de vin, à prendre sur la rive de la Seine [6]. Cette donation était invoquée par ces religieux, au xve siècle, comme titre d'une rente annuelle de 10 muids de vin qu'ils percevaient sur la Vicomté de l'Eau [7].

[4] Farin, *Hist. de Rouen*, chap. de la Vic. de l'Eau.

[5] Arch. de la S.-Inf. F. de S.-Wandrille.

[6] « Unoquoque anno sexaginta modios vini supra ripam Sequanæ. » *Neustria pia*, p. 431.

[7] *Mém. et Instruct. des gens d'église prenant fiefs et aumônes sur la Vic. de l'Eau*, à l'encontre de Michel Du Busc. Arch. de la

— 42 —

Guillaume le Conquérant, quelques années après son avénement au trône d'Angleterre, fit don aux religieuses de S.-Amand de la dîme de la mueson de Rouen⁸. Cette donation fut confirmée par Philippe le Bel, en 1313, et par Henri VI, roi d'Angleterre, en 1421.

Le paiement de cette dîme ne se faisait pas toujours avec régularité. En 1364, l'abbesse Pétronille Boudard se plaignit à Charles V de ce que le vicomte négligeait de mettre cette dîme à la charge des fermiers dans les baux qu'il faisait de la Vicomté de l'Eau. En 1371, le domaine ne devait pas moins de 800 l. d'arrérages à l'abbaye.

Pendant longtemps les religieuses perçurent leur part de la mueson en nature ; mais dans les derniers siècles, après que la mueson et le choix eurent été changés en redevances pécuniaires, l'abbaye prit le dixième en deniers.

La dîme de la mueson fut baillée à ferme, en 1508, pour 300 l. ; en 1549, pour 810 l. par an. En 1582 elle rapporta 662 l., mais depuis elle ne fit que décroître⁹.

Henri Ier, en 1122, donna aux religieux de Bonne-Nouvelle 40 muids de vin de sa mueson, à prendre dans son cellier de Rouen¹⁰. Henri II confirma cette

---

S.-Inf. F. de l'arch. Arm. 2, cart. 18. Cette rente de 10 muids est indiquée au *Cartul. norm.*, n° 214.

⁸ Pommeraye, *Hist. de l'abbaye de S.-Amand*, p. 10.

⁹ Arch. de la S.-Inf. F. de S.-Amand. Voir surtout *Histoire ms. des biens* (Mueson des vins), p. 337. Dans les premiers temps la dîme de la mueson formait un des plus beaux revenus de l'abbaye de S.-Amand.

¹⁰ « In unoquoque anno XL* modios vini de celario meo Rothomagensi scilicet de modiatione mea. » Charte originale. Arch. de la S.-Inf. F. de Bonne-Nouvelle.

donation en 1170 [11]. Cette rente, à partir du xiv⁰ siècle, fut rarement perçue complétement en nature. Le paiement s'en effectuait en argent, d'après une évaluation faite, d'ordinaire, en présence du bailli, d'après les mercuriales des deux foires de la Toussaint et de la Chandeleur. Un arrêt du conseil d'Etat, du 7 mai 1668, confirmé par un autre du 25 mars 1777, avait fixé à 2000 l. par an la redevance due au couvent de Bonne-Nouvelle.

Je ne sais auquel de nos ducs les moines de Bonne-Nouvelle devaient la donation d'une rente de 4 l. 6 s., destinée à l'achat d'une somme de froment et de 3 muids de vin pour la célébration de l'office divin. Elle est mentionnée aux rôles de l'échiquier de 1180, 1195 et 1198 [12].

Quant à la foire d'Emandreville, il est probable qu'elle leur fut donnée par Guillaume le Conquérant, et que Henri I⁰ʳ ne fit, en 1122, que confirmer la donation de son père [13]. Pendant huit jours entiers, du mardi des Rogations à 3 heures de l'après-midi, jusqu'au mardi suivant à pareille heure, les religieux étaient substitués à tous les droits du Roi. Avant de prendre possession de cette foire le prieur devait faire insinuer son privilège à la Vicomté de l'Eau. Une fois muni des lettres d'insinuation, il parcourait

---

[11] Ch. origin., *ibid.* Cette rente leur fut confirmée par Philippe de Valois (Moncel-les-Pons-Sainte-Maxence, 29 mars 1346), par le Dauphin (Paris, 13 mai 1390), par Louis XIII (30 octobre 1640), par Louis XIV (mai 1644). *Ibid.*

[12] Stapleton, *Magni Rot.*, I, 70, 154. — II, 304. *Cartul. norm.*, n° 211. — *Cahiers d'extraits des comptes de la Vic. de l'Eau*, au xiv⁰ siècle. Arch. de la S.-Inf. F. de l'arch. Arm. 2, cart. 18.

[13] « Et nundinas de Hermentruvilla et libertates earum in omnibus locis et in omnibus rebus. »

à cheval les rues de Rouen, escorté de ses religieux, des officiers de la haute justice et des vassaux de la baronnie du Pré. Le sergent royal de la Vicomté de l'Eau le précédait portant masse en main. L'ouverture de la foire était proclamée à son de trompe. À partir de ce moment toutes les marchandises étalées dans la ville étaient confisquées au profit du Roi et du prieuré. Etaient exempts d'aller étaler à Bonne-Nouvelle les marchands de vivres et de victuailles, et certaines corporations, comme celles des plombiers et des étamiers, qui s'en étaient fait dispenser au moyen de transactions [14]. Une sentence du Vicomte de l'Eau, du 20 mai 1577, rappelle l'obligation, pour le receveur de Bonne-Nouvelle, de faire poser un chapeau à la vicomté, afin que tous manants et habitants de la banlieue de Rouen sussent, à n'en point douter, que pendant la semaine du Pré leur privilège cessait en partie et qu'ils devaient payer coutume au couvent.

Les droits perçus par le prieur de Bonne-Nouvelle, à l'occasion de cette foire, n'avaient, dès le XVIe siècle, qu'une médiocre importance, puisqu'en 1540 les coutumes de la foire, *pour la carrie et poulleterie, pour les bêtes à pied fourché, pour les aulx et oignons, pour les chevaux, les cuirs frais et tannés, le godemelin, le pain apporté par eau, les draps et toiles portés à col, les allectes, les laines, l'aunage, les étaux, l'œuvre de tour*, étaient affermées pour la modeste somme de 25 l. [15]

---

[14] Accord entre les plombiers et étamiers, et les Rx du Pré, 8 mai 1478, aux arch. de la S.-Inf. F. de Bonne-Nouvelle.
[15] Ibid.

Henri II greva de charges nombreuses le domaine de la vicomté. Vers 1170, il confirma à Odoin de Malpalu, son sergent, l'office de la paneterie, avec les émoluments qui en dépendaient. Le panetier avait droit de prendre chaque jour au château, quand le Roi y était, quatre denrées de pain, quatre mets, un setier de vin de chevalier [16].

Baudri, fils de Gislebert, fut gratifié de plusieurs offices : gardien de la geôle ducale et de la porte du château, il recevait, en cette double qualité, une rétribution de 2 s. par jour sur le revenu de la vicomté, 18 d. pour le premier office, 6 pour le second. Il cumulait en outre les fonctions de maréchal du duc, regardeur et pasnageur des forêts, de chef des officiers des hautes œuvres, et de *custos meretricum publice venalium in lupanari de Rothomago* [17]. Ces offices ne tardèrent point à être séparés; les gages de portier du château et de geôlier de la cour forment deux articles distincts dans les rôles de l'échiquier, de 1180, 1195, 1198 [18]. Au XIIIᵉ siècle Bertin du Châtel paraît être en possession de la rente du geôlier de la cour, si l'on en juge par le rapport qui existe entre la somme qui lui était alors assignée dans le *Coutumier* [19] et celle qui est portée dans les rôles du XIIᵉ siècle. Quant à l'office de *custos meretricum*, il resta attaché aux fonctions de geôlier du bailliage [20].

---

[16] *Cartul. norm.*, n° 14.
[17] *Ibid.*, n° 13.
[18] Stapleton, *Magni Rot.*, I, 70, 154. — II, 304.
[19] *Coutumier de la Vic. de l'Eau*, ch. XXVIII.
[20] Reg. du tabellion. de Rouen, *passim*.

Henri II, assistant, le 14 des calendes d'avril 1178, à la dédicace de l'église du Bec-Hellouin, donna aux moines de cette abbaye une rente annuelle de 100 l. sur le revenu de la vicomté de Rouen [21]. Cette rente se perçut d'abord sur les moulins de Rouen [22]. Quand ils eurent été cédés, en 1197, à l'archevêque Gautier de Coutances, elle retomba sur le restant du domaine [23].

Les religieux du Mont-aux-Malades ne furent pas traités avec moins de faveur. Il leur donna la foire S.-Gille, avec la moitié des coutumes payées pour les marchandises apportées soit par terre, soit par eau, pendant la durée de cette foire, et de plus une rente annuelle de 60 l. 6 s. 8 d. roumois et de 3000 harengs à percevoir sur la Vicomté [24]. Cette léproserie touchait en outre, sur la même recette, une rente de 8 l. 2. s. 8 d. [25] Les 3000 harengs devaient être livrés au commencement du carême. Lorsque les coutumes dues pour le hareng ne se payèrent plus en nature, cette rente fut remplacée par une somme d'argent. A Pâques 1301, le receveur de la Vicomté de l'Eau inscrivait aux dépenses 7 l. 16 s. 8 d. payés au Mont-aux-Malades pour les 3000 harengs et pour le vin de la S.-Martin [26].

---

[21] *Neustria pia*, 485, 460.

[22] Stapleton, *Magni Rot.*, I, 70, 154. — II, 304

[23] *Cartul. norm.*, n° 210. — S. Louis, en mars 1255, confirma ces 100 l. de rente aux religieux du Bec. *Ibid.*, 645.

[24] M. l'abbé Langlois, *Hist. du prieuré du Mont-aux-Malades*, p. 399.

[25] Stapleton, *Magni Rot.*, I, 70, 154; II, 304. *Cartul. norm.*, n°s 210, 211.

[26] *Extraits des comptes de la Vic. de l'Eau*, au XIVe siècle, aux arch. de la S.-Inf. F. de l'arch. Arm. 2, cart. 19.

En 1183, le clos de Quevilli, où le duc avait fait disposer une maison pour les recevoir, fut attribué en toute propriété aux lépreuses désignées plus tard sous le nom de lépreuses de la Salle-aux-Pucelles. Une rente de 200 l. angevines, sur la Vicomté de Rouen, fut affectée à leur nourriture et à leur habillement [27].

Ce fut encore Henri II qui céda aux Templiers, par une charte, que Farin, Duplessis et Stapleton rapportent à l'année 1173, sa résidence et son parc de Ste-Waubourg [28]. Il est probable qu'ils devaient à sa générosité la rente de 20 l. de roumois que Jean sans Terre leur confirma le 16 juillet 1199 [29].

Citons enfin le don de 10 l. de rente, sur la Vicomté de l'Eau, en faveur des lépreux du Grand-Beaulieu, à Chartres [30], et la confirmation, aux religieux de S.-Lô, d'un cerf et de 6 s. de monnaie à la fête S.-Lô, et d'un sanglier à la fête S.-Romphaire [31]. Ces 6 s., à prendre sur le domaine de la vicomté, devaient servir à l'achat du poivre destiné à l'assaisonnement du cerf.

Les religieux de Grammont faisaient remonter à

---

[27] « Clausum meum domorum mearum de Kevilli ubi mansionem suam construxi et cc lib. andeg. ad victum et vestitum earum in vicecomitatu Rothom. » Stapleton, *Magni Rot.*, I, CXLVI. *Ibid.*, 154, II, 304.

[28] *Norm. nova Chronica*, p. 13.

[29] *Rot. Chartarum*, p. 3.

[30] Arch. d'Eure-et-Loir. F. du Grand-Beaulieu. Indication communiquée par M. Lucien Merlet. Voy. Stapleton. *Magni Rot.*, I, 70, 154. — I, 304.

[31] « In festivitate S. Laudi de d° Normannie unum cervum et vj sol. in moneta, unum aprum in festivitate S. Rumpharii. » Charte originale, datée de Cherbourg, aux arch. de la S.-Inf. F. du prieuré de S.-Lô. Cf. *Cartul. norm.*, n° 211.

Henri II leur établissement à Sotteville, près Rouen. Ils se fondaient sur une prétendue charte de ce prince, par laquelle il leur aurait donné, avec tout son parc, 200 l. de forts angevins, à percevoir sur le domaine de la vicomté de Rouen, moitié à Pâques, moitié à la S.-Michel. A s'en rapporter à cette charte, les religieux auraient refusé de recevoir davantage, et cette concession leur aurait été faite en échange de tout le domaine de la Vicomté de l'Eau, qui leur aurait été précédemment accordé quand ils étaient venus s'établir dans la forêt de Rouvrai. Il serait superflu de s'attacher à faire ressortir les preuves de fausseté qui abondent dans cette pièce, après le mémoire si remarquable et si concluant de M. Léopold Delisle sur ce sujet. Je me borne à faire remarquer qu'en 1180 les religieux ne possédaient point encore tout le parc de Rouen, puisque 20 acres de pré, qui en faisaient partie, appartenaient alors à Hugues de Cressi, en sa qualité de gardien de la tour de Rouen[82]; tandis que dans le rôle de l'échiquier, de 1195, cette même quantité de prairie est indiquée comme appartenant aux religieux de Grammont[83]. Il y a plus, au mois de février 1192 (v. s.), Robert II confirmait aux moines de Bonne-Nouvelle la dîme du foin de son parc, situé près de Rouen, sur la rive de la Seine. « Decimam feni de parco meo quod est prope Rothomagum supra ripam Sequane[84]. » N'en

---

[82] Stapleton, *Magni Rot.*, 1, 71.

[83] *Ibid.*, 164.

[84] Charte originale. Arch. de la S.-Inf. F. de Bonne-Nouvelle. *Neustria pia*, 613. Cette dîme du foin du parc avait été donnée par Henri Ier à Bonne-Nouvelle, en 1122. « In parco meo Rothomagensi totam decimam feni. »

peut-on point conclure que l'établissement des religieux de Grammont dans le parc de Sotteville, et vraisemblablement aussi le don de 200 l. angevines, sur la vicomté, doit être rapporté entre 1192 et l'année 1195, où l'on compte à l'échiquier de cette rente, confirmée par Jean sans Terre [35] peu de temps après, et en 1212, par Philippe-Auguste [36]. Quand le parc fut devenu la propriété de Grammont, les moines du Bec, dont dépendait le prieuré de Bonne-Nouvelle, reçurent, à titre d'indemnité, pour la dîme du foin qu'ils furent forcés d'abandonner, une rente de 20 l. sur la vicomté.

En 1190, Richard Cœur de Lion donna à la cathédrale de Rouen 30 l. de rente sur la prévôté de Rouen. Cette somme fut affectée à l'entretien de deux chapelains, chargés de prier Dieu pour le salut de son père et de son frère Henri II [37]. Ces deux chapelains furent appelés, pour cette raison, chapelains des Quinze-Livres, nom qu'ils conservèrent jusqu'à la Révolution.

Cinq ans après, il donna au chapitre et à l'archevêque de Rouen 300 muids de vin, à percevoir chaque année, par tonneaux entiers, sur les vins sujets à la mueson, et, en cas d'insuffisance de ce revenu, 20 s. angevins pour chaque muid [38]. Charles VI leur confirma cette concession, si onéreuse pour le domaine, par considération pour la mémoire de son

---

[35] Charte datée de Chinon, 26 sept. *Rot. Chartarum*, p. 21.

[36] *Cartul. norm.*, n° 224, Cf. Olim I, 338.

[37] *Ibid.*, n° 210. Dom Pommeraye, *Hist. de l'église cathédrale de Rouen*, p. 538.

[38] Arch. de la S.-Inf. *Cartul. de Ph. d'Alençon*, p. 690.

père, dont le cœur avait été enseveli dans leur église, et sur la promesse, faite par les chanoines, de célébrer, le 13 octobre de chaque année, à l'intention du roi régnant, une messe du S.-Esprit, pendant sa vie, une messe de *Requiem* après sa mort [39].

Le chapitre percevait en outre, sur la Vicomté de l'Eau, 36 s. par an [40], et 5 l. à chaque échiquier. Cette dernière rente leur avait été vendue, pour 180 l., par Amauri de Meulan, en mars 1269 [41].

Ils avaient, je ne saurais dire en vertu de quelle donation, le droit de prendre tout le revenu de la Vicomté de l'Eau, les barrages et acquits payés aux portes, pendant deux jours et deux nuits consécutifs, depuis l'heure de *Cacheribaut*, du dernier jour de septembre, veille de la dédicace de la cathédrale, jusqu'à pareille heure le surlendemain. En octobre 1478, ils cédèrent à Louis XI cette coutume [42], en échange de la fieffeferme de Roger de Mortemer.

Les moines de Fécamp jouissaient d'un privilège pareil. Ils percevaient, à cause de leur baronnie de S.-Gervais, les acquits et coutumes payés à la Vicomté de l'Eau, pendant la foire S.-Gervais, depuis quatre heures après none, vigile S.-Gervais et S.-Protais, jusqu'au lendemain à pareille heure [43]. Ceux de S.-

---

[39] Charte datée du château de Rouen, 13 octobre 1399. Arch. de la S.-Inf. F. de l'arch. Arm. 2, cart. 19.

[40] « Pro talentis canonicorum, xxxv sol. » *Extrait des comptes de la Vic. de l'Eau*, au XIV⁰ siècle. *Ibid.*

[41] *Cartul. norm.*, n⁰ 782. La Roque, *Hist. de la maison de Harcourt*, III, 106, 107.

[42] Arch. de la S.-Inf. F. de l'arch. Arm. 2, cart. 19. F. du chap. de la cath.

[43] Extrait d'une déclaration du temporel de l'abbaye de Fécamp, 1537. Bail de la foire S.-Gervais, 1428. Lettres de Jean

Ouen avaient aussi leur foire de *una nona ad aliam nonam*⁴⁴. Ils possédaient en outre une rente de 60 s. sur le domaine de la Vicomté de l'Eau, payable au terme de Pâques. Je ne sais à quelle époque ces droits avaient été établis. Même incertitude sur l'origine de la rente de 6 s. par an, qui appartenait à l'église de S.-Cande-le-Vieux⁴⁵.

Les 40 l. de rente que la Madeleine de Rouen touchait sur la Vicomté, pour la nourriture des pauvres, lui avaient été données par Richard Cœur de Lion (Verneuil, 2 janvier, 1ʳᵉ année du règne)⁴⁶.

Ce fut à un religieux de cette maison que fut confiée l'ancienne charge de chapelain de la cour. Il touchait à ce titre une rente de 8 s.⁴⁷ Philippe le Bel y ajouta une rente d'un tonneau de vin, à prendre chaque année sur la mueson⁴⁸. Le chapelain prenait en outre 30 mines de blé sur le moulin de la ville, et il avait droit, chaque jour que le Roi passait à Rouen, à une livraison de pain et de vin et à une pitance. Un dénombrement, du 28 avril 1419, nous apprend qu'il était obligé de dire chaque semaine

---

Salvaing, autorisant les Rˣ de Fécamp à tenir leur foire à Rouen, à cause des ennemis, 1438. — Arch. de la S.-Inf. F. de Fécamp.

⁴⁴ *Cartul. norm.*, n° 244.

⁴⁵ *Extraits des comptes de la Vic. de l'Eau*, au XIVᵉ siècle, précités.

⁴⁶ Stapleton, *Magni Rot.*, I, CLXVII, 154. II, 304.

⁴⁷ *Ibid.*, I, 70, 154. II, 304. Philippe-Auguste, par charte datée de Paci, 1222, donna à la Madeleine de Rouen la chapelle du château de cette ville. — M. Léchaudé d'Anisy, Grands rôles, p. 155.

⁴⁸ Charte datée de Couronne, près Rouen, août 1312. Cette dotation fut confirmée par Jean le Bon, charte datée du mois de juin 1352. Petit Cartul. du XVᵉ siècle, aux arch. de la S.-Inf. F. de la Madeleine.

trois messes à la chapelle du château [49]; plus tard la chapelle fut transférée au vieux palais [50]. On distingue, dans les rôles de l'échiquier du xii° siècle, le chapelain de la cour (*capellanus de aula*) du chapelain de la tour de Rouen, auquel une rente de 9 l. 2 s. 6 d. avait été assignée [51].

Jean sans Terre donna à Pierre de Préaux une rente annuelle de 100 l. angevines, sur les revenus des étaux du marché de Rouen, des foires du Pardon et de N.-D.-du-Pré, avec faculté de les prélever sur la vicomté de Rouen, en cas d'insuffisance de ces revenus, et d'en disposer, à sa volonté, en faveur des églises. Pierre de Préaux pouvait nommer un sergent pour assister à la recette, soit avec le maire de Rouen, soit avec ceux qui tenaient sa place. Il donna ces 200 l. au couvent de Beaulieu; cette donation fut confirmée par Philippe-Auguste [52].

Jean Luce reçut du même prince, à charge d'hommage et de service, le denier du poids de la vicomté de Rouen, moyennant paiement d'une rente de 500 poires de Saint-Rieul [53]. Ce bénéfice resta longtemps

---

[49] Arch. de la S.-Inf. F. de la Madeleine.

[50] Compte du domaine de la vicomté de Rouen, pour l'année 1600. Arch. de la S. Inf. B. 478.

[51] Stapleton, *Magni Rot.*, I, 70, 154. II, 304.

[52] *Rot. Chartarum*, p. 33.

[53] Charte datée de Rouen, du 12 novembre, année 5° du règne. *Rot. Chartarum*, p. 113. C'est probablement ce Jean Luce, désigné au rôle de 1180, comme touchant 25 l. pour la garde du château de Montfort. Un Jean Luce fut maire de Rouen en 1206, 1207, 1210, 1211, 1212, 1215, 1216, 1217, 1218. — Jean sans Terre avait aussi donné à Conseilant, constructeur de balistes, 80 l. angevines de rente, à percevoir sur la vicomté de Rouen. *Rot. Chartarum*, p. 113.

dans la famille de ce bourgeois [54]; il formait, dans les derniers siècles, un fief désigné sous le nom de fief des Poitevines [55].

C'est probablement au règne de Jean sans Terre qu'il faut rapporter la création d'un nouvel office que l'on appela plus tard, du nom de ceux auxquels il appartenait, l'office aux hoirs Saudescolle. Il n'en est point fait mention dans les rôles de l'échiquier. Mais dans l'état publié par M. Léopold Delisle, sous le n° 211 du Cartulaire normand, nous voyons le fils d'Eustache, sergent du Roi, recevoir pour les charrettes et les chevaux de somme qu'il était tenu de fournir, 3 muids et demi de vin, une peau de cordouan, une mine de sel, une mine de poires, une mine de noix. Les hoirs Saudescolle, d'après le *Coutumier*, devaient conduire au château de Rouen, sur la réquisition du bailli et du vicomte, les chevaux et les charrettes nécessaires pour le transport des deniers ou des denrées qui appartenaient au Roi [56]. Cet office est indiqué dans les comptes du XIV° siècle, mais alors les redevances en nature étaient remplacées par une rente en argent. Au commencement du XV° siècle, Raoulette, veuve de Jean le Cauchois, héritière de feu Pierre Ballet, céda à son fils, Adam le Cauchois, « l'office de prendre chevaulx et charetes à Rouen pour le Roy notre sire et ses officiers, nommée l'office aux hoirs Saudescolle, avec les droiz, proufis et émolumens audit office appartenans [57] ».

---

[54] *Cartul. norm.*, n° 211. — *Coutumier de la Vic. de l'Eau*, ch. LXVIII.
[55] Arch. de la S.-Inf. B. 205.
[56] Ch. LXVIII.
[57] Arch. du tabellion. de Rouen. — Registre pour les années 1409-1412, f° 365, v°.

La plupart de ces anciennes donations et quelques autres, qu'il serait trop long d'énumérer, figuraient dans les comptes de la Vicomté de l'Eau, au verso des rôles, sous le titre de *Partes feodorum*. Les rentes constituées plus récemment, ou en viager, furent écrites au recto et sous un titre différent. Nous n'en citerons que quelques-unes.

S. Louis, voulant fonder à Rouen un couvent de dominicaines et désirant que ces religieuses, mendiantes par profession, ne fussent point trop détournées de leurs exercices de piété par les embarras de la propriété, leur donna, en juin 1264, 400 l. t., à percevoir sur la Vicomté de l'Eau de Rouen, moitié dans la quinzaine de Pâques, moitié dans celle de la S.-Michel [58]. Quelques années après il déclara que cette somme leur serait payée des premiers deniers apportés de la vicomté et déposés sur la table de l'échiquier [59]. En 1334, les Emmurées achetèrent de Pierre des Essarts [60] 100 l. de rente sur la Vicomté de l'Eau, que celui-ci avait acquises de Pierre des Fontaines. Enfin, au siècle suivant, une autre rente de 100 l. leur fut donnée par Henri V, roi d'Angleterre, pour les aider à reconstruire leur monastère et leur église, détruits pendant le siége de Rouen [61].

S. Louis avait aussi donné aux religieuses de Poissi 400 l. de rente, sur la prévôté de Paris, en échange de deux draps d'or et d'une pierre précieuse, nom-

---

[58] *Cartul. norm.*, n° 700.

[59] *Ibid.*, n° 759.

[60] *Vidimus* de 1440, aux arch. de la S.-Inf. F. des Emmurées.

[61] Arch. de la S.-Inf. F. des Emmurées, cart. 1, n° 43. Cette charte fut donnée *apud castrum Rothomagi*, 20 *die feb. anno regni septimo*.

mée camayeu, qu'elles avaient reçus par testament [62]. Cette rente fut, dans les premières années du xiv° siècle, transférée sur la Vicomté de l'Eau de Rouen.

Drouet de Dreux avait cédé à S. Louis ses droits sur les châtellenies de Loches et de Châtillon-sur-Indre, moyennant 600 l. parisis, à prendre au terme de Toussaint sur la prévôté de Paris. Un successeur de ce seigneur céda cette rente à Guillaume de Mauvoisin, seigneur de Rosni, lequel la céda à son tour à Jean de Chambli. Une partie de cette rente, 400 l., fut alors transférée sur la Vicomté de l'Eau de Rouen. Le fils de Jean de Chambli donna là-dessus 120 l. à Jeanne de Chambli, sa sœur, quand elle se maria avec Jean le Breton. Ces 120 l. furent achetées par les exécuteurs testamentaires de Jean Justice, et données, conformément à ses volontés dernières, au collége qu'il avait fondé à Paris. En septembre 1351, le Roi accorda au collége de Justice des lettres d'amortissement pour cette acquisition [63].

Ce fut vraisemblablement vers la fin du xiii° siècle que le Roi acheta, pour l'installation des bureaux d'acquit et pour le logement de sa mueson, cette maison, située en face de l'église S.-Vincent, qui resta affectée à l'usage de la Vicomté de l'Eau jusqu'à l'époque de la Révolution et qui conserve encore aujourd'hui quelques restes de son ancienne destination, puisque le bureau central de la régie des poids et mesures publics s'y trouve installé. Il est question

---

[62] *Mémoire du cardinal d'Estouteville, archevêque, du doyen et chapitre et leurs consors, contre Michel Du Busc.* Arch. de la S.-Inf. F. de l'arch. Arm. 2, cart. 18.

[63] Arch. de la S.-Inf. F. de l'arch. Arm. 2, cart. 19.

dans les comptes de 1301 et des années suivantes de deux rentes payées pour cette maison, l'une de 10 s. aux héritiers de Robert de Cotevrart, l'autre de 40 s. à la ville de Rouen. Antérieurement le siège de la vicomté devait être à l'ancien château de Rouen, situé au-dessous de l'église S.-Pierre-du-Châtel, qui forma pendant longtemps la limite de la ville du côté de Bapaume.

Au nombre des rentes inscrites parmi les dépenses de la Vicomté de l'Eau, celles qui sont relatives aux convertis méritent d'être signalées. — Matthieu Paris parle de l'établissement fait à Londres, par Henri III, en 1233, d'une maison de convertis, où les juifs, revenus de leurs erreurs, trouvaient un asile, une règle honnête et les moyens de subvenir à leur existence.

On ne voit pas qu'il y ait eu en France d'établissement de ce genre, et il est probable que celui de Londres ne dura guère. Mais ce que l'on trouve fréquemment dans les comptes du XIIIe siècle, c'est la mention de convertis amenés d'outre-mer, juifs, mahométans, auxquels nos rois fournissaient, des deniers de leur domaine, des secours pour se nourrir et pour se loger. Cet usage est attesté par le *Coutumier* de la Vicomté de l'Eau. Le dernier chapitre contient les noms de six Sarrasins convertis à la foi chrétienne, auxquels S. Louis avait assigné des gages qui variaient de 4 d. à 8 d. par jour pour leur nourriture et de légères allocations, payables à chaque échiquier, pour le paiement de leur loyer. Ses successeurs suivirent cet exemple. Quelques sommes d'argent, qui s'élèvent en moyenne à 50 l. par année, sont affectées à cette destination dans les comptes de la Vicomté de l'Eau du commencement du xiv⁰ siècle. Parfois ces gages étaient donnés à vie [64], parfois ils étaient révocables à la volonté du Roi [65]. C'était surtout des enfants de baptisés que l'on prenait soin [66]. De puissants seigneurs, souvent le Roi lui-même, tenaient à honneur de leur servir de parrains [67].

Les brumans, ou bremans, ou bermans, les courtiers, les tonneliers, ceux qui recevaient les deniers de la Vicomté de l'Eau pour le compte du Roi, quand elle était baillée en garde, comme cela eut lieu en 1301 et en 1304, les bouteillers et les sergents, touchaient quelques rentes en argent et en vin. On prélevait aussi sur la recette les frais de réparation des poids, des mines servant à mesurer, des étaux établis sur les places et sur les marchés, de l'hôtel où se trouvaient installés les bureaux, et aussi les frais d'achat de sacs pour renfermer les écritures, de tablettes de cire et de parchemin. Au terme de S.-Michel 1317, il n'est plus question de tablettes, mais seulement de parchemin et de papier. Cette dernière substance commençait alors à devenir d'un usage assez commun.

[64] « Pro vadiis datis à rege ad vitam Thome Gordin et Paulo ejus fratri filiis Johannis baptizati. v. d. per diem. » *Compte de la Vicomté de l'Eau*, du terme de S.-Michel 1317.

[65] « Pro vadiis datis ad voluntatem regis per litteras Isabelli fille quondam Francisci baptizati, viij d. par. per diem. » *Ibid.*

[66] « Pro vadiis liberorum septem baptizatorum, ij s. ix d. per diem dedicto termino xxiiij l. t. xvij s. ix d. » *Compte de la Vic. de l'Eau*, du terme de Pâques 1318.

[67] Voy. Ducange, v⁰ *Conversus*. L'usage de donner des gages aux baptisés ne fut point de longue durée; on préféra les placer dans des monastères, où ils recevaient, en même temps que la nourriture, l'instruction religieuse qui leur était nécessaire.

Nous avons vu avec quelle générosité S. Louis avait doté le couvent des Emmurées; elles furent toujours l'objet de la faveur de nos rois. En 1303, quatorze sœurs de Poissi furent envoyées dans leur monastère, et au terme de Pâques 1304, 175 l. t. leur avaient été payées. Très-fréquemment des rentes à vie, à prendre sur la Vicomté de l'Eau, étaient assignées à ces religieuses à leur entrée au couvent. Au compte de 1305, nous voyons que Marguerite Becavoine recevait 10 l. par an; Jeanne la Louvelle, Marguerite Langiere, la sœur Dominique, 100 s. seulement. Jeanne de S.-Cher (de Sancto Karo), en 1311, recevait 18 d. par semaine. En 1316, Agnès et Sédille de S.-Marcel recevaient, au lieu de Jeanne de S.-Cher, à chaque terme de Pâques et de la S.-Michel, 48 s. 9 d. et 25 s. pour leurs robes. En 1317, Isabelle la Loquetiere est désignée comme ayant droit à 100 s. par an pendant la vie du Roi. L'usage de faire ainsi des pensions aux Emmurées se maintint pendant longtemps. Ainsi, en 1371, Margote, fille de Jacqueline la Converse (c'est-à-dire la convertie), en recevait une en qualité de sœur de S.-Matthieu; mais dès cette époque, ces pensions étaient payées sur la recette de la vicomté de Rouen. La Vicomté de l'Eau ne suffisait plus pour acquitter les charges qu'on avait fait peser sur elle [68].

On compte, au terme de Pâques 1304, de 221 l. 6 d., payées à Robert de Erneval (sic) pour ses gages de l'armée de Flandre de l'année 1302; de 360 l. payées

---

[68] Voy. les *Portefeuilles de chartes*, concernant la ville de Rouen, provenant de l'ancienne chambre des comptes de Paris, à la Biblioth. de Rouen.

à Pierre de Chambli, à titre de rente viagère, au droit d'Aimar d'Archiac. Cette rente était assignée auparavant sur le trésor du Louvre. Au terme de Pâques 1305, de 1000 l. payées au même Pierre de Chambli, au droit de Jean de Châlon, pour second paiement d'une somme de 6000 l. qui lui était due par le Roi; de 25 l. de rente payées à Guill. des Fontaines; au terme suivant, de 300 l., données par le Roi au bailli de Rouen; au terme de Pâques 1311, de deux rentes, l'une de 176 l. 7 s. 6 d. t., l'autre de 200 l., dues à Guill. de Harcourt et à Blanche (d'Avangour), sa femme; au terme S.-Michel de la même année, d'une rente de 148 l. parisis, valant 185 l. t. [69]; d'une rente de 200 l., payée à Guillaume de Flavacourt, et d'une autre de 100 l., payée à Guill. des Fontaines; au terme de Pâques 1316, d'une rente viagère de 2500 l., payable chaque année en deux paiements, accordée par Philippe le Bel, au prince Amédée de Savoie, sur le domaine de la Vicomté de l'Eau, et en cas d'insuffisance, sur celui de la vicomté de Rouen; d'une faible pension de 2 s. par an, due à Richard Noël, sommelier de l'échançonnerie du Roi; au terme de Pâques 1316, de 400 l. de rente, payées aux Emmurées de Poissi; en 1317, d'une pension de 2 s. par an, en faveur de Robin du Neufbourg, ancien fauconnier du Roi. Le 1er février 1334, messire Guillaume de Harcourt avait fait don de la rente de 200 l. t., qu'il touchait sur la vicomté, à la collégiale de la Saussaie, fondée par lui en 1307 [70]. Notons enfin le don fait par Charles VII, le 13 novembre

---

[69] La Roque, *Hist. de la maison de Harcourt*, iv, 1208, 1211.
[70] *Ibid.*, I, préface, p. 61; iv, 1203, 1215.

1449, à frère Jean Connin, religieux augustin, d'une rente viagère de quatre écus d'or, à prendre sur la recette de la Vicomté de l'Eau, en considération des services qu'il avait rendus au Roi lors de la capitulation de Rouen [1].

Dès le xive siècle, par l'effet des exemptions, des priviléges, des donations considérables que nous avons signalées, la mueson était devenue non-seulement improductive pour le domaine, mais encore tout à fait insuffisante pour le paiement des rentes dues aux couvents et aux églises. Le *Coutumier* disposait bien que « nul ne pouvait vendre vins, puisque il sont chargiez d'amont que se il viennent dedens les bournes de la moeson de l'eaue de Rouen que il ne convienge que tout soit aporté ensemble a moeson tout soient il merchiez des merches a marchaans ». Mais cette règle était facile à éluder, et les marchands avaient à la fraude un intérêt trop visible pour ne point se laisser séduire. Ainsi, les vins destinés à un seul commerçant arrivaient à Rouen sous le nom de plusieurs; ou bien, avant d'atteindre la limite de la mueson, qui du côté de Paris était Caterage, comme nous l'avons dit, les mariniers avaient soin d'arrêter la nef où les vins étaient chargés par masses trop considérables, pour les expédier à Rouen,

[1] « Le xiiie jour de novembre, l'an mil cccc quarante neuf, le Roy estant à Rouen, donna à frère Jehan Connin, religieux de l'ordre de S.-Augustin, la somme de quinze écus d'or ou monnoie à la valeur, par an, à sa vie, à prendre sur la recete de la Viconté de l'Eaue de Rouen, pour consideracion des services qu'il a faitz pour la reddition de Rouen, à commencer le dit paiement au premier jour d'octobre derrain passé. Presens à ce MM. de Tancarville et de Vilequier et Jaques Cuer. — Signé : De la Loère. » — Arch. de la S.-Inf. Pièces provenant de l'ancienne chambre des comptes de Paris.

dans de petites embarcations, par quantités moindres de dix-neuf pièces [72]. Autrefois on n'eût point été tenté d'avoir recours à cet artifice : la mueson en deniers équivalait à la mueson en nature ; mais la dépréciation des monnaies détruisit l'harmonie du système ; et comme la différence entre ces deux impositions devint de jour en jour plus marquée, la fraude suivit la même progression et devint de jour en jour plus active. Le Roi d'ailleurs n'avait plus le même intérêt à ce que la mueson fût abondante ; les églises seules en profitaient, et lorsqu'elle était insuffisante, il était quitte envers les chanoines et l'archevêque en leur payant, aux termes de la charte de Richard Cœur de Lion, 20 s. pour muid, appréciation exacte vers la fin du XIIe siècle, dérisoire au XIVe. On ne pouvait opposer aux religieux de Bonne-Nouvelle une appréciation pareille : aussi, leurs 40 muids de vin leur rapportaient-ils beaucoup plus relativement que les 300 muids ne rapportaient au chapitre et à l'archevêque. Ceux-ci, ne pouvant déjouer les ruses des commerçants rouennais, sollicitèrent et obtinrent du pape Nicolas V (6 des ides d'août 1453), par l'entremise du cardinal d'Estouteville, une bulle d'excommunication contre les fraudeurs, les détenteurs, et aussi contre ceux qui ne révélaient point le nom des coupables. Cette bulle dut être lue dans toutes les églises de la province de Rouen [73] ; mais elle ne paraît avoir

---

[72] Arch. de la S.-Inf. Reg. capitul. de la cathéd. Délibérations du 11 déc. 1458, 29 avril 1484 (v. s.)

[73] On lit dans la bulle du pape Nicolas V (6 des ides d'août 1453) : « Plerumque fraudulenti mercatores... in dies tot et tantas adinvenerunt cautelas fraudes et astutias ut archiepiscopus, decanus et capitulum hujusmodi ex eisdem modiis que antea integraliter

produit qu'un médiocre effet : les plaintes des chanoines, consignées dans les registres capitulaires, en font foi; ce fut à peine si elle amena quelques restitutions [74].

Cette rente donnait aux chanoines un mal infini, et les engageait dans une surveillance continuelle, bien peu en rapport, il faut le reconnaître, avec leur caractère. Chaque année ils confiaient à l'un d'eux le soin d'opérer cette perception difficile; leur délégué avait charge d'inspecter les quais, de signaler les bateaux sur lesquels le droit de mueson pouvait s'exercer, et de soumettre à leur approbation les transactions qu'il lui paraissait avantageux de con

percipiebant, magnâ etiam Regi seu Duci pro tempore super profatis admodiatione et acquitamento super abundante quantitate, nichil aut parum percipiant de presenti, cum nonnulli ipsorum mercatorum, postquam plura vini vasa emerint, illa fraudulenter diversis signis, quamvis unius fuerint mercatoris, signaverint et sepe numero signant; alii autem ad fraudem similem vegetes seu vasa hujusmodi que in eodem erant batello seu navigio ad aliud transportarunt seu transportant, alii vegetum seu vasorum vini hujusmodi certas quantitates personis aliis similiter mutuarunt et mutuant aut donarunt ac dictini donant, priusquam vina ipsa ad portum applicent antedictum, non ut vina ipsa quoquomodo à se abdicare vellent seu velint, sed ut postmodum interrogati si vina ipsa omnia in batello seu navigio existentia sua extiterint seu sint, coloratius quod sua ultra numerum decem et octo vegetum seu pellarum non fuerint aut non sint jurare valeant; nonnulli etiam mercatores insimul, ut socii aut particulariter magnam vasorum vini hujusmodi multitudinem emerunt prout emunt, sed dum ad portum venerint antedictum, illa jurarunt et jurant esse plurium particularium personarum aut navigia in quibus fuerint, ut vina ipsa diversorum esse videantur, diversis diebus ad portum predictum fecerunt et faciunt applicare, et ita per tales et alias similes fraudes vix aut nunquam reperitur quod in eodem batello..., sint pro uno mercatore decem et novem vegetes aut vasa vini. » F. de l'arch. Arm. 2, cart. 19.

[74] Reg. capitul. de la cathéd. Délibérations du 23 mars 1479, 16 mars 1480, 4 nov. 1483, 29 janv. 1483 (v. s.), 15 nov. 1484. Voy. aussi la délibération du 27 fév. 1478 (v. s.) contre l'hôtel de ville.

clure avec les marchands [75]. Les bouteillers du Roi, quand il y avait lieu à percevoir la mueson ou le choix, étaient tenus de prévenir le commis du chapitre et de l'inviter à venir goûter le vin avec eux. Les chanoines prétendirent même que leur confrère avait voix délibérante pour le choix, qu'ils devaient être payés sur les premiers vins débarqués, que leur part pouvait leur être délivrée sur le quai, sans qu'on dût les assujettir à l'envoyer chercher à la vicomté. Toutes ces prétentions ne furent point admises; il fut décidé que les bouteillers, après avoir entendu les observations du chanoine, pourraient faire leur choix librement, sauf, en cas de fraude de leur part, le droit pour le chapitre de les poursuivre devant le vicomte de l'Eau [76].

L'insuffisance habituelle de la mueson donnait un grand intérêt à l'ordre dans lequel les rentes devaient être payées. Les moines de Bonne-Nouvelle pouvaient alléguer, contre les chanoines et contre l'archevêque, la date de leurs concessions. Un arrêt de l'échiquier, tenu à Rouen (1321), décida que les moines prendraient en premier lieu un tonneau de vin, que les chanoines en prendraient trois après eux, et ainsi de suite, jusqu'à concurrence de ce qui était dû aux uns et aux autres, ou, ce qui était plus ordinaire, jusqu'à l'épuisement de la mueson [77]. Dans ce dernier cas, ils étaient payés, au marc la livre, des deniers

---

[75] Reg. capitul. de la cathéd. Délibérations des 21 octobre 1456, 20 janv. 1458 (v. s.), 12 déc. 1458, 25, 26 août, 7, 10, 13 oct., 29 mars 1483.

[76] Arrêt par provision donné au Parlement, 21 juillet 1402. Original scellé. Arch. de la S.-Inf. F. de l'arch.

[77] Arch. de la S.-Inf. Cartul. de Ph. d'Alençon, p. 692. Cf. Un autre arrêt de l'échiquier, de la S.-Michel 1418. Ibid., p. 690.

de la Vicomté de l'Eau [18], mais suivant une estimation différente. Les chanoines obtinrent enfin, en 1553 [19], que le vin qui leur était dû leur serait payé à l'avenir à raison de 40 s. t. le muid. Dès le commencement du xvie siècle, ils avaient adopté l'usage d'abandonner à des fermiers les profits de cette mueson; le prix de bail, en 1508, s'élevait à 600 l. par année.

[18] Sentence des gens tenant à Rouen le conseil du Roi, 12 juillet 1442. Arch. de la S.-Inf. F. de l'arch.

[19] Arrêt du 30 mai 1553.

CHAPITRE VI.

IMPORTANCE DES REVENUS DE LA VICOMTÉ DE L'EAU.

Au XIIe siècle, comme le remarque M. de Fréville[1], le commerce de Rouen avait atteint un haut degré de splendeur. A défaut du témoignage remarquable d'Orderic Vital et de Guillaume de Neubrige, l'élévation des revenus de la ferme de la Vicomté, en 1180, suffirait pour l'attester[2]. Aux années 1195 et 1198[3], ces revenus avaient déjà subi une baisse considérable. Cette décadence ne put qu'augmenter lorsque la conquête de la Normandie par Philippe-Auguste vint rompre ou tout au moins ralentir les relations commerciales de Rouen avec l'Angleterre et l'Irlande. Nous sommes privés de renseignements sur la valeur de la Vicomté et de la Vicomté de l'Eau pendant le XIIIe siècle; mais à partir de 1301, nous n'avons pas à nous plaindre de la même pénurie de documents. Le plus important que j'aie à signaler est un cahier du XVe siècle, déposé aux archives de la Seine-Inférieure, fonds de l'archevêché[4], dans lequel se trouvent vingt-trois extraits de comptes de la Vicomté de l'Eau, des années 1301 (Pâques et S.-Michel), 1304

---

[1] *Bibl. de l'Ecole des chartes*, 2e série, t. III, p. 17.
[2] Stapleton, *Magni Rot.*, I, 70.
[3] *Ibid.*, I, 153, II, 304.
[4] Arch. de la S.-Inf. F. de l'arch. Arm. 2, c. 19

(Pâques et S.-Michel), 1305 (Pâques et S.-Michel), 1311 (Pâques et S.-Michel), 1316 (Pâques et S.-Michel), 1317 (Pâques et S.-Michel), 1318 (Pâques et S.-Michel), 1327 (Pâques et S.-Michel), 1336 (Pâques et S.-Michel), 1347 (Pâques et S.-Michel), 1353 (Pâques), 1355 (Pâques), 1356 (Pâques).

Jusqu'en 1347 les comptes de la Vicomté de l'Eau furent écrits en latin, sur des rouleaux et compris dans les comptes du bailli. En 1353, et aux années suivantes, ils sont *faits en livre*, c'est-à-dire écrits sur des registres; ils sont en français et insérés dans les comptes de la vicomté de Rouen.

En 1301 et 1304 la Vicomté de l'Eau fut régie pour le compte du Roi, à l'exception de quelques branches qui furent baillées à ferme. Au terme de Pâques 1301, la recette s'élevait à 7062 l. 13 s. 10 d., qui se divisaient ainsi qu'il suit :

Pour la mueson du vin français, 1926 l. 11 s. 6 d.

Pour la coutume du même vin, 322 l. 7 s.

Pour la mueson du vin d'Auxerre, 221 l. 14 s. 4 d.

Pour la menue boîte, 608 l. 2 s.

Pour la vente de 146 tonneaux de vin français, 64 au prix de 7 l. 5 s. la pièce, le reste au prix de 8 l. la pièce, 1148 l. 10 s.

Pour la vente de 122 tonneaux de vin d'Auxerre, 60 au prix de 13 l. 10 s. la pièce, le reste au prix de 12 l. la pièce, 1354 l.

Pour quelques branches de la vicomté, baillées à ferme, 398 l. 10 s.

Pour les vins de mer qui avaient remonté la Seine, pour le compte de marchands étrangers, 62 l. 10 s.

Pour les mêmes droits payés par les marchands de Rouen, 353 l. 5. s.

Au terme de S.-Michel, même année, la recette s'élevait 1384 l. 17 s. 6 d., à savoir :

Pour la mueson du vin français, 158 l. 5 s.

Pour la coutume du même vin, 14 l. 10 s.

Pour la mueson du vin d'Auxerre, 105 l. 4 s. 6 d.

Pour la coutume du même vin, 25 l. 10 s.

Pour la menue boîte, 175 l. 3 s.

Pour vente de vin, 109 l.

Pour quelques branches de la Vicomté baillées à ferme, comme au terme précédent, 398 l. 10 s.

Pour les vins qui avaient remonté la Seine, pour le compte de marchands étrangers, 198 l. 10 s.

Pour les mêmes droits payés par les marchands de Rouen, 200 l. 5 s.

Somme de la recette pour toute l'année, 8446 l. 31 s. 16 d.

Somme de la dépense, 3493 l. 16 s. 2 d.

La recette du terme de Pâques 1304 s'éleva à 3889 l. 15 s. 10 d., savoir :

Pour la mueson du vin français, 962 l. 3 s. 6 d.

Pour la coutume du même vin, 45 l. 3 s.

Pour la mueson du vin d'Auxerre, 652 l. 8 s.

Pour la coutume du même vin, 140 l. 4 s.

Pour la menue boîte, 511 l. 2 s. 4 d.

Pour la vente de 48 tonneaux de vin d'Auxerre, à raison de 20 l. le tonneau, 360 l.

Pour quelques branches de la Vicomté, baillées à ferme, 545 l.

Pour les vins qui avaient remonté la Seine au delà du pont de Rouen, pour le compte de marchands forains, 100 l. 107 s. 6 d.

Pour les mêmes droits payés par les marchands de Rouen, 548 l. 12 s. 6 d.

Pour les mêmes droits payés par les marchands de Paris, 20 l. 15 s.

La recette du terme S.-Michel, même année, se monte à 1372 l. 16 s. 6 d., savoir :

Pour la mueson du vin français, 333 l. 7 s. 6 d.

Pour la coutume du même vin, 102 s. 8 d.

Pour la mueson du vin d'Auxerre, 12 l. 14 s. 6 d.

Pour la coutume du même vin, 47 s. 4 d.

Pour la menue boîte, 195 l. 12 s.

Pour quelques branches de la Vicomté, baillées à ferme, comme au terme précédent, 545 l.

Pour les vins qui avaient remonté la Seine au delà du pont, sans distinction de bourgeois de Rouen et de forains, 278 l. 12 s. 6 d.

Somme de la recette pour toute l'année, 5261 l. 31 s. 10 d.

Somme de la dépense, 9014 l. 44 s. 18 d.

En 1305, 1311, 1316, la Vicomté de l'Eau fut baillée à ferme.

En 1305, elle fut affermée pour 8000 l. par an, 4000 à chaque terme. Les droits dus pour les vins de mer transportés au delà du pont, ne furent point compris dans le bail. Ces droits produisirent 119 l. 5 s. au terme de Pâques, 58 l. 15 s. au terme S.-Michel.

Somme de la recette pour toute l'année, 8188 l.

Somme de la dépense 6704 l. 11 s. 3 d.

En 1311, elle fut affermée à Jean Larchevêque, de Pont-de-l'Arche, pour 6000 l. par an, 3000 à chaque terme. On réserva la mueson des vins de mer déchargés aux ports de Couronne, Moulineaux, etc.; ils furent l'objet d'un bail spécial conclu pour 300 l. par an.

Somme de la recette pour toute l'année, 6301 l. 2 s. 11 d.

Somme de la dépense, 2885 l. 18 s. 8 d.

En 1316, deux fermiers, Robert Malherbe et Michel Pinel, étaient à la troisième année de leur bail. Ils payaient 6050 l. par an.

Dépense pour l'année, 5567 l. 10 s. 14 d.

Au terme de Pâques 1317, la Vicomté de l'Eau était en la main du Roi; elle fut régie pour son compte, de la S.-Michel 1316 au dimanche *Judica me*, par Philippe de Valricher et par Robert de Froidmont, bourgeois de Rouen. La recette s'éleva, dans cet intervalle, à 3018 l. 6 s. 12 d., savoir :

Pour la mueson du vin français, 775 l. 7 s. 4 d.

Pour le droit de choix sur les tonneaux du même vin, 5 tonneaux, contenant 18 muids et demi, vendus à raison de 4 l. par muid, 74 l.

Pour la mueson du vin de Bourgogne, 120 l. 73 s. 6 d.

Pour le droit de choix sur les tonneaux du même vin, 23 tonneaux, contenant 80 muids et demi, vendus à raison de 6 l. par muid, 480 l. 60 s.

Pour la menue boîte, 773 l. 9 s. 2 d.

Pour la mueson et l'acquit des vins de mer, 288 l. 16 s. 2 d.

Pour la ferme du grand et du petit Poids, des étaux, des acquits perçus aux portes, baillée séparément à Guérin du Poids et consorts, 500 l.

Au terme S.-Michel même année, nous voyons que Jean le Minier avait été chargé seul de faire la recette de la Vicomté de l'Eau, au nom du Roi, jusqu'à l'octave de la Trinité, où Jean Rongemaille vint prendre part avec lui à cette régie. La recette de ce terme s'éleva à 1354 l. 11 s. 5 d., savoir :

Pour la mueson et les acquits des vins de mer et des vins français, 553 l. 31 s. 8 d.

Pour la menue boîte, 197 l. 52 s. 11 d.

Pour la ferme du grand et du petit Poids, 500 l.

Somme de la recette pour toute l'année, 4372 l. 17 s. 17 d.

Somme de la dépense, 5113 l. 31 s. 10 d.

Elle fut baillée, en 1318, à Jean de Ferrière, Jean le Villain, Jean Camelin, bourgeois de Rouen, pour trois ans, à raison de 4761 l. 33 s. par an.

La dépense fut de 2746 l. 22 s. 18 d.

En 1327, à Robert du Châtel l'aîné, à Guillaume Thomas, à Robert Delaunay, pour le même espace de temps, à raison de 5866 l. 13 s. 4 d. par an.

La dépense fut de 3199 l. 23 s. 9 d.

En 1336, à Robert et à Guillaume du Châtel, à Godefroy et à Vivien, dits les Allemands, pour le même espace de temps, à raison de 5400 l. par an.

La dépense fut de 2955 l. 21 s.

En 1346, elle fut tenue en la main du Roi; en vertu d'un mandement des gens des comptes, Vivien l'Allemand, bourgeois de Rouen, fut chargé de la régie de la S.-Michel 1346 à Noël suivant; la recette s'éleva, pendant cet intervalle, à 1397 l. 16 s. 7 d. Elle fut baillée, à Noël, à Vincent du Valricher, pour 4800 l. par an.

La somme de la recette, pour les deux termes de Pâques et S.-Michel 1346, fut de 6197 l. 16 s. 7 d.

La dépense de 2872 l. 30 s. 1 d.

En 1353, elle fut baillée de nouveau à Vincent du

Valricher, pour trois ans, au prix de 5166 l. 13 s. 4 d. par an.

La recette du terme de Pâques 1355 fut de 3616 l. 13 s. 4 d.

En 1355, Bernard Ferment, Amauri Braque, maîtres des comptes, et Jean Baillet, trésorier, la baillèrent pour trois ans, de Noël 1355 à Pâques 1359, à Jean Alahache, Jean Guillebache, Jean Noël et Regnault Benoist, bourgeois de Rouen, au prix de 13650 l., pour tout le temps, 4200 l. par année. La ferme des quatre Pieds avait été baillée séparément à André Doguet, Guillaume Courtoisie, Pierre Père, pour 3250 l., 250 l. pour le premier terme, 1000 l. pour chacune des autres années.

Somme de la recette pour chacune des trois années 1356, 1357, 1358, 5200 l.

En 1360, la ferme des quatre Pieds, non comprise la branche de la coutume des chevaux et juments et le travers, fut baillée pour un an, à trois fermiers et à trois sous-fermiers, pour 138 florins d'or à l'écu du roi Jean [5].

En 1373, la Vicomté de l'Eau, non comprise la ferme des quatre Pieds, fut baillée pour trois ans, au prix de 2500 l. par an [6].

En 1407, Robert Alorge l'aîné et Jean Marguerit, son plège, prirent pour trois ans, du vicomte de Rouen, la ferme de la Vicomté de l'Eau, avec la moitié des forfaitures, au prix de 4666 l. 13 s. par an [7].

---

[5] Arch. du tabellion. de Rouen, reg. de l'année 1360, f° 34, v°.

[6] *Le Coustumier des anciens droits deus au Roi, qui se perçoivent au bureau de la grande et petite ferme de la Vicomté de l'Eau de Rouen*, par Germain de la Tour, p. 125.

[7] Arch. du tabellion., reg. de l'année 1407, f° 86, v°.

Au terme de Pâques 1432 la Vicomté de l'Eau et la ferme des quatre Pieds, cueillies alors par les officiers du roi d'Angleterre, n'avaient rapporté, pour une demi-année, que 1420 l. 12 s. [8]; la mueson des vins se monta à 416 l. 16 s. 8 d.

La dépense fut de 1454 l. 16 s. 8 d.; vers le milieu du xve siècle la ferme de la Vicomté de l'Eau était baillée ordinairement au prix de 1100 ou 1200 l. par an [9].

Comme on le voit clairement par ces extraits, la Vicomté de l'Eau de Rouen perdit d'année en année de son importance. Les vins, qui formaient la principale partie de son revenu, puisqu'en 1301, sur une somme de 8447 l., ils avaient à eux seuls produit 6672 l., ne fournissaient même plus ce qui était rigoureusement nécessaire pour acquitter les charges. Les guerres de la fin du xive siècle et du xve siècle ruinèrent le commerce, et par une conséquence naturelle, épuisèrent cette branche jadis si importante du domaine. En 1408, les bourgeois de Rouen se plaignirent au Roi de ce que leur ville était dépeuplée, sans commerce et sans industrie. Il fallut, pour y attirer des ouvriers, employer l'appât des privilèges [10].

Mais dès cette époque il faut reconnaître que la Vicomté de l'Eau n'était plus, dans le système financier de la France, que d'une importance très-secondaire. L'imposition foraine perçue pour le Roi, les

---

[8] Arch. de la S.-Inf. Compte de la Vic. de Rouen pour l'année 1432.

[9] *Mém. et instr. pour les gens d'église prenans fiefs et aumônes sur la Vic. de l'Eau,* à l'encontre de Michel Du Busc. Arch. de la S.-Inf. F. de l'arch. Arm. 2, c. 19.

[10] Ord. de Charles VI, janv. 1408, dans les ord. des Rois de Fr., ix, 412.

aides octroyés à la ville, sur le vin, la cervoise, et les autres boissons, étaient déjà bien autrement productifs [11].

Du temps de Louis XI, les priviléges des foires franches établies à Rouen, dans le but d'y ranimer l'activité commerciale, diminuèrent tellement les revenus de la Vicomté et de la Vicomté de l'Eau de Rouen, que les gens d'église, possesseurs de fiefs et d'aumônes, se prétendirent hors d'état d'acquitter les fondations pour lesquelles ces rentes, dès lors sans effet, leur avaient été autrefois accordées. Le Roi, par lettres patentes, données au Plessis-les-Tours, 9 novembre 1478, fit droit à leurs plaintes, en déclarant que les franchises accordées aux marchands, vendant, achetant, chargeant et distribuant denrées en la ville de Rouen, ne porteraient point préjudice aux droits des gens d'église [12].

Nous sommes privés pendant plus d'un siècle de renseignements sur la valeur de la Vicomté de l'Eau de Rouen. Le 1er avril 1581, elle fut adjugée par Nicolas Molé, intendant général des finances de la reine-mère, pour trois ans, au prix de 2190 écus par an. On y comprenait la ferme des quatre Pieds, les soliers et les greniers, les barrages, le poids du Neuf-Marché, nommé le Croquet, la coutume aux chevaux, la ferme des quatre Places, du bout des halles, les amendes et les forfaitures provenant des marchan-

---

[11] Voy. aux arch. du tabellion. de Rouen, les reg. des années 1360, fo 62, vo; 1364, fo 174; 1392, fo 142; 1395, fo 107; 1397, fo 20; 1400, fo 56, vo.

[12] Voy. le *vidimus* de Jean Courel, garde du sceau des obligations de la Vic. de Rouen, 4 sept. 1479, aux arch. de la S.-Inf. F. du Mont-aux-Malades.

dises non acquittées et le passage de Moulineaux [13].

En 1583, François Quesnel et ses consorts tenaient, pour trois ans, la grande et la petite ferme de la Vicomté de l'Eau, au prix de 2203 écus par an [14].

Elles furent adjugées, en 1597, à Antoine Le Vert, pour trois ans, au prix de 3,000 écus sol. par an; en 1600 à Pierre Duval, au prix de 3250 écus sol. par an; en 1627 à Nicolas Le Gay, pour 14000 l. [15].

En 1643, le prix n'était plus que de 12400 l., en 1649 il était tombé à 8100 l.; à partir de cette année la ferme de la Vicomté de l'Eau fut comprise habituellement dans le bail général des finances [16].

L'interdiction du commerce de la Hollande, de la Zélande et de Hambourg, en 1664-1665, réduisit de beaucoup les revenus de la Vicomté de l'Eau. Un arrêt du Conseil privé, du 20 juillet 1665, ayant chargé M. Voisin, intendant de la généralité de Rouen, de s'informer des effets produits à Rouen par cette interruption, les clercs siégés de la Vicomté de l'Eau certifièrent que depuis le 7 février 1664, jusqu'au 29 juillet 1665, il n'était venu de ces pays à Rouen que 90 vaisseaux, qui payèrent pour les marchandises apportées et remportées 5158 l. 6 s. 8 d., tandis que dans les années précédentes il ne venait de ces pays guère moins de 298 vaisseaux, payant à la Vicomté 7150 l. environ [17].

---

[13] La Reine-mère jouissait alors par usufruit du domaine de la vicomté de Rouen. Arch. de la S.-Inf. F. de S. Wandrille.

[14] Ibid.

[15] Arch. de la S.-Inf. B. 477. B. 482.

[16] Ibid. F. de Bonne-Nouvelle. — B. 485. B. 486. B. 487.

[17] Ibid. F. de Bonne Nouvelle.

En vertu d'un arrêt du conseil d'Etat, du 28 septembre 1717, des commissaires généraux nommés pour procéder à la vente des justices, domaines, cens et rentes, en exécution de l'édit du mois d'août 1717, adjugèrent (31 décembre 1718) au prince de Condé et à ses frères et sœurs, à titre d'engagement, à faculté de rachat perpétuel, et moyennant une somme de 120,000 l., tous les droits de la Vicomté de l'Eau de Rouen [18]. La famille de Condé demeura en possession de ce domaine jusqu'à l'époque de la Révolution. Elle y avait réuni les droits de contrôle et de parisis, et la ferme du petit Poids pour les fils et cotons filés qui en avait été distraite dans le cours du xive siècle. Les sieurs Coquart, Tauxier de Sureuil et Nicolas-Sébastien Blandin furent successivement nommés directeurs et régisseurs. Ils avaient sous leurs ordres plusieurs contrôleurs, receveurs et inspecteurs, et une brigade, commandée par un capitaine, un lieutenant et un sous-lieutenant, et chargée de veiller à la conservation des droits du prince de Condé dans les villes de Rouen, Pont-de-l'Arche, Dieppe, le Havre, Honfleur et Harfleur [19].

[18] Arch. du Pal. de Just., F. de la Vic. de l'Eau. Reg. d'enregist. comm. à l'année 1698. Cf. Arch. de la S.-Inf.

[19] Ibid. Reg. d'enregist., passim.

FIN DE LA PREMIÈRE PARTIE.

DEUXIÈME PARTIE.

DE LA VICOMTÉ DE L'EAU ENVISAGÉE COMME JURIDICTION.

J'examinerai, dans cette seconde partie, la nature de la juridiction de la Vicomté de l'Eau à son origine, sa décadence, son rétablissement au XVIe siècle, les divers conflits qui s'engagèrent entre elle et les autres juridictions. Je traiterai de plusieurs matières qui se rattachaient à la compétence de ce siége : des poids et mesures, des péages, des droits de propriété, de justice, de pêche, etc..., prétendus sur la Seine, des bacs et passages et des voitures d'eau établis sur ce fleuve, du halage pratiqué sur ses rives, du flottage, de la navigation et des droits perçus sur les rivières d'Epte, d'Andelle, d'Eure, d'Iton et de Risle, comprises dans le territoire de la Vicomté de l'Eau. Je ferai connaître, en finissant, les Vicomtes de l'Eau, l'organisation de leur tribunal, les fonctions des personnes soumises plus ou moins à leur autorité, et les droits désignés sous le nom d'*honnêtetés*, dus à ces magistrats et à leurs officiers [1].

[1] J'ai puisé une grande partie des matériaux qui m'ont servi pour cette seconde partie dans les archives du Palais de Justice, du Tabellionage et de la Chambre de commerce de Rouen. Je prie MM. Gosselin Barabé et Frère d'agréer mes remerciments pour l'obligeance qu'ils ont mise à faciliter mes recherches dans ces dépôts importants. Je ne puis non plus oublier de remercier M. Bonnin, à qui je dois l'idée de ce travail et qui a bien voulu mettre à ma disposition les nombreuses copies de ses portefeuilles, dont, mieux que moi, il aurait su faire usage.

CHAPITRE Ier.

DE LA JURIDICTION DE LA VICOMTÉ DE L'EAU ; SA DÉCADENCE ; SON RÉTABLISSEMENT AU XVIe SIÈCLE.

Ce n'est qu'en la rattachant à la juridiction des vicomtes qu'on peut être fondé à regarder, avec l'auteur de l'*Histoire de Rouen*, la juridiction de la Vicomté de l'Eau comme la plus ancienne de la ville. Ce caractère de haute antiquité lui était généralement reconnu [1]. Il le fut notamment, dans une circonstance solennelle, par le premier président de Montholon, dans la réponse qu'il fit aux officiers de ce tribunal quand ceux-ci vinrent le complimenter sur le rétablissement de la cour (17 mars 1764) [2].

Le *Coutumier* nous fournit des renseignements assez complets sur cette juridiction, au XIIIe siècle. Les Vicomtes de l'Eau ne connaissaient point seulement des défauts de congé ou de paiement d'acquit, ils étaient juges naturels des forains, juges criminels en certains cas ; de plus, la garde des étalons des poids et mesures leur était confiée.

Sans leur autorisation, un forain ne pouvait mettre à couvert dans la ville aucune sorte de denrées. La même formalité était imposée aux bourgeois pour

---

[1] Farin, *Hist. de Rouen*, ch. de la Vic. de l'Eau.
[2] Arch. du Pal. de Just. F. de la Vic. de l'Eau. Reg. d'enregist.

charger les vins, les mettre d'eau à terre, de tonneau en tonneau, de charrette à terre, ou pour transporter leurs marchandises hors de la banlieue.

Au XIVe siècle, c'est devant le Vicomte de l'Eau que nous voyons la commune poursuivre le paiement de ses droits de pontage. Elle eut recours à lui en 1354 pour faire saisir en l'eau de Seine, sous prétexte de forfaiture, 62 queues de guède, 6 queues de cendres, 2 petites *baletes* d'alun et 2 *baletes* de garance, appartenant à des marchands de Montivilliers [3]. Il semblerait, il est vrai, résulter, des termes d'un arrêt du parlement de Paris, de l'année 1269, que le maire de Rouen se serait permis de saisir sur la Seine les vins d'un marchand nommé Martin de Hoaban, sans recourir à l'intermédiaire d'aucun officier du Roi [4]. Il nous paraît toutefois difficile d'admettre que dès cette époque la commune jouît d'une autorité directe sur les marchandises en état de chargement sur la rivière.

Tous coutumiers (et par ce mot il faut entendre les étrangers ou forains et ceux qui n'avaient point acquis le titre de *juré au maire* et la qualité de citoyen de Rouen par un domicile d'un an et un jour à l'intérieur de la ville) étaient justiciables de la Vicomté de l'Eau [5]. Le maire ne pouvait faire arrêt sur leurs biens; ils échappaient à son autorité, excepté lorsqu'il s'agissait de chose gagée ou de fait reconnu devant lui [6]. A Rouen, les hommes francs des

[3] Arch. municip. de Rouen. Reg. D D, f° 60.
[4] Olim, I, 778.
[5] *Coutumier de la Vic. de l'Eau*, ch. XXXI.
[6] *Ibid.*, ch. XXXIII.

Templiers et des Hospitaliers se trouvaient comme les autres sous la dépendance des Vicomtes de l'Eau; mais toutes les amendes que ces vassaux encouraient, à moins qu'elles ne fussent prononcées sur la poursuite de particuliers, étaient adjugées à leurs seigneurs, au Temple ou à l'Hôpital[7].

Le maire pouvait, sur la requête d'un membre de la commune, arrêter à terre la personne ou les biens d'un coutumier, et, si celui-ci reconnaissait la dette, le contraindre à la payer; mais dans le cas où la dette était niée, le plaid passait aux Vicomtes, et si leur sentence était favorable au coutumier, le maire devait, sur leur commandement, donner mainlevée de l'arrêt[8].

Au contraire, un coutumier portait-il plainte aux Vicomtes contre un bourgeois de Rouen? ceux-ci pouvaient mander au maire de faire arrêt dans la maison de son juré et de tenir la main jusqu'au jugement de l'affaire. Si le maire négligeait de se conformer à cette prescription, il était privé de sa franchise jusqu'au paiement de l'amende[9].

Aux Vicomtes seuls il appartenait d'autoriser le marinier à faire arrêt sur les marchandises déposées à bord de son vaisseau; en cas de contestation à ce sujet, le plaid leur était attribué. Cette autorisation n'était point nécessaire quand le marinier avait à se faire payer par les marchands de son fret ou de son salaire[10].

---

[7] *Coutumier de la Vic. de l'Eau*, ch. LXXVII.
[8] *Ibid.*, ch. XXXIII, LXXIX.
[9] *Ibid.*, ch. LXXVIII.
[10] *Ibid.*, ch. XLI.

Suivant le chapitre XLVII du *Coutumier*, le voleur et tout autre criminel, saisis un jour de marché, devaient être livrés aux Vicomtes de l'Eau. Le *Coutumier* du XVᵉ siècle est plus explicite. « Le Viconte de l'Eaue, y est-il dit, a toute la grant justice dedens la banlieue de Rouen au vendredi, dessus les jurés au maire et dessus les coustumiers a terre, ou en foire, ou en eaue ; et se mutre ou larrechin y estoit fait ou grant justice soit, le maire en doit congnoistre la prinse et le doit envoyer à la Viconté de l'Eaue, et se le larron y est prins, il le doit envoyer à la viconté, et doit estre jugié à la viconté". » Plus tard, nous verrons le Vicomte de l'Eau s'intituler juge politique et criminel sur la rivière de Seine et sur les quais de Rouen. Deux dispositions du *Coutumier* étaient ordinairement citées à l'appui de cette prétention. Suivant le chapitre LXIV, « homme mort peschié en l'eaue de Roen de Seinne dedans la banleue ne puet ne ne doit estre osté ne remué, ne les biens, se il en i a aucuns qui soient enlachiés au mort sans le congié et la licence as Viscontes de l'Eaue Roth., et que les viscontes desus dis ou lor sergans aient veu ledit mort. » Suivant le chapitre LIII, lorsqu'une nef amarrée au quai n'avait rien à charger ou à décharger, les Vicomtes pouvaient contraindre le marinier à l'éloigner du quai pour faire place aux autres. Vainement celui-ci aurait-il objecté que la place où la nef était amarrée était sa propriété ; sur son refus, les Vicomtes pouvaient donner ordre aux sergents de couper le câble et de laisser aller la nef à la dérive.

---

[11] *Coutumier de la Vic. de l'Eau*, ch. LXXX.

Cette juridiction, on le conçoit, touchait par trop de points à la juridiction municipale pour ne point donner lieu à de fréquents conflits. Le *Coutumier* nous en indique quelques-uns, et nous apprend de quelle manière ils furent terminés, par sentence arbitrale, dès l'année 1238 [12].

Au chapitre xxx, on prévoit le cas où un bourgeois aurait forfait aux Vicomtes. Ceux-ci étaient en droit d'exiger qu'il vînt leur rendre compte de sa conduite; mais, n'ayant point de pouvoir sur les jurés au maire, il leur fallait prendre un biais, s'adresser à ce dernier pour l'inviter à sommer le délinquant de comparaître devant eux. Si le maire ne se rendait point à cette invitation, les Vicomtes pouvaient faire leur justice, tant sur le maire que sur tous les membres de la commune, au moyen d'un arrêt en l'eau « si que il ne porront monter ne avaler, carchier ne descarchier ne nul autre ne porra ce faire en leur nons ne pour iceux ». Ils avaient recours à la même mesure de coaction quand le maire refusait son concours pour faire rétablir sur la rivière les marchandises qui en avaient été enlevées, nonobstant leur arrêt. Un autre moyen, non moins efficace, était mis à leur disposition, comme sanction de leur autorité : ils pouvaient saisir tous les poids et mesures de la ville, et de cette façon suspendre les transactions commerciales, jusqu'à ce qu'on leur eût offert une satisfaction convenable.

Ils avaient le droit de faire arrêt « por leur amendes et por leur dettes et por autres choses partant que il soient des apartenances de la viscontée » sur les nefs

---

[12] *Coutumier de la Vic. de l'Eau*, ch. xxx et suiv.

et marchandises dans la banlieue de Rouen et sur tout le cours de la Seine, de la mer à Paris. En dehors de ces limites, qu'il ne faut point prendre pour des limites de juridiction, ils étaient obligés de recourir à l'entremise des justices locales compétentes [13].

Le *Coutumier* nous fait connaître quelques-unes des formes de procédure usitées à la Vicomté de l'Eau. Elles méritent d'être signalées.

Le forain n'était recevable dans la plainte qu'il portait contre un autre forain, qu'après avoir payé les *destrois*, c'est-à-dire, après avoir déposé entre les mains des Vicomtes la douzième partie de la valeur qu'il réclamait. Cet argent demeurait acquis au domaine. Mais si le plaignant gagnait son procès, il avait son recours contre le défendeur, pour en obtenir indemnité. Cet usage avait été établi, moins sans doute dans le but de prévenir la chicane, que comme mesure de précaution contre des étrangers, dont la solvabilité n'était point suffisamment connue, et qui d'ailleurs, d'un jour à l'autre, pouvaient disparaître. Aussi le maire et les bourgeois de Rouen n'étaient-ils point assujettis à cette consignation. Il suffisait qu'ils donnassent des plèges de poursuivre leur cause. Les *destrois* n'étaient pas même toujours exigés de l'étranger; ils ne l'étaient point lorsque celui-ci réclamait une somme d'argent, comme salaire, ou comme prix de vente de marchandises et que les deux parties étaient présentes [14].

Quand une affaire était portée à la Vicomté de

---

[13] *Coutumier de la Vic. de l'Eau*, ch. XLVIII.
[14] *Ibid.*, ch. LV.

l'Eau, le maire et les pairs étaient tenus, sur l'appel des Vicomtes, de venir leur donner leur avis et juger avec eux. Mais quand les officiers municipaux avaient pris fait et cause pour un des plaidants leur juré, comme en allant avec lui au conseil, le record appartenait alors exclusivement aux Vicomtes de l'Eau [15].

Pour le jugement des affaires criminelles, lorsqu'il s'agissait par exemple de juger un voleur saisi au marché, les Vicomtes de l'Eau devaient s'adresser au vicomte du château de Rouen. Celui-ci, sur leur requête, leur adjoignait quatre chevaliers [16]. Cette disposition est insérée dans la rédaction primitive du *Coutumier*. Une disposition plus récente porte que, dans ce cas, le Vicomte doit mander « au bailli quil lui envoye chevaliers pour jugier le larron à ladicte viconté, et au mandement au Viconte le maire doit venir et y doit amener au jugement de ses plus sages pers, et quant cil sera jugié tous les meubles seront au Viconte [17] ».

S'il arrivait que le demandeur fît défaut, l'arrêt mis sur la personne et les biens du défendeur était levé. Deux défauts du défendeur entraînaient sa condamnation [18].

Je ne parle point des preuves judiciaires usitées à la Vicomté de l'Eau, du record [19], de la loi de *desreine* [20] et du combat judiciaire, parce qu'elles n'é-

---

[15] *Coutumier de la Vic. de l'Eau*, ch. XXXIV.

[16] *Ibid.*, ch. XLVII.

[17] *Ibid.*, ch. LXXX.

[18] *Ibid.*, ch. LII.

[19] *Coutume de Norm.*, 1re édition, ch. CXXI. Cf. Ph. de Beaumanoir, *Coutumes du Beauvoisis* (édit. de M. le comte Beugnot), II, 94.

[20] *Coutumier de la Vic. de l'Eau*, ch. XLIX. *Coutume de Norm.*, ch. CXXIII.

taient point particulières à ce siège. Je me contente de faire remarquer que le fameux établissement de S. Louis, de 1260, n'amena point immédiatement l'abolition du combat judiciaire, même dans les tribunaux du domaine royal. Un passage du *Coutumier* en fournit la preuve. Le forain, poursuivi pour une dette dont il niait l'existence, « en gaigera, dit le *Coutumier*, une loy (la desreine) et si sera mis d'un jour à aultre pour faire hatif droit ou par gage de bataile et seront mis les jours de jour à aultre et a le Viconte sa bataile tous les jours de l'an en karesme et dehors et ses loys aultressy en karesme et dehors, et se la bataile ny puet estre l'enqueste y sera, si comme le Roy la commandé nouvellement »[21].

Les maréchaux n'avaient la faculté de construire de nouveau *travail* (et par ce mot il faut entendre la cage en bois de charpente où l'on ferrait les chevaux) que moyennant le congé des Vicomtes de l'Eau et sous les yeux de ces officiers, chargés spécialement de veiller à ce qu'on donnât à ce *travail* la largeur déterminée par l'usage. De même, à Paris, ces artisans devaient payer *hauban* au Roi, et obtenir la permission du prévôt de Paris[22]. Cette fonction, reste évident de l'ancienne juridiction du vicomte, ne fut pas conservée pendant longtemps aux Vicomtes de l'Eau. Elle n'est point rappelée dans les statuts des

---

[21] *Coutumier de la Vic. de l'Eau*, ch. LXXVI. — Il est fait allusion, dans ce passage du *Coutumier*, soit à l'ord. de S. Louis, soit aux ord. de Philippe le Bel, des années 1303, 1314. Voy. Ducange, v° *Duellum*.

[22] Depping, *Règlements sur les arts et métiers de Paris*, rédigés au XIII° siècle, p. 45. Cf. — *Coutumier de Dieppe*, ch. intitulé : « La coustume des fevres mareschalx ayant travail sur le pavement », f° XVIII.

maréchaux de Rouen, confirmés par Louis XI, en juillet 1464. Le chapitre xxi du *Coutumier*, qui nous la fait connaître, fut considéré comme inutile et supprimé dans le *Coutumier* du commencement du xvie siècle.

Enfin les Vicomtes de l'Eau avaient la garde *des étalons des mesures pour mesurer blé, avoine, pois ou autres choses*. Personne, dans la banlieue de Rouen, ne pouvait avoir chez soi aucune mesure qui ne fût scellée de leur sceau, et n'eût été préalablement essayée aux étalons déposés à leur siège; autrement la mesure pouvait être saisie et le détenteur encourait une amende, dont la fixation était abandonnée à la discrétion des Vicomtes de l'Eau [23].

Les documents nous manquent pour étudier, d'une manière suivie, les phases diverses par lesquelles passa la juridiction de la Vicomté de l'Eau. Il est très-probable qu'elle fut réduite dès la fin du xiiie siècle [24], et il est certain que cette décadence continua jusqu'au milieu du xvie.

Parmi les ordonnances qui portèrent le plus évidemment atteinte à l'autorité des Vicomtes de l'Eau, je citerai celle du mois de mars 1358, qui reconnut au maire le droit, pendant la foire du Pardon, de saisir les chairs corrompues, et d'exercer la juridiction, à l'exception de trois cas réservés à la justice du Roi, d'inspecter, dans les vaisseaux, les grains apportés au port de Rouen pour y être vendus, et de

[23] *Ibid.*, ch. LXXIV, LXXVI.
[24] En 1290, nous voyons le vicomte de Rouen, non le Vicomte de l'Eau, faire saisir et vendre, comme forfaite, la franche nef des religieux de Bonne-Nouvelle, sous prétexte qu'elle était trop grande, et qu'ils en mésusaient en la louant. Arch. de la S.-Inf. F. de Bonne-Nouvelle.

connaître des cris de haro et des délits survenus aux halles de la Vicomté et du Vieux-Marché [25].

L'autorité du Vicomte de l'Eau sur les forains, à supposer qu'elle ait subsisté jusque-là, dut perdre de son importance lorsque la vieille et la nouvelle ville furent fondues en un seul corps, sous Charles VII. En tout cas, un arrêt du grand Conseil, du 11 mars 1548, rapporté par Terrien [26], nous apprend que le vicomte de Rouen « avait juridiction, en première instance, tant sur les habitants de la ville et banlieue de Rouen que sur les forains et demeurants, es six sergenteries de ladite vicomté... que cet officier et le bailli connaissaient, par prévention, des procès qui se rattachaient à ce privilége des bourgeois de pouvoir faire saisir et arrêter, dans la ville, les biens meubles des forains et étrangers, leurs débiteurs, jusqu'à la reconnaissance ou au paiement de la dette ».

La juridiction du Vicomte de l'Eau était menacée de disparaître sans bruit et par l'effet d'entreprises continuelles, lorsqu'un édit, donné à Compiègne (22 mai 1554) vint rendre à ce magistrat quelques-unes de ses anciennes prérogatives, et attribuer force de loi au *Coutumier* primitif. C'est le point de départ d'une période de progrès, dont il va nous être plus facile de suivre le développement.

Dans cet édit on exposait que de temps immémorial, même antérieurement à la réunion du duché à la couronne, l'office de Vicomte de l'Eau avait été

---

[25] Ord. des Rois de Fr., III, 329.

[26] *Commentaires du droit civil... observé au pays et duché de Normandie*, p. 61.

créé pour décider les différends qui naîtraient entre les marchands de Rouen et les marchands forains trafiquant par mer et par la Seine, au sujet de leur *négociation aquatique et marine*, pour recevoir au greffe de son tribunal les contrats de cargaison, d'association et généralement tous autres contrats relatifs au trafic et au transport des marchandises. Mais comme dans la copie du *Coutumier*, qui avait été extraite des registres de la chambre des comptes de Paris, en vertu d'un arrêt du parlement, du mois de mars 1509, on avait omis, soit par mégarde, soit avec intention, plusieurs chapitres concernant l'autorité du Vicomte de l'Eau, la décision des amendes et des forfaitures, le Roi jugea nécessaire de déclarer que l'ancien *Coutumier* serait gardé selon sa forme et teneur, qu'il en serait fait un ample extrait divisé par articles; que cet extrait serait inscrit sur un tableau et affiché à la Vicomté de l'Eau, pour y avoir recours, à l'avenir, comme à chose approuvée et authentique. Ordre était donné aux marroniers et bateliers de passer au greffe de cette juridiction les obligations relatives au trafic et au voiturage des marchandises amenées à Rouen soit par terre, soit par eau, et de poursuivre leurs actions devant le Vicomte de l'Eau ou son lieutenant [27].

Il ne faut pas conclure des termes de cet édit que toutes les dispositions de l'ancien *Coutumier* furent alors remises en vigueur; plusieurs ne furent conser-

---

[27] « *Recueil* des arrêts et règlements donnez, tant en instances civiles que criminelles, sur le faict de la jurisdiction et compétence de la Vicomté de l'Eaue de Rouen. » Rouen, impr. de Martin le Mesgissier, 1624, p. 9-44. Ce recueil, précieux pour le sujet qui nous occupe, se trouve à la Bibl. de R.; il a été relié avec le *Coutumier de la Vicomté de l'Eau*, de Germain de la Tour.

vées que pour la forme et ne reçurent aucune application; c'est à peine si on en comprenait alors le sens et la portée. Mais en revanche, les Vicomtes de l'Eau surent tirer si bon parti de quelques-unes qui restaient en vigueur, que bientôt ils se firent reconnaître, sur certains points, une autorité que leurs prédécesseurs n'avaient point soupçonnée. C'est ainsi que de nombreux arrêts décidèrent que le titre de création de leur juridiction était de connaître généralement de tous les faits civils, criminels et de police, qui se passaient non-seulement sur la Seine, mais encore sur les affluents de ce fleuve. En maintes circonstances, et même dans des déclarations du Roi, on assimila ces magistrats aux prévôts des marchands de Paris [28]. Soutenu par la faveur du parlement, naturellement ami des institutions locales et ennemi des institutions nouvelles, et par la famille de Condé, adjudicataire du domaine de la Vicomté de l'Eau de Rouen, ce tribunal exceptionnel se maintint, jusqu'à l'époque de la Révolution, au milieu de conflits sans cesse renaissants, engagés avec des juridictions rivales, avec les consuls, l'amirauté, les maîtrises des eaux et forêts, le lieutenant criminel, le lieutenant de police et l'hôtel de ville.

Conflits de la Vicomté de l'Eau avec les juges-consuls.

L'autorité du *Coutumier* une fois rétablie, il passa en règle que les vaisseaux entrant dans la rivière

---

[28] Arch. du Pal. de Just. F. de la Vic. de l'Eau. « Factum pour Néel, Vic. de l'Eau, contre d'Houppeville, lieutenant de police », p. 8.

de Seine, entre Caudebec et Caterage, devaient comme autrefois, avant de décharger leurs marchandises, en fournir une déclaration affirmée véritable, payer les droits dus au domaine et prendre congé du Vicomte de l'Eau. Les mêmes formalités furent imposées aux voituriers pour décharger leurs marchandises, de charrette à terre, dans la banlieue de Rouen. Les uns et les autres durent se pourvoir devant lui pour les contestations relatives à leur fret et à leurs salaires. Vainement le prieur et les juges-consuls prétendirent-ils que leur édit de création, donné à Paris au mois de mars 1556, vérifié au parlement de Normandie le 20 juillet 1563, emportait abrogation du *Coutumier*. Un arrêt du parlement du 15 mai 1567, en forme de règlement, confirma la compétence du Vicomte de l'Eau en matière de voiturage de marchandises transportées dans la banlieue et sur la Seine, depuis la mer à Rouen, et de Rouen à Paris[29]. Deux autres arrêts, l'un du 4 septembre 1609, l'autre du 13 décembre 1622, lui reconnurent le droit exclusif de procéder à l'adjudication des bateaux décrétés, à la distribution des deniers qui en provenaient, et de connaître des procès survenus *entre les marchands et les voituriers, maîtres de gribannes et bateliers, pour cause de vente de cordages, clou, brai, goudron, agrès, appareils et autres choses qui s'employaient et consommaient dans les vaisseaux, sur la rivière de Seine, pour la commodité de la navigation*[30].

---

[29] *Recueil des arrêts et règlements* précité, p. 25. Cf. *Ibid.*, p. 107.

[30] *Ibid.*, p. 129. — Voy. arch. du Pal. de Just. F. de la Vic. de l'Eau.

Conflits avec l'amirauté.

Des conjectures avaient conduit M. de Pastoret à penser que, dès avant le milieu du xiiie siècle, les contestations auxquelles le commerce maritime donnait lieu n'étaient point jugées en Normandie par des prud'hommes municipaux ou jurés de la mer [31]. A cette époque, nous l'avons vu, elles l'étaient à Rouen par les Vicomtes de l'Eau, lorsqu'elles survenaient entre forains. Il est probable que l'établissement de l'amirauté en Normandie, antérieur à 1350 [32], dut porter atteinte à leur juridiction; mais nous ne savons rien de précis à cet égard. Lorsqu'en 1517 l'amiral Gouffier de Bonnivet voulut faire enregistrer au parlement de nouvelles ordonnances relatives à sa charge, le Vicomte de l'Eau se porta comme opposant; l'enregistrement n'eut lieu que sur la déclaration faite par l'amiral qu'il n'entendait nullement déroger à la juridiction dépendante de la Vicomté de l'Eau pour fait des acquits, coutumes et autres choses concernant l'eau douce [33].

A la fin du xvie siècle, le parlement fit un règlement général pour déterminer l'étendue relative de ces deux juridictions. Ce règlement ne nous est point connu.

L'ordonnance du mois d'août 1681 (art. 8, tit. de la Compétence), en disposant que les officiers de

---

[31] Ord. des Rois de Fr., XXI, CXXXIII.

[32] Ibid., CXXV.

[33] Recueil des arrêts et règlements donnez, tant en instance civiles que criminelles, sur le faict de la juridiction et compétence de la Vicomté de l'Eau à Rouen, 1624, p. 6.

l'amirauté feraient la levée des corps noyés, dresseraient procès-verbal de l'état des cadavres trouvés en mer, sur les grèves et dans les ports, de la submersion des gens de mer occupés à la conduite de leurs bateaux dans les rivières navigables, semblait impliquer abrogation du chapitre LXIV du *Coutumier*. Un arrêt du parlement, du 6 février 1721, n'admit pas cette conséquence; les contestations continuèrent entre la Vicomté de l'Eau et l'amirauté, sur ce point et sur d'autres, jusqu'à la déclaration du Roi, donnée à Fontainebleau, 4 octobre 1724.

D'après cette déclaration, le Vicomte de l'Eau avait seul la connaissance des droits appelés droits de vicomté, et la juridiction pour ce qui concernait leur perception sur tous les bâtiments plats ou maritimes.

Les bâtiments plats, c'est-à-dire découverts, sans ponts et montés par des contre-maîtres et compagnons de rivière, étaient soumis d'une manière générale à sa juridiction, qu'ils naviguassent en deçà ou au delà de la ville ou sur les rivières affluentes à la Seine; lui seul délivrait des congés aux maîtres de ces bâtiments, et connaissait des crimes et délits commis à leur bord, et de la submersion des personnes qui s'y trouvaient.

Tous commis établis pour la perception des droits de vicomté sur la rivière, quais et chemins de halage, autres néanmoins que les personnes qui devaient être reçues en l'amirauté, suivant l'ordonnance de 1681, demeuraient sous la dépendance du Vicomte de l'Eau. Pour faciliter la perception des droits sur les navires et bateaux plats, il pouvait exiger des contre-maîtres des déclarations de leurs marchandises, envoyer ses commis sur les bâtiments délivrer des acquits, avec la permission de charger et de décharger.

Mais les bâtiments maritimes, c'est-à-dire tous navires construits avec quilles, mâts et voiles, et commandés par des maîtres reçus en l'amirauté et naviguant avec des rôles d'équipage visés au bureau des classes, ne prenaient congé que de l'amiral, étaient soumis à sa visite et lui faisaient rapport à leur retour. Lui seul connaissait des crimes et délits qui s'y commettaient et de la submersion des personnes qui se trouvaient à leur bord.

Néanmoins, lorsque les bâtiments maritimes faisaient leur commerce dans la rivière de Seine, en deçà de la Pierre-du-Poirier ou dans les rivières qui sont au-dessous, affluentes à la Seine, la connaissance de toutes actions résultant dudit commerce, même des cas fortuits, appartenait à la Vicomté de l'Eau [34].

—

Conflits avec les maîtrises des eaux-et-forêts.

Le Vicomté de l'Eau ne connaissait point, dans l'origine, des faits relatifs à la conservation des chemins de halage. Lorsque François Ier rendit un édit pour astreindre les seigneurs péagers à remplir, par l'entretien des ponts et passages, le but en vue duquel les droits de péage avaient été établis ou tolérés,

---

[34] Arch. de la S.-Inf. F. de l'intend.; liasse intitulée : « Vicomté de l'Eau », arch. du Pal. de Just. F. de la Vicomté de l'Eau.

ce fut au bailli de Rouen que fut confié le soin de faire mettre à exécution ces mesures si désirables et depuis si longtemps réclamées dans l'intérêt du commerce. Ce fut le lieutenant du bailli en la vicomté de Pont-Audemer qui régla, le 18 avril 1536, la manière dont les religieux de S.-Wandrille durent réparer la chaussée et le passage de Caudebec [35]. C'était alors le bailli qui recevait l'officier chargé de surveiller l'état des chemins de halage et que l'on désignait sous le double nom de plancager-courbager, à cause des planches qu'il devait faire placer sur les ruisseaux et dans les endroits difficiles, et du droit qu'il percevait sur chaque courbe, en d'autres termes, sur chaque attelage de deux chevaux.

Mais dès la fin du XVI° siècle l'autorité du bailli avait baissé, et celle du Vicomte de l'Eau s'était relevée [36]. Aussi voyons-nous ce dernier condamner un riverain à la réparation du chemin de halage, qui bornait son héritage; et le parlement confirmer cette sentence, par un arrêt du 13 mars 1598. Cette même année, une sentence analogue fut rendue contre des vassaux de la baronnie de Mauni, qui appartenait alors au duc de Bouillon. Celui-ci, après avoir voulu faire renvoyer l'affaire devant son bailli, reconnut que sa prétention n'était point fondée et se désista de l'appel qu'il avait interjeté. Le Vicomte de l'Eau visitait parfois les rivières et les chemins; mais ce

[35] Arch. de la S.-Inf. F. de S.-Wandrille.

[36] Le premier acte relatif au halage, où nous voyons figurer le Vicomte de l'Eau, est une sentence du 17 juin 1535, rendue entre le fermier de François d'Estavoye, ayant l'office et droit de plancage et vergage de la rivière de Seine, de Paris à la mer, et Thierry Tuvache, marchand de Rouen, par laquelle ce dernier fut condamné à payer au fermier le droit de plancage.

soin d'ordinaire était abandonné au plancager-courbager. Cet officier lui soumettait, de quinzaine en quinzaine, les procès-verbaux des usurpations et des dégradations qu'il avait remarquées. Cette compétence fut fréquemment l'objet des attaques des maîtrises des eaux et forêts. En 1672, notamment, la maîtrise de Rouen intenta procès au plancager, sous prétexte qu'en s'adressant au siége de la Vicomté de l'Eau, il contrevenait aux dispositions de l'ordonnance des eaux et forêts de 1669. Dans cette affaire, trois avocats renommés prirent la parole : Basnage soutenait les prétentions de la maîtrise ; Gréard et du Hacquet, celles du plancager et du Vicomte de l'Eau. La cour, par un arrêt du 19 février 1672, donna gain de cause à ces derniers. Elle déclara que la juridiction du Vicomte de l'Eau était formée à l'instar de la prévôté de Paris ; que, comme le prévôt, il était juge civil, politique et criminel ; que son autorité s'étendait sur tous les quais des rivières de Seine et d'Eure, dans l'étendue du parlement, de la mer au ponceau de Blaru ; enfin que la connaissance de tous les droits de péage, ponts et passages des entreprises commises sur les rivières et les chemins de halage, lui était réservée [37].

Conflits avec le lieutenant criminel.

En qualité de juge criminel, le Vicomte de l'Eau connaissait des crimes et délits commis sur les quais

[37] Arch. du Pal. de Just. F. de la Vic. de l'Eau. Arch. de la S.-Inf. F. de l'Intend., liasse intitulée : « Vicomté de l'Eau. »

et sur la rivière, ailleurs que sur les bâtiments maritimes, à l'exclusion tant des juges de l'amirauté (déclaration du 4 octobre 1724), que du lieutenant criminel du bailliage (arrêts du parlement, 18 février 1623, 13 septembre 1658). Le pouvoir du lieutenant criminel n'étant, aux termes de l'édit de création de l'année 1522, qu'un démembrement du pouvoir du bailli, on considéra qu'il n'en devait point outrepasser les anciennes limites. Les sentences criminelles de la Vicomté de l'Eau s'exécutaient sur les quais ; la potence était d'ordinaire dressée auprès de la porte du Bac [38].

Conflits avec le lieutenant de police.

Le Vicomte de l'Eau avait la police du quai de Rouen, de la rivière, des bains, des bateaux et coches d'eau. Dès l'année 1600, il rendit une sentence en forme de règlement, qui s'appliquait à tous les maîtres de navires, heux, gribannes, aux barquetiers, bateliers, aux marchands de pierre, foin, bois et tuiles, et aux amouleurs de plâtre.

Le 1er juin 1622, nous le voyons autoriser deux particuliers à étaler leurs marchandises sur les quais et à recevoir ceux qui voudraient jouer à la *blanque*.

Une sentence du 2 avril 1622, rendue par le même magistrat, partagea le quai entre les bardeurs de bois, les chargeurs de sel, les marchands de pierre et de tuiles, les bateaux *bouillais* (de la Bouille), les bateaux de Rouen à Paris, ceux de la rivière d'Eure,

---

[38] Arch. du Pal. de Just. F. de la Vic. de l'Eau.

ceux de Caudebec, des Andelis, d'Elbeuf et du Port S.-Ouen. Aux termes de cette sentence, les brements et charretiers devaient s'interdire tout travail sur les quais ou dans les vaisseaux, pendant la nuit et les dimanches et fêtes solennelles, et se garder d'exiger des bourgeois et des marchands plus qu'il ne leur était attribué par les règlements. Les bateliers ne devaient point dépouiller les corps noyés, ni s'approprier les choses *gaives*; mais les amener sur le quai et se hâter d'en avertir la police; défense leur était faite d'usurper leurs *rangs* respectifs, de jurer et blasphémer le nom de Dieu. On y trouve aussi les deux prescriptions suivantes : « Depuis que la nuit sera venue et que l'on ne pourra plus connoistre un tournois, nul ne passera aucune personne par ladite rivière, ni aussi le matin qu'il ne soit jour suffisant, sur peine de 10 l. d'amende.

« Item, aucun batelier ne passera, ne menera aucun bateau passager depuis le jour S.-Remi jusques à Pasques ensuyvant, s'il n'a deux advirons ferrez, bons et suffisans et aussi un croc ferré, etc. [39] »

Une sentence du même siége (6 octobre 1635) divisa les quais, depuis le Pré-au-Loup jusqu'au Vieux-Palais, en huit quartiers, dont chacun fut attribué à un sergent, avec charge d'y faire observer la police. Le lieutenant général de police s'attribua fréquemment la même autorité, et nous le voyons, de son côté, assigner, sur les quais, des quartiers aux sergents. Les limites de ces deux juridictions se confon-

[39] Arch. de la S.-Inf. F. de l'intend., liasse intitulée : « Vicomté de l'Eau. »

daient souvent, elles donnaient lieu à de longs conflits, qu'il serait inutile de suivre dans tous leurs détails [40].

L'édit du mois d'octobre 1699, en supprimant tous les officiers de police du royaume, soit qu'ils fussent titulaires, soit que la police fût exercée par des corps d'officiers ou par des hôtels de ville, semblait entraîner abrogation du titre de juge politique, porté par le Vicomte de l'Eau. Mais si formel que fût cet édit, on trouva moyen d'en éluder les dispositions. L'esprit de routine prévalait alors, et il était malaisé au gouvernement, avec l'autorité que les parlements s'attribuaient, de plier la France à un système uniforme et régulier. En 1705, l'avocat général de Ménibus, portant la parole dans un procès survenu entre le lieutenant de police, qui invoquait l'édit d'octobre 1699, et le Vicomte de l'Eau, exposa : « que celui-ci était autrefois le seul officier de la ville...; que ce serait lui enlever les seuls débris qui lui restaient de son ancienne juridiction et détruire entièrement le titre de sa charge, que de lui refuser la connaissance de ce qui se passait sur les quais ». En conséquence, la cour décida que l'intention du Roi n'avait pu être de supprimer des officiers ayant une juridiction certaine et déterminée, dans un certain territoire, comme le Vicomte de l'Eau, à Rouen, et le prévôt des marchands, à Paris. Cette assimilation fut consacrée par la déclaration du 24 octobre 1724; le Roi, dans cette déclaration, ordonna que les officiers de la Vicomté de l'Eau exerceraient, à Rouen,

---

[40] Arch. du Pal. de Just. F. de la Vic. de l'Eau. — Voir surtout le *Mémoire* pour les officiers de la Vic. de l'Eau de Rouen contre le lieutenant général de police de la même ville.

les fonctions qui appartenaient au prévôt des marchands, à Paris, en tenant compte toutefois des différences que mettait nécessairement entre eux la qualité de chef de l'autorité municipale dont le second était revêtu. Le lieutenant de police supporta avec peine cette défaite; il prétendit que cette déclaration portait atteinte aux droits de sa charge et se pourvut au conseil d'État pour la faire rappeler. Ce pourvoi donna lieu à une discussion, aussi vive qu'embrouillée, qui commença en 1732 et ne fut terminée que par la déclaration du 20 mai 1738, enregistrée au parlement sans opposition le 4 juillet suivant. Cette déclaration fixa la compétence de ces deux juges, non-seulement dans leurs rapports entre eux, mais aussi dans leurs rapports avec les autres siéges qui pouvaient prétendre quelque compétence sur la rivière et sur les ports.

L'arrêt portait que le Vicomte de l'Eau avait la connaissance, privativement à tous autres, de tout ce qui concernait la police sur la Seine et ses affluents, dans le ressort du parlement de Rouen, tant par rapport au commerce que par rapport au transport des denrées et marchandises destinées à être voiturées par eau en la ville de Rouen; que lui seul devait connaître du chargement et déchargement, tant de terre à bord que de bord à terre, et généralement de tout ce qui concernait la police de la navigation et le service de la rivière. D'après l'art. 4, c'était à lui qu'il appartenait de désigner les lieux où les embarquements et débarquements devaient se faire, et de régler l'arrangement des bateaux dans les ports [41].

---

[41] Voyez Arch. du Pal. de Just. F. de la Vic. de l'Eau, notamment

Conflits avec l'autorité municipale.

Lorsque le Roi, en 1692, eut créé en titre d'office des maires et des conseillers assesseurs dans tous les hôtels de ville du royaume, la ville de Rouen proposa au gouvernement une somme de 60,000 l. pour obtenir la réunion des offices et la conservation de son droit d'élection. Cette proposition fut agréée : Louis XIV accorda à l'hôtel de ville le droit de juridiction pour tout ce qui concernait son patrimoine (1695). Antérieurement, les droits de pontage se percevaient, comme les droits de vicomté, à la Vicomté de l'Eau, et quand la ville voulait poursuivre ses débiteurs, elle était obligée de porter ses actions tantôt à ce siége, tantôt à celui du bailliage. Pendant tout le cours du xviiie siècle, le maire et les échevins travaillèrent à recouvrer leur ancienne autorité. En 1710, ils achetèrent du lieutenant de police la compétence des manufactures et le droit de conservateur des foires. Le superviseur des quais ne fut plus reçu que par le maire; bientôt celui-ci disputa au lieutenant général du bailliage la police des quais. Plus tard, lorsque la déclaration du mois d'octobre 1724 eut été rendue en faveur de la Vicomté de l'Eau,

la « déclaration du Roi, qui fixe les droits et fonctions des officiers de la Vicomté de l'Eau et du lieutenant général de police de la ville de Rouen, » Versailles, 20 mai 1738 (imprimé). — Factum (imprimé) pour Me Jacques-Balthazard Néel, avocat en la cour... Vicomté de l'Eaue à Rouen, contre Me François d'Houppeville... lieutenant général de police. — Autre mémoire pour les officiers de la Vicomté de l'Eau de Rouen, contre le lieutenant général de police de la même ville. Le 26 fév. 1762, le conseil d'État rendit un arrêt par lequel, cassant un arrêt du parlement, il maintint le Vicomte de l'Eau dans l'exercice de sa juridiction sur le quai de la Bouille, pour ce qui concernait la navigation, contrairement aux prétentions du marquis d'Etampes.

la ville de Rouen fut assez puissante pour obtenir un arrêt du conseil, dès le 25 novembre de la même année, par lequel le Roi déclarait n'avoir entendu préjudicier en rien aux prérogatives du maire et des échevins, et les maintenait dans le droit de connaître de toutes actions civiles qui naîtraient de marchands à marchands et de parties à parties, pour cas résultant de marchés faits en foire pendant le temps des foires franches. On confirmait au Vicomte de l'Eau le droit de faire ranger les bateaux chargés de marchandises et de connaître des contestations relatives au rangement. Les autres points sujets à discussion étaient réservés; l'intendant de la généralité fut chargé de dresser procès-verbal des dires des parties et d'en faire rapport au conseil. Le maire et le Vicomte de l'Eau convinrent verbalement, devant M. de Fortia, de choisir deux avocats du parlement pour arbitres de leurs différends, et, en cas de désaccord, de prendre l'intendant pour tiers arbitre. Le règlement de la juridiction de ces deux juridictions fut étudié avec un soin infini. Ce fut M. de Trudaine lui-même qui, après un examen très-scrupuleux de tous les titres, rédigea le projet de déclaration, qui fut soumis au Roi et adopté le 20 mai 1738. Cette déclaration, entre autres dispositions, portait que l'hôtel commun de la ville de Rouen serait maintenu et gardé en la pleine propriété et possession des quais, et le maire et les échevins dans l'administration et direction économique de ce domaine; qu'en conséquence ils seraient seuls compétents pour connaître de tout ce qui pourrait concerner l'occupation desdits quais, qu'ils en auraient la police et en distribueraient les places à leur gré. On réserva au Vicomte de l'Eau la partie de la police des quais qui avait rapport à la navigation et se distinguait nettement de celle qui tenait à l'administration civile et intérieure de la ville.

Cette déclaration ne satisfit point encore le maire et les échevins : ils élevèrent leurs prétentions jusqu'à demander la réunion de la juridiction de la Vicomté de l'Eau à la juridiction municipale. Le prince de Condé s'y opposa ; et le Roi, après avoir pris l'avis du premier président et de l'intendant, se détermina « à laisser subsister cette juridiction du Vicomte de l'Eau *dans l'état où elle était, tant à cause de son ancienneté que par rapport aux inconvénients que ne pouvait manquer d'entraîner la division des fonctions attachées à ce tribunal* [42] ». L'hôtel de ville ne se tint point pour battu ; mais ses démarches n'eurent point de succès, et la Vicomté de l'Eau, malgré tant d'efforts qui tendaient à la détruire, prolongea son existence, toujours inquiétée, toujours chancelante, jusqu'au moment de la Révolution [43].

Il est assez vraisemblable qu'à l'origine, le Vicomte de l'Eau était subordonné au bailli. Mais au XVIe siècle et postérieurement, il ne relevait directement que du parlement, où les appels de ses sentences étaient portés. Bien qu'à l'entrée de Henri IV il eût figuré dans le cortége en robe courte, il se prétendait juge de robe longue ; non point simple vicomte, mais bailli-vicomtal, possédant les mêmes droits et les mêmes préroga-

---

[42] Lettre de M. de la Moignon, chancelier de France, à M. de Miromenil, premier président du parlement de Rouen, 20 juin 1759, aux arch. du Pal. de Just. F. de la Vic. de l'Eau. Reg. d'enregist.

[43] Voy. arch. du Pal. de Just. F. de la Vic. de l'Eau. — Arch. municip. de Rouen, nos 35, 320, 321.

tives dans sa juridiction que le bailli dans la sienne⁴⁴. Ce qu'il y a de certain, c'est que, dès la fin du XVIᵉ siècle, il recevait ses officiers indépendamment du bailli, et tenait des assises de six semaines en six semaines, et des mercuriales à la S.-Martin ou à Pâques, où tous ses officiers étaient tenus de comparaître.

On faisait remarquer, comme preuve de l'ancienneté de la juridiction du Vicomte de l'Eau, que le prisonnier délivré en vertu du privilége S.-Romain était conduit, couronné de fleurs, au tribunal de ce magistrat, sous les yeux duquel il recevait à genoux la remontrance et la bénédiction du prieur de Bonne-Nouvelle; mais en y regardant de près, on voit que cet usage était récent et n'avait été adopté qu'à partir de 1577, dans un temps où les guerres civiles ne permettaient point de conduire en sûreté le prisonnier jusqu'au prieuré de Bonne-Nouvelle⁴⁵.

Notons encore que le Vicomte de l'Eau était en possession de connaître de toutes actions, de quelque nature qu'elles fussent, qui intéressaient les personnes resséantes dans l'enclos de la Vicomté de l'Eau; des tutelles, curatelles et inventaires de ceux qui y décédaient⁴⁶; que les lettres de hanse délivrées par la ville ne sortissaient leur effet que lorsque le

---

[44] Voy. « Escrit que mettent vers la cour les juges et officiers de la Vicomté de l'Eau contre Mᵉ Pierre du Moustier, lieutenant criminel au bailliage de Rouen. » Aux arch. du Pal. de Just. F. de la Vic. de l'Eau.

[45] *Gallia christiana*, XI, 243. Voy. arch. de la S.-Inf. F. de l'intend., liasse intitulée : « Vic. de l'Eau», arch. du Pal. de Just. F. de la Vicomté de l'Eau. Reg. d'audience, à la date du 26 mai 1729.

[46] Arch. de la S.-Inf. F. de l'intend., liasse intitulée : « Vicomté de l'Eau. » Arrêts de la cour du parl., du 24 avril 1742 et du 2 août 1743.

Vicomte de l'Eau en avait ordonné l'enregistrement à son greffe et avait envoyé les hansés s'éjouir des franchises attachées à ce titre¹⁷.

¹⁷ Voy. Reg. d'enregist., aux arch. du Pal. de Just. F. de la Vic. de l'Eau. Cf. aux arch. municip., liasse nº 125.

CHAPITRE II.

DES POIDS ET MESURES.

La connaissance des poids et mesures, la garde des étalons, le privilége du grand Poids, consistant à posséder seul, soit dans une ville, soit dans une seigneurie, la faculté de peser à grandes balances au-dessus de 25 livres, sont autant de droits distincts que nous trouvons tantôt aux mains du Roi, tantôt aux mains des seigneurs ou des villes [1]. Des jurisconsultes, considérant ces fonctions comme essentiellement dépendantes de la police, n'en voulaient point reconnaître l'aliénabilité; mais les faits contredisent leur opinion. Aussi bien, « je ne voy point, disait Loyseau, que le droict des poids et des mesures soit plus royal que d'exercer toute justice civile et criminelle jusques à condamner les hommes à mort [2] ».

Il est vrai qu'en Normandie, c'était un principe proclamé dans le *Coutumier* de la province que toute la *posté et seigneurie des mesures et des poids* appartenait

---

[1] Une charte de Philippe-Auguste, de l'année 1220, avait attribué à la confrérie des marchands de l'Eau de Paris la garde et les droits utiles de l'étalon des mesures; la garde des mesures et le droit de mesurage avaient été donnés à la ville de Compiègne. Voy. Dissertation prélimin. sur l'origine de l'hôtel de ville de Paris, par Le Roy, p. 44, dans le premier volume de l'*Hist. de Paris*, de Félibien.

[2] *Traité des seigneuries, du droit de police*, ch. IX.

au duc; mais, comme le remarque M. Léop. Delisle, cette règle absolue souffrit plus d'une exception [3].

Les étalons des poids et mesures paraissent avoir été confiés anciennement au vicomte de Rouen. Gosselin, en devenant vicomte d'Arques, aurait transporté dans cette ville le droit de garde et de vérification des poids et mesures, attaché précédemment à son office de vicomte de Rouen [4]. Quoi qu'il en soit, cette prérogative passa au fief de Lardenière, ainsi nommé de ce que le seigneur de ce fief avait eu sans doute dans ses attributions le soin du lardier du château d'Arques [5]. Ses successeurs conservèrent le droit de jauger, étalonner, sceller les poids et mesures de grains, de breuvages, etc...., dans tout le bailliage de Caux. Deux fois par an, les moulins compris dans cette circonscription étaient soumis à leur visite. Il y a plus; en 1578, Robert le Sénéchal, sieur de Lardenière, prétendait droit sur *tous les jaugeurs de Normandie, eux disant avoir le droit du Roi, par tous les bailliages du pays, de jauger et sceller leurs mesures et poids, et en prendre le droit comme souverain pour le Roi* [6]. En 1673, Louis XIV ordonnait que les me-

---

[3] *Études sur la condition de la classe agricole,* 528. Voy. aveux du fief d'Avrilly, de Quitry-Forêt, de la chatellenie de Dangu, de la baronnie de Pont-S.-Pierre, de la baronnie de Ferrières, aux arch. de la S.-Inf. B. 181, B. 150.

[4] A. Deville, *Hist. du château d'Arques,* 40.

[5] Le seigneur de ce fief prenait, après le départ du Roi, tous les lards à demi-pied de la penture; ceux qui tombaient, faute d'être bien pendus, devenaient sa propriété. En retour de ce privilége singulier, il devait fournir les *harts* dont on se servait pour attacher les lards. Houard, *Anciennes loix des François,* I, 21.

[6] Copie de l'aveu du fief de Lardenière, 5 juillet 1578, aux arch. de la S.-Inf. B. 152. Cf. Réquisitoire du procureur du Roi contre les religieuses de Montivilliers, en faveur du sieur Pigny, sieur de Lardenière. *Ibid.* F. de Montivilliers.

sures de Brionne, de S.-Valeri, de Gisors, etc., fussent réglées sur celle d'Arques, « pour être, disait-il, celle-ci reconnue la première mesure de notre royaume [7] ».

Dans les villes, la connaissance des poids et mesures appartenait généralement au prévôt ou au vicomte.

Louis XI, pour indemniser les religieux de S.-Wandrille des ravages que les bandes bourguignonnes avaient commis sur leurs terres, leur céda [8] le droit de poids, en la ville de Caudebec, tel que lui-même l'exerçait à Rouen, c'est à-dire, le privilége exclusif de peser « toutes denrées, marchandises accoustumées à estre pesées et qui dorénavant seraient vendues, revendues, troquées et échangées à Caudebec et dans la banlieue ». En reconnaissance de cette faveur, ils s'engagèrent à dire chaque samedi, à l'intention du Roi, une messe de Notre-Dame, à la chapelle de Caillouville. Les gens des comptes, sur les réclamations du comte de Maulévrier, apportèrent quelques restrictions à cette importante concession. Ils accordèrent que les officiers du couvent, établis à Caudebec, pour connaître des procès survenus à raison des coutumes dues à S.-Wandrille, pourraient connaître en même temps des questions relatives au poids. Mais ils décidèrent que les manants du comté de Maulévrier ne devraient être contraints à aller vendre ni acheter aux lieux où le poids de S.-Wandrille aurait cours, et qu'ils seraient renvoyés par-devant le juge de la seigneurie

[7] A. Deville, *Hist. du château d'Arques*, 14.
[8] Meaux, juillet 1474. Ord. des Rois de Fr., XVIII, 30.

lorsque les religieux en seraient requis avant la première instance et avant que l'amende leur eût été payée [9]. S.-Wandrille resta en possession des droits de jauge et de poids jusqu'à la Révolution [10]. Le 18 janvier 1787 ces droits, ainsi que toutes les coutumes à percevoir à Caudebec, furent baillés à ferme, pour neuf ans, au prix de 320 l. par an. On énonce dans le bail le droit, pour le fermier, de visiter les caves des taverniers, de jauger les mesures, poids, vaisseaux et futailles, le droit d'aunage, le droit de percevoir les coutumes sur les vins, huiles et goudrons. On lui avait remis un brancard, pesant 3,000 l., six poids de 52 l., deux de 26, un de 13, un de 6, un de 4, un de 2, un d'une demi-livre, une trémie en bois avec un boisseau de rabette pour jauger les boisseaux, sept petites marques de fer servant d'empreinte pour reconnaître les objets jaugés, un étalon de fer pour vérifier les aunes, un pot, une chopine, un demion, un demiard et un petit pot de cuivre rouge, aux armes de l'abbaye.

À Dieppe, l'étalon des poids et mesures était déposé à la vicomté. Le vicomte, officier de l'archevêque de Rouen, connaissait de tous les procès relatifs à cette matière. Il était interdit aux bourgeois de peser chez eux plus de douze livres à la fois [11].

À Harfleur, l'étalon était confié à la garde du pré-

---

[9] Les lettres des gens des comptes sont de février 1476, arch. de la S.-Inf. F. de S.-Wandrille.

[10] Le couvent de S.-Wandrille fut maintenu en possession du droit de jauge et de poids à Caudebec, par arrêt de la cour des aides de N¹ᵉ, du 25 octobre 1607. *Ibid.*

[11] *Coutumier de Dieppe.* « La coustume du poys et la manière coment on se doit poyer, » f° 14. Cf. *Ibid.* « Autre coustume coustumière, à Dieppe, pour mesures, » f° 15, v°.

vôt du Roi. Nul, de quelque métier ou état qu'il fût, n'avait le droit, à moins d'avoir obtenu la permission de cet officier, de tenir en sa maison plus d'un quarteron, montant à 25 livres pesant, soit en une seule, soit en plusieurs pièces. Les poids laissés à la disposition des particuliers étaient, une fois chaque année, ajustés sur ceux de la prévôté, tant dans un intérêt de police, que dans un intérêt fiscal. Les poids et balances ne pouvaient être transportés hors de la maison du prévôt sans son consentement. A cela se bornaient ses fonctions. La juridiction était réservée au vicomte de Montivilliers [12].

A Montivilliers, les religieuses avaient la connaissance et le profit des poids employés pour la vente des marchandises aux foires et aux marchés [13].

A Vernon, le droit de jauge et d'étalon, pour toutes les mesures de la ville, dépendait de la sergenterie fieffée du plet de l'épée [14].

A Rouen, la jauge et l'étalon des mesures de boissons appartenaient à la ville [15]. Mais les amendes n'étaient prononcées, à l'hôtel commun, qu'après avoir appelé au jugement les conseillers et le procureur

---

[12] *Coutumier de la prévôté de Harfleur*, f° 2.

[13] Mandement du roi Ph. de Valois au bailli de Caux, daté de Maubuisson, 27 mai 1330. — Copie de lettres de Pierre Belagent, garde de la prévôté de Paris, contenant *vidimus* d'une sentence de l'échiquier tenu à Rouen, Pâques 1337, en faveur des religieuses, contre le bailli de Caux et le vicomte de Montivilliers ; — sentence rendue par le lieutenant de la vicomté de Montivilliers, 10 novembre 1612. Arch. de la S.-Inf. F. de Montivilliers.

[14] Aveux de la sergenterie du plet du l'épée de Vernon, en 1585, 1630, 1666. Arch. de la S.-Inf. B. 150.

[15] Arch. municip. de Rouen. Reg. D D, f° 55, r°. La ferme de l'étalon de la jauge des mesures de Rouen fut baillée pour trois ans, au prix de 75 liv. par an. Arch. du tabellion. Reg. des années 1369, 1373, f° 319.

du Roi ; la moitié en appartenait à la ville et l'autre au domaine [16]. Cette prérogative de la commune lui fut souvent contestée [17]. En 1453, les lieutenants du bailli prétendirent que Jean d'Arques, jaugeur du bailliage, pouvait jauger à son étalon les mesures des taverniers de Rouen. Cette prétention ne paraît pas avoir été admise [18].

Nous avons vu que les mesures pour *blé, avoine, pois ou autres choses*, dont on se servait à Rouen et dans la banlieue, devaient être essayées aux étalons et scellées des sceaux de la Vicomté de l'Eau.

On ne pouvait peser au-dessus de 24 livres ailleurs qu'à cette vicomté « et non pas ensemble, fors douze livres ». L'ordonnance de 1415 renouvela cette disposition du *Coutumier* en termes plus précis : « Au poix de nostre Vicomté de l'Eaue les marchands d'icelle ville sont tenus de pourter toutes les denrées et marchandises par eux vendues en gros à poids en icelle ville au-dessus de 25 l. pesant, à nous en paier certain droit, sans ce que ils en puissent poiser pour un jour plus hault de deux douzainnes pour une seule personne ne user de greigneurs poys que de dousainnes. »

Les poids ne devaient point sortir de l'hôtel de la vicomté, à moins qu'il n'y eût à peser deux mille ou environ et que le receveur des droits du Roi n'y consentit. Ce transport n'était point autorisé et l'on ne pendait point les balances, à la Vicomté, les di-

---

[10] Arch. municip. de Rouen. Reg. de délibérations de l'hôtel de ville, sous la date du 20 août 1389.

[17] Arch. du tabellion. de Rouen. Reg. de l'année 1396, f° 7.

[18] Arch. municip. de Rouen. Reg. de délibérations de l'hôtel de ville, sous la date indiquée. Cf. *Ibid.*, liasse n° 28.

manches, le jour de Noël et les trois jours suivants, le premier de l'an, le jour de l'Epiphanie, de la Chandeleur, de la Marchèque, le jour de Pâques et les trois jours suivants, le jour de l'Ascension, le jour de la Pentecôte et les trois jours suivants, le jour de la S.-Jean, de la mi-août, de la N.-D. en septembre, et de la N.-D. des Avents, à moins qu'il n'y eût besoin urgent ou que ces fêtes ne tombassent un vendredi ou pendant les foires [19].

Au commencement du XVe siècle, trois poids différents étaient en usage à Rouen, le marc de Troyes, le marc de Rouen et le poids de la vicomté. Ce dernier servait pour les grosses pesées. Le poids de Troyes (de 16 onces pour livre, comme celui de Paris) était alors un peu plus fort que le vieil étalon de la vicomté, et plus faible que le nouveau. C'était du marc de Troyes que se servaient les orfèvres, les changeurs, les merciers et les dinandiers. Les épiciers et les autres marchands se servaient de la livre au marc de Rouen, laquelle pesait 15 esterlins de moins que la livre au marc de Troyes. Ils convenaient qu'ils étaient obligés, dans leurs pesées, de tenir compte aux acheteurs de cette différence ; mais on avait de fortes raisons pour se défier de leur bonne foi. Le peuple et les étrangers murmuraient, et tous appelaient de leurs vœux l'établissement d'un poids fixe et certain. Ce n'était point là le seul abus. Les Rouennais tenaient secrètement dans leurs boutiques des poids au-dessus de 12 livres, qu'ils nommaient *esmes*, et, par l'usage fréquent qu'ils en faisaient, le domaine se trouvait frustré des droits qu'il perce-

---

[19] *Coutumier de la Vic. de l'Eau*, ch. LXXXVI.

vait pour les grosses pesées. Ce fut pour remédier à cet état de choses que l'on renouvela, en 1415, les statuts des balanciers de Rouen, et que fut rendue l'ordonnance de Charles VI, datée de Paris, mars 1415 (v. s.) [20]. Il fut décidé que deux maîtres-gardes du métier de balancier, après avoir prêté serment entre les mains du vicomte, procéderaient chaque année à la visite des poids et balances nouvellement faits. L'ordonnance ne détermine point d'une manière précise la compétence attribuée dans cette matière au vicomte de Rouen et au Vicomte de l'Eau ; elle se contente de leur réserver en ces termes leurs droits respectifs : « Et pour ce que des choses dessus dites l'en dit que d'une partie la congnoissance appartient à nostre dit vicomte de Rouen et de l'autre la congnoissance appartient à nostre dit Vicomte de l'Eau, noz diz conseillers ont advisé oultre ce que dit est que chascun des diz vicomtes aura la congnoissance, décision et déterminacion des faultes, de la mauvaistié et mesprentures dont lui appartient à congnoistre et que ses prédécesseurs ont accoutumé de joir et user. » A défaut de texte précis, il est naturel de supposer que le vicomte de Rouen connaissait seul du vice des poids et balances vendus par les balanciers, puisque ces artisans étaient soumis à son autorité et reçus par lui, et qu'on réservait au Vicomte de l'Eau la connaissance des poids et mesures au-dessus de 12 livres trouvés chez les marchands, et le droit de confronter les poids défectueux à l'étalon, dont il avait la garde. Telle fut du moins la distinction que le Vicomte de l'Eau fit reconnaître, à

---

[20] Ord. des Rois de Fr., x, 350.

une époque postérieure, il est vrai, contre le lieutenant de police substitué au vicomte de Rouen [21]. Je ne sais si la suppression du marc de Rouen fut une conséquence de l'ordonnance de 1415, ou si elle n'eut lieu que par suite d'une ordonnance de Henry V, roi d'Angleterre, du 15 février 1419, suivant laquelle, dans toute l'étendue du duché, on ne devait employer que la mesure de Rouen pour les grains, la mesure d'Arques pour les boissons, celle de Paris pour l'aune, et le marc de Troyes pour les poids [22]. En tout cas, il est certain que le marc de Rouen ne tarda pas à disparaître, et que bientôt on ne connut plus à Rouen que deux sortes de poids, le poids de Rouen, plus souvent nommé poids de vicomté, et le marc de Troyes, le seul employé par les orfèvres et les changeurs. Un arrêt du parlement (du 13 mars 1598) ordonna qu'il serait fait deux étalons nouveaux, l'un du poids de Rouen, l'autre du marc de Troyes, celui de Rouen plus fort que l'autre de 56 grains pour livre. Savary nous apprend que la livre du poids de vicomté était plus forte d'une demi-once six cinquièmes que celle du poids de marc, en sorte que les cent livres du poids de vicomté rendaient cent quatre livres, poids de marc. « C'est de là, ajoute cet auteur, que vient que les poids de fer ou de plomb, dont on se sert pour peser un poids de vicomté, sont de 104, 56, 26 et 13 livres pesant. Au dessous de 13 livres on ne se sert plus du poids de

[21] Arch. du Pal. de Just. F. de la Vic. de l'Eau. « Mémoire (imprimé) pour les officiers de la Vic. de l'Eau, contre le lieutenant général de police de la même ville. »

[22] Léop. Delisle. *Études sur la condition de la classe agricole*, 529.

vicomté et l'on vend les marchandises au poids de marc [23]. »

Ce n'était point assez du vicomte de Rouen et du Vicomte de l'Eau pour surveiller et réprimer les fraudes relatives aux poids et mesures. Il avait fallu créer des offices de jaugeurs. Un règlement du 18 mai 1442 décida que ces officiers visiteraient les poids et mesures, chaque année, qu'ils les jaugeraient et les marqueraient, et que la moitié des amendes leur serait adjugée. François Ier, par lettres patentes du 2 avril 1526, confirma les droits, honneurs et prérogatives des jaugeurs ordinaires des poids, aunes et mesures, et des visiteurs des moulins, des bailliages de Caen, Cotentin, Evreux, Rouen, Caen, Gisors, établis, est-il dit, de toute ancienneté, à l'instar du jaugeur d'Arques, à cette différence près que les offices des premiers étaient sujets à vacation et provision, tandis que le second était hérédital. Un arrêt du grand Conseil maintint les jaugeurs des vicomtés de Rouen et de Caen dans tous leurs droits de jauge et de visite. Enfin, un édit de février 1596 [24] régularisa cette institution des jaugeurs et l'étendit à tout le royaume.

Le Vicomte de l'Eau eut de fréquentes contestations avec ces officiers d'un rang subalterne. En 1598, Robert Hais se prétendit garde des étalons des aunes, poids et mesures de la Vicomté de l'Eau et de la vicomté de Rouen, et des mesures à sel de toute la Normandie. Le 23 décembre 1599 un arrêt du parlement ordonna pourtant que les étalons des

---

[23] *Dictionnaire universel du commerce*, éd. de 1723, v°. Poids.
[24] Arch. de la S.-Inf. Arts et métiers, Jaugeurs.

poids et mesures resteraient en la garde du Vicomte de l'Eau et seraient mis en une chambre dont lui seul aurait la clef [25]. Souvent nous voyons ce magistrat charger les jaugeurs de se transporter dans les maisons et les magasins des marchands pour y faire leur visite et faire apporter à son siège les poids reconnus vicieux. L'édit d'octobre 1699 [26], en créant de nouveaux offices héréditaires de lieutenants généraux de police, attribuait à ces officiers l'étalonnage des poids et balances et des mesures des marchands et artisans des villes où ils étaient établis, à l'exclusion de tous autres juges. Le Vicomte de l'Eau n'en conserva pas moins son titre de garde de l'étalon des poids et mesures, et le droit de connaître des infractions à l'ordonnance de 1415 et au *Coutumier*, conformément à la déclaration du Roi, du 24 octobre 1724. D'après cette déclaration, défenses étaient faites à tous marchands revendeurs en détail de tenir en leurs boutiques des poids au-dessus de 12 livres en totalité, ajustés sur le marc de Troyes de la vicomté et de vendre à leurs poids au-dessus de 24 livres au même marchand, à chaque jour, en deux pesées, à peine de 500 livres d'amende. Il leur était permis d'avoir des poids de 26 et de 52 livres, pour vérifier leurs marchandises ; mais ils ne pouvaient s'en servir pour la vente ni pour la livraison. Le jaugeur était tenu, à peine de suppression de son office, d'aller deux fois l'an chez les marchands détaillants pour s'assurer de la justesse de leurs poids, et de remettre

---

[25] Arch. du Pal. de Just. F. de la Vic. de l'Eau. « Mémoire (imprimé) pour les officiers de la Vic. de l'Eau de Rouen, contre le lieutenant général de police de la même ville. »

[26] Arch. de la S.-Inf. Arts et métiers, Jaugeurs.

les procès-verbaux qu'il avait dressés des contraventions au Vicomté de l'Eau. Au-dessus de 12 livres, les marchands devaient peser leurs marchandises à la Vicomté de l'Eau.

Tous les deux mois, le Vicomté de l'Eau devait faire faire, en sa présence, et à la réquisition du peseur en la vicomté, les recensement et réajustement des poids ordinaires et ambulants, par deux maîtres du métier de balancier [17].

C'est par erreur que M. Pouchet, dans un mémoire sur les poids et mesures, a avancé que les étalons furent d'abord déposés dans l'église des Templiers, et depuis, dans celle de S.-Vincent [18]. Il n'y avait à S.-Vincent que les mesures à sel; elles s'y trouvaient logées dans une petite tourelle en maçonnerie, placée au bas de l'église et sur laquelle on lisait une inscription du temps de François Ier. Comme les gens de l'hôtel de la Vicomté de l'Eau, un des principaux de la paroisse, n'avaient point contribué aux frais de la réparation de cette église, le Roi, pour dédommager la fabrique, lui permit, par lettres patentes datées de Paris, 4 juillet 1409, de prendre sur les nefs chargées de sel, qui arrivaient à Rouen, une *palleree* de cette denrée, non point à titre de redevance obligatoire, mais à titre de pieuse offrande, et lorsque les marchands y consentiraient. Plus tard cette livraison, de pure courtoisie, perdit son caractère et devint droit exigible et toujours exigé. Un arrêt du conseil, de l'année 1649, supprima cette redevance et attribua en échange, à l'église S.-Vin-

---

[17] Arch. du Pal. de Just. F. de la Vic. de l'Eau.
[18] Guilbert, *Mémoires biographiques*.

cent, une rente de 140 l. sur le domaine [29]. Les Cordeliers, dont le couvent se trouvait dans le même quartier, percevaient un droit semblable. L'usage s'était établi qu'ils allassent dire une messe sur les vaisseaux et allèges chargés de sel qui venaient aborder sur le quai, et qu'après la messe on leur délivrât deux *pelées* de sel pour un vaisseau, une *pelée* pour une allége. Plus tard cette redevance fut aussi remplacée par une rente en argent. Dès le milieu du xvie siècle l'usage de dire la messe sur les vaisseaux paraît avoir été abandonné; on se contentait d'y lire l'évangile et d'y réciter des oraisons [30].

Le pesage qui avait lieu à la Vicomté de l'Eau, tant pour la vente que pour l'*esme*, avec les bénéfices qui en dépendaient, forma un office héréditaire. Il fut aliéné en faveur de Pierre des Essarts, dès 1317, si j'en crois une note manuscrite relevée sur le *livre rouge* de la chambre des comptes de Paris [31]. A la fin du xive siècle, Guillaume le Grand, maire de Rouen, possédait une portion des droits du poids-le-Roi, qu'il bailla à ferme, en 1361, à deux bourgeois, pour trois ans, au prix de 180 florins d'or [32]. Jacque-

---

[29] Arch. de la S.-Inf. F. de S.-Vincent. Farin, *Hist. de Rouen*, au chap. de l'église de S.-Vincent.

[30] Arch. de la S.-Inf. F. des Cordeliers.

[31] Voy. aux arch. de la S.-Inf. F. de Bonne-Nouvelle deux liasses relatives aux droits du prieuré de Bonne-Nouvelle sur la Vic. de l'Eau. — Vers l'an 1384, Bureau de la Rivière acheta les deux poids de Paris, avec la maison de la rue des Lombards, d'un nommé *Jacques des Essarts* et de sa femme, moy. 6,600 liv. Ord. des Rois de Fr., II, 137.

[32] Les fermiers de l'imposition du grand Poids de Rouen baillèrent pour un an « l'imposicion du détail de figues, raisins de la ville de Rouen, et les espiciers qui vendront en l'eltre Notre-Dame de Rouen et non autres, la dinanderie, l'estalmerie et le burro au

line Gorren fut maintenue dans la jouissance de cet office par arrêt de la chambre des comptes de Paris, du 3 juillet 1405. Nous le voyons ensuite possédé par la famille de Robert Surreau, sieur de Malaunay, d'où il passa à Robert Dubosc, seigneur de Radepont; celui-ci le céda, pour 11,000 l., à son beau-frère Pierre Caron, sieur des Vaux, le 19 janvier 1599. Le 17 juillet de la même année, ce dernier le vendit à Philippe Thorel. Il fut depuis vendu à Etienne Congniard, secrétaire du Roi, en 1659; à Louis Duval, bourgeois de Rouen, en 1738. Dans les aveux des XVII° et XVIII° siècles, cet office est qualifié de demi-fief de haubert. L'hôtel de la Vicomté de l'Eau de Rouen lui tenait lieu de chef-mois [32].

Il ne faut point confondre avec le fief désigné sous le nom de fief du grand Poids, le fief du petit Poids, huitième de haubert, dont on plaçait le chef-mois au marché de la Vieille-Tour. C'était encore un office héréditaire, détaché du domaine de la Vicomté de l'Eau probablement dès le XIV° siècle. Il consistait dans le droit exclusif de pendre crochets et balances à la Vieille-Tour les jours de marché, et au champ de foire du Pardon, pour peser les filasses, les fils et les cotons filés vendus, tant en gros qu'en détail, par les bourgeois et les forains, au-dessous de

coutel, qui seront vendus entre la porte de la Viel Tour, la Magdalene et la court l'Archevêque, sur le pavement, excepté le détail des figues et des raisins des espiciers, hors l'eître Notre Dame de Rouen, pour IIII·· VI escus de Johan. » Reg. du tabellion. de Rouen, des années 1360-1362, fº 35. Ibid., fº 84, vº.

33 Voy. sur le fief du grand Poids, aux arch. de la S.-Inf., F. de Bonne-Nouvelle, les deux liasses relatives aux droits du prieuré de Bonne-Nouvelle sur la Vic. de l'Eau; — les aveux de ce fief de 1601, 1638, 1648, 1659, 1666, 1738, B. 204, B. 205, B. 210; une information sur l'aveu de ce fief, du 15 juin 1601, B. 210.

26 livres pesant. Pour des quantités plus considérables les marchands devaient s'adresser au seigneur du fief du grand Poids ou à son fermier. Les droits de pesée étaient, pour 6 livres pesant et au-dessous, de 4 deniers ; pour 12 l. jusqu'à 6 l., de 8 d. ; pour 26 l. jusqu'à 12 l., de 12 d. Tous les marchands étaient dans l'obligation de porter, étaler et vendre leurs filasses, fils et cotons filés aux halles et marchés ordinaires, et de les faire peser aux balances du fief du petit Poids, sous peine de confiscation et d'amende. Les possesseurs de ce fief furent Baudoin Eude, écuyer, sieur de Boislecomte ; Jacqueline de Quincarnon, veuve de Jean des Essarts, qui l'acheta de Jean Eude, le 6 janvier 1569 ; pendant le xvii° siècle, la famille des Essarts ; au xviii° siècle, Pierre Guillebert, écuyer, sieur de la Villette, Alexandre de Nollent, et enfin, Charles-Nicolas Hellouin de Mesnibus [34].

Michel Dumont, receveur du comte de Boufflers, acheta, le 23 janvier 1780, ces deux fiefs en même temps que deux offices de franc brouettier. Le fief du grand Poids de la vicomté fut cédé au prince de Condé le 11 octobre 1783 [35].

Il y avait un troisième office de peseur héréditaire, celui du poids aux laines. Vers 1400 un bourgeois de Rouen en vendit le quart pour 212 l. [36]. En 1601, cet office appartenait à Nicolas d'Amertot, à Guillaume Heurtault, maître des comptes, et aux chanoines de

[34] Voy. sur le fief du petit Poids, aux arch. de la S.-Inf., aveux de 1656, 1677, 1730, 1749. B. 205, 210.

[35] Arch. du Pal. de Just. de Rouen. F. de la Vic. de l'Eau. Reg. d'enregist. sous les dates indiquées.

[36] Arch. du tabellion. de Rouen. Reg. de l'année 1400, f° 96.

Charlemesnil, en vertu de la fondation de Guillaume d'Estouteville. Il fut réuni au domaine vers la fin du xvii⁰ siècle [37], et aliéné de nouveau, en 1702, à Simon Cavelier, lieutenant au présidial de Rouen [38]. Il consistait à prendre, sur chaque cent pesant de laine, une certaine somme d'argent, payable moitié par l'acheteur et moitié par le vendeur.[39] Les conseillers et échevins de Rouen, les quatre réaux de la vicomté, percevaient quelques droits sur le pesage de la laine. Le seigneur de la Poitevine, petit fief qui se composait des menus droits concédés à Pierre Lucas, dès le xii⁰ siècle, percevait aussi un droit de 2 deniers sur chaque cent pesant de laine. En 1582, ce fief, qui n'a de curieux que son origine et sa longue existence, appartenait à François de Villy, écuyer, et au xvii⁰ siècle à la famille de Giverville [40].

Indépendamment de tous ces droits, remarquables par leur complication, le pesage des marchandises donnait lieu à une perception peu importante de deniers au profit du Roi. Les droits de contrôle et de parisis vinrent bientôt s'y joindre et dépassèrent de beaucoup les bénéfices attribués aux peseurs héréditaires.

[37] Par arrêt du conseil d'Etat, du 22 mars 1681, confirmatif de l'ordonn. des sieurs Le Blanc, intendant de la généralité de Rouen, et Baudoin, trésorier de France, 14 décembre 1679.

[38] Arch. de la S.-Inf. B. 245.

[39] Voy., sur l'office des poids aux laines, aux arch. de la S.-Inf., F. de Bonne-Nouvelle, les liasses concernant les droits du prieuré sur la Vic. de l'Eau, et le tarif des droits dudit poids dans le Reg. de la Vicomté de l'Eau. Arch. du Pal. de Just. F. de la Vic. de l'Eau, Reg. de l'année 1779 et suiv.

[40] Voy. sur le fief des Poitevines, aux arch. de la S.-Inf., les aveux de 1582, 1586, 1649, 1673, B. 205.

En 1637, Louis XIII, pour remédier aux fraudes qui se commettaient dans la perception des droits de poids-le-Roi, établit dans chaque ville de Normandie un contrôleur héréditaire des poids publics, auquel il accorda 4 s. sur chaque cent pesant de marchandises, d'œuvre de poids. La province fut alors séparée en deux parties : les droits de contrôle de Rouen, le Havre, Dieppe, Honfleur, Harfleur, furent adjugés à la duchesse d'Aiguillon, nièce de Richelieu, pour une somme médiocre ; ceux de Caen et des autres villes de la Basse-Normandie furent adjugés à Mme de Maupeou. Les édits de mars 1654 et de mars 1655 établirent le *parisis* sur tous les droits des fermes. Ce nouveau droit fut acquis par les propriétaires du droit de contrôle. Dès lors il fallut payer 5 sous au lieu de 4 sous pour chaque cent pesant de marchandises. Ces 5 sous furent perçus pendant quelque temps dans toute la province. En 1668 le Roi les supprima à cause des vexations commises par les adjudicataires. Mais cette suppression n'eut point partout son plein effet ; et nous avons là un exemple très-frappant des obstacles que la faveur dont jouissait la haute aristocratie apportait à l'exécution des meilleures mesures. Le prince de Condé avait succédé à la duchesse d'Aiguillon ; il jouissait alors d'un immense crédit ; il obtint, en 1669, un arrêt sur requête, par lequel le Roi déclara n'avoir entendu, par sa déclaration de 1668, supprimer les droits de contrôle des poids des villes de Rouen, Dieppe, le Havre, Honfleur et Harfleur, qui appartenaient à Monsieur le prince. La chambre de commerce de Rouen s'opposa à cet arrêt, qui mettait le commerce de la Haute-Normandie dans une situation d'autant plus fâcheuse qu'elle était exceptionnelle ; mais ses réclamations furent inutiles ; l'édit de 1668 ne fut pas même enregistré à la cour des aides de Normandie. La chambre de commerce ne se soumit pas cependant. Elle en appela au parlement des sentences rendues à la Vicomté de l'Eau au profit du prince de Condé. Là il y avait chance pour elle d'obtenir justice. On le sentit ; les procès furent évoqués pardevant les commissaires du Roi. Sur ces entrefaites le duc de Bourbon, qui avait acquis, en 1720, à titre d'engagement, tous les droits domaniaux de la Vicomté de l'Eau, fut nommé premier ministre ; ses agents, à la tête desquels figurait Balthasar Néel, Vicomte de l'Eau, homme aussi spirituel qu'entreprenant, obtinrent alors sans peine une déclaration par laquelle tous les points sujets à contestation furent décidés à l'avantage du duc de Bourbon. Telle fut l'origine de la déclaration de 1724, que nous avons eu déjà plusieurs fois l'occasion de citer. Ce ne fut point encore assez pour le duc de Bourbon. Des lettres patentes, obtenues le 12 mars 1726, assujettirent au paiement des droits de contrôle et de parisis, comme œuvre de poids, un grand nombre de marchandises qui jusque-là en avaient été exemptes. Le parlement et la cour des aides en ordonnèrent l'enregistrement, sans que personne osât y former opposition. La chambre de commerce gémissait de ces innovations ; elle crut cependant prudent d'attendre le moment où Louis XV devait prendre en main le gouvernement du royaume. Elle lui adressa alors ses plaintes, contenues dans un mémoire long et circonstancié, rédigé sans doute d'après les conseils de M. de Fortia. Mais ce ne fut pour elle que l'occasion d'une nouvelle déception. Les droits de contrôle et de parisis furent maintenus, malgré les protestations continuelles du haut commerce de Rouen et du Havre [41]. Des lettres patentes de 1765, rendues sur arrêt du conseil, ordonnèrent l'exécution pure et simple de la déclaration de 1724 ; d'autres lettres patentes, de l'année suivante, disposèrent que le Vicomte de l'Eau continuerait à connaître des droits de contrôle et de parisis à Rouen, que la connaissance de ces droits appartiendrait, à Dieppe, aux officiers de l'élection d'Arques, au Havre et à Honfleur à ceux des traites, à Harfleur à ceux du grenier à sel [42].

[41] Les commerçants du Havre profitèrent du voyage de Louis XIV en Normandie, en 1785, pour le supplier d'abolir les droits de contrôle et de parisis. F. de l'intend.

[42] Voir arch. de la S.-Inf. F. de l'intend. Matières diverses, poids-le-Roi. — Arch. de la chambre de comm., cart. n° 25.

CHAPITRE III.

DES PÉAGES.

On ne saurait rapporter à une date précise l'extension de la juridiction de la Vicomté de l'Eau aux matières relatives à la navigation, et il serait très-difficile de suivre pas à pas les progrès qu'elle fit dans cette voie nouvelle. Ils semblent s'être accomplis peu à peu, non point par l'effet d'actes à proprement parler législatifs, mais en vertu d'arrêts du parlement. Nous nous contenterons d'en citer quelques-uns ; l'un, du 13 mars 1598, attribua au Vicomte de l'Eau la connaissance de tout ce qui concernait la Seine. Un autre, du 27 juin 1627, reconnut sa compétence pour toutes choses relatives aux rivières de Seine et d'Eure, privativement aux juges de Vernon, Andelis, Pont-de-l'Arche, Louviers, le Vaudreuil. Un troisième, du 29 avril 1660, lui enjoignit d'informer des exactions commises pour le fait des péages, pontages et passages.

Le péage n'était, dans l'origine, qu'un droit légitime et nécessaire payé par le voyageur, soit à un seigneur, soit à une ville, soit au Roi, en retour d'une commodité que la nature lui avait refusée et que le travail de l'homme lui procurait [1]. C'était une sorte de dédommagement pour les frais d'entretien

---

[1] Le comte du Buat, *les Origines*, livre VII, ch. XXXV.

d'un pont, d'une chaussée ou de tout autre ouvrage que nous appellerions d'utilité publique. Les Capitulaires s'efforcèrent de conserver au péage ce caractère primitif. Malheureusement la négligence ou, pour mieux dire, l'affaiblissement fatal de l'autorité centrale laissèrent libre carrière à l'arbitraire et à la cupidité des seigneurs. Ils tendirent à s'attribuer des droits que l'autorité royale n'avait pu se réserver, et formant de leurs fiefs comme autant d'états indépendants, ils multiplièrent les péages sur leurs frontières et créèrent ainsi des obstacles sérieux au développement des relations commerciales. Il faut peut-être reconnaître que les plaintes auxquelles ce désordre donna lieu ne sont point exemptes d'exagération. Ce principe, que personne ne pouvait établir de péage sans l'autorisation du Roi, fut assez tôt remis en vigueur[1]; d'ailleurs, à la longue les droits avaient perdu beaucoup de leur valeur. Toutefois, ces réserves faites, on ne saurait contester que les péages ne fussent la source d'une foule d'exactions, ni que le but en vue duquel ils avaient été établis ou tolérés n'ait été généralement manqué ou mal rempli. Les seigneurs péagers s'inquiétaient peu de tenir les chemins sûrs et libres, et ils n'employaient qu'à regret et le moins possible, aux réparations, l'argent qu'ils exigeaient des passants. Raguau cite cependant d'anciens arrêts du parlement de Paris, qui obligeaient les seigneurs à cette charge inséparable de leur privilége et les rendaient civilement responsables des vols commis sur leurs chemins *entre deux soleils*.

[1] Olim, III, 1158, 1159, xive siècle.

Un édit de François Ier, donné à Fontaine-Française (septembre 1535), ordonna que « tous deniers de péage fussent respectivement employés ès réparations des ponts et chaussées, passages et chemins, de manière que l'on y pût aller et venir sûrement ». Elles devaient être faites en vertu d'une ordonnance du bailli, du sénéchal et autres juges royaux, signée d'eux et de l'avocat et du procureur du Roi. Les fermiers des péages étaient obligés de fournir les deniers jugés nécessaires aux mains des personnes désignées par les officiers du Roi pour s'occuper des réparations. Cet édit reçut son exécution au moins en Normandie [3]; mais il ne mit point un terme à tous les abus. Loyseau nous en signale un qui mérite d'être noté : « Les péagers, nous dit-il, qui sont volontiers quelques soldats dévalisés ou quelques practiciens affamés ou autres mauvais garnemens, sont si malins qu'ils pendent leur billette ou assignent le lieu du péage et acquit le plus loing qu'ils peuvent du grand chemin, ès endroits les plus effondrés et de difficile accès, afin que les marchands, ennuyés de se détourber, se hasardent de passer sans payer et que partant ils ayent ou leur marchandise ou une grosse amende, de sorte qu'il n'y a voiturier ordinaire qui n'aymat mieux payer une autre taille au Roy ou vingt fois autant au seigneur que d'estre subject à tels destourbiers [4]. »

[3] Lettres du lieutenant du bailli de Rouen, contenant vidimus de lettres patentes de François Ier (sept. 1535), adressées aux baillis de Caux, Evreux, Caen, Cotentin et Gisors, aux arch. de la S.-Inf. F. de S.-Wandrille. Pièces relatives aux réparations faites à la chaussée de Caudebec en 1536.

[4] Loyseau, *Traité des seigneuries*, ch. IX; — Le président de la Barre, *Formulaire des Esleus*, ch. 24; « Au lieu où s'exige ordi-

Sous Louis XIV, on s'occupa très-activement de la question des péages. La déclaration du 31 janvier 1663, l'ordonnance de 1669, titre XXIX, la déclaration du 29 décembre 1708, témoignent de la sollicitude éclairée du gouvernement et des progrès de l'administration en cette importante matière. Louis XV fit plus encore. Un arrêt du conseil d'Etat, du 29 août 1724, nomma des commissaires pour procéder à l'examen et à la vérification de tous les titres des droits de péages, passages, pontonnage, travers et autres qui se percevaient sur les ponts et chaussées, chemins et rivières navigables et ruisseaux y affluants, dans toute l'étendue du royaume. Des arrêts analogues furent rendus le 24 avril, le 20 novembre 1725, et le 4 mars 1727.

En 1755, l'intendant de Rouen fut chargé de vérifier les droits de péage et de bac qui se percevaient dans sa généralité. Un arrêt du conseil d'Etat, du 10 mars 1771, n'autorisa les propriétaires et engagistes à percevoir les péages jugés légitimes, que sous la réserve, au profit du Roi, de pouvoir les réunir à son domaine, moyennant indemnité ou remboursement, et à la charge, par les péagistes, d'entretenir les chaussées, ponts, rivières et abords sur lesquels des droits se percevaient, comme étant, ledit entretien, une sujétion inhérente et indivisible de leur privilége, et en outre à la condition de faire inscrire

nairement ce droit, (la mode est ancienne) pour advertir les passants, de suspendre une billette ou morceau de bois attaché d'une corde, brandillant au bout d'une perche, ou de l'attacher au bout d'une branche, et ores se nomme billette branchère, pour signal aux marchants et traversants de payer leur coustume :

« Ce billot suspendu, qui a l'air se consume,
« Advertit le marchant d'acquitter sa coustume. »

très-lisiblement les tarifs arrêtés par les arrêts du conseil, confirmatifs desdits péages, sur un tableau qui devait être attaché à un poteau, aux lieux mêmes de la perception. Le même arrêt déclarait supprimés, dès à présent, tous les péages situés dans l'étendue de la généralité de Rouen, dont les titres n'avaient point été représentés au greffe de la commission, et ordonnait aux propriétaires des droits de bac et passage sur les rivières de représenter leurs titres dans le délai de quatre mois, de la même manière que cela avait eu lieu pour les droits de péage [5].

Les bateaux qui venaient de Paris payaient péage, au XVIIIe siècle, à Sèvres, à Neuilly, à Chatou, au Pec, à S.-Denis, à Conflans-Ste-Honorine, à Triel, à Maisons, à Poissy, à Meulan, à Lillebelle, à Mantes et à la Roche-Guyon. A Mantes, plus de trente particuliers avaient part aux droits de péage, notamment les chanoines de l'église N.-D. de cette ville, M. de Broglie et la maison de S.-Cyr [6]. Nous ne faisons que citer ces divers péages, parce qu'ils sont en dehors des limites de notre province.

Vernon. Le péage de Vernon remontait à une haute antiquité. Hugues de Vernon avait exempté les religieux de Jumiéges des droits de coutume pour les bateaux chargés de vins destinés à leur usage, tant dans la ville que dans toute la lieue qui en dépendait « apud Vernonem seu in tota leucata predicti castri ». Ce privilége leur fut confirmé par Richard de Vernon,

---

[5] Arch. de la S.-Inf. F. de l'Intend., péages.

[6] Etat des droits de péage, arch. de la ch. de comm., cart. 7, liasse 2.

en 1174 [7]. Un arrêt de la cour du parlement de Rouen, rendu le 21 juillet 1541, entre les marchands voituriers par eau, et les fermiers de Madame Renée de France, comtesse de Guise [8], régla les *péage et acquit du travers par eau et par terre* de la ville de Vernon ; suivant un arrêt de la même cour, ce tarif dut être affiché à la Porte de l'Eau de la ville, où les bateaux étaient tenus de s'arrêter, à peine de forfaiture. Les limites du travers étaient formées d'un côté par le ru de Bougival, qui séparait la France de la Normandie, de l'autre, par le port de Nourais, situé devant Fourneaux. Il est probable que c'étaient aussi celles de la seigneurie de Vernon dont le territoire est désigné sous le nom de *Leucata* dans la charte de Richard de Vernon [9]. On s'adressait pour obtenir les congés à un officier nommé le prévôt de l'Eau ; la prévôté se baillait habituellement à ferme pour trois ans. Les chevaliers, les gentilshommes, les prêtres, les religieux, les écoliers de Paris ne devaient rien par terre, *à cheval, ni à col, ni à charrette pour leur user, pourtant que leur cheval et charrette fût leur*. Mais tous devaient par eau, à l'exception des écoliers [10].

---

[7] Arch. de la S.-Inf., *Cartul. de Jumiéges*, p. 46.

[8] Vernon faisait alors partie du bailliage de Gisors, qui fut cédé, avec toutes ses dépendances, à Renée de France, duchesse de Ferrare, par François Ier.

[9] Extrait du papier terrier du dom. de Vernon ; règlement du péage du 21 juillet 1541. — (Copie comm. par M. Bonnin.)

[10] Les limites de la prévôté étaient ainsi indiquées dans l'ancien *Coutumier de Vernon* : « Nullus prepositus Vernonensis debet capere consuetudinem apud Longam villam ultra salicem et de Treslo. » Quelques passages de ce *Coutumier* sont insérés dans un

Le sergent du plet de l'épée de Vernon, auquel compétait la jauge et l'étalon des mesures, avait aussi la faculté de prendre de chaque bateau montant et avalant, par-dessous le pont de Vernon, 1 d. par., qu'on appelait droit de *mérot*[1].

Au XVIIIe siècle, les droits perçus à Vernon étaient de différente espèce. On distinguait en premier lieu un droit de travers, sur les bateaux chargés de marchandises passant à Vernon, tant en montant qu'en descendant; il avait été réglé par un arrêt du conseil d'Etat, du 23 octobre 1719; 2° un droit de pieu, consistant en 10 s. par bateau montant par-dessous la maîtresse arche du pont, 5 s. par bateau passant sous les autres arches. Ce droit de pieu fut réformé. On paya, sans distinction d'arches, 10 s. pour chaque bateau montant à 6 chevaux et au-dessus, 7 s. 6 d.

---

mémoire intitulé : « Question intéressante : les cent muids de vin et vingt-quatre paniers de fruit, que l'on trouve dans un ancien registre en parchemin de la maison de ville de Vernon, avoir été anciennement dus au seigneur de Vernon par ses hommes de Longueville, par. de Vernon, pour l'usage qu'il leur avoit donné de ses bois de Longueville, par. et seigneurie de Vernon, et que dans la suite des temps on a appelé *vin des bois*, sont-ils encore dus, et peut-on légitimement en exiger le paiement? » Cf. les *Coutumes de Vernon*, publiées par M. l'abbé Lebeurier. Biblioth. de l'Ecole des chartes, 4e série, I, 526, 528.

[1] Aveu de Jean de Monbines pour la sergenterie du plet de l'épée, 1585, B. 150, Cf. *Ibid*. Aveux de la même sergenterie, 1630, 1666. — Cf. un imprimé intitulé : « Mémoire et manière comme il faut acquitter les bateaux montans et avalans, passant par Andely et pour ledit acquit d'Andely à Vernon, suivi de la copie du tableau étant dans la chambre du conseil et cohue de Vernon, lequel fut fait par ordonnance de ladite cour de parlement de Rouen, auquel sont contenus les acquits que ladite cour a ordonnés être payés au fermier de la prévôté de Vernon, par provision et jusqu'à (ce que) autrement en soit ordonné », peu postérieur à 1688, et un « tableau des péages, et travers d'Andely et Vernon », aux arch. de la ch. de comm. de Rouen, cart. 7, liasse 4.

pour bateau ou cabotière à 4 chevaux, 5 s. pour chaque barque à 2 chevaux ; 3° on prélevait 5 s. par courbe de chevaux passant sur le pont de Vernon pour aller sur le talus tirer les bateaux qui remontaient la rivière ; 4° on exigeait en outre un droit de 3 l. 10 s. par courbe, lorsque les marchandises appartenaient à des marchands qui n'avaient point encore payé ; en d'autres termes, c'était un droit de hanse. Mais, comme le marinier qui transportait des marchandises pour le compte de plusieurs particuliers était souvent embarrassé pour prouver qu'ils étaient hansés, et que cette difficulté donnait lieu à de nombreux procès, on arrêta, pour prévenir à l'avenir toute discussion de ce genre, que les bateaux paieraient, sans distinction, 20 s. par courbe. Du reste, on faisait remarquer que la ville de Vernon et le fermier des aides jouissaient de ce droit, non point à titre de péage, mais d'octroi ancien ; 5° le contrôleur, clerc de l'Eau à Vernon, percevait un droit pour contrôler les inventaires des marchandises ; 6° enfin, les maîtres et aides du pont recevaient des salaires assez élevés, mais dont personne ne pouvait contester la légitimité, parce que ces officiers prenaient à leurs risques les bateaux auprès du pont, et se chargeaient de les faire passer en répondant de tous les accidents qui pourraient arriver [12].

Le sieur Blondel, substitué au droit de M. de Portmort, percevait un droit de 5 s. par courbe de chevaux au pertuis de Combarbe, en 1755 [13].

[12] Voy. un Etat signé par M. Ouldart, subdélégué, 25 août 1755, aux Arch. de la S.-Inf. F. de l'intend., liasse intitulée : « Péages ».

[13] Ibid.

Au XIIe siècle, nous voyons l'archevêque de Rouen, comme seigneur d'Andeli, percevoir des droits de péage dans cette ville. Ils consistaient dans les derniers temps en un droit de barrage de 8 d. par chaque muid de vin transporté par terre et en un droit de travers sur les bateaux montants et descendants. Le maréchal de Belle-Isle, propriétaire en vertu d'un contrat d'échange, de tous les droits qui se percevaient pour le Roi, dans le comté de Gisors, réunit la perception d'Andeli à celle de Vernon.

Henry V, roi d'Angleterre, avait établi *un acquit et truage à la bastide de Vauvray;* Charles VII l'abolit en novembre 1449 [14].

On percevait à Pont-de-l'Arche un droit de péage de 10 d. par muid sur les vins qui passaient sous le pont, et un autre sur les chevaux, bestiaux et charrettes. En 1780 ces deux droits étaient engagés à MM. de Gerponville, de Courvaudon et de la Vaupalière [15]. Le péage de Pont-de-l'Arche ne semble pas aussi ancien que ceux de Vernon et d'Andeli. Il n'existait point en 1217, puisque nous voyons Philippe-Auguste déclarer qu'on n'exigerait à Pont-de-l'Arche aucun droit des religieux de Jumièges, dans le cas où il lui plairait d'y établir un péage.

A Rouen, indépendamment des droits de vicomté dus au Roi, la ville percevait des droits de pontage. Ils étaient destinés à l'entretien du pont, dont nous voyons les réparations à la charge de la

---

[14] Ord. des Rois de Fr., XIV, 77.

[15] Arch. de la S.-Inf. F. de l'Intend., liasse intitulée : «Péages».

ville dès le xiiie siècle [16]. Ils lui furent confirmés par une charte de Philippe le Bel, datée de Paris, décembre 1309 [17]. En 1370, le maire et le receveur de Rouen baillèrent à ferme, pour un an, à un bourgeois de cette ville, la ferme du pontage et branches à ce appartenantes, au prix de 975 l. t. [18] L'année suivante le prix de bail fut de 732 l. [19] Au xviie siècle, le pontage produisait jusqu'à 30,000 l. par année [20].

La pancarte du pontage a souvent été publiée; on la trouve en placard et à la fin des deux éditions du *Coutumier* de la Vicomté de l'Eau. Un nouveau tarif fut arrêté en la cour des aides de Normandie, le 31 mars 1689. En 1770, la perception du droit de pontage, opérée sur des caisses d'effets appartenant à l'intendant des finances, M. de Trudaine, faillit devenir préjudiciable à la ville. Il fit informer par M. de Crosne, intendant de la généralité des titres sur lesquels se fondait ce péage. Après quelques difficultés, le maire communiqua une copie de la charte de Philippe le Bel. « Cette pièce, dans l'opinion de M. de Crosne, n'était point suffisante pour autoriser l'hôtel de ville à faire percevoir indistinctement sur les sujets du Roi les droits de pontage, et il convenait, suivant lui, de provoquer le ministère du pro-

[16] *Cartul. norm.*, n° 647 (20).

[17] Ord. des Rois de Fr., xi, 420.

[18] Reg. du tabellion. de Rouen, années 1370, 1371, f° 86, v°.

[19] *Ibid.*, f° 185, v°.

[20] Farin, *Hist. de la ville de Rouen.* — Chapitre du Pont de Rouen.

cureur général de la commission des péages, et de l'engager à faire rendre un arrêt pour obliger le maire et les échevins à représenter leurs titres ». Malgré cette difficulté, la ville de Rouen se maintint en possession de son droit jusqu'à la Révolution [21].

[21] Arch. de la S.-Inf. F, de l'intend., liasse intitulée : «Péages».

CHAPITRE IV.

DES DROITS DE PROPRIÉTÉ, DE JUSTICE, DE PÊCHE, ETC., PRÉTENDUS SUR LA SEINE.

Le principe de la domanialité des cours d'eau navigables fléchit comme tant d'autres au moyen âge et ne fut que très-imparfaitement appliqué. On n'en saurait douter en voyant la manière dont la Seine, une des rivières les plus importantes du royaume, une des voies les plus nécessaires à son commerce, se trouvait partagée entre le Roi et les seigneurs riverains. Le tableau des fiefs qui s'y formèrent, des droits de différente espèce qui s'y exerçaient, présenterait un grand intérêt si ce sujet était traité avec tout le développement qu'il comporte et le soin qu'il mérite. Je regrette de ne pouvoir consigner ici que quelques notes bien incomplètes, mais qui donneront, du moins, une idée de ce qu'on pourrait faire et de la nature des documents qu'il s'agirait de mettre en œuvre.

La prévôté de Vernon appartint pendant longtemps au domaine royal, en vertu du contrat d'échange passé entre Philippe-Auguste et Richard de Vernon, en 1195. Elle fit partie du bailliage de Gisors, cédé à Renée de France, duchesse de Ferrare, par François Ier, donné plus tard au duc de Berri en apanage et, le 2 octobre 1718, à Charles-Louis-Auguste Fouquet, comte de Belle-Isle, en échange de la terre de Belle-Isle. L'Eau du Roi, à Vernon, rapportait au domaine, vers le commencement du XIIIe siècle, 300 l. par an, en moyenne [1]. Les arches du pont étaient occupées par des moulins appartenant, en 1587, à Marc-Antoine Léglise, sieur des Bouges, chevalier, maître d'hôtel du Roi et capitaine du château de Vernon, à la chartreuse de Bourg-Fontaine en Valois, aux religieux de l'Hôtel-Dieu de Vernon, à Jean de Monbines, sieur du Mérot, à Thomas Maignard, conseiller à la cour des aides, et à un meunier. Ces propriétaires payaient des rentes au domaine de la vicomté de Vernon. Une rente de 20 s. parisis était due, par les chanoines du prieuré de Sausseuse, pour la maîtresse arche et pour la pêcherie qu'ils y avaient établie [2].

Jean de Chartres, dans un aveu du fief de Tourni (1419), prétendait avoir, à Pressagni, « une droiture en l'Eau de Seine nommée Beaulté, avecques une liberté nommée pléage et roage, lesquelles choses ensemble, selon commune année, pouvoient bien valoir XIII s. de ferme ou environ » [3].

Anne-François de Guersans, dans un aveu du fief de Tournebu (par. d'Aubevoie), 1687, faisait mention de son droit de pêche sur la rivière, « du côté de la seigneurie, depuis le fossé nommé Pilleus jusqu'au gord situé vis-à-vis du Roulle » [4].

Jacques de Coëtlogon déclarait, dans son aveu de la seigneurie de Tocni (26 octobre 1519), qu'il avait

[1] Cartul. norm., n° 1079.
[2] Terrier du domaine de Vernon, 1587, p. 347 et 353. (Copie comm. par M. Bonnin.)
[3] Arch. imp., p. 307, n° XI. (Copie comm. par M. Bonnin.)
[4] Arch. de la S.-Inf. B. 150.

« droit de moulin bannier et pescherie en la rivière de Seine, droit de pellaige de prendre 4 d. par. sur chacun batel chargeant aucunes denrées en icelle terre (de Toeni), forfaiture sur les bateaux chargés qui partaient sans payer ledit pellaige ; — droit d'avoir et prendre toutes choses péries ou trouvées sur ladite Eau, pourvu que, dedans six semaines ensuivant la perdicion, aucune chose n'en fut demandée, — droit d'Eau, c'est assavoir de prendre sur chacun batel peschant en l'Eau d'icelle seigneurie 1 d. par. pour chacune semaine, laquelle Eau se bornoit et s'estendoit à commencer au Roule, depuis le courtil qui fut Jouan le Boucher, en droit la ruelle aux Malades, tout au travers de l'Eau de côté et d'autre, droit à la masure qui fut Jean Bernard des Mousseaux ou à ses hoirs, et duroit ladite Eau de costé et d'autre jusqu'à l'endroit du pail estant en la garenne de Thosny et l'Eau qui était au long de ladite garenne de Thosny. Item dudit pail et terre de Vezillon le Roy prenoit la moitié de ladite Eau, au costé de vers le chasteau de Gaillard jusqu'au Buisson, s'estendoit à Bernières, au-dessus de la vigne des Pruniers, qui estoit la fin du clos et garenne de Thosny... et l'autre moitié appartenoit au seigneur jusqu'audit Buisson, avec toutes les motelles, gors et motillons assis en icelle. Item, une place à faire un trait à aloses assis devant le Port-Morin, en droit la porte Blondel »[5].

---

[5] Arch. du Pal. de Just. de Rouen. F. de la Vic. de l'Eau. — Reg. d'enreg., commençant au 2 sept. 1752. Cf. l'aveu de Renaud Nicolas, comte de la Roche-Aymon, s^r de Toeni, 1er sept. 1683, arch. de la S.-Inf. B. 150. Ce seigneur déclare dans son aveu que le tiers du fermage des quatre pêcheries d'Andeli lui appartient.

La prévôté d'Andeli appartenait au Roi en vertu de l'échange conclu entre Richard Cœur de Lion et l'archevêque Gautier de Coutances.

Jean de Bouchery, dans son aveu du fief de la Motte (par. Notre-Dame-du-Vaudreuil, hameau de Landemare), avoue « le droit de rivière, isles et pescheries, tant dans la rivière de Seine que en la rivière d'Ure » (5 mars 1583) [6].

Le *rotage* et la pêche en la rivière de Seine, au bras de la Roquette, appartenaient au marquis de Roncherolles.

Adam de la Basoge, chevalier, se qualifiant de haut justicier de Heuqueville et d'Heudicourt, avait, à cause de sa seigneurie de Heuqueville, droit de pêche depuis le lieu nommé le Blanc-Saulx jusqu'au talus du pont de Pont-de-l'Arche, droit de fieffer et bailler à ferme les pêcheries appelées les gords, les îles et *ayes* [7] étant dans ladite rivière, d'y bâtir et construire nouvelles pêcheries et moulins et d'y faire tous actes de propriété ; d'*afficeler* ladite rivière par moitié avec l'abbé et les religieux de Bon-Port et autres possédant l'autre moitié, de lever amendes contre les délinquants, de faire faire tous les exploits par les sergents dangereux de sa baronnie. Les appels des sentences de sa verderie ressortissaient au bailli de la haute justice d'Heuqueville, et les appels des sentences de ce bailli à la Table de marbre du Palais, à Rouen [8].

---

[6] Arch. de la S.-Inf. B. 201.

[7] Ce mot semble venir de *aga, aqua*. (Voy. Ducange, v° *aga*.)

[8] Aveu de 1683, aux arch. de la S.-Inf. B. 150.

En 1581, Pierre de Roncherolles, sieur de Heuqueville, rendant aveu pour la seigneurie de Port-Pinché, déclarait « avoir droit de pêche en la rivière de Seine, près et joignant le manoir de Port-Pinché, moulins à blé assis dessus et dessoubz le pont du Pont de l'Arche... et posséder quatre arches soubz ledit pont, avec gords et droit de pêcherie à tous poissons, avec rets, filets et autres engins, sans qu'en iceux aucune personne y pût fere pesche, synon le monnier de son moulin » [9].

Richard Cœur de Lion avait donné aux religieux de Bon-Port « molendinum de Poses, cum pertinenciis suis, et omnes piscarias et omnes redditus Secane quos habebat in Secana sursum, quantum durat Vallis Rodolii » [10]. Robert de Meulan leur céda toute son Eau de Seine et tous les droits qu'il y avait, avec faculté d'en disposer à leur gré, depuis Pont-de-l'Arche jusqu'à Martot; il ne se réservait que la rente que les pêcheurs lui payaient pour être autorisés à pêcher dans cette partie du fleuve [11].

La partie de la Seine donnée par Richard Cœur de Lion aux religieux de Bon-Port forma le fief de l'Eau de cette abbaye, lequel, d'après leurs titres, s'étendait depuis le talus ou l'ombre du pont de Pont-de-l'Arche jusqu'au fossé de Lormais, hameau situé en la paroisse d'Heudebouville, et s'avançait entre ces deux

---

[9] Arch. de la S.-Inf. B. 201.

[10] Philippe-Auguste leur confirma cette donation en 1204. *Cartul. norm.*, n° 1076.

[11] La copie de cette charte, tirée du *Cartul. de Bon-Port* (Bibl. imp. F. de S.-Germain latin), m'a été communiquée par M. Léop. Delisle.

limites jusqu'au milieu de la rivière. Ils en fieffaient les *gords*, les *ayes*, les *isles* et les *motelles*; beaucoup de rentes, constituées à titre de *fieffe*, consistaient en *pimpreneaux*.

Le passage de Poses faisait partie du domaine fieffé du fief de l'Eau.

Le port de Vauvray dépendait du domaine non fieffé. Il fut loué, en 1715, 300 l. par an.

Les religieux avaient, de plus, le droit exclusif de voiturer par eau depuis le Pont-de-l'Arche jusqu'à Lormais.

Mais, leur droit le plus fructueux après celui de disposer des atterrissements était la pêche. Le 1er février 1295, trente-huit pêcheurs s'obligèrent solidairement à payer à l'abbaye de Bon-Port 50 s. et deux cierges de deux livres chaque année, la veille de l'Assomption, pour être autorisés à pêcher en l'Eau de Bon-Port; ils retinrent cette condition que le prévôt de l'Eau serait tenu de cueillir lui-même chez eux la part de rente que chacun devait payer.

Les pêcheurs de Damps et de Limais pouvaient pêcher dans toute la garenne de Léri lorsque la Seine était débordée, comme cela fut décidé par sentence du bailli de Rouen, le dimanche après la S.-Barnabé, 1303.

Lormais dépendait des religieux de Fécamp. Les pêcheurs de ce village étaient affranchis de toute redevance envers l'abbaye de Bon-Port pour le fait de la pêche. Il avait été stipulé, au mois de novembre 1304, entre les deux abbés, que les pêcheurs de l'abbaye de Fécamp et les habitants d'Heudebouville pourraient pêcher par toute la rivière de Seine en payant, chaque année, 4 s. de rente par bateau, dans le cas où ils feraient commerce de poisson, et que, à défaut par eux de satisfaire à cette obligation, le couvent de Fécamp serait responsable. Quant aux pêcheurs de Poses, après s'être prétendus en droit de pêcher librement dans toute la rivière de Seine, ils transigèrent et convinrent de payer, pour chaque bouche de gord avalant, 7 s. 6 d.; pour chaque bouche de gord montant, 5 s.; pour le verveux, 1 s.; pour les lignes, 1 s.; pour les nasses, 2 s.; pour les nassons, 1 s.; pour la ligne engluée, une sarcelle et un morillon; le tout sans préjudice de la fare et de l'obligation d'assister aux plaids.

Les officiers du fief de l'Eau étaient au nombre de cinq : le verdier, le lieutenant des chasses, le prévôt, le sénéchal et le greffier. Le prévôt était chargé de recueillir les rentes; le sénéchal tenait les plaids et gages plèges, prononçait les amendes et rendait au nom de l'abbé des ordonnances concernant la police du fief. Il se faisait donner par les pêcheurs la déclaration des engins dont ils entendaient se servir, et leur signifiait les époques où la pêche leur était interdite. Tous les vassaux du fief de l'Eau devaient assister à la fare, sorte de plaids solennels suivis d'une pêche générale au profit de l'abbaye. Dès le XVe siècle, les religieux avaient adopté le parti de louer la fare. Le prix de bail fut, le 18 août 1446, de 8 l., avec deux jours de corvée; le 20 avril 1506, de 3 l. 10 s., avec trois jours de corvée; en 1553, de 9 l.

Le 10 février 1688, tous les droits utiles du fief de l'Eau furent loués pour 100 l. par an, à charge par le preneur de faire tenir les plaids. Le prix de bail, en 1763, était de 250 l. [12].

Barbe de Costard, dans son aveu du fief de Martot, mentionnait « une droiture de moulin en la rivière de Seine, au triége des Veuves, où était assis le gord de la Venelle. » 1587 [13].

Le duc d'Elbeuf s'intitulait seigneur et haut justicier de la rivière de Seine depuis l'ombre du Pont-de-l'Arche jusqu'au gravier d'Orival. Un arrêt du parlement, du 16 mai 1629, confirma sa juridiction entre ces deux limites, au préjudice de la maîtrise des eaux et forêts de Pont-de-l'Arche.

Le fief de l'Eau des religieux de S.-Ouen était compris entre le fief du seigneur de Harcourt plus tard duc d'Elbeuf, et le fief du Roi, c'est-à-dire entre le château d'Orival et le petit ruisseau du Becquet qui passe entre les roches de S.-Adrien et l'église de S.-Crépin-du-Becquet. Il s'étendait aux paroisses des Authieux, Tourville, Sotteville sous le Val, Orival et Cléon. Les moines prétendaient que cette étendue de rivière faisait partie des possessions primitives de l'abbaye ; il est certain qu'antérieurement au xiiie siècle elle leur avait appartenu et n'était sortie de leurs mains qu'à titre de domaine fieffé. En ne tenant compte que des documents positifs, nous voyons à la fin du xie siècle Osbern d'Eschetoth, fils de Hugues, donner à l'abbaye de S.-Ouen,

---

[12] Voy. arch. de l'Eure. F. de Bon-Port, liasses 20—53. Je ne connais les pièces relatives au fief de l'Eau des moines de Bon-Port, citées dans cet ouvrage, que par les extraits que M. Bonnin a bien voulu me communiquer.

[13] Arch. de la S.-Inf. B. 201.

[14] Arch. du Pal. de Just. F. de la Vic. de l'Eau. Arch. de la S.-Inf. F. de S.-Ouen, liasse 85.

en y prenant l'habit monastique, 10 acres de pré « *et*
« *tractum quemdam ad capiendos pisces ac piscaturas*
« *subter Oizsel* ». Hugues, fils de Turold, et Oda sa
femme, donnèrent à la même abbaye une pêcherie
entre Tourville et Oissel. Enfin, et c'est là le titre de
donation du fief de l'Eau, Guillaume de Tourville,
chevalier, au mois de juillet 1239, abandonna aux
religieux de S.-Ouen tout le droit qu'il avait en l'eau
de Seine et tenait d'eux à titre héréditaire. » *Sicut*
» *aqua S. Audoeni se proportat a longitudine et latitu-*
» *dine, à gordo Auree Vallis usque ad doitellum de*
» *Becqueto.* »

Un nommé Robert de l'Eau, de Tourville, leur
vendit au XIIIe siècle la rente en dards qu'il percevait
chaque année sur tout bateau pêcheur allant à la fare
S.-Ouen, et 6 d. de rente qu'il prenait « *de quolibet
boreschario seu quolibet piscatore in boreschid in aqua
Secane quam dicti religiosi habent inter Becquetum et
Orival* ».

A la fin du XIVe siècle, il s'éleva des contestations
entre les moines et le seigneur de Harcourt au sujet
de leurs limites. Ce procès fut terminé par une sentence de l'échiquier des forêts tenu à Rouen, aux
brandons de l'année 1396. Il fut reconnu qu'à S.-Ouen
devait appartenir « toute la pescherie de ladite eaue
de Saine par les mectes et par les devises qui y ont
esté mises et fichées par l'assentement desd. parties
et elles présentes... desquelles devises l'une est fichée devers S.-Gille en la terre de Richart Maillecto,
en la place ou le vieil nouyer croissoit ; la seconde
est assise au kay du seigneur d'Orival et la tierce au
chemin le Roy par quoy l'en va d'Orival à la Roche,
en droit la fillière de la Roche, jouxte le seu de la

court au seigneur d'Orival de l'autre part de l'eau devers Orival ».

Tous les gords, îles, îlots, atterrissements compris dans le fief de l'Eau, relevaient de l'abbaye de S.-Ouen.

Les pêcheurs coutumiers du fief de l'Eau pouvaient y pêcher, de la S.-Michel à la mi-carême, en payant par chaque *dranguet* 4 s. t. au cuisinier du couvent ; les mailles de ce filet devaient être de la largeur d'un parisis. De la S.-Jean à la S.-Michel, n'était permis de pêcher au *dranguet* que des feintes.

Le *lus* (le brochet), le saumon, la lamproie, pris par les pêcheurs, devaient d'abord être portés aux religieux. Ceux-ci pouvaient les garder pour eux, à un prix réduit de 20 d.

Chaque année l'abbé de S.-Ouen tenait la fare. Le prévôt fieffé du fief de l'Eau était tenu de se trouver sur le quai de Rouen avec un bateau convenable pour y prendre les officiers de l'abbaye et les conduire à cette cérémonie. Tous les pêcheurs coutumiers se présentaient, la rame sur l'épaule, sur le quai du Port-S.-Ouen. Là on procédait à leur appel, on recevait leurs déclarations, on prononçait des amendes ; on y rendait aussi des ordonnances concernant la police de la Seine et de la rivière. Une pêche générale venait ensuite, et donnait un air de fête à cette solennité. Mais dans les derniers temps, ces pêches générales, désastreuses pour le poisson, n'étaient plus autorisées, et la fare ne semblait plus aux pêcheurs qu'une ennuyeuse obligation de vassalité.

Vers le milieu du XVIIe siècle, les religieux de S.-Ouen, dont les droits sur le fief de l'Eau avaient déjà reçu de profondes atteintes par le développement des juridictions royales, se virent menacés dans la possession de ce fief par Jean Duport, officier chargé par le Roi d'opérer la réunion, vente et revente du domaine aliéné et usurpé. Jean Duport prétendait que le fief de l'Eau était domanial. Nonobstant cette prétention, l'abbaye de S.-Ouen fut maintenue dans son droit par les commissaires généraux nommés pour l'exécution de la déclaration du mois de décembre 1654 (7 juillet 1656), et plus tard, sur de nouvelles poursuites, par arrêt du conseil privé du 9 mars 1756. Toutefois, on refusa de leur reconnaître le droit de passage qu'ils prétendaient avoir au Port-S.-Ouen et à Croisset.

Le fief de l'Eau dépendait de l'office de pitancier de l'abbaye, et s'appelait pour cette raison le fief de la cuisine. On est assez surpris de voir qu'en résumé, les revenus de ce fief se bornaient, en 1678, à 20 l. 12 s. 4 d., à quatre lamproies et à un boisseau d'avoine foulée et comblée [15].

---

[15] Arch. de la S.-Inf. F. de S.-Ouen, liasse 85, etc.

Nous croyons intéressant de publier ici les coutumes du fief de l'Eau, transcrites au XVe siècle dans le *Livre des jurés de l'abbaye de S.-Ouen*, déposé aux arch. de la S.-Inf., f° 138.

« Vechy les coustumes de l'Eaue de Saine appartenant aux religieux abbé et couvent de Saint-Ouen de Rouen, qui dure du Bequet desoubs le Port S. Ouen jusques au manoir du segneur d'Orival :

« Premièrement, la fare doit commencher à Pasques, et ceulx qui ont les drenguiaux ne vendront à la fare, se il ne veullent, devant à la Saint Jehan, pour ce que les drenguiaux les acquitent, qui doivent grant rente; et se il li veullent venir de leur volenté dedens la Saint Johan, culx poiront telle rente comme les autres; et se ceulx qui n'ont mie drenguiaux qui viennent à la fare de Pasques, il convient que ilz la maintiennent toute l'année; et poiront chascune sepmaine III dars, III d. au samedi. Se aussi est que aucun de la fare soit semons en la court de l'official de Rouen, où il ait jour de

Les seigneurs du fief d'Oissel et du fief Faucon,

jurer, il ne poïera riens des dars ne des deniers de celle journée; ne, se ainssi est que aucun soit semons pour le Roy, nient plus, pour quoy il li conviengne aller; ne, se il estoit malade que il ne se peust aidier, nient plus. Se ainsi est que la journée que il sera semons en la dicte court l'official ou en la court le Roy, et y n'i ait ses rès la journée que la fare en ira ne la nuit, il poïra aussi bien comme se il aloit à la fare, et convendra que il se viengne aquiter au samedi ou il sera en amende; et se il ne mest point ses rès, il ne poïera rien de ses journées que sera semons en celle manière; et les drenguiaux qui doivent aller à la fare dès che que la S. Jehan sera passée, il convendra que il viengne à la fare aussi comme les autres; ne il n'y a nul, ne ceulx, ne les autres qui ne conviengne que il maintiengne la fare trestous ensembles. Et est bien à savoir que le mois d'auost, se ilz veullent, ilz vendront à la fare, et se eulx veullent, ilz n'i vendront mie, et ne seront frans fors en mois d'auost; dès che que le mois sera passé, il convendra que il viengnent à la fare trestous ensembles, et durera celle fare jusques à la S. Mechiel, et, se eulx veullent, ilz ne tendront fare avant la S. Mechiel, et se la fare leur plaist à maintenir que ilz y voient leur gaaing, eulx iront; et depuis la S. Mechiel, eulx ne poiront la sepmaine que deux dars et 11 d.; et est la coustume itelle, que depuis la S. Mechiel la coustume s'apetiche d'un dart et d'un d.; et se ceulx de la fare viennent prendre congé au sergant, et ilz dient « se nous ne gangnons que IIII d., nous disons bien que nous ne poirons rien », mès que ainssi soit que ilz peschent plus de IIII d., eulx poiront chascun 11 dars, 11 d. depuis la S. Mechiel, et est à savoir que les frans bathiaux qui sont en l'eaue, il convient tous jours que eulx viengnent à la fare, ne ne s'en peuest excuser que ilz n'y viennent acquiter au samedi, quar ilz doivent les dars et ne doivent point d'argent autre que les dars, et doivent venir aux plès du dimence après la S. Ouen, et doivent aidier à juger les villains batiaux, et peust aller à tous autres mestiers où autres vont sans riens poier; et est à savoir que les journées des fares, se l'en pesche lus, saumont, lamproie qui vaille v. s., et se il vault plus, monss. l'abbé et le couvent de S. Ouen de Rouen y ont la moietié, et l'autre moietié ilz l'aront par le pris de leur sergent, qui le doit bien priser et loyalment par son serement, si que la partie qui le pescha n'en soit point grevée; et est assavoir que monss. l'abbé de S. Ouen de Rouen peueust (sic) deffendre la fare III fois l'an; si en est le premier deffens à la S. Jehan en esté, l'autre à la mi oust, et l'autre la veille de la S. Gille; et est assavoir dès le jour de my aust que l'eaue sera en deffens jusques à la veille de S. Ouen, et n'y osera nul peschier entre ces deulx festes, qui n'ait forfet le batel et les metiers toulx comme ilz seront; et convendra que tous les battaux de la fare, quiculx que il soient, frans et villains, viengnent dès parmatin asembler à traveiller l'eaue et à prendre des poissons à faire la faicte monseigneur S. Ouen au couvent, et

autrement dit Herlandois (par. d'Oissel), avaient des

sera le poisson sien, et les devans dis fareurs pescheront en celle sepmaine sans riens poier pour ce que eulx viennent au deffens, et est assavoir que des III deffens qui par devant sont, à la veille S. Johan, à la veille de la my ouat, à la veille S. Gille, que monsseigneur l'abbé S. Ouen ou son commandement doivent avoir le poisson à ces III festes, par le pris du sergant de l'eaue, et le doit bien priser et loyaulment à deulx drois, que les pecheurs ne soient point grevés; et est asavoir que ceulx qui vont à la faré, des VI d. des nasses qui sont deus à la S. Joire, par la raison des nasses, tous ceulx qui vont à la fare ne poient riens, et tous ceulx qui ne vont point à la fare de chief en chef la rivière doivent VI d. le jour de la S. Joire, pour leur nasses, et se ilz ne les pouaient, ilz sont en a-mende; et toutes fois que monss. l'abbé passera par le pors, ne lui, ne son bailli, et ilz demanderont au pescheurs se il li a point de pois-son, et il dit que non, et il en y a, ill'ara perdu le poisson, et si convendra que il l'amende. Iceste coustume doit avoir monsseigneur; a son user à son eaue, et le fermier à qui il la baudra, si ne l'aira point; ains a tous jours monss. l'abbé ceste retenue pour son user, et est assavoir que tout contremont la rivière, se il y a point ne lus, ne saumont, ne lamproie, qui passe v. s., il convient que il en ait la veue et le convient enchies que soit montré ailleurs, et que il ait par le pris de son sergent; et convient que son sergent le prise bien et loyaulment a deulx drois, si que le pescheur n'i ait point de do-mage (*il existe un blanc dans le ms.*), et au pecheurs à vergue la coustume est telle que il ne y a nul franc à ces II mestiers, que il ne conviengne qu'i se alouent comme estrange, et n'a nul ceste cou-tume en l'eaue monsseigneur de S. Ouen, que il ne conviengne qu'i se viengne alouer; et ne pescheroit on point n'à verge n'à linghe, se monsseigneur vouloit, et il s'en vouloit tenir en pès; mès monsseigneur veult bien que l'en s'aloue, et se ainsi est que on n'en loue nul, les frans batiaux pourront aller à tel mestier, comme n'en les louera sans rien poier, excepté les III fares des veilles S. Jehan, S. Ouen; et se ainsi est que l'en se tenist que l'en ne l'alouast nul, ilz n'y pourroient aller; mès nous trouvons bien ceste coustume que toutes manières de gent qui maignent ès bournes de l'eaue peuent aller en toutes manières d'engins dedens les herbes que on apelle bourde, et doit on faire les egringaons de telle manière d'engins, d'nusbe espine, et les doit en corder de soie de cheval, et se il vont à telle bourde parmi les herbes, tous ceulx qui y vont doivent poier une hart d'anguilles de la value de V d., au commandement monsseigneur l'abbé ou son couvent; et est asavoir que des viandes des nasses, que l'en doit III fois l'an, par ce que monsseigneur l'abbé et couvent ont eu conseil qui souffre que tous les pescheurs des nasses en soient quictes par XII d. chacun de rente, afin tous ceulx qui peschent as nasses, et poieront ces XII d. le dimenche après la my qua-resme, et les porteront à la grance de Tourville, et se ainsi est que

droits de gords et de pêcheries dans la rivière de Seine, aux termes de leurs aveux [16].

L'Eau du Roi s'étendait du Becquet à la Bouille, mot qui par lui-même pourrait bien ne signifier autre chose que bout et extrémité, comme semblerait l'indiquer son équivalent latin *buticula*, et cette citation rapportée par Ducange, v° *Butus*. « .... Jehan Noel, marinier, demeurant à la Bouylle du kay de Rouen. »

Un sergent fieffé était chargé de visiter et de garder les pêcheurs qui pêchaient dans la rivière en dedans de ces deux limites. Son office formait un plein fief de haubert, vulgairement nommé le fief de la *Grue*. Le sergent était tenu de rapporter les exploits des personnes qu'il trouvait en défaut dans l'étendue de sa sergenterie par devers le Roi, ses gens ou fermiers tenant la ferme de ladite Eau, d'y faire les ajournements qu'on lui commandait et d'y publier les époques du défends. « Et par ce, moy dit du Saussey (je reproduis textuellement l'aveu rendu par Jean du Saussey, propriétaire de ce fief, le 21 janvier 1604), ay droict d'avoir ung franc basteau en la dicte eaue de Sayne, pour y pescher depuys ledit lieu du Becquet jusques à la Bouille pour les servages que ledict sergent en doibt au Roy notre sire aux termes acoustumés ; et doibt estre le dit serjeant depuis Pasques jusques à la S. Jean en la dicte eaue pour garder les droicts du Roy pour nouveaux poissons qui y peuvent choir ; et sy ledit serjent trouve qu'il y ayt

ilz ne les aportent, ilz l'amenderont, et si poieront l'argent dessus dit. »

[16] *Ibid.* B. 205.

tendu, il peult prendre le bateau et le mener aux fermiers et le poisson forfaict, et sy payera l'amende qui y appartient; et doibt avoir ledit sergent de son droict six deniers pour vin sur le pescheur; et sy ung nouveau pescheur vient pescher en l'eaue ilz doibvent(sic) au dit sergeant une alloze ; et sy ledit peschant pesche et ne le fait assçavoir audit sergent, il le peult prendre comme forfaict. Depuys le 1er jour de mars jusques à la S. Michel, ledit serjent doibt estre en l'eaue trois jours la sepmaine pour partir les poissons du Roy notre sire et desdits pécheurs ; a droict d'avoir ledit sergent de chacun saulmon douze deniers t., que ledit pescheur doibt payer et de chacune raye mise en la rivière 12 d. du pescheur; et sy les fermiers font entendre audit sergent que la fare est, iceux doibvent huit sols et ung dart pour son droict, ung gallon de vin et deulx chemineaulx, et depuys la S. Michel jusques à Pasques, deulx gallons de vin, pour deffendre aux pescheurs que ils ne vendent leur poisson jusques à ce qu'il soit carlé et ce que lesdiz fermiers veullent qu'il facent depuys la S. Michel jusques à Pasques et partir iceux poissons entre lesd. fermiers et pescheurs; et sy doict ledit serjent adjourner lesd. pescheurs aux plez du roy, en ayant son tiers à la S. Aubin qui est le 1er jour de mars; lesd. pescheurs doibvent audit sergent chacun une alloze et au Roy notre dit seigneur chacun une poignée d'esplent à chacune flouée, et si peult le dit sergent approcher bois mal prins [17]. »

---

[17] *Ibid.* B, 204. Cf. *Ibid.* Deux aveux du même fief, l'un rendu par Ch. Lecointe, 30 avril 1680, l'autre par Simon de la Hougue, époux de Jeanne Lecointe, 7 septembre 1694. Le droit de franc bateau de Rouen à la Bouille n'avait point été reconnu; il ne figure

Parmi les personnes qui prétendaient droit sur l'Eau du Roi, on doit citer le seigneur du fief de la Paneterie ou de Goui, les religieux du prieuré de S.-Paul, l'abbaye de Ste-Catherine-du-Mont, le seigneur du fief de Mont-au-Berger.

Henri II avait donné à Odoin de Malpalu, son panetier, une pêcherie en la rivière de Seine, franche de toute coutume. Il est certain que c'était en vertu de cette concession que les seigneurs de Goui possédaient, aux termes de leurs aveux, « droit d'avoir un franc bateau pour pêcher franchement en ladite rivière sans payer aucuns tributs ni péages [18] ». Les religieuses du prieuré de S.-Paul jouissaient du même privilége [19]. L'abbaye de Ste-Catherine possédait le droit de fare des anciens ducs de Normandie, consistant à percevoir le quart du poisson péché par tous les pêcheurs dans la rivière de Seine, le vendredi d'avant la Trinité, depuis midi jusqu'au lendemain à pareille heure, à charge par les religieux de donner aux pêcheurs un plat de viande, composé d'un gigot de mouton, une pièce de veau, une pièce de bœuf, deux poulets, trois pigeons, avec deux pots de vin et deux miches [20].

Suivant un aveu du 27 avril 1716, le fief de Mont-au-Berger aurait été originairement un plein fief de

pas dans l'aveu de 1680. — On peut encore consulter sur ce fief l'aveu de Jean Dupuis, 1377 (Arch. nat., p. 307, n° xi).

[18] *Cartul. norm.*, n° 14. — Voy. l'aveu de Thomas Dumoncel, écuyer, pour le fief de Goui, dit la Paneterie, aux arch. de la S.-Inf. B. 204.

[19] Arch. de la S.-Inf. F. de Montivilliers.

[20] Notes tirées de l'inventaire des titres de la chartreuse de Gaillon. (Comm. par M. Bonnin.)

haubert, avec trois manoirs seigneuriaux : l'un en la paroisse S.-Eloi, de Rouen ; l'autre en la paroisse S.-Maclou, de la même ville, et le troisième, à Caumont, nommé le Beauséjour de Mont-au-Berger. Le manoir de S.-Maclou aurait été anciennement détaché du fief. Le manoir de S.-Eloi, situé devant la chapelle S.-George, aurait été aliéné, à la réserve de 10 s. de rente seigneuriale. Quant au manoir de Beauséjour, il aurait été détruit par les Anglais. A ce fief, alors sans chef-mois, appartenait un droit de pêche en la rivière de Seine, avec un bateau versant (vergant) et un filet, depuis le pont de Rouen jusqu'au Val-des-Leux, droit confirmé par une ordonnance de M. de Mascranny, grand maître des eaux et forêts, datée du 3 juillet 1671. Jean de Jort, procureur en la cour des comptes de Rouen, seigneur de Mont-au-Berger, prétendait en outre, à raison de ce fief, être « voyer, visiteur des quais et atterrissements depuis le pont de Rouen jusqu'au port du Trait, pour y faire tenir les quais et taluts en bon estat, y faire planter des balises, à cause de quoy il disait avoir droit de prendre 1 d. pour tonneau de port de chaque vaisseau et navire qui passait, 15 d. de chaque courbe de chevaux tirant les navires et vaisseaux ». Il convenait qu'il n'était plus en possession de ce droit, mais il tenait à en faire mention pour témoigner de son intention de s'y faire rétablir et pour prouver l'antiquité de son fief, qui jouissait de cette prérogative depuis le temps où il avait appartenu à Gosselin d'Arques, vicomte de Rouen [21].

Dans les dernières années du xvie siècle, les com-

---

[21] Arch. de la S.-Inf. B. 209.

missaires du Roi engagèrent la partie de la Seine comprise entre Rouen et la Bouille à Clément Goutren, pour 2,136 écus sol. Elle fut réunie peu de temps après au domaine, et engagée de nouveau à Nicolas Brice, chanoine de Rouen, le 15 novembre 1602, pour 3,110 l. t., 660 l. en plus pour les 2 sous pour livre, et 910 l. de rente annuelle payable à la vicomté. Ce chanoine la céda, le 9 juillet 1624, à l'Hôtel-Dieu de Rouen, qui la conserva jusqu'à la Révolution [22].

Aux termes d'un aveu de la baronnie de Mauni, rendu par Ch. d'Etampes, 3 mai 1685, ce seigneur avait : « droits de port et de passage tant à la Bouille, Caumont, le Nouret, qu'au Val des Leus, fieffés par ses prédécesseurs, avec exemption pour lui, sa maison et officiers, de payer aucun droit de passage.

« Droit de pesche en l'eau de Mois et de Caumont qui est toute la rivière de Seine devant la Bouille, depuis l'Eau le Roy jusques à l'Eau Dieu à l'endroit du Val de Nouret comme aussi droit de courant dans lad. rivière.....

« Droit de hallage et courbage dans l'étendue de sa seigneurie sur le bord de la rivière de Seine [23]. »

Les religieux de S.-George de Bocherville possédaient dans la Seine, en face de Manneville, une pécherie désignée ainsi dans une charte de Guillaume, chambellan de Tancarville, de l'année 1114 : « Portum et piscationem in Sequanâ, scilicet tractum de fonte de Molecroste et totam aquam usque ad metam

---

[22] Arch. de la S.-Inf. F. de S.-Ouen, liasse 85.

[23] *Ibid.*, B. 197.

que est supra Vallem Luporum [24]. » Au XVIIe siècle elle était possédée par les habitants de la paroisse, et ne faisait plus partie que du domaine fieffé de l'abbaye.

D'après une charte de 1248, l'Eau de Bardouville, appartenant aux seigneurs de Bardouville, s'étendait depuis l'Eau-Dieu jusqu'à l'Eau d'Aubourville [25]. En 1365, Robert Mallet, chevalier, seigneur de Bardouville, bailla à ferme pour 3 ans, moyennant 4 l. t. par année, son droit en la pêcherie de l'eau de Seine, à l'exception des poissons royaux, depuis les mettes de S.-George jusqu'à Duclair [26]. Le 27 juin 1394, monseigneur d'Yvetot affermait pour le même espace de temps, au prix de 85 l. par an, l'eau de Bardouville, qui lui appartenait, du chef de sa femme. Il se réservait la moitié des forfaitures, la jouissance d'un bateau pêcheur à tous engins, la vue de tous les poissons royaux et 12 d. pour chaque vue [27].

---

[24] Biblioth. de Rouen, *Cartul. de S.-George de Bocherville*, f° 74. Cf. la charte de Robert de Tancarville, 1297, et l'extrait de dénombrement rendu au Roi le 27 fév. 1680, aux arch. de la S.-Inf. F. de S.-George de Bocherville. Le Cartul. de S.-George de Bocherville contient au f° 63, v°, la charte suivante de Henri II, relative au port de Moilecroste : « Carta Henrici Regis de portu de Moile Croste.—H. Rex Anglie et dux Normannie et comes Andegavie Willelmo de Morenvilla et ballivis suis de Monteforti, salutem. Precipio quod faciatis habere abbacie S. Georgii portum suum de Moille Croste, et viam suam inter clam (sic) Moillecroste, ita bene et in pace et quiete et juste sicut eam habebant tempore H. Regis, avi mei; et prohibeo ne summarii, vel quadrige ejusdem portus nunquam super hoc in eadem via inpediantur, ne amplius inde clamorem audiam, pro penuria recti, et, nisi feceritis, justitia mea Normannie faciat. Teste Manessier Biset, dapifero, apud Rothomagum. »

[25] Charte originale de l'archevêque Eudes Rigaud, aux arch. de la S.-Inf. F. de S.-George de Bocherville.

[26] Arch. du tabellion. de Rouen. Reg. de l'année 1364-1365, f° 240, v°.

[27] *Ibid.* Reg. de l'année 1395, f° 22.

En 1588, Ch. de Saldaigne, seigneur du même fief, déclarait dans son aveu « une pescherie en la rivière de Seine, des deux cotés d'icelle, depuis le Val des Leux jusques au bout d'em bas et au dessous de l'Ile S.-Joire (autrefois l'Ile Rabel), avec heurtages et autres droitures et revenus »[28].

En dedans de ces limites les moines de S.-George jouissaient de droits importants. Guillaume de Tancarville, leur fondateur, leur avait donné des droits de pêche, que Guillaume le Conquérant rappelle dans sa charte de confirmation « aquam vero ad piscandum contra Bardulfi villam ad unam sagenam et duas acras ad habitaculum piscatoris »[29]. Une sentence arbitrale de l'archevêque de Rouen (1248), intervenue entre Anceau de Braie, chevalier, seigneur de Bardouville, et les religieux, reconnut à ces derniers le droit d'avoir un franc pêcheur en l'eau de Seine, et une fois par an, au mois de mai, une nuit de pêche. Le seigneur, sur leur réquisition, était tenu de convoquer ses hommes pour prendre part à la pêche; et le lendemain, son prévôt et son sergent, en récompense de leur peine, avaient droit à un dîner au monastère[30]. Les droits de franc bateau et de franche nuitée au mois de mai, furent de nouveau reconnus, dans une transaction passée entre Jean de Braie et les religieux de S.-George, en 1328. Gui Mallet, seigneur de Graville et de Bardouville, fut contraint en

---

[28] Arch. de la S.-Inf. B. 196.

[29] Biblioth. de Rouen. *Cartul. de S.-George de Bocherville*, f° 56, v°. — « Insulam Rabelli cum gardino et piscatoribus et redditu piscium. » Charte de confirmation du roi Henri Ier. *Ibid.*, f° 60, v°. Cf. *Ibid.*; f° 66, 74, 75, v°.

[30] Pièce précitée.

vertu d'un mandement du Roi du 13 décembre 1402, de laisser jouir les religieux de leur bateau pêcheur entre les *melles* de Duclair et de Caumont. Enfin, une nouvelle transaction fut passée le 10 mars 1454, entre les religieux et Antoine de Chaumont, seigneur de Bardouville, au droit de demoiselle Martel sa femme. Le seigneur de Chaumont leur permit d'avoir en son eau « ung franc batel pescheur pour pescher à quelque bord et costé qu'il leur plairoit, aux engins, rez, fillez et aplez, au temps et en la manière qui suit : c'est assavoir à une basse saine longue de LXX braches de narmée ou moindre s'il leur plaisoit et large de V braches et ung homme calonnant à terre, aux tramaulx, à la tache, à la tente, aux perches, et à la ligne engluée, desquels saines, rez et autres engins et aplez dessus desclairez, ne autres lesdits religieux ne pourroient pescher ne faire pescher, depuis le premier jour de mars jusques au premier jour de septembre, iceux jours exclus, ès très du bout de l'Ile d'aval du Périer, du fossé Plichon, du Roncherai, de la Boche, ne de Beaulieu ; mais pourront bien peschier ou faire peschier ès autres lieux et endrois d'icelle eau, aux engins et aplez ci-dessus declairés tant seulement, en attendant toutesfois leur tour et run, comme il est accoustumé entre les pescheurs dudit seigneur de Bardouville ; et depuis ledit premier jour de septembre jusquez au premier jour de mars, lesdits religieux pourront pescher ou faire pescher aux rez, fillez, engins et aplez dessus declairés tant seulement ; par toute l'eau dudit seigneur de Bardouville et mesme ès très dessus declairés, par attendant le tour et run. » Si les religieux ou leur pêcheur prenaient plus de poisson qu'il ne leur en fallait pour la consommation de leur maison, ils ne pouvaient vendre ni faire vendre ce qui ne pouvait être employé à leur usage, à d'autres qu'au seigneur de Bardouville, à son procureur ou à son fermier. Mais il fallait que ceux-ci se présentassent devant le pêcheur du couvent entre deux marées, et qu'ils offrissent de lui payer pour les saumons et aloses un tiers en plus du prix qu'aurait payé le seigneur de Bardouville à ses pêcheurs, pour les mulets un quart en plus, et pour les blancs poissons, barbeaux, brêmes, roches, perches, brochets, carpes, un prix qui convint au pêcheur. Autrement, les religieux pouvaient vendre leur poisson à quelque marché qu'il leur plaisait, en dehors des eaux de Bardouville. Il leur était interdit d'avoir en l'eau de Seine une *boutique* fermée et attachée à perche. Toutefois il leur était loisible d'entretenir un vivier dans leur bateau et même d'avoir une *boutique* fermée hors de l'eau pour y mettre les poissons que le seigneur de Bardouville n'aurait point réclamés entre deux marées, aux conditions que nous venons d'indiquer [31].

Les limites des eaux de Jumiéges sont déterminées en ces termes dans une charte de confirmation du roi Henri II : « Ex dono Willelmi filii Rollonis villam Gemmeticensem, cum ecclesiis et omnibus appenditiis ville et aque decursum à loco qui dicitur Belinguet Wit (Bliquetuit), usque ad Joseph essart (le Val de l'Anerie), excepto quod domini Wiville, Anneville et Berville habent usque ad filum aque, quantum terre eorum durant [32]. »

Les pêcheurs d'Anneville et de Berville s'étant

---

[31] Arch. de la S.-Inf. F. de S.-George de Bocherville.
[32] Arch de la S.-Inf. *Cartul. de Jumiéges*, n° 20 *bis*, p. 282.

permis de pêcher en l'eau des religieux « en tant que s'estend de longueur ladite terre et seigneurie d'Anneville et la terre et seigneurie de Berville sur Seine jusques au parmy de l'eau de ladite rivière, depuis le Val de l'Asnerie anciennement appelé le Val de Joseph essart jusqu'à l'eaue de la seigneurie d'Iville », il en résulta un procès qui fut terminé par deux transactions passées au tabellionage de Rouen, le 5 mars 1442 (v. s.) et le 2 juin 1443. Par la première, les pêcheurs d'Anneville reconnurent et confessèrent « la droitture et seigneurie d'iceulx religieux et que la dicte eaue et pesquerie d'icelle rivière de Sayne, où costé de l'église et seigneurie dudit Jumièges et jusques au parmy de la dicte rivière, depuis ledit Val de l'Asnerie jusques à la dicte eaue d'Iville compétoit et appartenoit..... à iceulx religieux et à leurs successeurs, comme leur propre héritage..... Et pour avoir droit de pesquer par eulx et leurs hérittiers, toutes fois qu'il leur plaira en icelle moictié de la rivière de Saine appartenant à iceulx religieux,..... lesdits pesqueurs pour chacune saine et batel qui pesquera, seront tenus paier par chacun an à iceulx religieux et à leurs successeurs la somme de ving soulz tournois et une aloze de rente;..... et se lesdits pesqueurs ou aucuns d'eulx ne pesquent, ilz ne seront point contrains à paier ladite rente; mais se ilz pesquent une seulle foys ou moullent leurs rays en l'an, ilz paieront ladite rente pour icelle année, combien que plus ne pesquassent en icelle année, ainsy et par telle condicion que, par cest présent traictié et appointement, lesdits pesqueurs pourront avoir deschente sur la terre des diz religieux, tant comme s'estent la terre de Anneville et Berville pour leurs basteaulx ariver et leurs retz tirer,....; et par telle condicion aussy que, en regard des rays d'iceulz pesqueurs, la claire saine acquittera les aultrez applez; mais se ilz peschent à autres applez que à lad. claire saine, sans peschier à icelle clère saine, iceulx pescheurs et leursdits hoirs semblablement paieront et par semblable manière ladite rente, comme declairé est en ces présentes, et que à iceulx religieux et à leurs successeurs demeure tousjours le droit seigneurial, et que leurs hommes pourront pesquier en leur dite eaue et pesquerie, à l'endroit d'icelle terre d'Anneville et Berville, aussy et en leur faisant et paiant ce qu'ilz ont acoustumé faire et paier. Ainsy y pourront pesquier les pesqueurs de la paroisse de Berville et aultrez, s'il plaist à iceulz religieux; soit par composition faicte ou à faire avecquez eulx ou aultrement; et demourent et sont réservés à iceulx religieux tous frans poissons, qui d'anxienneté ont accoustumez estre reservez et aux aultrez eaues appartenant aus dits religieux, lesquelz poessons, ceulx qui les pesqueront..... seront tenus bailler et délivrer à ceulx religieux ou à leurs gens et commandemens [33] ».

Par la seconde transaction, les pêcheurs de Berville reconnurent aussi le droit des religieux et obtinrent, moyennant les mêmes conditions, la faculté de pêcher dans les eaux de l'abbaye [34].

Au mois d'octobre 1238, Guillaume de la Housseie abandonna aux moines de Jumiéges, moyennant une

[33] Arch. de la S.-Inf. *Cartul. de Jumiéges*, n° 20 bis, p. 289.
[34] *Ibid.*, p. 291.

rente de 40 s., le droit de heurtage qu'il prétendait sur les navires et bateaux qui se chargeaient et déchargeaient entre l'eau d'Iville et le port de Jumiéges [35]. Une sentence rendue aux assises de Pont-Audemer, en 1260, reconnut que l'abbé de Jumiéges avait à bon droit saisi les namps des personnes qui pêchaient en l'eau de Jumiéges, située entre Jumiéges et Iville, et désignée sous le nom de l'Eau-Dieu [36]. En 1263, à l'échiquier de Pâques tenu à Caen, Guillaume Crespin, seigneur de Dangu, et Jeanne sa femme, cédèrent aux religieux, pour 200 l., tout le droit qu'ils avaient sur la rivière entre Iville et Jumiéges [37]. Il ne resta plus aux seigneurs d'Iville, qu'une « droiture de pescherie et de heurtage en la rivière de Seine des deux côtés d'icelle, tout le long de la paroisse d'Iville, depuis Anneville jusqu'à Bourneville, à toutes sortes de rets

[35] « Hurtagium de navibus et batellis qui onerabantur et exonerabuntur super Secanam inter aquam de Wivilla et portum de Gemmetico. » *Ibid.*, p. 153.

[36] Arch. de la S.-Inf. *Cartul. de Jumiéges*, n° 20 *bis*, p. 299.

« Anno Domini M° CC° LX°, proximâ assisiâ Pontis Audomari, post festum omnium Sanctorum, adjudicatum fuit abbati Gemmeticensi quod ipse haberet possessionem nammiorum hominum de Wivillâ piscantium in aquâ dicti abbatis inter Gemmeticum et Wivillam que, sicut ipsi asserebant, dicitur Aqua Dei, pro quibus ipsi homines dederant vademonium et plegios quod ipse ceperat ubi non poterat nec debebat. Inspectâ vero regiâ cartâ abbatis, adjudicatum fuit ei quod ipse ceperat ubi poterat et debebat, presidente in eadem assisiâ, loco ballivi, Johanne de Livet, cum magistro Ricardo de Fayet, et militibus inferius annotatis : domino abbate Beci, Ric. de Belmoncel, Hugo de Mesnillo, Eustachio de Aubeigneio, Guillelmo de Ouvillâ, Ric. de Ticuvillâ, Galtero de Brioniâ, Johanne Alani, Ric. de Brioniâ, Alnulpho de Hails, Guillelmo de Stellante, Roberto de Valle, Guillelmo Recuchon, Ric. de Contemolins, Ingeranno de Willequier, Guillelmo de Caudecote, Serrico de Mesnillo, Guillelmo Belet.

[37] Arch. de la S.-Inf. F. de Jumiéges.

et d'engins à pêcher poissons et oiseaux à la ligne, tant pour lui que pour ses vassaux [38] ».

Quelques particuliers qui prétendaient « droit de heurtage sur tous les vaisseaux chargeants depuis la fontaine S.-Vast jusqu'au port de Jumiéges, et un droit nommé *pilage*, sur tout le bois de la forêt de Brotonne chargé audit port, consistant en 2 d. t. par vaisseau », y renoncèrent en 1412, en faveur des religieux. Jusque dans les derniers temps, les maîtres de heux, obligés de séjourner en état de *heurtage* dans les eaux de Jumiéges, payaient 5 s. par marée et 10 s. pour droit d'amarrage.

Les vassaux de l'abbaye pouvaient seuls, sauf exception, pêcher dans la partie de la rivière qui dépendait de Jumiéges. Une fois chaque année tous les pêcheurs étaient tenus de comparaître devant le bailli de la haute justice de l'abbaye; les uns l'aviron sur l'épaule, les autres le bâton blanc à la main. Le bailli procédait à leur appel, recevait d'eux 5 s. pour le droit seigneurial de mouillage de chaque bateau et applet, et leur faisait prêter serment de garder et observer les ordonnances du Roi et les chartes de l'abbaye [39].

Les seigneurs de la Mailleraie jouissaient de droits assez importants sur la Seine. Le 20 mars 1455 (v. s.), Marguerite de la Heuze, dame de Moy, de la Mailleraie, châtelaine de Belencombre, se déclarait en

---

[38] Voy. l'aveu de Timoléon d'Epinay S.-Luc, 1609, aux arch. de la S.-Inf. B. 197. Cf. aveu de Jacques de Trye, chevalier, seigneur de Rouleboize, 2 juin 1407, aux arch. Imp., p. 305, n° 207. « Item, l'eaue de Saine et la pescherie d'icelle, laquelle dure une lieue ou environ. »

[39] Arch. de la S.-Inf. F. de Jumiéges.

possession de « cavyes et pesqueries en la rivière de Seine depuis l'endroit du lieu nommé le Rouge-Saulx jusques à l'endroit du lieu nommé la Rue-au-Masurier, avec coustumes, pillages, heurtages, alèges et cayages [40] ». Dans son aveu du 22 mai 1583, un autre seigneur de la Mailleraie, Jean de Moy, indiquait comme lui appartenant « pescheries à tous apletz sur la ryvière de Sayne, depuis le fossé appellé le fossey de l'Angle assis à Vatteville jusques au Rouge-Saulx faisant séparation aux eaues de Jumiéges près et joignant du Traict avec l'estallière vulgairement appelée l'estallière de Villequier, avec droicture de quéages, heurtages, lavage de glux ;... droict de passage au port et passage de Caudebec, pour lui, ses domestiques et tous ses hommes et vassaux tenant desdits fiefz, sans aucune chose paier, au moyen des délaiz de porcion que avoient ses prédécesseurs faictz de partie de la propriété dudit passage et des coustumes qu'ils avoient à prendre sur les denrées et marchandises qui se portoient à Caudebec [41] ».

Ces privilèges de la seigneurie de la Mailleraie n'empêchaient pas les moines de S.-Wandrille de

---

[40] Arch. imp. p. 305, n° 244.

[41] Arch. de la S.-Inf. B. 197. — Il y eut information sur l'aveu du 22 mai 1583. Un témoin déposa que « le seigneur de la Mailleraye avait droit de pescheries à tous apletz sur la rivière de Saine, depuis le fossey appellé le fossey de l'Angle, assis à Vatteville, jusques au Rouge Saulx, faisant séparation aux eaues de Jumiéges, prez et joignant du Traict avec l'estalière vulgairement appelée l'estallière de Villequier, qui soulloit estre fichée vis à vis dudit fossey de l'Angle, faisant séparacion des paroisses de Bliquethuit et Vatteville, du costé du seu, et jusques au fil de l'eau ». B. 199. — Dans l'arrest de mainlevée, on réserva le droit de lavage de gleux. — Cf. l'aveu d'Angélique de Fabert, marquise de la Mailleraie, de 1701. B. 199.

s'attribuer droit de passage et de travers depuis le Rouge-Saulx et la Pierre-du-Poirier, au-dessus de la Mailleraie, jusqu'au-dessous de la paroisse de Villequier. Ils s'en prétendaient en possession en vertu d'une donation de 772, et d'une confirmation accordée par Louis le Débonnaire, en 816 [42]. Le Rouge-Saulx est mentionné dans une charte de 1278, par laquelle Alice de la Meslérée (la Mailleraie) leur céda, à titre de *fieffe*, le droit qu'elle avait sur la moitié de deux *étalières*, situées en l'eau de Seine « *a loco qui dicitur le Roge saus usque ad locum qui vocatur le Blanc rolle de Villequier* [43] ». Dans la seconde moitié du XIIIe siècle, ils se firent céder d'autres droits de pêche et de passage et prirent soin d'améliorer leur port de Caudebec [44].

[42] *Ibid.* F. de S.-Wandrille.

[43] *Ibid. Cartul. de S.-Wandrille*, f° 6, XXXVII.

[44] Arch. de la S.-Inf. *Cartul. de S.-Wandrille*, f°. Charte de Pierre du Val, seigneur de la Meslerée, 1279, f° 134, v°. Charte de Robert de Villequier, chevalier, 1277, f° 136, v°. Accord de 1282, f° 138, v°. Charte de Nicole dit Peilehous, 1282, f° 138, v°, et 139. Accord de 1235, f° 140, chartes de Jean dit de Nouer, 1277, 1278, 1280, f°° 143, v°, et 144. Charte de Roger Toupin, chevalier, et de Jean de la Noerée, 1253, f° 144. L'accord de 1282 mérite d'être rapporté : « A touz cheus qui ches presentes lettres verront ou orront, nos Jehen Tourouf, preistre, Johan Rosselin, Jehan le Petevin, Guillaume le Petevin et Robert de Saint Sevestre de Caudebec, salut en Nostre Segnor. Sachiez que comme contens fust meu entre nos de une part et hommes religieus, l'abbé et le couvent de S.-Wand., Johan deu Noer et Johen Guerri, clerc, d'autre, sus cheu que les devant diz abbé et convent tenoient par héritage unes estalières en la moitié de l'eaie de Seine, par devers le su des devant diz Jehen deu Noer et Jehen Guetri, et disoent qu'il poent fichier les devan dites estalières là où il leur pleiroit, de Rouge Saus, jusques au Blanc Rolle, en la devant dite moitié de l'eaie de Seine, par devers le su, ch'est à savoir une de hebe et autre de montant, et de cen avoent les diz abbé et couvent vouchié à garant les devant dis Johan deu Nohier et Jehan Guetri qui pristrent sus eus la garantie, e nos les devan dis hommes de Caudebec, graantion que il peussent fichier cele de montant là où il lor pleust

Dans les premières années du xiv° siècle, ils eurent un procès à soutenir contre Guill. de Beusemonchel, seigneur de la Maillerale. Ce seigneur réclamait les deux *étalières* qu'ils avaient acquises de ses prédécesseurs, et des indemnités pour l'*enforchement* qu'ils avaient fait devant leurs prés de Caudebéquet, d'où il arrivait que la Seine se reportait avec plus de violence sur ses terres; il prétendait droit d'acquit et de *pilage* sur les bois et autres denrées chargées et déchargées sur la rive qui dépendait de son fief. Il voulait en outre assujettir les religieux à corner en leur bac ou nef, chaque fois qu'ils

entre les bondes dessus dites, et contredision que il ne peussent fichier cele de hebe plus aval que le fossol deu molin audit Jehen du Nouier, à la parfin, deu conseil de bonne gent, peis et concorde a esté feite entre nous devant dis hommes de Caudebec d'une part, et les devant dis abbé et couvent, et les dis Jehen et Jehen, leurs garans, d'autre, en la manière qui ensieut, ch'est à savoir que les devant diz abbé et leur successeurs, ou quicunques i aront cause de eus porront fichier la dite estalière de hebe, en la moitié de l'iaue de Seine, par devers le su, là où il lor pleira, deu Roge Saus dessus dit jusques à la droite ligne, en traversant Seine, qui respondroit à estre portée, ou considerée de la capele qui fu fondée por la mort Johan de Villequier, as bondes assises entre le prei Thommas de Pont-Audemer, d'une part, et le prei Guill. le Selier de Caudebequet d'autre, en tele manière que les devant dis abbé et couvent et leur successeurs, ou quicunques i aroit cause de eus, ne porront fichier leur estalière de hebe plus aval que la droite ligne en traversant Seine, qui respondroit à estre portée ou considerée de la capele dessus dite, as bondes assises entre les preis des devant dis Thommas de Pont Audemer et Guill. le Selier de Caudebequet, et voudrent et octroièrent les devant dis Jehen de Nouier et Jehen Guerri por eus; et por lors hers la pès et la concorde en la manière et en la forme que elle est dessus devisée; et est à savoir que nous devant diz homes de Caudebec, ne nos hers, les devant dis relig., ne lor successeurs, ne quiconques i aent cause de euz, ne porron ne devron desore en avant empeechier ne destorbier, que il ne meitent et fichent leurs estalières dessus dites par les bondes par dessus devisées. En tesmoin de laquel chose, nos devant dis hommes de Caudebec avon confirmée chesto leitre deu tesmoin de nos seaux. Che fu feit l'an de grâce mil deus cens octante et deus, le samedi aprels la feiste de S.-Michiel, eu mont de Gargane. »

passaient le long de son domaine. Il renonça à toutes ces prétentions en 1317. Il leur accorda notamment « que il se pussent enforchier par devers lor terre, comme Dieu lor enseigneroit, sans débat », et ne retint pour lui, pour ses gens et pour ses vassaux que le droit de franc passage à Caudebec [45]. Deux siècles après, Colart de Moy renouvela ces prétentions ; les religieux, pour [46] avoir la paix, consentirent à lui payer une rente en argent (5 août 1512).

Un arrêt du conseil d'Etat, du 7 juin 1757, maintint l'abbaye de S.-Wandrille dans le droit de coutumo et de passage à Caudebec, dans le droit de *pilage*, consistant à prendre 4 d. de chaque navire montant et avalant, depuis le Rouge-Saule jusqu'à la Pierre-du-Poirier, dans le droit de *quayage*, consistant à prendre 4 d. sur chaque bateau chargeant et déchargeant sur le quai de la ville, et enfin dans le droit de travers de 5 s. à prendre sur chaque bateau montant ou avalant qui traversait les limites ci-dessus indiquées pendant la semaine de la mi-carême [47].

Jacques du Fay déclarait, dans son aveu du comté de Maulévrier, qu'il avait « la pescherie de Restiva, en la rivière de Seine, près Caudebec, depuis et y compris la rivière de Brébec, jusques à la Roquette, près Villequier [48] ».

Le seigneur du fief de Villequier, aux termes d'un aveu de 1602, possédait « droiture de varesc, d'estaux et estalières en la rivière de Sayne à tous aplez,

---

[45] Arch. de la S.-Inf. F. de S.-Wandrille.
[46] *Ibid.* — Cf. l'information sur l'aveu de 1583. B. 199.
[47] Arch. de la S.-Inf. F. de S.-Wandrille.
[48] Arch. de la S.-Inf. B. 175.

droict d'eaues, eavies, pescheries en icelle rivière, au devant de toutte l'estendue de son fief; droict pour lui et pour ses hommes resséants en ladicte paroisse de Villequier de pescher en ladite rivière à filletz tant à espesses que claires saynes, tirer et essuyer les dictz filletz sur la terre de l'ille de Villequier ». Pour le droit de pêche dont jouissait ses vassaux, il percevait tous les ans de chacun d'eux le premier saumon et la première alose qu'ils prenaient; l'esturgeon, le marsouin et tous les autres poissons défendus devaient lui appartenir [49].

En vertu d'un accord conclu entre Robert, comte de Meulan, et Robert, abbé de Jumièges, les pêcheries qui se trouvaient dans les eaux de Norville et de Vatteville étaient communes entre le seigneur et le couvent, et confiées à la garde de deux personnes, dont l'une était nommée par l'abbé et l'autre par le seigneur [50].

[49] *Ibid.* Aveu de Robert Cavelier, écuyer, juin 1602. Cf. *Ibid.* Aveu d'Anne-Marie de Villequier, 26 octobre 1677.

[50] Carta compositionis inter Robertum comitem Mellenti et ecclesiam Gemmeticensem de piscariis et aliis rebus apud Watevillam et Nutrivillam.

« Noverint universi quod Robertus, comes Mellenti, et Robertus, abbas Gemmeticensis, assensu capituli sui, communicaverunt et in perpetuum communicari ex equo concesserunt omnes piscarias que sunt in aquâ Nutriville et Wateville, quantum terra comitis, ex parte Wateville et terra abbatis, ex parte Nutriville, durat, sive sint in descensu aque, quas habent abbas et monachi ex dono comitis, sive sint in ascensu, quas in suâ aquâ uterque, comes scilicet et abbas, ab antiquo proprias habuerit. Communicaverunt etiam piscarias illas que dicuntur *Floret*, sive stultum rete, sive sint ex parte terre comitis, sive sint ex parte terre abbatis. Custos autem comitis et custos abbatis qui piscarias custodient cum piscatoribus, tam comiti quam abbati fidei interpositione facient, et quod utrique partem suam fideliter custodient, et quod nullam fraudem cuilibet eorum facient aut fieri ab aliquo permittent. Homines vero qui stalarias fingent, sive sint homines comitis, sive abbatis, sive extranei,

Sur la rive droite, le seigneur de Norville prétendait que la rivière de Seine, dans toute l'étendue de son fief, lui appartenait jusqu'au fil de l'eau, ainsi que les pêcheries qui s'y trouvaient, et notamment une étalière nommée la *Vigaye en l'île Pelée* ⁵¹.

A cause de son fief du Vuy-Poignant, situé sur l'autre rive, Jean de Moy, dans un aveu de 1583, prétendait « droict en tant que s'extend la paroisse de Vatteville, de pescheries et eaux de la rivière de Seyne, en la partie et costé du seu, en tant qu'il y en a tenant l'assiette du bailliage de Rouen et jusques au bailliage de Caux, avec le droyt de prendre et avoir sur toutes les pescheries appartenant au Roy, à l'endroit de ladicte paroisse de Vatteville, tout le poisson prins esdictes pescheries du Roy, sans toutes fois toucher aux cinq poissons royaulx, savoir est l'esturgeon, le saulmon, l'aloze, l'anguille d'avalizon et le

---

non pro velle suo, sed communiter tam in minus fertili quam in fertiliori aqua figent. Quod si homines comitis abbati de suâ parte in aliquo forisfecerint, per justitiam comitis abbati emendabitur, ita quod abbati catallum suum integre restituetur ; et amenda que capietur de homine comitis, comitis erit. Similiter, si homines abbatis comiti de suâ parte forisfecerint, per manum abbatis comiti emendabitur, ita quod catallum suum restituetur ei; et amenda que capietur de homine abbatis, abbatis erit. Si vero homines extranei eis forisfecerint, in commune emendabitur, et catallum suum utrique restituetur, et amendam quo capietur, idem in commune ex equo partientur. Quod si aqua, decursum seu canalem suum mutando, versus Nutrivillam, sive Uuatevillam cursum proprium converterit, uterque, comes scilicet et abbas, ex parte suâ usque ad aquam terram suam sequitur et in pace habebit, sicut ab antiquo consuetudo aque se habet. Comes etiam, ad figendam medietatem suam, palos inveniet, et pro remedio anime sue, conjugis, et prolis, et antecessorum suorum abbati et monachis, ad figendam eorum medietatem, Lx¹ᵃ palos singulis annis de nemore suo in elemosinam ipse et heres ejus in perpetuum dabit. » Arch. de la S.-Inf. *Cartul. de Jumiéges*, n° 20 bis, p. 200 et 201.

⁵¹ Arch. de la S.-Inf. B. 174. Aveu de François d'Epinai S.-Luc, du 14 juillet 1677.

moruel, avec droicture de ficher deux estallières par les estauts du Roy, avec aussy droicture d'avoir une marée de blanc poisson à prendre sur les estaulz du Roy toutes les quinzeinnes, de quinzeinne en quinzeinne et oultre... droicture de prendre et avoir sur tous les navires et basteaulx qui arriveront ou heurteront sur ladicte terre, au droict de ladicte paroisse de Vasteville et aux environs, pour chacune foys deux d., pour chacung navire ou basteau, avec droict de coustume et acquitz des derrées et marchandises qui seront chargées dans lesdicts basteaulx, et à faulte de paier lesdicts deux deniers, acquitz et coustumes, premier que de partir et désemparer de dessus ledit fief, les droitz de confiscation et forfaicture en appartiennent au seigneur [52] ».

Le seigneur d'Etelan jouissait de droits plus étendus. Il avait « tant du costé nord que du costé du sud, à l'endroit de son fief, l'eau de Seine et en icelle la faculté de faire faire pescherie tant à hal que à applet vercaud (vergant), mesme aussy droict d'estaux et d'estallière, tant de montant que devalant, en tant que ledit fief s'estendoit, droits de forfaitures, de varesc, de hurtage, amarrage et acquits sur les navires passant devant ledit fief et heurtant à terre, droit de balisage ». Nul ne pouvait charger sur son fief aucune marchandise venue par mer et par terre, sans sa permission ; encore fallait-il que les marchands allassent la lui demander à son manoir, sous peine de forfaiture. Il prenait sur chaque navire qui demeurait à terre 4 d. t. pour siège ; si le navire heurtait à terre et y restait deux marées, 5 s.;

[52] Ibid. B. 107.

pour chaque bout de corde que le marinier mettait à terre, 2 d. t.; pour tout navire construit dans l'étendue du fief, 5 s. t. Aucun navire qui avait amarré sur la rive de la seigneurie, ne pouvait partir sans prendre congé; autrement il y avait forfaiture, et le seigneur aurait pu faire arrêter par son prévôt, le navire « tant qu'il eût vu dedans la marque du bois, si aucun y avoit ». Si par fortune de temps, les mariniers étaient obligés d'alléger dans la rivière, vis-à-vis du fief, il fallait payer pour chaque allége 4 d. t.; au contraire, y prenaient-ils du lest, ils payaient encore 4 d. par chaque petit bateau qui portait le lest au navire. On payait pour chaque bateau ou navire rhabillé ou réparé sur le fief d'Etelan, 5 s. t. Quand un navire, montant ou avalant, rompait une *etalière*, le seigneur prenait 60 s. t. pour chaque poteau d'*etalière* rompu, et pouvait, à raison de ce fait, poursuivre le navire jusqu'à la mer. Enfin le prévôt de la seigneurie pouvait, à la requête de partie, faire arrêt sur les bateaux et marchandises, et le sénéchal était en possession de connaître « des causes desdits arrêts, sommairement et de plain et d'heure en heure »[53].

De l'autre côté de la Seine, le port d'Aizlers appartenait aux religieux de Fécamp. Un arrêt de l'échiquier, de la S.-Michel 1287, les avait maintenus dans la possession de ce port. Une sentence de la haute justice d'Aizlers, du 10 mars 1680, fit défense à tous voituriers de charger aucunes denrées sur les quais, dans toute l'étendue de la haute justice, avant

---

[53] Voy. l'aveu de François d'Epinay S.-Luc, 14 juillet 1677, arch. de la S.-Inf. B. 174.

d'avoir payé les droits dus au couvent, à peine de 50 l. d'amende pour la première fois, et de confiscation en cas de récidive [54].

Le seigneur de Grasquesne (par. de Petiville) déclarait posséder, à raison de son fief, « droiture de pescherie et de tendre vingt estaux d'estaliers, en l'eau de Seine prez ladicte paroisse de Petiville, tant en montant que devalant... autorité pour ses pescheurs de tirer leurs saynes, retz et filets, droiture de prendre le varec et choses gaives qui arrivaient et venaient sur son fief » [55].

Les Eaux du comté de Lillebonne s'étendaient « du Val Varin, d'un costé, devers le nord, d'autre costé, la Croix des Devises du Marais Vernier, la rue de Quillebeuf ouverte qui borne les Eaux du comte de Tancarville de devers la mer et d'autre bout les Eaux de M. d'Estelan, et depuis le puits Fortin jusqu'à la Maladerie d'Aizier » [56].

Les Eaux de la baronnie de Quillebeuf appartenaient aux religieux de Jumièges. La moitié de la Seine, jusqu'au diep ou fil de l'eau, leur appartenait dans toute l'étendue de cette seigneurie, c'est-à-dire depuis le Doit des Essarts jusqu'à la Croix de la Devise, entre le Marais-Vernier et S.-Aubin. Ils y avaient tous droits de pêche, de bac et passage et d'amarrage; les terres, *maresis et escrues*, les grèves que la mer couvrait plus ou moins, selon la force des ma-

---

[54] Arch. de la S.-Inf. F. de Fécamp, et F. de l'intend., liasse intitulée : « Péages. »

[55] Voy. l'aveu de François d'Epinai S.-Luc, du 28 fév. 1680. Ibid. B. 178.

[56] Pièce datée du 13 janv. 1421, aux arch. de la S. Inf. F. de Tancarville.

rées, formaient ce que l'on appelait le *certain* de l'abbaye [57].

Au XIIe siècle, un craspois ayant été péché à Quillebeuf, Henri Ier déclara, dans une charte adressée à Gilbert de l'Aigle et au chambellan de Tancarville, qu'il n'y prétendait aucun droit, et s'engagea à indemniser les religieux, à son prochain voyage en Normandie [58].

En 1388, un vaisseau chargé de harengs et autres denrées, ayant fait naufrage auprès de Quillebeuf, fut réclamé comme varech par les religieux de Jumiéges. Il y eut contestation. Le bailli de Rouen commit au vicomte de Pontautou le soin de procéder à une enquête à ce sujet; il fut constaté que tous ceux qui avaient terre et juridiction de l'un ou de l'autre côté de la rivière, pouvaient suivre le varech jusqu'au diep ou cours de l'eau, et qu'en conséquence, dans l'espèce, le vaisseau appartenait aux religieux. Les prétentions de ceux-ci allaient plus loin; ils soutenaient qu'ils avaient droit au varech qui venait *vertaut* par le fil de la grande eau, que l'on appelait aussi le grand chemin de l'Eau. Mais sur ce point

---

[57] Arch. de la S.-Inf. F. de Jumiéges et de Tancarville.

[58] « H. Rex Angl. Gileberto de Aquilâ et Willelmo, camerario de Tancardivillâ, salutem. Sciatis quod non calumnio aliquam consuetudinem in crasso pisce qui captus fuit apud Chilebeof, et quod idem captum fuit ad opus meum, ego reddam abbati, quando in Normanniam redeam, juste; et facite abbati rectum de illis hominibus qui idem habuerunt injuste. Testibus comite de Mellento, et Ric. de Vedduers (*sic*) et Rogero Big... Apud Westmonasterium. » Arch. de la S.-Inf. *Cartul. de Jumiéges*, n° 20 bis, p. 134.

Ibid., p. 310, nn. 1244. « Recordatio ista est similiter pro hominibus de Kilebué qui in presenti assisia (Pontis Audomari) domino abbati Gemmeticensi recognoverunt quod sturdones qui capiuntur apud Kilebué et omnes alii pisces regii debent esse sui. » Cf. *Ibid.*, p. 296.

les dépositions des témoins étaient moins précises [59].

Les religieux de Jumiéges étaient tenus d'entretenir des pieux pour l'amarrage, dans les rades de la baronnie de Trouville. Cet entretien ne laissait pas d'être coûteux; aussi essayèrent-ils de s'en affranchir. Mais ils s'y virent contraints, en 1738, par arrêt du parlement, à la grande satisfaction de la chambre de commerce de Rouen, qui avait réussi à intéresser le ministre au succès de cette affaire [60].

Au delà de Quillebeuf et de Lillebonne, le sire de Tancarville avait la propriété des Eaux, tant du côté du sud que du côté du nord : d'un côté, depuis le gord ou rabat de Quillebeuf, autrement nommé la rue aux Bœufs, jusqu'à la Tour-Carrée de Honfleur ou au Noir-Port, et de l'autre, depuis le Val-Varin jusqu'à la Pierre du Figuier, sous le château d'Orcher, ce qui faisait une étendue de cinq ou six lieues environ. A la vérité, les religieux de Jumiéges n'admettaient point que leur pêche fût bornée par le gord de Quillebeuf; ils prétendaient que de Quillebeuf à la Croix de la Devise, qui était, selon eux, ce que l'on devait entendre par le rabat de Quillebeuf, la pêche était partagée, entre eux et le comte de Tancarville, par le fil de l'eau. Cette contestation donna lieu à un long procès qui fut terminé à l'avantage des religieux par un arrêt de la cour du parlement, en date du 19 juillet 1752, confirmatif d'une sentence de l'amirauté de Quillebeuf, du 10 mars 1736.

Il n'y avait à pouvoir pêcher dans les eaux ou *eauries* du comté, que les pêcheurs qui avaient pris

---

[59] Arch. de la S.-Inf. F. de Jumiéges.
[60] Arch. de la ch. de comm. de Rouen, cart. 27.

la jurande du Vicomte de l'Eau, ou des maîtres des eaux et forêts de Tancarville.

Chaque semaine, au jour qu'il plaisait au seigneur de leur désigner, les pêcheurs lui devaient une marée, connue dans les anciens titres sous le nom de *marée die* ou *d'eaudie*. Tout le poisson pris ce jour-là était pour le seigneur. Plus tard, des rentes en argent remplacèrent cette corvée.

Tous les francs poissons pris par les pêcheurs, tels que l'esturgeon, le marsouin, le saumon, la lamproie, devaient être apportés, à peine de forfaiture et d'amende, sur la *pierre d'acquit* du château. Le comte pouvait les garder pour lui, au prix taxé par les jurés. S'il n'en voulait point, les pêcheurs pouvaient les reprendre, ou, comme on disait, les relever, en payant 5 s. pour l'esturgeon et 12 d. pour les autres poissons.

Dans le cas où le poisson était trouvé en varech, la moitié en appartenait au seigneur, et l'autre moitié à celui qui l'avait trouvé.

Le seigneur avait droit de coutume sur toutes les marchandises vendues et distribuées dans les eaux ; droit de heurtage sur les bateaux qui y heurtaient et y demeuraient échoués ; droit d'ancrage sur chaque ancre qui y était jetée ; droit de varech sur tout ce qui arrivait, tant en flotte que sur l'eau, sur la terre sèche et sur les bancs. Les mariniers qui trouvaient un navire ou des marchandises en varech, étaient tenus de les amener devant le château de Tancarville, à la première ou à la seconde marée. Quand on avait opéré le sauvetage soit d'un bateau submergé, abandonné par les mariniers, soit des marchandises qui formaient sa cargaison, le seigneur prenait pour lui et pour ceux qui s'étaient employés au sauvetage, un droit assez élevé sur chaque futaille, caisse, paquet, pièce de marchandise, câble, ancre ou agrès. Il fallait encore payer des droits quand on allégeait le navire, soit en jetant à l'eau, soit en transbordant dans des bateaux une partie du fret.

Nous avons déjà eu l'occasion de noter la rente due au chambellan de Tancarville, par les navires venant d'Irlande. Ceux de Zélande y furent assimilés, je ne sais à partir de quelle époque.

Dans un compte de Tancarville, de l'année 1400, il est question de la Vicomté de l'Eau de Saint-Vigor et d'outre-Seine. Plus tard nous trouvons mention d'un Vicomte de l'Eau chargé de la décision de toutes les affaires, civiles ou criminelles, relatives aux eaux de la seigneurie. Il rendait habituellement ses sentences à Quillebeuf, sur le *perré*, au bout de la rue aux Vaches. Cet officier et les maîtres des eaux et forêts de Tancarville, étaient appelés tous les ans aux *appeaux* des officiers ordinaires du bailliage de Caux. Les juges des amirautés de Quillebeuf et de Honfleur attaquèrent souvent le Vicomte de l'Eau de Tancarville, et finirent par l'empêcher de remplir aucunes des fonctions de sa charge.

Ce ne fut pas la seule atteinte portée aux prérogatives des comtes de Tancarville. On considéra comme droits maritimes les droits de naufrage de navire, d'ancrage et d'amarrage. L'arrêt du conseil d'État, du 30 mars 1780, en confirmant le sieur de Montmorency, comte de Tancarville, dans le droit exclusif de pêche, de franc poisson, et d'*eaudye* ou *marée die*, dans ceux de varech, de sauvage (sic), de bac, de juridiction, sur les eaux de Tancarville, à la charge toutefois de se conformer aux dispositions de l'arrêt du parlement de Rouen du 2 avril 1771, et à celles de l'ordonnance de 1681, sur la compétence des officiers de l'amirauté et sur le fait des pêches, fit des réserves, en ce qui concernait les droits d'alluvion et de marais, sur lesquels le seigneur fut invité à présenter mémoire au procureur général de la commission des droits maritimes. Ce même arrêt l'assujettit à justifier de la quotité du droit de coutume et le débouta de sa demande en maintenue dans les droits qu'il prétendait sur les navires venant d'Irlande. Un autre arrêt, du 4 mai 1782, régla les droits de passage de Tancarville au Val-Hullin, et maintint le comte dans les droits de coutume et de prévôté qu'il percevait sur les personnes et les marchandises embarquées sur la rivière de Seine, dans son droit d'alluvion des marais formés et à former d'une rive à l'autre de la Seine, depuis le rabat de Quillebeuf jusqu'à la Tour-Carrée de Honfleur, du côté du sud, et depuis le Val-Varin jusqu'à la Pierre du Figuier, au-dessus du château d'Orcher, du côté du nord.[1].

Dans cette partie de la Seine, désignée sous le nom d'*Eauries de Tancarville*, le seigneur du fief du Marais-Vernier et les moines de Grestain jouissaient de droits assez considérables.

Un arrêt du parlement, du 9 août 1617, rendu sur un procès survenu entre le duc de Longueville, comte de Tancarville, et le sieur de la Luthumière, seigneur du Marais-Vernier, maintint ce dernier « en la pos-

---

[1] Arch. de la S.-Inf. F, du comté de Tancarville, liasse intitulée : « Eauries ».

session et jouissance de la pescherie, et droit de tendre filets sur les bancs blancs et grèves du Marais-Vernier, par toute l'étendue d'icelui, sans entrer aucunement dans la rivière de Seine, dont la pêche devait demeurer entièrement au duc de Longueville ».

La pêche des religieux de Grestain s'étendait du gord de Quillebeuf au Noir-Port; ils étaient tenus de payer au Roi, pour la jouissance de ce droit, un esturgeon chaque année, le premier qu'ils pêchaient dans la rivière [62]. Leur privilége donna lieu à de fréquentes contestations avec les seigneurs de Tancarville. Une transaction, passée le 11 février 1408, contenait les dispositions suivantes : les religieux reconnaissaient au comte de Tancarville le droit de justicier, punir et corriger leurs vassaux sur les eaux de Tancarville, entre le gord de Quillebeuf et le figuier d'Aurichier (Orcher), pour délits, maléfices, malacquis, et de prendre en ce cas homme pour homme et voisin pour voisin. La pleine seigneurie de tout l'*applet vergant* (errant), des deux côtés de la rivière, ne lui était point contestée; seulement, les hommes de

---

[62] « Item, à cause de notre dicte église et abbaye, nous appartiennent les coustumes, marées, eaues, cavyes, varest et autres revenues en l'eaue de Seine, ou costé devers le su, depuis le gort de Quillebeuf jusques au Noirport, près de Honnefleur ; et ès dictes mettes avons haulte, moyenne et basse justice et plusieurs autres revenues ; toutes et quantes foys que le cas y eschiet ; et à cause de ce, toutes et quantes foys que ès dictes eaues on pesche aucuns esturgeons, ils nous doivent être apportez, et nous sommes tenus d'envoier le premier qui est peschié, et à nous apporté, au viconte dudit lieu de Pontaudemer pour et au nom du Roy notre dit seigneur, pour ce que le dit viconte nous doit paier cinq solz t. » Déclaration de l'abbaye de Grestain du 1er septembre 1450, aux arch. imp., p. 305, n° 227. Cf. *Ibid.*, un aveu du même couvent, du 18 octobre 1411, n° 202.

l'ancienne fondation de l'abbaye ou de la *franche table* de Grestain demeuraient francs audit *applet vergant*, et la connaissance des francs poissons pris par eux aux eaux de Tancarville, appartenait au couvent, à moins qu'ils n'eussent compagnons étrangers.

Les religieux avaient le varech poussé à terre de leur côté, entre le Noir-Port et la Croix de la Devise, lorsqu'eux ou leurs gens pouvaient le saisir à pied, sans bateau. Quant au varech en *flotte* qu'ils pouvaient atteindre, de leur côté, à pied et sans bateau, il ne leur appartenait que lorsqu'ils y mettaient la main avant les officiers et gens du comte de Tancarville, « pour ce que flotte dépend de pleine mer et de la rivière, dont Monseigneur a la souveraineté, seigneurie et justice ».

Les religieux avaient justice haute, basse et moyenne, sur les pêcheries et *eauries* qui se faisaient entre les bornes ci-dessus indiquées, à *applet séant*; mais il fallait qu'elles pussent se faire à pied et sans bateau. Les hommes du comté de Tancarville pouvaient y aller, et le comte seul pouvait alors prétendre sur eux justice et seigneurie; il en percevait les acquits et les droits habituels sur les francs poissons. Toutefois, dans le cas où un débat venait à s'engager dans les pêcheries de Grestain, entre un homme du comté et un homme de l'abbaye, la connaissance en appartenait aux religieux, et pour les poissons trouvés à sec du côté de Grestain, il leur était payé un droit par les vassaux de Tancarville comme par les autres. Si les hommes de Grestain ne balisaient pas, comme ils le devaient, leurs *puits* et leurs *étalières*, la connaissance de cette infraction à la police de la rivière appartenait à l'officier de Tancarville ou de Grestain qui se saisissait le premier de l'affaire. Quand des poissons, pêchés aux eaux du comté, étaient portés pour être vendus en dehors des limites de la seigneurie de Tancarville, dans la seigneurie de Grestain ou ailleurs, la connaissance des procès auxquels ces poissons pouvaient donner lieu appartenait aux juges du comté; et les ajournements pouvaient être faits par les officiers de Tancarville, sous pleine mer, de l'autre côté de la rivière. Un arrêt du parlement de Normandie, du mois d'avril 1672, maintint les religieux de Grestain dans le droit de pêcher en *applet séant* de leur côté, depuis la Croix de la Devise jusqu'à Honfleur [63].

Au delà de Grestain s'étendait la seigneurie de Honfleur. Robert Bertrand, seigneur de Roncheville et de Honfleur, eut procès, vers la fin du XIIIe siècle, avec les religieux de Grestain, au sujet du droit de travers qu'il prétendait percevoir aux ports de Fiquefleur et Cramanfleur. Les religieux soutenaient que ces ports leur appartenaient en vertu du don de Robert de Mortain, leur second fondateur, des chartes de Richard Cœur de Lion et de Robert Bertrand, père du seigneur actuel. Une transaction mit fin à la contestation. Robert Bertrand leur laissa les droits de travers, coutumes, qu'ils percevaient dans ces ports et leur en reconnut la seigneurie. Mais les religieux durent se contenter de les entretenir dans l'état où ils étaient, avec permission toutefois de profiter des améliorations qui pourraient y être ap-

---

[63] Arch. de la S.-Inf. F. du comté de Tancarville, liasse intitulée : « Eauries ».

portées par force de mer ou par force d'eau. Dans le cas où ils entreprendraient de les améliorer par main d'homme, le seigneur pouvait les sommer en assise, en échiquier ou en autre lieu portant record, de faire disparaître ces ouvrages dangereux pour son port de Honfleur, et, en cas de refus de leur part, faire ôter et abattre lui-même ces ouvrages [64]. Par la même transaction, il leur reconnut le droit de prendre tout le varech qui viendrait s'échouer entre l'Epine de Berville et la maison de feu Robert Hachart, à Honfleur, près de laquelle une *bonde* avait été placée de leur commun accord. Quant au varech, poussé entre cette bonde et Noir-Port, il devait appartenir au seigneur de Roncheville, ainsi que toute franchise, coutume et seigneurie, à partir de la Pierre du Poirier. Entre la Pierre du Poirier et Noir-Port, les religieux n'avaient droit de coutume que sur les marchandises vendues à sèche terre; ils ne pouvaient rien prétendre sur le varech trouvé dans l'espace couvert par le flot [65]. Vers le milieu du xv° siècle, nous voyons le comte de Tancarville et le seigneur de Roncheville, qui était alors monseigneur de la Rocheguyon, en désaccord au sujet des limites de leurs seigneuries dans les Eaux de la Seine. Il fut décidé que « ces eaux, depuis le Noir-Rocher, en traversant à ligne droit à l'autre part, jusques au Figuier d'Aurichier et en allant à mont, appartenoient au comte de Tancarville, et que le seigneur de la Rocheguyon avait droit de prendre les coutumes à terre, de Honfleur à la Ruelle,

[64] Arch. de la S.-Inf. F. du comté de Tancarville, liasse intitulée : « Eauries ». Cf. Ollm, II, 178.

[65] *Ibid.*

où étoit la Croix Nagueron ». Les droits de coutume perçus à Honfleur étaient réglés par un *Coutumier*.

Au-dessus de Tancarville se trouvait la seigneurie d'Auricher, aujourd'hui Orcher. Elle avait droit de pêche depuis la tour de l'Aigle du château de Tancarville jusqu'à la terre de Graville, suivant un aveu de Robert de Floques, du 29 novembre 1458. En 1703, la comtesse de Tancarville prétendit que le droit du seigneur d'Orcher était limité entre la Pierre du Figuier et Graville. En 1742, on reconnut à ce seigneur droit de varech; mais il fut décidé qu'il n'avait rien à prétendre sur les navires qui passaient ou stationnaient dans ses eaux [66].

Le seigneur de Drumare (demi-fief assis en la paroisse S.-Vigor d'Imonville) avait « droit d'*eaurie*, de pêcherie à tous poissons, varech, marais, coutumes et autres droitures accoutumées en la rivière de Seine, à l'endroit de sa terre, selon les bornes et limites anciennes, c'est assavoir depuis la Chambrette de Porqueval jusqu'au lieu nommé la Chambre au Leu, et, dedans ladite rivière, tant et si avant que le seigneur dudit lieu pouvait atteindre du bout d'une lance dans le cours et canal d'icelle ». Toutes les pêcheries, entre le cours de la Seine et les bornes indiquées dans cette citation, lui appartenaient, pourvu qu'on pût y accéder sans bateau [67].

---

[66] Arch. de la S.-Inf. F. de Tancarville, liasse intitulée : « Eauries ».

[67] Aveu rendu par Marie Miffaut, veuve d'Horace Bouchard, conseiller secrétaire du Roi, dame de Drumare et de S.-Saire, 22 juin 1646. *Ibid.* B. 187.

D'après un acte de l'année 1464, la seigneurie de Graville s'étendait sur la Seine du vieil havre de Leure jusqu'à la crique de Thomas le Brasseur; le seigneur avait dans cet espace des droits de varech, de coutume, de *quayage* et de francs poissons, qui n'étaient pas une des moindres prérogatives de son fief [68].

[68] Arch. de la S.-Inf. F. de Graville.

CHAPITRE V.

DES BACS ET PASSAGES.

Les bacs, ports et passages (ces trois mots sont souvent employés dans le même sens) établis sur la Seine en descendant de Vernon à la mer étaient les suivants [1] :

Bacs de Vernonnet et de Fourneaux. Ils appartenaient au xviiie siècle au maréchal de Belle-Isle, comme dépendants du comté de Gisors.

Bac de Pressagni.

Bac de Portmort à la Garenne. Philippe le Long, au mois de mai 1319, avait cédé aux religieux de Mortemer en Lyons, en échange de leurs terres de Montperreux et de Marelte, le passage de la Garenne et tout ce qui lui appartenait dans la vallée de Portmort. Le *fief au Roi*, situé à Portmort, relevait encore au xviiie siècle de l'abbaye de Mortemer [2].

Bac de Courcelles à Gaillon. Il appartenait aux chartreux de Bourbon lès Gaillon.

Bacs de la seigneurie de Toeni. Jacques de Coetlogon, dans son aveu de la seigneurie de Toeni, en date du 26 octobre 1519, déclarait posséder sur la

---

[1] Voy. sur les bacs, aux arch. de la S.-Inf. F. de l'Intend., deux liasses intitulées : « Péages », aux arch. du Pal. de Just. F. de la Vic. de l'Eau, les reg. d'enregist.

[2] Arch. du Pal. de Just. F. de la Vic. de l'Eau. Reg. d'enregist.

rivière de Seine le port Paon en face de son manoir seigneurial, le port Pucelle à Bernières, et un bateau au port Morin, pour lui, ses hôtes, hommes et sujets³.

Une transaction passée entre le duc de Nemours, engagiste du comté de Gisors, et Hamon de Bauldri, seigneur de Toeni, ne laissa à ce dernier que la moitié du fermage du passage de Port-Morin. Au xviii° siècle, Claude Camusat, alors seigneur de Toeni, abandonna cette moitié au maréchal de Belle-Isle.

Bac de la Roquette à Bernières. Il appartenait au marquis de Roncherolles.

Bac de Muids à Venables. Il appartenait au seigneur de Muids.

Bac de Mesnil-Andé. Il appartenait au seigneur de Mesnil-Andé.

Port de Portijoie. Un sieur de Croismare le céda à des particuliers. Mais ceux-ci ne le possédaient point sans partage. Une sentence du Vicomte de l'Eau (24 mars 1752) maintint les habitants et les trésoriers de Portijoie, les premiers dans leur possession d'être passés et repassés gratuitement, eux, leurs familles et leurs bestiaux; les autres dans le droit de jouir de tous les profits du bac les dimanches et fêtes, en vertu d'un accord du 11 mai 1573. Le propriétaire du passage devait chaque samedi à minuit remettre le bac, avec les agrès nécessaires, aux mains des trésoriers de la fabrique, et ne le reprendre que vingt-quatre heures après au port de Portijoie⁴.

³ Arch. du Pal. de Just. F. de la Vic. de l'Eau, sous la date du 31 octobre 1753. Cf. Aveu de la seigneurie de Toeni, par Renaud, comte de la Roche-Aymon, 1ᵉʳ septembre 1683, aux arch. de la S.-Inf. B. 150.

⁴ *Ibid.* Plumitif sous les dates de juillet 1719 et 24 mars 1752. Reg. d'enregist. sous la date du 24 octobre 1765.

Bac de Poses à la rivière d'Andelle, à Pîtres et aux Deux-Amants.

Bac de l'Hôtellerie de la Maison-Rouge, à la Garenne et aux Damps. Il appartenait au seigneur de Rouville, qui le baillait d'ordinaire à ferme avec l'hôtellerie et le droit de pieu du fief de la Bosse, servant à attacher les bateaux montants et avalants.

Nous avons déjà cité le droit de bac appartenant au couvent de Bon-Port de Pont-de-l'Arche à Lormais.

Bac de Criquebeuf.

Bac de Marlot à Freneuse.

Bac d'Elbeuf à S.-Gille. Ces trois bacs dépendaient du duché d'Elbeuf.

Bac de Fourneaux à Orival. Il appartenait en 1742 au marquis de la Londe.

Bac de Tourville à Oissel. Il dépendait du fief de l'Eau des religieux de S.-Ouen, de même que le suivant.

Bac du Port-S.-Ouen. On lit dans le *Livre des jurés*[5] au sujet de ce bac :

« Le franc fieu du Port (Saint Oen), rent vi d. de cens à la S. Oen, et si doit passer et rapasser au Port S. Oen l'iaue de Senne Monsr l'abbez et toute sa gent, et lor chevax, et ses bestes, et touz les nans qui sont pris en la baillie de Quievreville, que l'en veult mener à S. Oen, et toutes manières de gens qui requièrent à estre passés por Dieu et por Saint Oen, et touz hommes Saint Oen, de la paroisse des Autiex, de Soteville et d'Ygoville, toutes fois que il le requièrent, pour tant que le batel soit prest; et doit chescun des hommes 1 tortel

---

[5] Arch. de la S.-Inf. *Livre des jurés de l'abbaye de S.-Ouen*, fº CXVIII.

à Noel à cil qui le dit servise fet, et il deit amender se les hommes sont domagiez par la demore deu passer ; et doit avoir cil qui cest servise fait, 1 muy d'orge, et le deit prendre en la baillie de Quievreville ; et si deit avoir du bois Saint Oen à appareillir son batel, et si deit avoir 11 pains segons, 1 galon de vin et 11 mès de cuisine de livreison, le jor de le feste Saint Oen. »

Le Port-S.-Ouen était un lieu de passage très-fréquenté. Au XIIIe siècle, Laurent le Chambellan, seigneur de Goui, y avait établi un hôpital pour les pauvres passants [6]. De l'autre côté de la Seine on trouvait le chemin Royal, autrement dit de la Marchandise, qui conduisait à Elbeuf, et le chemin de Rouen, par S.-Etienne du Rouvral [7].

Pierre de Poissi, seigneur de Goui, prétendait droit au Port-S.-Ouen. Il se désista en 1388, en faveur des religieux de S.-Ouen, moyennant une rente de 4 l. chaque année [8].

En 1601, la moitié de ce passage appartenait au seigneur du fief Faucon à Oissel [9]. Une sentence du Vicomte de l'Eau, du 23 décembre 1746, régla les droits dus pour le bac et ordonna de les faire inscrire sur une plaque de fer-blanc et de les afficher à un poteau, pour l'édification du public.

Bac de S.-Adrien. Il appartenait au Roi.

Bac de Rouen à Croisset. La confrérie du S.-Esprit

---

[6] Voy. lettres du roi Charles le Bel, datées du bois de Vincennes, 20 décembre 1327, aux arch. de la S.-Inf. F. de l'arch.

[7] Arch. du tabellion. de Rouen. Reg. de l'année 1403, f° 17. Arch. de la S.-Inf. F. de S.-Ouen, lay. 85.

[8] Lettres de Richard de Houdetot, bailli de Rouen, 17 avril 1388, aux arch. de la S.-Inf. F. de S.-Ouen, lay. 85.

[9] Voy. une information sur les fiefs d'Eudemare, Montpoignant et Faucon, 1604, aux arch. de la S.-Inf. B. 207.

et de la Trinité, fondée en l'église S.-Martin de Canteleu, avait droit, en vertu d'une ancienne concession confirmée par charte de l'année 1330, par lettres patentes de Henry V d'Angleterre, 1440, à tous les deniers perçus pour le passage des personnes et des marchandises de Rouen à Croisset et de Croisset à Rouen, le dimanche après la fête S.-George, le jour de l'assemblée S.-Gorgon, autrefois fameuse dans le pays. Les confrères s'adressaient aux juges du bailliage, et à partir de 1755, au Vicomte de l'Eau, pour faire publier leur privilège à son de trompe sur les quais de Rouen et de Croisset [10]. Ce droit est indiqué en termes un peu différents dans l'aveu de la châtellenie de Croisset rendu par François de Pardieu, le 12 novembre 1680. « Les bateliers qui passent et repassent les hommes, femmes et enfants, le jour de S.-Jores, sont tenus de bailler la tierce partie de leur gaing à l'église de Canteleu pour l'entretien d'icelle [11]. »

Bac de Croisset.

Bac de Dieppedalle à la chaussée du Grand-Quevilli. Il appartenait, à la fin du XVIIIe siècle, à Catherine de Moutier, veuve de J. B. Ango, marquis de la Motte-Lézeau [12].

Bacs de la Bouille à Sahurs, de Caumont à S.-Pierre de Manneville, de Nouret, du Val des Leus. Ils dépendaient de la baronnie de Mauni et avaient été fieffés par les seigneurs de Mauni, qui s'étaient réservé le

---

[10] Arch. du Pal. de Just. F. de la Vic. de l'Eau. Plumitif sous la date du 30 mai 1755.

[11] Arch. de la S.-Inf. B. 204.

[12] Arch. du Pal. de Just. F. de la Vic. de l'Eau. Reg. d'enregist.

droit de s'en servir pour eux et pour leurs gens sans rien payer[13].

Bac de S.-George de Bocherville. Il appartenait au xɪɪɪᵉ siècle aux religieux de S.-George. Il s'éleva, au sujet de ce bac, une contestation entre eux et Anseau de Braie, seigneur de Bardouville ; elle fut terminée en 1248 par la sentence arbitrale de l'archevêque de Rouen que nous avons déjà citée. Il fut reconnu que le chevalier avait droit à une rente de 6 s. t. chaque année, au jour S.-Michel, sur ce port alors nommé le port Herbert *(portus Herberti)*; qu'il pouvait prétendre franc passage pour lui, pour sa maison et pour son chapelain, le prêtre de Bardouville. Lorsque le chevalier, un homme de sa maison ou le chapelain, voulaient passer la Seine de bon matin et qu'ils avaient prévenu la veille le batelier du couvent, celui-ci devait se trouver au port, à l'heure indiquée. Le seigneur tenait sans doute beaucoup à ce qu'on ne le fît point attendre ; car toutes les causes légitimes de retard furent prévues avec un soin minutieux, et il fit mettre à sa disposition tous les moyens nécessaires pour n'avoir point à souffrir de la mauvaise volonté du gardien du port ou de ses sergents. En 1560, les religieux aliénèrent leur bac. Il fut adjugé, en 1680, par arrêt du parlement, aux dames de Bardouville, comme étant compris dans la mouvance de leur seigneurie[14].

Les bacs de Duclair, de Jumiéges, du Gouffre, d'Heurteauville et du Trait appartenaient aux religieux de Jumiéges. Nous avons vu qu'un fermier de

---

[13] Voy. l'aveu de Ch. d'Étampes, sʳ de Mauni, 1685, aux arch. de la S.-Inf. B. 197.

[14] Arch. de la S.-Inf. F. de S.-George de Bocherville.

la Vicomté de l'Eau, vers le milieu du xv⁰ siècle, avait contesté aux religieux le passage de Jumièges. A cette époque leur bac leur rapportait plus de 200 l. par an.

Jean de Moy, seigneur de la Mailleraie, déclarait dans son aveu de 1583 « avoir le droit de bacs et bateaux pour passer le travers de la rivière à venir et retourner de son marché qui avait lieu tous les jeudis et de prendre tous les profits qui y appartenaient [15] ». Le 30 avril 1783, la marquise de Nagu baillait à ferme « le bac pour passer la rivière devant la Mailleraie, en embarquant aux endroits les plus commodes, depuis le bourg dudit lieu jusqu'à la pointe du petit château, et en débarquant sur la commune du Trait », à charge par le preneur de se conformer aux règlements de l'amirauté et de la Vicomté de l'Eau, et au tarif des droits fixés par l'arrêt du conseil du mois d'août 1782. Elle baillait en outre le droit de transport de toutes les marchandises, de la Mailleraye à Caudebec et de Caudebec à la Mailleraie, avec faculté d'embarquer et débarquer depuis le Rouge-Saule jusqu'au puits Coquerel sous Aiziers du sud [16].

Bac de Caudebec. Il appartenait aux religieux de S.-Wandrille. Au xiii⁰ siècle, ils ne possédaient point encore exclusivement le droit de passage. Roger Toupin, chevalier, et Jean de la Noereie, écuyer, eurent en 1253, une discussion avec le couvent, au sujet du bateau qu'ils avaient au port de Caudebec. Ils reconnurent que ce bateau ne devait avoir que 51 pieds

---

[15] Arch. de la S.-Inf. B. 497.

[16] Arch. du Pal. de Just. F de la Vic. de l'Eau. Reg. d'enregist.

de long sur 12 de large, et s'engagèrent, dans le cas où ils le loueraient, à payer une partie du prix aux religieux. En 1277, Robert d'Esquetot le jeune, Jean de Nouier et Basire de la Meslerée (la Mailleraie) cédèrent à S.-Wandrille le droit qu'ils avaient sur le bateau de la Mailleraie, moyennant certaine rente, et en se réservant le droit d'usage pour eux, pour leur famille et pour leurs vassaux. Pierre du Val, seigneur de la Mailleraie, confirma en 1279 la cession faite par Basire de la Meslerée sa mère, par Jean du Nouier et par ses prédécesseurs. Les bateaux de Caudebec dépendaient de l'office du cuisinier de S.-Wandrille. En 1788, ils rapportaient 200 l. par an. Le tarif du passage avait été augmenté par arrêt du conseil du 6 juin 1663. Parmi les considérations que les religieux firent valoir à l'appui de la requête qu'ils présentèrent à cet effet à l'intendant, quelques-unes méritent d'être signalées. Ils soutenaient que lors de la fixation des droits qui avait eu lieu, il y avait près de 140 ans, « le port et passage de Caudebec était fort facile et de peu de distance, en sorte que l'on se parlait de bord en autre, et que les bacs et petits bateaux en ce temps servaient audit passage, au lieu que pour le présent l'impétuosité de la mer ayant ruiné et mangé toutes les terres voisines, le passage avait une demi-lieue de largeur et était devenu très-difficile ». Les petites barques d'autrefois ne pouvaient plus servir ; il fallait de grands bateaux, et il était nécessaire de trois ou quatre personnes là où une seule suffisait jadis. Vers le milieu du xviiie siècle, ils sollicitèrent une nouvelle augmentation des droits de bac, en alléguant les difficultés du passage, la largeur de la Seine, qui, vis-à-vis de Caudebec, n'avait pas moins de 396 toises, la nécessité de construire des bateaux de 700 à 800 l. qui pussent résister à la barre et à l'impétuosité des tempêtes. Ces raisons parurent plausibles, le tarif fut encore une fois réformé par arrêt du conseil du 29 août 1778 [17].

Les moines de S.-Wandrille soutenaient qu'il ne devait point y avoir d'autres bateaux que les leurs entre le Trait et Etelan. Le 9 juin 1485, un bateau, établi par Colard de Moy, seigneur de la Mailleraie, avait été sequestré. Cependant nous voyons en 1686, Angélique de Fabert, veuve de François de Harcourt, dame de la Mailleraie, renouveler ces prétentions et établir plusieurs bateaux de la Mailleraie à Caudebec [18].

Passage de Courval ou de Vieux-Port. Ce passage appartenait autrefois aux moines de Jumiéges [19]. En

---

[17] Arch. de la S.-Inf. F. de S.-Wandrille.

[18] Ibid.

[19] « Excellentissime Domine sue Blanchie, Dei gratiâ, Francie Regine, Johannes de Mellento, Domini Regis ballivus apud Vernolium, salutem et paratam ad omnia sua beneplacita voluntatem. Noverit excellentia vestra me mandatum Domini Regis, sub hac formâ, recepisse : « Ludovicus Dei gronciâ (sic) Francorum Rex, ballivo Vernoliensi, salutem. Mandamus tibi quatinus inquiras, utrum portus de Curtâ valle sit in balliâ Pontis Audomari vel in balliâ Caleti, et de jure et dominio dicti portûs, et inquisitionem factam nobis clausam sub sigillo tuo remittas », quod mandatum diligenter effectui mancipavi. — Ph. de Estela..t, miles, juratus, dicit per sacramentum suum quod portus de Curtâ valle est situs in balliâ Pontis Audomari, et quod jus et dominium dicti portûs est domini abbatis Gemmeticensis, et tenetur de predicto abbate, et quod transeuntes aquitant se et pagant passagium suum in balliâ Pontis Audomari, et quod, si latro caperetur in predicto portu, duceretur apud Pontem Audomari et ibi judicaretur et predicto abbati redderetur.

« Ric. Caable, juratus, dicit idem per omnia.

« Guill. de Esmalevillâ, miles, juratus, dicit idem.

« Robertus de Campis, miles, idem. Rog. de Arqueinvillâ, miles, idem. Guillelmus de Feuguereio, miles, idem. Guill. de Languelont, miles, idem. Guill. de Hain, miles, idem. Robertus de Campeigneio, miles, idem. Gaufridus le Grant, miles, idem. Guill. de

1497, ils furent troublés dans leur possession par Louis Picard, chevalier, seigneur d'Etelan, qui les menaça de leur faire mille outrages et de brûler leur bateau s'ils continuaient à s'en servir. Aucun fermier ne se présentait, de peur d'attirer sur lui la colère de ce farouche seigneur; ce qui mit les moines dans la nécessité de s'adresser au duc d'Orléans, gouverneur de Normandie, pour en obtenir des lettres de sauvegarde. Plus tard ils cédèrent ce passage à Ch. de Cossé, comte de Brissac, maréchal de France, auquel appartenait la seigneurie d'Etelan. On voit par l'aveu de François d'Epinal S.-Luc, petit fils du comte de Brissac, que le seigneur d'Etelan avait alors pour le port de *Corval*, autrement dit de Thuit, « le droit de descente sur toutes les terres d'environ, tant d'un

---

Estelant, miles, idem. Guill. de Pinu, miles, idem. Guillelmus de Bornevilla, miles, idem. Ric. Camin, idem. Ric. de Halis, idem. Tostanus Godoin, idem. Ric Simon, idem. Droco Hemeri, idem. Maurisce le Conte, idem. Guillelmus Pimor, idem. Petrus Bonfrei, idem. Guillelmus de Puteo, idem. Rad. dictus abbas, idem. Guillelmus Radiguel, idem. Guillelmus le Tailleor, idem. Ric. le Peurier, idem. Robertus le Vagnon, idem. Gaut. Bonet, idem. Robertus Guerart, idem. Robertus Colet, idem. Osbertus Sutor, idem. Dur. de Gredeveir, idem. Dyonisius Canterel, major Pontis Audomari, idem. Robertus le Botellier, idem. Robertutus (sic) Caperon, idem. Mich. Parvus, idem. Ric. de Via, idem. Rad. le Merchier, idem. Rad. Souriz, idem. Hillarius Serviens, idem. Guillelmus le Tonnelier, idem. Lucas de Halis, idem. Rog. de Essartis, idem. Odo Presoulle, idem. Thomas Harel, idem. Johannes de Bosco, idem. Ric. de Caumont, idem. Guill. Cambellenc, idem. Gaut. Meinne, idem. Petrus Borgueignon, idem. Ric. Teroude, idem. Nich. Tiesent, idem. Rog. de Brotonia, idem. Galleranus de Haullis, idem. Guillelmus de Lendin, idem. Thomas de Torvilla, idem. Guillelmus Foriont, idem. Thomas de Dumo, idem. Rad. Musart, idem. Thomas de Londa, idem. Rad. Normant, idem. Ric. Pison, idem. Gauf. de Tornetot, idem. Gervasius Hael, idem. Robertus de Gardin, idem. Odo de Petra, idem. Et hec scit omnis vicinia communiter et testatur, et hoc vobis significare dignum duxi. Valeat excellencia vestra. » Arch. de la S.-Inf. *Cartul. de Jumiéges*, n° 20 *bis*, p. 299 et 300.

côté que d'autre, quand il n'y avait sur sa terre aucune propre et convenable descente, et que tous les hommes de Norville étaient francs audit passage, s'ils n'étaient marchands, en payant un tourteau et 2 d. à Noël, et en août une gerbe de blé »[20].

Passage de Quillebeuf. D'après l'accord conclu entre l'abbé de Jumiéges et Henri de Longchamp, seigneur du Marais-Vernier, les hommes de cette seigneurie pouvaient toute l'année passer au port de Quillebeuf, moyennant paiement au portier des religieux d'un denier ou d'un tourteau à Noël, faute de quoi ils étaient tenus de payer à chaque fois, comme les autres, les droits d'usage. Quant aux hommes de la table du seigneur, ils ne devaient aucun droit[21].

Passage de Tancarville. Le comte de Tancarville avait « droit de nef ou bac et passage d'une rive à l'autre de ladite rivière et du havre de Tancarville à Quillebeuf, de S.-Jacques du Val-Ullin à Grestain et à la Rille et d'Oudale à Honfleur et S.-Sauveur, pour porter et rapporter toutes personnes, marchandises et bestiaux, en payant par chacune personne 2 s., pour chaque cheval ou vache 5 s., pour chaque porc 3 s., pour chaque mouton 2 s., pour chaque cent de marchandises 3 s. » Si quelqu'un contrevenait ou usurpait ledit passage, son bateau était confisqué au profit de la seigneurie, et les conducteurs étaient condamnés en amende arbitraire (1464). Ces droits furent confirmés par un arrêt du conseil d'État du 30 mars 1780 [22].

[20] Arch. de la S.-Inf. F. de Jumiéges. Aveu de la seigneurie d'Etelan. *Ibid.*, B. 174.
[21] Arch. de la S.-Inf. F. de Jumiéges.
[22] *Ibid.* F. de Tancarville.

Enfin je citerai, pour clore ce chapitre, l'obligation pour le seigneur du fief de Drumare, « de quérir ou trouver navire ou bateau pour faire le passage du Roy, luy huitiesme toutes et quantes fois qu'il luy plaisoit passer de Harfleur à Honfleur ». En récompense de ce service, le seigneur devait avoir le cheval ou autre bête sellée et bridée, sur laquelle le Roi était monté en arrivant au bateau, avec le bassin où il avait lavé ses mains, les linges de table dont il s'était servi au dîner à Honfleur, la coupe dans laquelle il avait bu, le plat servi devant lui, ou, si le Roi l'aimait mieux, une somme de 100 l.[13].

[13] Voy. Aveu de Marie Miffaut, 22 juin 1646. *Ibid.* B. 187.

CHAPITRE VI.

VOITURES D'EAU.

Les marchands de Rouen formaient autrefois une corporation ou *ghilde*, à laquelle appartenait presque entièrement la navigation de la basse Seine [1]. Aucune marchandise ne pouvait, sans leur intervention, être expédiée de Rouen à l'intérieur du royaume. Au delà des frontières du duché, la Seine était soumise à une domination non moins exclusive, à celle des marchands de l'Eau de Paris; il fallait prendre *compagnie française* quand on voulait transporter des denrées dans la partie du fleuve sur laquelle s'étendait leur privilége, et ce ne fut qu'en vertu d'une concession spéciale de Louis VIII, que les habitants de Rouen jouirent de la faculté de faire remonter des vaisseaux vides jusqu'au port du Pec et de les y charger, sans être tenus pour cela d'entrer en société avec la corporation de Paris [2]. Ces deux cités rivales avaient un intérêt trop opposé pour ne se point porter réciproquement envie; elles étaient trop puissantes l'une et l'autre pour que la lutte ne fût point opiniâtre et

---

[1] M. Chéruel, *Hist. de Rouen pendant l'époque communale*, I, 34 et passim.
[2] Ord. des Rois de Fr., II, 433.

ne se prolongeât pas pendant des siècles[3]. L'issue, toutefois n'en pouvait être douteuse. Ce fut une bonne fortune pour les Parisiens quand les Rouennais furent privés, en 1292, à la suite de leur révolte, de leur commune et de leurs priviléges. La liberté de la navigation de la basse Seine fut alors proclamée autant pour venger l'offense faite à la royauté qu'en vue de l'utilité publique[4]. Au bout de quelques années, il est vrai, Philippe le Bel se relâcha de ses rigueurs à l'égard des Rouennais, mais il ne leur rendit qu'une partie de leurs priviléges ; il fut retenu que tous marchands pourraient, sans empêchement, passer au port de Rouen, tant en montant qu'en descendant, y aborder, y décharger leurs marchandises, les y vendre, en acheter d'autres, et les charger sur leurs vaisseaux ; qu'ils pourraient aussi déposer leurs vins dans des celliers, à l'intérieur de la ville, moyennant toutefois le paiement des droits accoutumés[5]. Malgré ses efforts, aussi actifs que persévérants, la commune de Rouen ne put jamais recouvrer le monopole auquel elle avait dû sa splendeur. Paris l'emporta, et sa prépondérance devint de jour en jour plus marquée. Au commencement du XVe siècle, nous voyons les maîtres des ponts et pertuis de Pontoise, Poissi, Mantes, Vernon, Combarbe, Poses et Pont-de-l'Arche institués par les magistrats de l'hôtel de ville de Paris. Notons toutefois que les marchands voituriers, *maronniers et preude-bacheliers du*

---

[3] M. Chéruel, *Hist. de Rouen pendant l'époque communale*, II, 247.

[4] Olim, II, 356, 357.

[5] Ord. des Rois de Fr., XI, 420. Cf. Olim, II, 624.

pays d'aval l'Eau de Seine concouraient à l'élection des maîtres de ces ponts et pertuis et que les voituriers de Rouen prenaient même part à l'élection des maîtres des ponts de Paris [6].

L'établissement de voitures d'eau privilégiées ne pouvait manquer de porter atteinte à la corporation des bateliers et compagnons de rivière de la ville de Rouen. Mais ce fut un petit mal pour un grand bien. Le public en effet retira de cet établissement, qui ne prit guère de développement qu'au XVIIe siècle, des avantages sérieux et incontestables. Des habitudes de régularité s'introduisirent. A des prix incertains, pour lesquels il fallait longtemps disputer, succédèrent des tarifs approuvés et parfaitement connus. Enfin, les voyages devinrent plus sûrs, plus faciles et moins coûteux, et le mouvement commercial plus actif [7]. Peut-être, vues à distance, ces améliorations nous paraîtront-elles mesquines ; il n'en est pas moins certain qu'à l'époque où elles se produisirent, ce durent être de véritables événements.

Les seules voitures privilégiées que j'aie à signaler sont celles de Rouen au Port-S.-Ouen, à Elbeuf, aux Andelis, à Paris, et en descendant la Seine, celles de Rouen à la Bouille et à Caudebec.

---

[6] Voy. lettres de Charles VI, portant règlement pour la juridiction du prévôt des marchands et échevins de Paris, et établissement de plusieurs offices pour la police des ports et marchés de la même ville. Paris, février 1415, dans les Ord. des Rois de Fr., x, 323. Cf. Le Roy, *Dissertation préliminaire sur l'origine de l'Hôtel de Ville de Paris*, dans l'*Hist. de Paris* de Félibien, t. I, p. XXVII.

[7] Autrefois, on ne voyageait guère par eau ; pourtant, dès 1420 l'usage était de prendre le bateau de Mantes à la Roche, et celui de Vernon à Andeli. Voy. aux arch. de la S.-Inf. F. de Fécamp, un compte de Jean Riquier, d'environ l'année 1420.

Voiture de Rouen au Port-S.-Ouen.

Dès 1605, Jacques Dermen, surnommé le capitaine de Lyon, avait obtenu du Roi la permission d'établir une voiture de Rouen au Port-S.-Ouen. Le bureau des finances et les échevins approuvèrent cette concession. Le 30 mars 1613, un arrêt du conseil d'Etat accorda le même privilége à Jacques de Marchie, sieur de la Roue, pour en jouir à titre héréditaire, à charge de payer au domaine une rente annuelle de 20 s. On lui imposa l'obligation de faire poser une montre sonnante, avec un cadran pour la régler, sur le clocher de la chapelle du Port-S.-Ouen. Les heures de départ et les prix de la voiture furent fixés administrativement. Tous les jours, le bateau partait de Rouen, à 5 heures, 11 heures du matin, 1 heure et 3 heures du soir, et du Port-S.-Ouen, à 4 heures, 8 heures du matin, 1 heure et 5 heures du soir. C'est sans doute aux plaintes des bateliers ordinaires qu'il faut attribuer le retard que mit le parlement à enregistrer les lettres patentes du roi et l'arrêt du conseil d'Etat; l'enregistrement n'eut lieu que le 14 décembre 1627. Quelques années plus tard, ce droit de voiture fut réuni au domaine et adjugé de nouveau, le 17 décembre 1641, à un sieur Renouf, par les commissaires nommés pour la vente et revente du domaine du Roi. Les bateliers revinrent à la charge et suscitèrent de nouvelles tracasseries à l'adjudicataire. Ils ne furent pas plus heureux que la première fois. Le droit de celui-ci fut définitivement reconnu par une sentence de la Vicomté de l'Eau, confirmée bientôt par un arrêt du parlement, du

19 mars 1646. Seulement la cour décida que le sieur Renouf serait tenu d'établir, pour la commodité du public, quatre bateaux ou six en cas de besoin, de huit tonneaux chacun, gouvernés par deux conducteurs et tirés par des chevaux, tant en montant qu'en descendant. Ils devaient partir chaque jour du poteau du quai de Rouen, de Pâques à la S.-Michel, à 5 heures et 11 heures du matin, à 2 heures et 6 heures de l'après-midi; et de la S.-Michel à Pâques, à 8 heures du matin, midi, 1 heure et 3 heures. Les prix étaient réglés ainsi qu'il suit : 6 d. par personne, pour la charge à col 3 d., pour corbillon de cerises ou autres fruits 2 d., pour demi-corbillon 1 d., pour charge de cheval, de chardon et de laines, 2 s., pour ponson ou muid de boisson, à charger et décharger, 3 s. Ce tarif dut être gravé en caractères lisibles sur des plaques de cuivre et affiché dans chaque bateau, pour l'instruction des passagers. Le bateau du Port-S.-Ouen, comme celui de la Bouille, jouit d'une grande faveur à Rouen pendant deux siècles [8].

Voiture de Rouen à Elbeuf.

Cette voiture appartenait au duc d'Elbeuf. En 1713, elle partait le mardi, jeudi et samedi au matin, et revenait dans la même journée. Elle était couverte. Il y avait une impériale. En 1714, elle fut baillée pour 2,200 l. par an. En 1750, la voiture la *Malmenée*, appartenant au duc d'Elbeuf, faisait le ser-

---

[8] Arch. de la S.-Inf. F. de S.-Ouen, lay. 85. — Arch. du Pal. de Just. F. de la Vic. de l'Eau.

vice de Martot à Rouen, de Rouen à Bédane, de la Côte-S.-Aubin à Rouen. Un arrêt de la cour, du 11 mars 1765, régla les salaires des bateliers [9].

Projet de voiture de Rouen à Pont-de-l'Arche.

Le 29 janvier 1664, un sieur Bazire, garçon de chambre du Roi, sollicita l'autorisation d'établir une voiture publique, par eau, de Rouen à Pont-de-l'Arche [10]. Ses démarches ne semblent pas avoir obtenu de résultat, pas plus que celles que firent, en 1757, auprès de M. de Moras, contrôleur général des finances, les habitants de Louviers pour faire établir une voiture d'eau destinée à aller et revenir régulièrement, une fois la semaine, à jours fixes, de Louviers à Rouen et de Rouen à Louviers [11].

Au XVIIIe siècle il existait une voiture du port d'Andeli à Rouen. Elle appartenait au maréchal de Belle-Isle [12].

Voiture de Rouen à Paris.

François de Cominges, seigneur de Guitaut, capitaine des gardes de la reine-mère Anne d'Autriche, tenta, pendant la régence, de faire mettre en parti toutes les voitures, roulages et charriages, tant par terre que par eau, dans toute l'étendue du royaume,

---

[9] Arch. du Pal. de Just. F. de la Vic. de l'Eau.
[10] Arch. municip. de Rouen, n° 182.
[11] Arch. de la S.-Inf. F. de l'intend.
[12] Arch. du Pal. de Just. F. de la Vic. de l'Eau. Reg. d'enregist.

Ce projet produisit à Rouen une impression fâcheuse; les voituriers par eau de Rouen à Paris formaient encore une corporation nombreuse et puissante. Ils se crurent menacés dans leurs moyens d'existence. Par bonheur pour eux, bien que Guitaut eût intéressé à son projet les autorités les plus influentes, l'opposition des six corps de marchands de Paris l'emporta. Mais l'idée du favori ne fut point perdue. Elle sourit à plus d'un grand seigneur et finit par être appliquée, en partie du moins, malgré les plaintes et les vives réclamations des voituriers de Rouen [13].

Ainsi, en 1666, François de Beauvillier, duc de Saint-Aignan, pair de France, premier gentilhomme de la chambre du Roi et gouverneur de la Touraine et du Havre, sollicita et obtint du gouvernement l'autorisation d'établir une voiture qui devait partir chaque semaine de Paris pour aller à Rouen et de là au Havre-de-Grâce et à Honfleur. Il paraîtrait que, touché des remontrances de la chambre de commerce de Rouen, il aurait reconnu le mauvais effet que devait avoir ce privilége et y aurait renoncé [14].

Quelques années après, en mai 1674, Louis XIV, par brevet délivré au camp devant Besançon, accorda à Anne, duc de Noailles, comte d'Ayen, capitaine des gardes, en récompense de ses services, la permission de faire partir chaque semaine, à jour nommé, deux bateaux ou coches de diligence, de Paris à Rouen, et deux de Rouen à Paris, pour y faire porter et conduire toutes personnes, marchandises, caisses ou ballots, en dix jours de temps ou moins

[13] Arch. de la ch. de comm., cart. 7, liasse 2.
[14] Ibid.

s'il était possible, avec défense à tous autres d'avoir de semblables voitures et d'aller à double run directement ou indirectement, à peine de 10,000 l. d'amende, sans cependant que cette permission pût préjudicier au commerce qui se faisait par eau de l'une à l'autre ville. Ce privilége était transmissible aux héritiers du comte d'Ayen. Le procureur syndic des marchands de Rouen voulut s'opposer à l'enregistrement de ce nouveau privilége; il fit valoir au parlement des moyens d'opposition assez spécieux en faveur du commerce et des mariniers ordinaires. A l'en croire, « cette entreprise ôtait la liberté aux commerçants, ruinait plus de 3,000 familles de Rouen à Paris, et cela, pour enrichir à leurs dépens un particulier et ses créatures, qui sont, disait-il, comme des sangsues qui s'enflent et se grossissent du sang du peuple. Par cette nouveauté, on érigeait en pur monopole ce qui n'avait été jusqu'alors qu'un art libéral à un chacun, et on mettait la rivière en parti pour en chasser ceux qui étaient nés dans cet exercice. Les mariniers méritaient cependant d'autant plus d'être protégés par le gouvernement, qu'ils s'étaient soumis volontiers à la condition qu'on leur avait imposée, de rapporter gratuitement, à leur retour à Rouen, une partie de leur charge en plâtre et autres matériaux nécessaires pour les ouvrages de la ville [15] ».

[15] « Moyens que donne à la cour le procureur syndic de la juridiction et communauté des marchands de cette ville contre le prétendu établissement des coches d'Eau, etc... » Imprimé, aux arch. de la ch. de comm. de Rouen, cart. 7, liasse 2.

L'obligation de rapporter du plâtre pour les ouvrages de la ville avait été imposée aux mariniers par arrêt du conseil d'Etat et lettres patentes sur icelui, du 30 juillet 1660. — Arch. municip. de Rouen, n° 209.

Malgré cette opposition violente, au moins dans les termes, le duc de Noailles et ses ayants cause se mirent en possession du privilége de la diligence et en jouirent jusqu'à l'année 1706, où le besoin de se créer des ressources extraordinaires pour faire face aux frais de la guerre, engagea le gouvernement à révoquer ce privilége, afin d'en tirer un parti plus avantageux.

Un édit du mois d'avril 1706 créa vingt offices de maîtres voituriers par eau, de Rouen à Paris et de Paris à Rouen, et sur la rivière d'Oise. Deux autres édits, du mois de mars 1710 et du 25 juillet 1713, en portèrent successivement le nombre à 30 et à 50. Ces offices furent supprimés en 1717 ; mais on ne tarda pas à s'apercevoir que cette suppression, loin de produire les bons effets qu'on en attendait, avait été très-préjudiciable au commerce. Cette considération fit accueillir favorablement la proposition du duc de Luxembourg ; on lui permit d'établir une ou plusieurs voitures de diligence par eau pour aller chaque semaine de Rouen à Paris et de Paris à Rouen ; il ne fut point déchargé des droits de péages, passages et acquits le long de la Seine ; mais les maîtres des ponts et pertuis étaient tenus de monter, par préférence à tous autres, à la première réquisition des conducteurs, les bateaux du duc, les seuls qui pussent aller en diligence, à double run et avec chevaux frais. Un tarif régla le prix pour le transport des marchandises, non pas uniquement d'après le poids, mais aussi d'après la qualité et l'espèce. En 1746, le privilége de la voiture fut baillé à ferme à une compagnie, pour 7,000 l. par année, par la famille de Montmorency-Luxembourg. Il y avait alors vingt-deux voituriers occupés à cette voiture et trentequatre bateaux à dix chevaux pour la plupart. Un arrêt du conseil d'État, concernant la navigation de la Seine de Rouen à Paris, déclara réunis au domaine les priviléges concédés à des particuliers pour les différents services sur la rivière de Seine, de Paris à Rouen; sur la rivière d'Oise, depuis la fin de l'Oise jusqu'à S.-Quentin, par Compiègne; sur l'Aisne, de Compiègne à Pontavert; notamment les batelets établis pour aller à Poissi, à Rolleboise, la galiote de Rolleboise à Poissi, de Rolleboise à Bonnières, les batelets de Bonnières au Roule, du Roule au Port-S.-Ouen, le bateau des Andelis à Rouen, et enfin les bateaux de la diligence allant de Paris à Rouen. On n'excepta que ceux de Paris à Sèvres et à S.-Cloud, et ceux d'Elbeuf à Rouen. Pour tenir lieu de ces différentes exploitations, il fut établi deux diligences : l'une partait tous les deux jours de Paris et arrivait à Rouen le quatrième jour; l'autre partait également tous les deux jours de Rouen et arrivait à Paris le cinquième jour. Elles portaient pavillon aux armes de France. Les fermiers de ces messageries devaient avoir un bureau particulier, tant à Paris qu'à Rouen, portant cette inscription : « Bureau des coches d'eau de Paris à Rouen. » A cet effet, ils durent se pourvoir à Paris devant le prévôt des marchands, à Rouen devant le Vicomte de l'Eau. Le prix des places de Rouen à Paris était de 7 l., de Paris à Rouen de 6 l. (19 janvier 1778). Un arrêt du conseil, du mois de septembre 1783, interprétant celui du 19 janvier 1778, fit défenses, à tous particuliers, voituriers ordinaires

par eau, de changer de chevaux en allant de Paris
à Rouen et de Rouen à Paris, la faculté de se servir
de chevaux frais étant strictement réservée aux fermiers des messageries [16].

Bateau de Rouen à la Bouille.

Le port de la Bouille semble avoir eu quelque importance dès le xiii° siècle; à cette époque, pourtant, il est plus souvent question des petits ports de Couronne et de Moulineaux [17]. En 1477, le comte de Warwick, envoyé comme ambassadeur à Rouen, auprès de Louis XI, vint, avec une suite brillante, aborder à la Bouille, où il resta assez de temps pour dépenser, au compte du Roi de France, 325 l. 6 s. 6 d. t. En s'en retournant en Angleterre, son vaisseau s'arrêta encore une fois à la Bouille, puis à Caudebec, à Quillebeuf et à Honfleur [18]. Dès cette époque, le port de la Bouille était très-fréquenté.

Le service des coches d'eau de Rouen à la Bouille, encore aujourd'hui si florissant, précéda de quelques années l'établissement des voitures de Rouen au Port-S.-Ouen. Dès avant 1595, le Roi avait fait don à quelques particuliers de la *maîtrise* de la voiture de

[16] Arch. du Pal. de Just. F. de la Vic. de l'Eau. — Arch. de la S.-Inf. F. de l'intend. — Arch. de la ch. de comm. de Rouen, cart. 7, liasse 2. — Arch. municip., liasse n° 320.

[17] Voy. *Coutumier de la Vic. de l'Eau.* Ch. LIX et LX. — S. Louis avait pensé à établi un port royal à Couronne, pour forcer les Rouennais à consentir à la restriction de leurs priviléges au port de Rouen. Il ne paraît pas que ce projet ait été suivi. Voy. M. Chéruel, *Dictionnaire historique des institutions, mœurs et coutumes de la France*, t. I, p. 181.

[18] Bib. imp. Fontanieu. Titres originaux, portef. 140.

Rouen à la Bouille. Le lieutenant général de Rouen fit des règlements concernant les bateaux *Bouillais*. Par le premier article, le maître voiturier était obligé de fournir et entretenir un bateau bien *ferme étanché*, fort et puissant, du port de 225 tonneaux, équipé de tous agrès et appareils. Il devait louer à ses dépens, pour la conduite de ce bateau, trois hommes *expérimentés au navigage, gens paisibles et de bonne vie*, du fait desquels il était responsable ainsi que des marchandises qui leur étaient confiées. Le garçon qui conduisait les chevaux de halage devait avoir 42 ans au moins. Le bateau partait du quai S.-Eloi chaque jour à 10 heures du matin, arrivait à la Bouille entre 1 heure et 2 heures et revenait au quai de Rouen entre 5 et 6 heures.

« Mais comme de la plupart de la Basse-Normandie, et autres lieux, arrivaient personnes et marchandises à toutes heures audit bourg de la Bouille, partait dudit quai, sur la minuit, un bateau pour arriver sur le quai de Rouen avant l'ouverture de la porte ».

Chacun des bateaux Bouillais pouvait contenir 200 passagers. Ces bateaux devaient ancrer au milieu de la rivière. Il était défendu d'attacher les câbles au quai.

Indépendamment de ce service régulier, il y avait alors un grand nombre de bateliers employés exclusivement à transporter les marchandises et les voyageurs de Rouen à la Bouille et de la Bouille à Rouen. Chacun avait son rang marqué et partait à son tour du quai; mais ce ne pouvait être aux heures du bateau privilégié [19].

---

[19] Arch. du Pal. de Just. F. de la Vic. de l'Eau.

Farin nous apprend que le droit de passage de Rouen à la Bouille appartenait à M. de la Ferté-Imbaut, en vertu de lettres patentes données à Paris, au mois de mars 1645 [20]. En 1685, le marquis d'Etampes, dans son aveu de la baronie de Mauni, déclarait avoir seul « les droits de coche par eau, allant de la Bouille à Rouen et de Rouen à la Bouille [21] ». Le seigneur de Mauni baillait, en 1742, les trois coches d'eau de Rouen à la Bouille, pour 1,500 l. par an.

Le prix des places avait été réglé par un arrêt du conseil, du 10 janvier 1636, et plus tard par deux arrêts de la cour du parlement de Rouen, du 27 mars 1749 et du 13 décembre 1787.

Des matelots classés faisaient, au XVIIIe siècle, le service des bateaux de la Bouille [22].

Voiture de Rouen à Caudebec.

La voiture de Rouen à Duclair et à Caudebec servait surtout au transport des blés et des boissons. Elle appartenait, en 1670, à un nommé Pierre de Saint. Une sentence de Pierre Duval, Vicomte de l'Eau, fit défenses aux voituriers, mariniers, bateliers et marchands d'employer d'autres gribannes et bateaux que ceux de Pierre de Saint, et de procéder ailleurs qu'au siége de la Vicomté de l'Eau pour les

---

[20] *Hist. de Rouen.* chapitre du quai de Rouen.
[21] Arch. de la S.-Inf. B. 197.
[22] Arch. du Pal. de Just. F. de la Vic. de l'Eau. — Arch. municip. de Rouen, n° 28. — Arch. de la ch. de comm. de Rouen, cart. 27, liasse 40.

affaires concernant ladite voiture. Vers la fin du xviii® siècle elle partait de Caudebec chaque samedi, pour arriver à Rouen le mercredi suivant, ou au plus tard le jeudi, conformément à un arrêt du parlement, du 12 mars 1694 [23].

Enfin, signalons une voiture publique privilégiée de Caudebec au Vieux-Port. Elle dépendait du domaine de Caudebec, engagé par Louis XIV à Louis-Jean-Jacques Delisle, marquis de Marivault [24].

Il n'y avait point de voiture privilégiée de Rouen au Havre. Marguerite Pennetot avait bien obtenu l'autorisation d'établir une voiture par eau, en diligence, qui devait partir toutes les semaines à jour préfix, du Havre à Rouen et de Rouen à Paris, avec permission d'y faire appliquer les armes du Roi et de faire publier et afficher les heures de départ et d'arrivée. Mais on ne défendit point pour cela aux autres voituriers d'aller à double run, et de se servir de chevaux frais ou de relais. Le prince de Vendôme, en 1727, sollicita inutilement ce privilége. La chambre de commerce de Rouen s'y opposa et réussit à faire échouer le projet [25].

Les voituriers ordinaires par la rivière de Seine de Rouen à Paris qui souffraient de ces divers priviléges, notamment de celui du comte d'Ayen, firent tout ce qu'ils purent pour se concilier la faveur des commerçants de Rouen et de Paris. Ils conclurent entre eux un acte de société par lequel ils s'engagèrent à char-

[23] Arch. du Pal. de Just. F. de la Vic. de l'Eau.
[24] Arch. de la S.-Inf. *Sommier du domaine de Caudebec*, 1744, p. 45.
[25] Arch. de la ch. de comm. de Rouen, cart. 7.

ger les marchandises sans choix de qualité, à disposer la charge de leurs bateaux, de telle sorte qu'il restât toujours quatre pouces du plat bord hors de l'eau, à peine de fortes amendes au profit des pauvres, à souffrir la visite des négociants au moment du départ, à faire charger leurs bateaux les uns après les autres suivant un ordre convenu, et à se contenter des prix de voiture qui seraient arrêtés par la chambre du commerce de Rouen.

Ils formaient une confrérie, fondée à la chapelle S.-Nicolas de la cathédrale, sous l'invocation de la sainte Vierge, de S. Nicolas, de S. Clément et de sainte Barbe. Le besoin de s'unir pour résister aux entreprises des péagers, pour assurer l'exécution de l'important arrêt du conseil d'Etat du 29 avril 1682, et pour subvenir aux frais des procès poursuivis par eux tant au parlement qu'au conseil d'Etat et à l'hôtel de ville de Paris, les engagea à adopter les articles suivants, que nous croyons intéressant de rapporter :

« Nous ferons dire une messe par chaque voyage à la chapelle S.-Nicolas, et sera mis quelque chose à la boëtte, à la dévotion de chacun de nous.

« Nous consentons acheter un coffre dans lequel il sera mis par chacun de nous la somme de 20 livres, par chaque voyage que nous ferons, et ce, avant le départ du batteau ; auquel coffre il y aura deux clefs que deux de la compagnie auront pendant un mois alternativement.

« Il sera acheté un grand livre pour mettre les délibéracions, lesquelles estant signées de huit personnes de la compagnie pourront avoir leur entier effet, et dans lequel livre on couchera tout ce qu'il conviendra payer et recevoir, lequel livre sera mis dans ledit coffre avec le présent escript.

« Plus, il sera mis par chacun de nous dans ledit coffre par testé cent livres ; et par tous ceux qui sont deux à deux, cinquante livres, pour commencer le fonds qu'il conviendra faire.

« Quand il y aura quelques poursuites à faire touchant les affaires de la compagnie, il en sera délibéré par la compagnie appelée pour la députation.

« Quand il y aura des alléges à faire pour mettre sur nos bateaux, il faudra que la compagnie y consente, c'est à dire l'assemblée sera faite pour cet effet.

« Quand il y aura un jour nommé à faire, où nos batteaux se trouveront trop grands, il sera fait par ladicte compagnie, pour le proflt en estre mis dans le coffre, si mieux n'ayme la compagnie l'accorder à quelqu'un de ladite compagnie, comme une récompense pour perte qu'il pourroit avoir sur un de ses voyages.

« Il sera libre à chacun de la compagnie de prendre une navée de foin, marbre, charbon, bois, bled, avoine ou marchandise de pareille nature, en avertissant la compagnie, parce qu'en cas qu'il y eût perte de sa bourse, il sera recompensé du fonds de la compagnie, quand elle le jugera à propos, et si dans ledit batteau il a besoin de marchandise, il ne pourra les charger sans l'exprès consentement de ladite compagnie, pour, en cas de besoin, donner quelque chose dans le coffre.

« Chacun de nous sera tenu de charger les marchandises comme elles viendront, et ne pourrons les laisser à terre ou pour le bateau qui chargera après, que du consentement des marchands ; et enfin nous obligeons tous de donner entière satisfaction ausdits marchands, à peine d'encourir les amendes que ladite compagnie advisera bien, lors qu'elle aura esté appellée et qu'il en aura esté délibéré par huit de nous soubssignez.

« Quand les marchands requerront d'aller à double run avec nos batteaux, pour dilligence des marchandises, nous serons tenus d'y satisfaire, sans avoir égard si les chevaux sont chers ou non, à peine d'encourir une amende qui sera jugée par la compagnie assemblée. Quand il y aura des gens de rivière qui se trouveront pauvres, à choix d'estat de gaigner leur vie, la compagnie consent qu'on leur fasse des charités suivant le besoin qu'ils en auront. Si Monsieur Deschamps est obligé d'accorder quelque voyage à quelque commis, il sera pris de l'argent au coffre, afin que cela ne rompe point le run de nos voyages.

« Chacun de nous sera tenu de laisser un bord raisonnable à nos batteaux.

« Quant aux avalans, il a esté arresté entre nous que nous recœuillions les uns après les autres les marchandises de Paris, c'est à dire que Monsieur Vascart commencera le premier, et le sr Morin reviendra à vide, et le sieur Jean Morin l'aisné prendra l'avalant, et le sieur Germain Belard reviendra à vide, et ainsi continuer jusqu'au second voyage où le sieur Vascart reviendra à vide, et le sieur Marin Paturel prendra l'avalant, et ainsi des autres; et ne pourront nosdits basteaux rester plus à longtemps à Paris pour prendre les marchandises de l'avalant que pendant le temps de trois semaines à compter du jour de l'arrivée à Paris qui sera huit jours pour la décharge du bateau et quinze jours pour amasser lesdites marchandises de l'avalant.

« Quant aux avalans qui pourront venir de la rivière d'Oise, il sera libre à un chacun de les prendre.

« Nous serons obligez de prendre les batteaux de la compagnie en préference des autres, soit pour aller au mâts ou pour servir d'alège et, en cas de contestation pour le prix, il sera reglé par la compagnie.

« De plus, il a esté arresté entre nous qu'en cas de difficulté, nous consentons mettre nos différens entre les mains de Messieurs Deschamps, de S. Paul, Jude, Sebert ou autres, pour en passer suivant qu'ils le jugeront à propos.

« Et s'il convient d'adjouter quelque chose au présent escript, qui soit pour l'utilité et avantage de la compagnie, afin de lever toutes les difficultez qui pourront nous survenir, on assemblera la compagnie pour cet effet.

« Et le présent escript fait pour neuf ans à commencer à Pasque dernier passé 1688, et tous les ans le coffre sera ouvert à Pasque pour séparer ce qui se trouvera audessus de 2000 l., etc.[26]. »

Il ne faut pas confondre avec ces voituriers, gens riches pour la plupart, les compagnons de rivière de la ville de Rouen. Ces derniers formaient en 1712, une confrérie de cinquante-trois membres. Ils firent le 24 mai de cette année un acte de société, par lequel ils s'engageaient à mettre « tous les profits des bateaux qu'ils feraient, où il n'y aurait point pour chacun un liard, dans une boîte ou entre les mains d'un d'entre eux, nommé pour un an, à rapporter au profit de la boîte commune 10 s. pour chaque voyage, à faire dire à leurs frais une grand'messe de S.-Ni-

---

[26] Arch. de la ch. de comm. de Rouen, cart. 7.

colas chaque année, et une basse messe tous les dimanches et fêtes, et à fournir des secours à ceux d'entre eux qui viendraient à tomber malades [17].

Tous les bateliers étaient soumis au Vicomte de l'Eau. Leurs noms, surnoms et demeures, les marques et numéros de leurs bateaux, étaient enregistrés au greffe de son siége [28].

[17] Arch. du Pal. de Just. F. de la Vic. de l'Eau. Reg. d'enregist.
[28] *Ibid.* Sentence du 8 fév. 1729.

CHAPITRE VII.

DU HALAGE.

Il n'est point aisé de déterminer l'époque à laquelle remonte en notre pays l'établissement de cette servitude des chemins de halage due par les propriétaires riverains le long des cours d'eau navigables. Elle paraît remonter à une haute antiquité et ne nous être venue ni du droit romain, ni d'aucune coutume étrangère. Une ordonnance de Charles VI, du mois de février 1415, défendait de faire empêchement sur la rivière de Seine, sur ses affluents, sur leurs quais et rives, à peine d'amende arbitraire et de tous dommages; cette même ordonnance prescrivait à chaque riverain de laisser sur son héritage un chemin de 26 pieds le long de ces rivières, pour le trait des chevaux [1]. Cette dernière disposition fut renouvelée par l'ordonnance de François Ier, de 1520, et par celle des eaux et forêts de 1669. Il existait un chemin de halage de Rouen à Mantes en 1446 [2]. Le

---

[1] Ord. des Rois de Fr., x, 342, 343.

[2] Recueil des arrêts et reglemens donnez tant en instances civilles que criminelles sur le faict de la jurisdiction et compétence de la Vicomté de l'Eaue de Rouen, p. 124.

21 février de cette année, commission fut donnée à
Geoffroy Heurtebize d'exercer l'office de *plancager*
entre ces deux villes. Le bailli lui permit de prendre
15 d. pour chaque courbe de chevaux, 7 d. ob. pour
chaque demi-courbe, ou, en d'autres termes, pour un
seul cheval. Cette commission fut renouvelée le 26
décembre 1461 par le lieutenant du bailli. Geoffroy
Heurtebize fut chargé « de faire couper arbres, espi-
« nes, saulx... mettre planches au travers de plu-
« sieurs fossez entre Rouen et Mantes ». Des lettres
patentes données à Rouen, le 19 novembre 1449, char-
gèrent Jean Le Vigneur, dit Frondebosc, d'établir les
chemins entre Rouen et Caudebec, le long de la
Seine, de faire couper les arbres qui se trouvaient sur
les rives, et de mettre des planches aux endroits où
cela était nécessaire. En 1535, il y avait un *plancager*
de Paris à la mer. En 1597, un *plancager* fut institué
sur la rivière de Seine du Havre à Vernon[2]. Le 6 juillet
1567, les religieux de Jumièges se virent condamnés
à la Vicomté de l'Eau, sur la poursuite du *plancager*
et *cheminager*, à réparer le chemin de halage depuis
l'Asnerie près Duclair jusqu'à Duclair, et la chaussée
de Duclair à S.-Paul; ils durent aussi faire abattre une
haie vive qui gênait la navigation. Malgré cela, en
1616, on contestait encore au *plancager* le droit d'exercer sa charge ailleurs qu'entre Rouen et Mantes, et on
mettait en question la possibilité de faire une rive
pour les chevaux de Rouen à Jumièges. Les religieux
de Jumièges prétendaient qu'il n'en était pas besoin

---

[2] *Recueil* des arrêts et reglemens donnez tant en instances civilles
que criminelles sur le faict de la jurisdiction et compétence de la
Vicomté de l'Eaue de Rouen, p. 124.

au-dessous du pont de Rouen, qu'à partir de là la marée et la voile suffisaient pour faire monter et descendre les navires jusqu'à la mer. Les paysans riverains se plaignaient d'ailleurs des taxes qu'on leur imposait pour les frais de visites du *plancager*. Pour mettre fin à cette contestation, le parlement ordonna qu'une assemblée de marchands trafiquants en mer, de matelots et de voituriers, serait convoquée en l'hôtel de ville de Rouen par-devant deux commissaires (14 juillet 1616). Il est certain que cette enquête constata l'utilité du halage au-dessous du pont. Mais l'exécution donna lieu à de sérieuses difficultés. En 1668, les habitants d'Heurtauville, poursuivis par les voituriers de Caudebec à Duclair, prétendaient que leurs héritages étaient exempts de la servitude du halage, à cause du flux et reflux de la mer. Une ordonnance de M. d'Herbigny, *commissaire député pour la visite des ports des mers océanes, grèves et embouchures des rivières navigables*, condamna les religieux de Jumiéges à réparer le chemin de halage, et à lui donner une largeur de 15 pieds, avec autorisation, en cas de refus de leur part, de faire faire ces travaux à leurs frais (24 juillet 1673). Cette ordonnance fut confirmée par arrêt du conseil du 27 octobre 1673; mais, sur les observations présentées par les religieux, un autre arrêt du conseil délégua MM. de Creil, intendant, et de Mascranny, grand maître des eaux et forêts, pour se transporter sur les lieux et procéder à un nouvel examen. Ils consignèrent dans un procès-verbal des 20 et 21 mai 1673, cet avis « qu'il était très-difficile de faire le halage le long de la rivière, que les vaisseaux pouvaient ne se servir que de la voile et de la marée, que la coupe des bois pourrait rendre la navigation plus difficile, que l'entretien des chemins et la dépense des taluts excéderait, après la coupe des arbres, quatre fois la valeur des héritages ». En conséquence, un arrêt du conseil d'Etat du 7 octobre 1676, déchargea les religieux de Jumiéges de l'exécution de l'ordonnance du sieur d'Herbigny [1].

Le *plancager* avait pour charge d'inspecter les chemins et de veiller à ce qu'ils fussent convenablement entretenus. Nous avons vu qu'il remettait ses procès-verbaux au Vicomte de l'Eau, et que c'était devant ce magistrat qu'il poursuivait les riverains pour entreprises et dégradations. Un arrêt du parlement (23 novembre 1626) enjoignit au Vicomte de l'Eau de procéder à la visite des chemins sujets au halage des navires et bateaux, le long des rivières de Seine et d'Eure. L'usage était que chaque année il fît une visite générale des rivières soumises à sa juridiction, comme on le voit par cette lettre de Louis XIV qui lui est adressée :

« De par le Roy :

« Cher et bien amé, nous avons reçeu diverses plaintes de ce que plusieurs particuliers qui ont des maisons et héritages situez le long des bords de la rivière de Seine, au-dessous et au-dessus de notre ville de Rouen, font des usurpations et entreprennent mesme de faire des quais et taluts, en sorte qu'il n'y a plus l'espace et estendue qui doit estre, suivant nos réglemens le long des bords de lad. rivière pour servir au halage des basteaux; ce qui cause non

---

[1] Arch. de la S.-Inf. F. de Jumiéges.

seulement un préjudice notable, mais encores donne lieu à divers accidens; estant arivé que quelques pauvres mariniers se sont noyez proche des quais et talluts nouvellement construits, faute par ceux qui les ont fait construire d'avoir fait remplir les précipices et profondeurs qui sont à costé desdits quais; et parcequ'il est nécessaire, pour le bien de notre service, seureté et commodité de nos sujets, d'empescher la continuation de telles entreprises, nous vous escrivons la présente, pour vous dire qu'en faisant cette année, ainsi que vous avez accoustumé de faire annuellement, votre visite le long des bords de ladite rivière, qui sont de l'estendue de votre juridiction, vous ayez à dresser un bon et ample procès-verbal desdites entreprises et usurpations et du nom de ceux qui les ont faites, lequel vous nous envoirez, pour estre veu et examiné en notre conseil et estre ensuite ordonné ce qu'il appartiendra; c'est à quoi vous aurez à satisfaire. Si n'y faites faute; car tel est notre plaisir. Donné à Calais, le IIIe jour de juin 1658. Signé : Louis, et plus bas : Phelypeaux [5].

On trouve dans les archives de la Vicomté de l'Eau quelques procès-verbaux de ces visites, faites par le Vicomte de l'Eau en compagnie de ses officiers et quelquefois de voituriers. Ce sont des documents assez curieux à consulter, quand on tient à se rendre compte de l'ancien état des rivières de Seine et d'Eure, et des progrès accomplis depuis cette époque. Nous citerons notamment deux procès-verbaux de visites de la Seine, de Rouen au ponceau de Blaru, en 1712, et en 1781 ; un procès-verbal de visite de la

[5] Arch. du Pal. de Just. F. de la Vic. de l'Eau.

Seine, de Rouen à la Pierre du Poirier, en 1729 [6], et un autre de Rouen à Quillebeuf, en 1780.

Dans le procès-verbal de 1712, il est question de la construction d'un éperon dans la Seine, récemment exécutée aux frais du *commun* de la paroisse d'Andeli. Non loin d'Andeli, en la paroisse de Venables, était le fossé de la Mare ou la vallée au Diable; ce fossé était si dangereux que les conducteurs des chevaux de halage montaient de plus de mille pieds dans les terres, afin de l'éviter. Il paraît qu'il y avait autrefois sur cette ravine un ponceau de 18 à 20 pieds, que les chanoines de Beauvais, qui possédaient des propriétés en cette paroisse, étaient obligés d'entretenir, aux termes de leurs aveux.

A Pont-de-l'Arche, le halage n'offrait guère moins de difficultés. La grande arche qui joignait le château, par laquelle passaient les bateaux, s'était ouverte, et plusieurs pierres s'en étaient détachées. Là, comme au pont de Vernon, la plupart des arches étaient embarrassées de gords et de pêcheries, dont les voituriers réclamaient depuis longtemps la suppression, dans l'intérêt général.

Le passage de Poses passait pour un des plus difficiles. Un arrêt du conseil, du 7 septembre 1719, avait décidé qu'un devis serait dressé des travaux

---

[6] Le chemin de halage s'arrêtait à la Pierre du Poirier. Il paraîtrait, d'après une lettre de M. de Maurepas au duc de Luxembourg (Versailles 3 août 1726), que les navigateurs, pour satisfaire à l'ordonnance de 1681, étaient obligés, après l'achat d'un vaisseau au port de Rouen, de le faire naviguer jusqu'à la Pierre du Poirier, située au port de Villequier; après quoi, le vaisseau était purgé de toutes les hypothèques qui auraient pu exister sur lui, comme ayant risqué en mer. Mais voy. la consultation de M. Daviel pour M. de Manneville, avocat à Honfleur, contre l'administration des domaines, 1839.

qu'il convenait de faire en cet endroit. La chambre de commerce de Rouen, par délibération du 7 mai 1720, avait député son syndic, Jacques de la Rue, et Nicolas Magin, ingénieur du Roi, pour les plans et cartes des côtes de France, à l'effet de visiter les lieux et d'examiner le devis avec M. de Montbayeux, ancien échevin de Paris, inspecteur général du commerce pour la province de Paris, et de la navigation des rivières affluentes à la Seine; le sieur Cardin Belard, ancien agent des mariniers-voituriers de Rouen à Paris et l'auteur du projet, faisait naturellement partie de la commission. Belard avait fait entendre au prévôt des marchands de Paris et à la chambre de commerce de Rouen que les bateaux qui montaient de Rouen à Paris éprouveraient moins de difficultés en passant du côté d'Amfreville, et qu'on leur en procurerait le moyen en rendant navigable le bras de la Seine, au hameau de Montaubas, en construisant un pont sur la rivière d'Andelle, près de laquelle s'interrompait le halage, en enlevant un attérissement formé en face de son embouchure, et en réunissant, par des batardeaux, la terre ferme et les îles de Mostelle, des Deux-Amants et de Guibran. La chambre de commerce de Rouen, un instant séduite par les avantages qu'on se promettait de retirer de l'exécution de ce projet, avait offert de se charger de la dépense; les voituriers se soumettaient d'y contribuer eux-mêmes pour 7 l. 10 s. par courbe de chevaux montant et descendant, jusqu'au remboursement des frais. Mais M. de la Rue craignit que la dépense ne fût beaucoup plus considérable qu'on ne supposait, et que ces changements ne ruinassent la paroisse de Poses. Depuis un temps immémorial, en effet, cette paroisse n'avait d'autres ressources que celles que lui procurait le commerce; ses habitants tenaient toujours prêts, sur la grève, un grand nombre de charretiers, de chevaux et de petits bateaux destinés à faciliter le passage des grands bateaux, de Poses au Mesnil, sous la direction du maître du pertuis de Poses. Le syndic de la chambre de commerce, arrêté par cette double considération, refusa de signer le procès-verbal dressé par les sieurs Mottet et Renequin; la chambre de commerce approuva ses motifs, et le projet de Belard n'eut point de suite [7].

En 1729, le Vicomte de l'Eau, en faisant sa visite, en exécution des ordres du contrôleur général, constata que du château de la Mailleraie jusqu'en face de Caudebec, il régnait de grandes prairies, dont les détériorations, par l'effet des marées, avaient formé dans la rivière des battures de plus de 200 toises. Il attribuait ces envahissements de la rivière à ce que les riverains négligeaient de garnir les rives de bloc, et il déclarait que cette mesure était urgente pour prévenir de plus grands dangers. Du même côté, vis-à-vis de Caudebéquet, le halage était interrompu à cause d'un banc de vase nouvellement formé, où les navires périssaient quand ils avaient le malheur de s'y engraver; aussi y avait-on placé une balise pour avertir les navigateurs du danger. A Caudebec, le halage était difficile; un peu au-dessus, il n'y avait plus de chemin; de Villequier à Caudebec, les navires n'étaient halés qu'à force de bras [8].

---

[7] Arch. de la ch. de comm. de Rouen, cart. 7.
[8] Arch. du Pal. de Just. F. de la Vic. de l'Eau.

Les habitants de Port-Morin étaient obligés, pendant toute l'année, de fournir 60 hommes environ pour aider au halage des bateaux qui remontaient la Seine, depuis la ruelle de Seine jusqu'au-dessus de Port-Mort, et depuis le clos du Mesnil jusqu'à la tour de Combarbe. Pendant la saison des récoltes, les habitants pouvaient suppléer par deux femmes à chaque homme manquant; ils s'étaient chargés de faire faire ce service, suivant l'ordre qu'il leur paraîtrait convenable d'établir par hameaux [*].

[*] Transaction du 8 mars 1785, homologuée au siége de la Vicomté de l'Eau, 30 juillet 1785.

CHAPITRE VIII.

DU FLOTTAGE, DE LA NAVIGATION ET DES DROITS PERÇUS SUR L'EPTE, L'ANDELLE, L'EURE, L'ITON ET LA RISLE.

Il serait trop long de passer en revue tous les affluents de la Seine. Nous ne parlerons que de l'Epte, de l'Andelle, de l'Eure, de l'Iton, affluent de l'Eure, et de la Risle.

1° *L'Epte.*

Le prieur de Gasni-l'Ile avait la pêche de la rivière depuis Gasni jusqu'à Fourges ; les îles comprises entre ces deux limites relevaient du prieuré. Lorsque des passagers arrivaient au port de Villez, le prévôt devait leur demander pour le prieuré le pain de *pontonnage*, et, en retour de ce service, il demeurait quitte, ainsi que sa femme, ses enfants et ses commis, de tous droits de passage au port de Villez [1].

Le seigneur de Château-sur-Epte avait seul droit de pêche dans la rivière, tant d'un côté que de l'autre, depuis le pont de Saint-Clair jusqu'à Berthenonville.

---

[1] Arch. de la S.-Inf. F. du collége de Rouen. Dans les derniers temps, les PP. jésuites du collége de Rouen étaient devenus seigneurs de Gasni.

il avait droit de prendre une somme de marée et une cloyère d'huîtres, quand bon lui semblait, des chasse-marées qui passaient par les Bordeaux, en leur payant au retour le prix du marché de Paris, constaté par un certificat du vendeur de la marée. Il avait aussi droit de *haverie* et de chaussée sur toutes marchandises passant par la chaussée des Bordeaux. — Pour chaque cent de chèvres on payait 5 s. S'il y avait un bouc, le bouc affranchissait les chèvres en payant 5 s. — S'il passait un troupeau de 24 chèvres, elles devaient payer 4 d. chacune; si parmi elles il se trouvait un bouc, il les affranchissait toutes pour 4 d. Chaque homme portant faux montée sur son bois devait 1 d.; s'il y avait une pomme au bout de la faux, il ne devait rien. — Pour chaque charrette chargée de verres ou de bouteilles, on fournissait une pièce d'ouvrage. « Un juif (la main de celui qui transcrivait l'aveu où sont constatés ces droits singuliers hésita à tracer ce mot, parce qu'alors on commençait à rougir d'une aussi grossière assimilation), un *juif qui est réputé pour bête* devait dix deniers ». Nul homme, passant par la chaussée des Bordeaux, ne pouvait porter marchandises au-dessus de 12 d. t... avant d'être venu payer acquit au *traversier*. — Les habitants des deux Andelis, ne pouvaient passer la rivière d'Epte, si ce n'était par Saint-Clair, sans encourir forfaiture de travers, à moins d'avoir obtenu le congé du *traversier*, moyennant paiement d'un double droit de travers. — Tous les manants de Berthenonville, Gisancourt, Dangu et Néaufles, étaient francs et exempts du travers, pour eux, leurs chevaux, harnais, bestiaux et denrées, pourvu que ce qu'ils portaient ou menaient provînt de leur propre héritage et ne fût point destiné au commerce ; ce privilége était fondé sur ce qu'ils étaient tous tenus de contribuer à l'entretien de la chaussée.

Nul, du reste, n'était exempt, à moins qu'il ne fût gentilhomme, ou homme de la table du Roi, ou clerc étudiant de 31 jours en l'Université de Paris.

Le seigneur avait droit de poursuivre les forfaitures, d'un côté jusqu'à la rivière d'Andelle, de l'autre jusqu'aux portes de Pontoise [2]. Ce péage ou travers devait remonter à une haute antiquité ; la position de Château-sur-Epte, sur les frontières de la Normandie, le fait naturellement supposer. En 1309, il s'engagea un procès assez curieux entre Guillaume Crespin, seigneur de Saint-Clair, et le chapitre de Rouen, à l'occasion d'un chanoine dont ce seigneur avait saisi la monture sous prétexte qu'il refusait de payer le péage. Guillaume Crespin fut excommunié en punition de ce fait [3].

François-Henri de Montmorency déclarait tenir, à cause de sa châtellenie de Dangu, la rivière d'Epte, depuis les coutumes de Gisors, près de Vaux, jusqu'au village de Giverni. Nul ne pouvait y pêcher, ni même la passer sans son congé ; il avait droit de travers à Dangu, et possédait toute la chaussée depuis Dangu jusqu'à la Maison-Rouge [4].

2° L'Andelle.

On donne souvent Jean Rouvet pour l'inventeur du flottage, et l'on fixe la date de cet ingénieux

---

[2] Aveu de Château-sur-Epte, par Nicolas de Neufville, duc de Villeroy, maréchal de France, 1682. Arch. de la S.-Inf. B. 150.

[3] Arch. de la S.-Inf. F. du chap. de la cathéd.

[4] Ibid. B. 150.

procédé de transport à l'année 1549[5]. C'est une erreur. Jean Rouvet, avec ses associés Jean Tournouer et Nicolas Gobelin, ne fit, à cette époque, que perfectionner le flottage ; son mérite consiste à avoir substitué le *flottage à trains* au *flottage à bûches perdues*.

Nous voyons en effet, dès la fin du XVe siècle, le flottage pratiqué sur la rivière d'Andelle. Le premier qui ait fait flotter sur cette rivière fut un bourgeois de Rouen nommé Jean le Roux. Comme il faisait voile pour Brest, en 1488, pour porter des provisions aux gens de guerre du Roi qui occupaient le château de cette place, il fut pris par les Bretons, et perdit toute sa marchandise. Le besoin de se créer des ressources l'engagea à solliciter du Roi la concession, au prix accoutumé depuis 30 ans, de 200 arpents de bois en la forêt de Lyons, au village de Transières, entre Périers et Noyon (aujourd'hui Charleval). L'idée lui vint alors de tirer parti de la rivière d'Andelle en y faisant flotter son bois jusqu'au-dessous du prieuré des Deux-Amants. Il offrit de faire le chemin et *découvrement* à ses frais, et d'indemniser, au taux de justice, toutes les personnes intéressées. Le Roi comprit combien la réalisation d'un semblable projet lui serait avantageuse pour l'exploitation des bois

---

[5] M. Daviel, *Traité des cours d'eau.*

Delamare, *Traité de la police*, liv. V, tit. XLVIII, ch. IV : « De l'origine et de l'utilité du bois flotté. »

MM. Raymond Bordeaux *(De la législation des cours d'eau,* p. 248), et Léop. Delisle *(Études sur la condition de la classe agricole,* p. 364), avaient déjà observé que le flottage était pratiqué dès 1498, sur la rivière d'Andelle, et au XVIe siècle sur celle de l'Orne. M. Bonnin avait aussi découvert et signalé une transaction conclue entre Jean le Sire, de Périers, et les religieuses de Fontaine-Guérard, au sujet du flottage sur la rivière d'Andelle, 30 mars 1498 (v. s.).

de la forêt de Lyons. On pouvait espérer que, grâce à cette mesure, la ville de Rouen serait, à l'avenir, mieux approvisionnée, et que les forêts dont elle était environnée, épuisées par exploitation mal entendue, auraient le temps de se reposer et de croître. Le roi céda donc à Jean le Roux les 200 arpents de bois de hêtre qu'il réclamait, au prix de 60 s. par arpent, et l'autorisa à faire passer et tirer les bûches par la rivière d'Andelle, à charge d'indemniser les riverains. (Lettres patentes données à Lyon sur le Rhône, 16 novembre 1490 [6].) Deux jours après l'expédition des lettres patentes accordées à Jean le Roux, Charles VIII écrivait la lettre suivante à Pierre de Roncherolles, sire de Heuqueville et de Pont-S.-Pierre :

« De par le Roy :

« Notre amé et féal, pour aucunement récompenser notre bien amé Jehan le Roux, marchant de Rouen, de certaine perte dont il nous faisoit demande, et pour l'évident prouffit de nous et augmentation de notre domaine et semblablement de la chose publique, nous luy avons, par l'advis de nos amés et féaulx trésoriers et autres noz officiers, baillé et délivré pour certain pris deux cens arpens de boys, en notre forest de Lyons, au lieu de Transières et luy avons donné congié d'iceulx wider et enlever par la rivière d'Andelle pour le fournissement de notre ville de Rouen, pour ce que impossible est de autrement le prouffiter, moyennant que ledit le Roux disposera le chemin en cette rivière et fera les récom-

---

[6] Copie de lettres patentes adréssées aux trésoriers de France, aux baillis de Rouen et de Gisors et aux maîtres des eaux et forêts du bailliage de Gisors, aux arch. de la S.-Inf. F. de l'émigré Caillot de Coqueromont.

penses raisonnables, s'aucunes convient faire, à ceulx qui pourront estre interessez à cause dudit passaige, au taux de justice, ainsi que pourrez voir par noz lectres que luy en avons octroyées ; et pour ce que avons esté advertiz que avez quelques héritages ou moulins par lesquelz conviendra passer et faire le chemin, nous vous prions et néantmoins mandons, à ce que les autres y prengnent exemple, que de votre part vous ne y vueillez donner aucun empêchement, mais vous consentez libérallement à l'exécucion de nosdites lettres, en manière qu'elles sortissent leur plain et entier effect, selon leur forme et teneur ; et en ce faisant, nous ferez plaisir, que recongnoistrerons, quant d'aucune chose nous requerrez. Si ne y vueillez faire faulte. Donné à Lyon le xviii° jour de novembre Signé : Charles [1]. »

Au dos est écrit : « A notre amé et féal conseillier et chambellain, le sire de Heuqueville. »

Le sire de Heuqueville se rendit à l'invitation du Roi. Le 13 mai 1493, Jean le Roux écrivait et signait la cédule suivante :

« Je Jehan le Roux, marchant de boys en la forest de Lyons, confesse... que messire Pierre de Roncherolles, chevalier, baron de Heuqueville et de Pont-S.-Pierre, de sa libéralité et courtoisie, m'a ce jour d'uy donné congié et permission de pouvoir faire mestre et asseoir en sa rivière de Heuqueville et du Pont-S.-Pierre, vers la fin d'icelle, en la descente de l'eaue de Seine, trois ou quatre gros potz ou pieulx et des râteliers à travers ladicte rivière, pour servir à arrester ma maneuvre et boys que je ferai flotter par la-

---

[1] Lettre originale. *Ibid.*

dicte rivière; et incontinent que ledit boys ou maneuvre sera recuilly, je serai tenu oster et ouvrir lesdits râteliers, affin que le cours d'icelle rivière ne soit aucunement empesché... Pour aucunement recongnoistre icelle courtoisie, je promés donner à mondit seigneur, par chacun an, deux bonnetz l'un descarlate, l'autre de noir, bons et honnestes pour usage dudit seigneur... pour chaque année qu'il permettra lesdits pieulx, potz et râteliers⁸ »....

Le flottage ayant endommagé les chaussées, rives, fossés et talus de la rivière d'Andelle, Jean le Roux paya au baron de Pont-S.-Pierre 27 l. de rente, à la suite d'un accord fait entre eux, le 26 août 1495⁹. Mais bientôt tous les paroissiens de Romilli et de Pont-S.-Pierre et les religieux de Lire se plaignirent des dégâts causés à leurs prairies par le débordement des eaux de la rivière d'Andelle. Rolant le Roux, maître des œuvres de maçonnerie de Rouen, Martin des Perrois, maître des œuvres de charpenterie de la même ville, et deux autres ouvriers, procédèrent, en la présence de Pierre Daré, lieutenant général du bailliage, à la visite de la rivière, depuis les deux moulins de Jean d'Orival et de Pernot Barate, près de Romilli, jusqu'au-dessus du château de Logempré. Il y avait déjà sur l'Andelle non point seulement des moulins à blé, mais des moulins à tan, à foulon, *à émoudre couteaux et autres taillants.* Cette riche vallée naissait à cette vie industrielle qui lui donne aujourd'hui un caractère si particulier. Il fut reconnu que les inconvénients dont les riverains se

---

⁸ Quittance originale. *Ibid.*
⁹ Arch. de la S.-Inf. F. de l'émigré Caillot de Coqueromont.

plaignaient tenaient moins au flottage, qu'à la négligence des propriétaires de moulins. Les experts firent remarquer en effet que « la plupart des écluses et éventaux desdits moulins n'avaient point de queues et qu'ils ne se pouvaient lever, et n'y en avait qu'à l'endroit des pescheries desdits moulins et pour passer la bûche quand elle flottait, quelle chose était aussi pratiquée par les monniers et gardes desdits moulins, afin que quand les ravines ou avallasses venaient, touttes les eaux passassent par l'endroit desdites pescheries, pour prendre le poisson, dont pouvait advenir, tant de jour que de nuit, grand inconvénient aux héritages circonvoisins, parce que lesdites eaux étaient retenues à l'endroit desdits moulins, en tant qu'ils n'avaient pas évacuation suffisante par l'endroit desdites pescheries ». — Ils observèrent aussi que le cours de l'eau était mal nettoyé, que les herbes n'étaient point fauchées, et que depuis peu on avait construit de nouveaux moulins et de nouvelles pêcheries. — Il fut décidé que la rivière serait curée, une fois chaque année, par les riverains; que les seigneurs, auxquels elle appartenait, qui y avaient droit de pêcherie et tiraient profit du flottage, feraient faucher les herbes qui y croissaient, trois ou quatre fois par an, de Pâques à la S.-Michel, et veilleraient à tenir net le cours de l'eau; qu'un marchand ne pourrait à l'avenir faire flotter plus de trois cents quarterons; qu'il y aurait gardes et gens en nombre suffisant, aux dépens des marchands, pour veiller à ce que le bois, en s'arrêtant à la rive, n'empêchât le cours de l'eau, « saouf à ordonner du prix raisonnable que les seigneurs et autres prendraient pour raison dudit flottage, afin d'éviter aux exactions que l'on disait que aucuns y avaient fait et faisaient chascun jour, au préjudice de la chose publique ». (1ᵉʳ janvier 1503) [10]. Jean le Roux avait conçu l'idée; il ne fut pas le seul à en profiter. Dès 1504, en effet, nous voyons trois marchands autorisés à faire flotter, par les rivières d'Andelle, de Lieure et autres, pour l'approvisionnement de Rouen, où la disette de bois continuait à se faire sentir. Vainement Jean le Roux essaya-t-il de s'y opposer. Un arrêt de l'échiquier de Normandie le débouta de son opposition et l'obligea même à fournir à ses concurrents des planches et des râteliers [11].

D'après l'aveu de Pierre de Roncherolles, baron de Pont-S.-Pierre, les marchands qui voulaient faire flotter leur bois sur l'Andelle jusqu'à la Seine, pour le mener de là à Rouen ou à Paris, étaient tenus, avant de le jeter à l'eau, de venir en demander la permission au seigneur, ou à ses officiers en son absence, et de payer certains droits pour le flottage. « Que si les marchands faisoient flotter et passer leurs dits bois de nuit ou après soleil couché, ils étoient tenus paier autant que pour le jour, encore qu'ils n'eussent flotté que une heure après soleil couché. Et oultre ce que dessus, étoient lesdits marchands subjets de paier les droits des moullins estans sur ladite rivière, et de satisfaire à tout ce qui se trouveroit de dommages faictz de leur flo de boys, tant

[10] Lettres du garde du scel des obligations de la vicomté de Rouen, 1511, contenant *vidimus* des lettres de Pierre Daré, lieutenant général du bailli de Rouen, aux arch. de la S.-Inf. F. de l'émigré Caillot de Coqueromont.

[11] *Ibid.*

ausdits moulins, gordz, pescheries, chaulsées, praryes que terres labourables proches et contigues de la dicte rivière, pour tirer lequel boys flotté et icelluy mettre sur terre, le seigneur avoit droict de faire arrestz et palléez, pour faire tirer le dit boys, pour empescher qu'il n'eschappât au canal de la rivière de Seyne, avec droict de pellage en la dicte rivière, qui étoit que, quand il venoit un grand basteau de la rivière de Seyne, pour y charger boys, icelui grand basteau et tous les autres petitz qui venoient pour aider à le charger devoient, pour chacun basteau, cinq deniers, pour mettre un pieu et le ficher sur terre ou dans l'eaue, pour arrester lors dits basteaux ; duquel droict le grand basteau les acquittoit, par la convention qu'ilz faisoient avec les fermiers de la dicte rivière à laquelle ils ne pouvoient entrer avec leurs dits basteaux, sans avoir demandé le congé pour ce faire, à paine d'amende ». Le baron de Pont-S.-Pierre avoit de plus un droit de *bremennage* sur les vins déchargés sur la rivière d'Andelle, ou dans les dépendances de la baronnie. — Les fermiers de la rivière avaient seuls le droit de charger et décharger les vins ; ils prenaient 15 deniers pour chaque pièce « ainsi qu'avoient accoutumé faire les bremens du pays ». (Juillet 1600 [12].) Les droits perçus pour le flottage étaient assez considérables ; le 16 mai 1503, ils furent baillés à ferme pour 100 l. t. par an. Le bois noyé appartenait au seigneur. Une sentence du bailli vicomtal de Pont-S.-Pierre, en date du

---

[12] Voy. arch. de la S.-Inf. F. de l'émigré Caillot de Coqueromont, et les aveux rendus au Roi, dans la série B.

22 septembre 1608, faisait défense de faire flotter depuis la S.-Jean jusqu'après la récolte [13].

D'après la *déclaration de leur temporel*, les religieuses de Fontaine-Guérard avaient droit de pêche et de flottage sur l'Andelle, depuis le haut de leur enclos, qui bornait d'un bout le sieur de Radepont, jusqu'à la source et au four à chaux qui formaient la limite de leurs possessions, du côté opposé. (3 août 1717 [14].)

Au-dessus de la propriété de ces religieuses, le sieur de Gonnelieu, seigneur de la moitié de la seigneurie de Radepont, déclarait, dans son aveu du 3 juin 1604, posséder la rivière depuis le pont de Radepont jusqu'à l'abbaye de Fontaine-Guérard, et avoir droit de prendre sur les marchands, par chaque jour de flottage, entre deux soleils, 50 s. 6 d. pour lui, et 15 s. pour son meunier [15].

François du Bosc, seigneur de Radepont, suivant un aveu du dernier avril 1641, possédait la rivière d'Andelle depuis la chapelle de S.-Pierre-de-Launay, jusqu'au pont de Radepont, avec gords, pêcheries, droit de prendre, sur les marchands qui faisaient flotter, son chauffage pour toutes les cheminées de son manoir, ou la somme de 50 s., à son choix, ainsi que le sieur de Gonnelieu [16].

De la chapelle S.-Pierre-de-Launay aux gords de Charleval, l'Andelle appartenait au seigneur de Fleuri, avec droit de moulins, gords, pêcheries et

---

[13] Arch. de la S.-Inf. F. de l'émigré Caillot de Coqueromont.
[14] *Ibid.* F. de Fontaine-Guérard.
[15] *Ibid.* B. 205.
[16] *Ibid.* B. 205.

flottage. Le droit de flottage, suivant un arrêt du parlement de Rouen, de l'année 1504, était de 3 s. t. par quarteron de bois [17].

Enfin, le châtelain de Malvoisine, fief assis en la paroisse du Héron, avait aussi pêcherie, franche garenne en la même rivière, depuis le chemin de Beaumont jusqu'aux moulins de Morville, appartenant aux religieux de S.-Ouen. Il prenait sur le bois flottant un écu sol pour flotte (1581) [18].

Le Vicomte de l'Eau prétendait connaître des questions relatives au flottage sur l'Andelle. Mais sa compétence en cette matière ne fut jamais bien reconnue; elle lui fut fréquemment contestée par la maîtrise de Lyons. En 1745, un marchand de bois de Pont-de-l'Arche, occupé à faire flotter sur l'Andelle, voyant son bois en danger, requit les habitants flottants de la paroisse de Pitres de lui prêter assistance. Ceux-ci s'y refusèrent, alléguant que c'était le jour S.-Michel et que le curé leur avait défendu de travailler ce jour-là; le curé, malgré les remontrances du marchand, persista dans sa défense et se vit assigné, devant la maîtrise de Lyons, pour dommages et intérêts. Survint alors une sentence du Vicomte de l'Eau, du 23 septembre 1745, qui fit défense aux parties de se pourvoir ailleurs que devant lui.

Une autre sentence du Vicomte de l'Eau, en forme de règlement, du 13 mars 1749, enjoignait aux marchands de bois flotté sur l'Andelle de se pourvoir devant lui pour toutes les contestations concernant le flottage, soit qu'ils agissent les uns contre les

[17] Aveu de la châtellenie de Radepont, avril 1641. *Ibid.* B. 205.
[18] *Ibid.* B. 205.

autres, soit que ce fût contre les propriétaires riverains, à peine de 500 l. d'amende ; il leur ordonnait de se transporter à son greffe, ainsi qu'il se pratiquait tous les ans, pour y tirer au sort l'ordre dans lequel ils feraient jeter à flot séparément les bois qui leur appartenaient. Le Vicomte de l'Eau se réservait de leur indiquer l'époque où devait commencer le flottage. Un huissier de son tribunal se transportait sur les lieux pour dresser procès-verbal des contraventions et des empêchements.

Au XVIIIe siècle, on flottait généralement sur l'Andelle pendant l'espace de six semaines à chaque saison.

Je ne terminerai point ce chapitre de la rivière d'Andelle sans avoir cité deux pièces intéressantes qui la concernent. Ce sont deux arrêts du conseil d'Etat, le premier, du 11 janvier 1757, portant règlement pour cette rivière, le second, du 23 avril 1782, par lequel Michel-Louis le Camus, de Limare, chargé (par commission du 12 décembre 1780) de fournir tous les cuivres à doublage et autres, tant moulés que battus et laminés, destinés à la marine, fut autorisé à appliquer à l'usage de fonderies et de laminoirs l'eau qui servait à faire mouvoir quatre moulins à foulon dont il s'était rendu acquéreur. (Vers 23 avril 1782 [19].)

3° L'Eure.

Vers le milieu du XVe siècle les bourgeois de Chartres, voyant leur ville dépeuplée, tout le pays envi-

---

[19] Arch. de la S.-Inf. F. de l'intend. Voy. l'arrêt de 1757, aux pièces justificatives.

ronnant ruiné par la guerre, sentirent combien il serait important pour eux de pouvoir faire venir leurs denrées et marchandises par la rivière d'Eure; ils sollicitèrent de Charles VII l'autorisation de la rendre navigable, en la faisant élargir et creuser, à leurs frais, aux endroits où cela était nécessaire. Le Roi accueillit favorablement cette demande et manda au bailli de ne point s'opposer à leurs travaux. (Montauban, 21 janvier 1442.)

Les bourgeois ne tardèrent point à se mettre à l'œuvre; et bientôt l'Eure fut en état de porter des bateaux de 32 tonneaux, depuis Nogent-le-Roi, à quelques lieues au-dessus de Chartres, jusqu'à la Seine, « qui étoit moult belle chose et prouffitable tant pour le pays d'environ comme pour les frontières d'Evreux, Louviers et païs voisins desdits marchés ». Cependant il restait encore beaucoup à faire. Charles VII ne voulant pas « qu'ung si grant et publicque bien fût plus delayé ou empesché pour le petit intérest d'ung particulier », et considérant que les bourgeois de Chartres avaient « desjà fort labouré et employé grant finance qui seroit perdue et leur seroit inutille, se la chose ne venoit à perfection », manda aux baillis de Chartres et d'Évreux « de faire réaument et de fait, aux despens des bourgeois de Chartres ou d'autres qui libéralement y voudroient aider, mettre ladite rivière d'Eure, de Chartres à la Seine, en telle disposition et ordonnance que les vaisseaux et bateaux y pussent passer, repasser chargés de denrées et marchandises et vides, aussi au mieux et par les lieux que par gens expers à ce connaissant ils trouveroient estre plus propres, convenables et profitables pour le bien public, sans toutefois démolir, ni abattre aucuns moulins ni édifices, et en cas de contestations, adjourner les opposans par devant eux, chacun ès mettes de son bailliage, à repondre sur ce aux procureurs du Roi des ditz bailliages et autres qui voudroient se porter partie, et nonobstant opposition, procéder à la perfection dudit ouvrage ». — (5 octobre 1446) [20].

Des lettres patentes, en date du 7 octobre 1455, furent adressées aux baillis de Rouen, Chartres et Gisors, pour faire établir un chemin de halage sur le bord de la rivière d'Eure. Interrompue pendant quelque temps, la navigation sur l'Eure fut rétablie par lettres patentes de François Ier, du 7 décembre 1538.

Il se faisait entre Rouen et Chartres un grand commerce de sel par la Seine et par l'Eure [21]. Aussi voyons-nous, dans un grand nombre d'aveux, les seigneurs prétendre droit à des livraisons de sel sur les bateaux qui remontaient l'Eure. Au XVIIe siècle, douze greniers à sel s'approvisionnaient par cette rivière. Mais, au siècle suivant, la navigation étant devenue plus difficile, on eut plus souvent recours au charroi. En 1753, on s'occupa de la rétablir ; mais cette tentative ne semble avoir eu aucun résultat [22].

Je vais maintenant passer en revue les différentes

---

[20] Arch. d'Eure-et-Loir. (Copies comm. par M. Bonnin.)

[21] Guill. Taillebois, maître de la nef de Notre-Dame de Conquest, dem. à S.-Mahieu en Bretagne, vend à Perrin Bougnier, facteur des habitants de la ville de Chartres, pour IX^{xx} XVI l. t., XLIII poises et VIII mines de sel gros, livrées sur le quai de Rouen. (Arch. du tabellion. de Rouen. Reg. de l'année 1414, f° 33.)

[22] Notes prises sur des copies de pièces comm. par M. Bonnin.

seigneuries entre lesquelles l'Eure était partagée, en suivant son cours depuis son embouchure dans la Seine, au village des Damps, jusqu'à la frontière de Normandie.

En 1584, le Roi affermait cette rivière depuis les Damps jusqu'à la Salle de Landemare pour 36 écus par an. De la Salle de Landemare à Cressonville, la pêche était alors engagée au comte de Fouquemberg, ainsi que la prévôté de Vaudreuil, dont elle formait une dépendance [23].

Louis Baillet, seigneur de la Heuze (paroisse de Léri), possédait, aux termes de son aveu de 1685, un moulin banal sur la rivière d'Eure, et une porte par laquelle les bateaux ne pouvaient passer que moyennant un droit de 12 d. Ce droit fut réservé dans l'arrêt de mainlevée ; il ne figure plus dans les aveux de 1690 et 1695 [24].

Le seigneur de Vaudreuil, en 1670, avait à la porte de Vaudreuil, droit de péage tant en sel qu'en argent sur tous les bateaux montants et descendants. La rivière lui appartenait depuis le moulin de Crémonville et la rue d'Epreville jusqu'au village des Damps [25].

Le seigneur du fief de la Salle du Bois (paroisse S.-Germain de Louviers), dont le manoir, autrefois situé dans une île, avait été détruit pendant les guerres de religion, déclarait dans un aveu du 23 août 1582, que la rivière était à lui depuis le pilier de pierre du quai l'Archevêque jusqu'au-dessous des

[23] Arch. de la S.-Inf. B. 468.
[24] Ibid. B. 201.
[25] Ibid.

courtils de la Villette, avec deux bras d'eau au-dessous des moulins de la Villette. Les bateliers, avant de passer par sa porte, devaient s'arrêter et crier trois fois, en mettant une heure d'intervalle entre chaque *criée*, afin d'avertir ses gens de venir recevoir les droits dus pour le passage. Ces droits consistaient en 3 d. par bateau, et en 3 croches de sel mesurées par le meunier ou le prévôt du fief, pour chaque poise de cette denrée [26].

Henri de Silli, seigneur d'Acquigni et de Crève-cœur, déclarait dans son aveu du 3 janvier 1584, posséder, à cause de ces deux seigneuries, alors réunies et qui furent séparées au xviie siècle, « l'Eau de la rivière d'Ure, depuis le fro aux pastures et depuis l'endroit de Pinterville jusques à la fosse d'Iton près le clos S.-Mauxe,.... l'eaue de Crèvecueur de ladite rivière d'Ure, depuys la séparacion de ladite rivière appartenant à l'abbé de la Croix au-dessus de Cailly jusques au manoir du sieur de Clères ». La porte Fricault dépendait de la seigneurie de Crève-cœur; le meunier pouvait la tenir fermée pour faire tourner son moulin; mais il était tenu de l'ouvrir dès que les bateaux se présentaient, moyennant 2 d. t. pour chaque bateau plein de sel, et 4 d. pour les autres [27].

Le seigneur de la baronnie de la Croix-S.-Leufroi possédait une garenne en la rivière d'Eure. Tout bateau montant payait, en passant à la fosse Oriot, 10 d., pareille somme vis-à-vis du château, et de plus, s'il était chargé de sel, une havée ou pichet de sel.

[26] Arch. de la S.-Inf. B. 204.
[27] Ibid. et B. 202.

— Les bateaux qui passaient pour la première fois par ce fief, devaient en outre une paire de gants. Le seigneur se prétendait exempt de tout péage, impôt ou subside pour les vins et autres provisions qu'il faisait venir, sous son certificat, pour sa consommation [28].

L'Eure, à Autheuil et à Authouillet, faisait partie de la seigneurie d'Autheuil, plus tard érigée en baronnie sous le nom de la Boulaye. Les bateaux payaient à chacune des deux portes, 3 croches de sel ou 10 d., le tout à peine de forfaiture que le seigneur pouvait poursuivre, jusqu'au gué d'Ivri. — Les bateaux neufs ou nouvellement flottants, payaient, comme à la Croix-S.-Leufroy, une paire de gants. — Les portes étaient fermées depuis le samedi soleil couchant, jusqu'au lundi soleil levant [29].

En 1579, les baronnies de Garenne et d'Ivri appartenaient à Ch. de Lorraine, duc d'Aumale. Il possédait, au droit de ces deux baronnies, toute la rivière depuis Tourville, en la paroisse d'Anet, jusqu'au village de Bueil. Il avait verdier, gardes, sergents dangereux et bailli. Le bailli connaissait des délits commis dans les bois et sur la rivière ; l'appel des sentences de cet officier ressortissait au bailli d'Evreux. — Les bateaux et *harangues* qui passaient par la porte de la Garenne, devaient 7 s. 6 d. t. On prenait sur chaque bateau chargé de sel un boisselet, en d'autres termes, un tiers du minot de gabelle. Le bateau neuf devait en outre une paire de gants.

[28] Aveu rendu par Langlois de Motteville en 1631, aux arch. de la S.-Inf. B. 182.

[29] Aveu de Jacques Nompart de Caumont-Vivonne, duc de la Force, 1685. *Ibid.* B. 204.

A Ivri, on percevait droit de travers et de coutume, à savoir : sur chaque baril de harengs 4 d. t., sur chaque demi-queue de vin 12 d. t.; sur un bateau chargé de sel une mine équivalente à deux minots, mesure d'Ivri, sur le cent de morues 4 d., sur chaque millier de marchandises 3 s. 4 d. t., avec 27 d. t. en plus pour le droit du bateau [30].

En 1269, le seigneur d'Ivri contestait au Roi la justice en l'eau de Seine en la châtellenie de Paci, et se prétendait justicier de toute la rivière d'Eure « ab Ibreio quousque dicta aqua veniat in Secanam, quousque ad mercaturas et naves et mesleias ». Ces prétentions exorbitantes ne furent point reconnues [31].

Enfin, et pour terminer cette énumération fort incomplète, le seigneur du fief de Merei avait trois quarts de lieue dans la rivière d'Eure, depuis le gord de Misselende jusqu'à la pointe de Mortille, avec garenne et gords, deux moulins à blé et une porte, à cause de laquelle il percevait sur chaque bateau montant 14 archets de sel. L'archet était la quantité de sel qu'on pouvait prendre à deux mains jointes [32].

En 1755, d'après les états envoyés à l'intendant, on ne levait de péages sur l'Eure qu'aux portes de Léri et de Vaudreuil, appartenant au président de Portail, aux portes de la Londe ou de Bigard, de la Villette, de Folleville, de la Croix-S.-Leufroi, de la Boulaye, de Chambrai, de Ménilles, de Chambines, de la Garenne, d'Ivri, de Passel, du moulin Mahiu

---

[30] Arch. de la S.-Inf. B. 182.

[31] Olim, 1, 330.

[32] Aveu rendu par Louis de Caruel, 7 août 1603, aux arch. de la S.-Inf. B. 182.

(paroisse de S.-Aquilin), à Ezi, à Sorel et à Marcilli. La porte de Folleville avait été construite par les ordres et aux frais de Louis XIV. Elle appartenait en 1755 à M. de S.-Hilaire, seigneur de Folleville [33].

À la même époque, il n'y avait de bacs sur l'Eure, dans les élections de Pont-de-l'Arche et d'Evreux, qu'aux Damps, à Acquigni, Cailli, Crèvecœur, Ménilles et Merei. Ils appartenaient aux habitants de la commune des Damps, à M. le président d'Acquigni, M. l'abbé de Sainte-Croix, M. de Bimorel, M. de la Tour, maréchal de camp [34].

L'Eure était soumise comme la Seine à la Vicomté de l'Eau. Une sentence de ce siége, en date du 10 septembre 1740, fit défense aux meuniers, maîtres de pertuis et autres ayant des droits à prendre sur la rivière d'Eure, d'exiger des conducteurs de bateaux, trains de bois et autres,... de plus grands droits que ceux qui étaient spécifiés dans ladite sentence, à l'exception de ceux de buvettes et des gratifications pour les garçons des meuniers et des maîtres de pertuis. Elle leur enjoignit, en outre, d'ouvrir leurs portes aussitôt qu'ils en seraient requis, à peine de responsabilité des dommages et d'une amende de 500 l. Ils ne pouvaient différer l'ouverture des portes ou pertuis sous prétexte que les droits ne leur avaient point été payés, sauf à eux à se pourvoir ensuite devant le Vicomte de l'Eau [35].

Nous avons dans le fonds de la Vicomté de l'Eau deux procès-verbaux de visite générale de la ri-

---

[33] Arch. de la S.-Inf. F. de l'intend., liasse intitulée : « Péages ».
[34] Ibid.
[35] Arch. du Pal. de Just. F. de la Vic. de l'Eau.

vière d'Eure, faite par le Vicomte de l'Eau en 1746 et 1781.

En 1781, les officiers de la maîtrise particulière d'Anet s'opposèrent à l'inspection de ce magistrat au delà du gué de la Tourniole, qui faisait la limite du parlement de Normandie, sous prétexte que la juridiction foncière et seigneuriale appartenait en cet endroit au duc de Penthièvre. Sans prendre souci de leurs protestations, le Vicomte de l'Eau s'avança jusqu'au hameau de Fremaincourt, paroisse de Montreuil; mais là, il rencontra les officiers de la maîtrise de Dreux, accourus pour défendre les limites de leur juridiction.

Cette juridiction exceptionnelle du Vicomte de l'Eau troublait à chaque instant les tribunaux ordinaires dans les fonctions de leur charge. « J'ai vu, écrivait le subdélégué d'Evreux à l'intendant en 1781, j'ai vu le Vicomte de l'Eau faire signifier des défenses de faucher les herbes de la rivière, en même temps que la maîtrise le prescrivait. Cette défense favorable aux pêcheurs est préférée; la crainte des frais d'un procès de compétence impose silence à la maîtrise; les particuliers (en) souffrent cette année; tous les foins sont vasés et perdus à Cailli; il est bien étonnant qu'on ne reconnaisse pas en France l'abus de la multiplicité des juridictions, et qu'on sacrifie les productions de première nécessité et la fortune de particuliers utiles à l'Etat, à l'existence d'officiers créés par faveur ou pour favoriser un bien particulier; cette observation est d'autant plus frappante ici que depuis que les sels ne remontent plus la rivière d'Eure, il n'y existe qu'un seul batelier dont le salaire est à si haut prix que personne n'a recours à lui; aussi ne voiture-t-il que les bois [36]. »

4° L'Iton.

Les travaux qui rendirent l'Andelle flottable, l'Eure navigable dans la plus grande partie de son cours, furent entrepris en vue de l'utilité publique. Mais ce qui inspira au duc de Bouillon l'idée de rendre l'Iton navigable, ce fut l'intérêt particulier, le désir de tirer le meilleur parti possible des bois de son comté d'Evreux. Dès avant 1725, les maîtres de forges de ce comté, qui seuls pouvaient en consommer le bois, s'étaient ligués pour se le faire adjuger à vil prix. Le duc de Bouillon s'aperçut de leurs menées et mit alors tout en usage pour échapper à leur dépendance. Divers projets furent étudiés et proposés, de 1726 à 1748. Enfin un arrêt du conseil d'Etat du 31 août de cette dernière année, ordonna que le sieur Martinet, ingénieur des ponts et chaussées de la généralité de Rouen, procéderait, en la présence du Vicomte et du procureur du Roi en la Vicomté de l'Eau, à la visite des ruisseaux de Conches et d'Iton; ils devaient en reconnaître l'état actuel, examiner les ouvrages qu'il convenait d'y faire, afin de les rendre flottables, estimer la valeur des terres qu'il était nécessaire de prendre, dresser procès de ces observations et de ces estimations ainsi que des oppositions qui seraient faites par les riverains. Cette

---

[36] Arch. de la S.-Inf. F. de l'Intend., liasse intitulée : « Navigation ».

visite eut lieu du 14 au 20 novembre de cette année. Les opposants furent invités à prendre, au greffe de la Vicomté de l'Eau, communication de l'arrêt du conseil, de la sentence de la Vicomté de l'Eau, rendue en conséquence du procès-verbal de visite, et du plan des deux ruisseaux, et à fournir au Vicomte de l'Eau leurs causes et moyens. Celui-ci en dressa procès-verbal, ainsi que des réponses et des contredits du duc de Bouillon, et remit le tout à l'intendant. Enfin, le 20 mai 1749, un arrêt du conseil permit au duc de Bouillon de faire flotter, sur le ruisseau de Conches et sur l'Iton, les bois qui provenaient de ses forêts; de faire faire à cet effet, à ses frais et dépens, les ouvrages spécifiés dans le procès-verbal de visite de 1748, à charge de payer des indemnités à tous ceux qui éprouveraient quelque dommage, tant par suite de ces mêmes ouvrages, que par suite du flottage. Le duc de Bouillon dut, au préalable, consigner aux mains d'une personne commise à cet effet par l'intendant, la somme à laquelle les indemnités étaient évaluées. En 1751, les travaux étaient achevés et le flottage avait lieu. Un arrêt du 11 mars 1751 ordonna que, conformément à l'art. vi du chapitre xvii de *l'ordonnance de la ville*, de l'année 1672, le duc de Bouillon serait tenu de faire avertir les seigneurs intéressés, par publications aux prônes des messes paroissiales, dix jours avant de jeter les bois à l'eau, de dédommager les propriétaires des frais de réparations, de faire visiter par le premier juge ou sergent sur ce requis, parties présentes ou dûment appelées, les vannes, écluses, pertuis et moulins; de faire faire après le flot le récolement de ladite visite, par le même juge ou sergent, à peine de demeurer responsable des dégradations. Quant aux contestations qui pouvaient naître entre les entrepreneurs du flottage et les riverains, il fut statué qu'elles seraient renvoyées par-devant les officiers de la Vicomté de l'Eau, qui étaient (est-il dit dans cet arrêt) *juges naturels de toutes les rivières flottables et navigables de la province de Normandie*. Le Vicomte de l'Eau jugeait en premier ressort; l'appel devait être porté devant le conseil [27].

5° La Risle.

La navigation sur la Risle était entièrement abandonnée en 1675. Les habitants de Pont-Audemer s'adressèrent à Colbert et proposèrent au gouvernement de contribuer, pour une somme de 22,000 l., à l'amélioration de l'embouchure de cette rivière. Il s'agissait de la construction d'un nouveau canal. Un arrêt du conseil du dernier août 1677 ordonna que les possesseurs des héritages où le canal devait être coupé, et tous ceux qui avaient des droits sur les terres, marais, communes, alluvions et atterrissements de la vallée de Risle, représenteraient les

---

[27] Voy. Reg. d'enreg. de la Vic. de l'Eau, aux arch. du Pal. de Just. F. de la Vic. de l'Eau. — *Observations* sur la lettre de M. de Gasville, intendant de Rouen, à M. le comte d'Evreux, au sujet de la requête présentée au conseil par M. le duc de Bouillon. *Observations* des officiers de la Vic. de l'Eau sur le flottage des ruisseau et rivière de Conches et d'Iton, aux arch. de la S.-Inf. F. de l'Intend., liasse intitulée : « Navigation ». — D'après une pièce qui m'a été communiquée par M. Bonnin, intitulée *État et toisé des terrasses à faire sur le ruisseau de Conches et sur la rivière d'Iton avec leur devis estimatif*, la dépense dut s'élever à 66,268 l.

titres de leur possession par-devant M. le Blanc, intendant de la généralité. M. de Matignon voulut s'opposer à l'exécution de ce projet, qui devait avoir pour effet, en mettant le cours de la Risle au pied de la Roque de Risle, de séparer ses herbages de sa terre du Marais-Vernier, et de les exposer aux ravages du flot à l'époque des marées. Mais ni ses observations, ni celles des paroissiens de Conteville ne furent écoutées; l'arrêt du conseil d'Etat du 16 septembre 1679, rendu d'après un procès-verbal de l'intendant, du 7 octobre 1678, ordonna de procéder à l'adjudication au rabais des ouvrages nécessaires pour rendre la Risle navigable. Ils furent adjugés le 30 octobre 1679 au sieur Charles Dorlé, pour 150,000 l. Cette somme dut être imposée sur les contribuables aux tailles de la généralité de Rouen. L'entrepreneur était astreint à indemniser les propriétaires; on lui abandonnait l'ancien cours desséché, les terres d'alluvions et de communes, usurpées ou engagées, dans la vallée de Risle, à charge de rembourser la finance qui avait été fournie au Roi par les engagistes. On lui concédait en outre un droit de péage sur les bateaux. Comme il était certain que, par suite de ces travaux, les héritages situés depuis la rivière de Seine jusqu'au-dessus du bac de S.-Samson allaient acquérir une plus-value considérable; il parut juste d'obliger les possesseurs à contribuer aux dépenses, à proportion de cette plus-value, suivant la liquidation qui en serait faite par l'intendant. Cette amélioration de la Risle ne pouvait manquer de produire quelque agitation dans le pays. Les habitants de Conteville aimèrent mieux vendre le fonds que de contribuer aux frais des travaux ; ceux de la ville de Honfleur se plaignirent ; ils craignaient que les marchands forains, qui se trouvaient alors dans la nécessité de décharger leurs marchandises dans leur port, ne se rendissent directement à Pont-Audemer, et qu'ainsi un grave préjudice ne fût porté à leur commerce [35].

---

[35] Voy. la confirmation de l'adjudication faite à Ch. Dorlé des ouvrages à faire pour rendre la rivière de Risle navigable, 5 janvier 1680, aux arch. de la S.-Inf. B. 96. — Extrait de la requête imprimée, présentée au Roi et à son conseil par le sieur Michel Ablin, avocat en parlement, adjudicataire, sous le nom de Ch. Dorlé, des ouvrages entrepris dans la rivière de Risle, pour y établir la navigation. (Cette pièce m'a été communiquée par M. Bonnin.)

CHAPITRE IX.

DES VICOMTES DE L'EAU, DES OFFICIERS DE LA VICOMTÉ DE L'EAU; GAGES ET FESTINS.

La liste des Vicomtes de l'Eau, donnée dans l'*Histoire de Rouen*, est incomplète et défectueuse en quelques endroits. Je l'ai rectifiée et complétée ainsi qu'il suit :

1302. N. H. Jean Mustel (*Hist. de Rouen*).

1335. Pierre Leclerc [1].

1348-1355. Henri de Dameri. Il était en même temps lieutenant du bailli [2].

1371. Jean le Tourneur.

1386. Jacques Bourel.

1398-1412. Jean Tavel.

1414-1415. Jean de Villeneuve.

1418-1442. Roger Mustel, qualifié seulement dans les actes d'honorable homme et sage. Il semble avoir joui d'un assez grand crédit pendant l'occupation anglaise. On a de lui une foule de vidimus.

1442. N. H. Robert Staffort, écuyer.

1445-1448. Jean Surreau, qualifié seulement dans les actes d'honorable homme et sage.

---

[1] Arch. du Pal. de Just. de Rouen, registre de l'échiq. de Rouen, de la S.-Michel 1336 et de Pâques 1337, f° 3 v°, 38 v°.

[2] Arch. municip. de Rouen, Reg. DD, f° 33 r°, 48 v°, 49, etc.

1451-1464. N. H. Louis de Cormeilles, écuyer.

1475.-1482. N. H. Etienne le Loup, écuyer, sieur de Maulévrier, conseiller et maître d'hôtel du Roi.

1483. N. H. François de Brousse, écuyer.

1487-1497. N. H. Louis du Bosc, écuyer, seigneur du Mesnil-Esnard.

1522. N. H. Jacques le Pelletier, écuyer, seigneur de Martainville.

1552. N. H. Jacques du Quesnay, écuyer, seigneur dudit lieu.

1558. N. H. Jacques de Civille, écuyer, seigneur de Dessus les Monts.

1577-1594. N. H. Pierre Lacheray, écuyer, seigneur de Beauregard. Il ajouta à son titre de Vicomte de l'Eau celui de « juge politique par la rivière de Seine ».

1598-1599. Jean Laudasse.

1603-1616. N. H. Jean Gravé, écuyer.

1619-1620. Louis du Croq.

1622-1630. Pierre Delisle.

1640-1653. Jacques Onffray. Il s'intitulait « Vicomte de l'Eau à Rouen, juge politique par la rivière de Seine et garde pour S. M. des étalons des poids et mesures de ladite Vicomté ».

1658-1670. Pierre Duval. Il s'intitulait « conseiller du Roi, Vicomte de l'Eau de Rouen, juge politique, civil et criminel par la rivière de Seine, et garde pour S. M. des étalons et mesures de ladite Vicomté ».

1672. Denis Noel. — Il amplifia son titre et se prétendit « juge politique, civil et criminel par les rivières de Seine et d'Eure ».

Guillaume Lespeudri (1681-1686) ajouta à ce titre, ces mots « et des quais le long d'icelles rivières ».

1688-1711. Pierre Périer.

1712-1725. Balthasar Néel. Il s'intitulait « conseiller du Roi, Vicomte de l'Eau à Rouen, juge civil, criminel et de police par les rivières de Seine et d'Eure et autres affluentes à icelles et dépendantes du ressort du parlement, et gardien pour S. M. des étalons des poids et mesures ». Ce titre prouve les progrès toujours croissants de la juridiction de la Vicomté de l'Eau.

Balthasar Néel, né à Rouen, mort en 1754, est surtout connu par un opuscule burlesque, le « Voyage de Paris à Saint-Cloud par mer, et retour de S.-Cloud à Paris par terre, 1752 ». Ses histoires du maréchal de Saxe (1752), et de Louis, duc d'Orléans, fils du régent (1753), n'ont eu qu'un médiocre succès.

Grâce à la faveur du duc de Bourbon, il fit rendre cette déclaration de 1724 dont nous avons parlé, qui étendit et fixa les droits de sa juridiction. — Lassé des entreprises du lieutenant de police et des tracasseries que lui suscitaient les officiers de son siége, notamment le *clerc siégé* et le peseur, il se dégoûta de son office et le vendit en 1725 à Adrien Varnier.

1725-1758. Adrien Varnier.

1759-1779. Marc-Antoine Cauvin.

1779-1789. Pierre-Robert Barrois. Il s'intitulait « juge civil, criminel et de police sur les rivières de Seine, Eure, Andelle, Risle, S.-Sauveur et autres, navigables et flottables, affluentes auxdites rivières de Seine et Eure, dans l'étendue du parlement de Normandie, sur les ports, ponts, quais, talus, chaussées et chemins le long d'icelles, gardien pour le Roi des étalons des poids et mesures de la ville et vicomté de Rouen».

Dès 1442, le Vicomte de l'Eau avait un lieutenant. Guillaume Couldren, Roger Couldren, Pierre Daré, secrétaire du Roi, Pierre Roussel, exercèrent cette fonction dans la seconde moitié du XVe siècle.

En vertu d'une ancienne ordonnance du parlement, la charge de Vicomte de l'Eau, en l'absence du titulaire, était exercée par le plus ancien avocat de la cour. C'est à ce titre que nous voyons Jean de Guillotz, en 1569, et Nicolas du Quesnay, en 1611, rendre des sentences au siége de la Vicomté de l'Eau [2].

Ce ne fut qu'au XVIIIe siècle qu'on s'avisa de créer un procureur du Roi spécial pour la Vicomté de l'Eau. En 1701, Jacques Brunet était en même temps procureur du Roi à la Vicomté de l'Eau et au bailliage. En 1705, Pierre Périer se plaignait de ce que Brunet portait au bailliage toutes les affaires qui étaient de la compétence de la Vicomté de l'Eau. En 1717, le sieur Houppeville de Semilly était à la fois procureur du Roi à la Vicomté de l'Eau et lieutenant général de police de Rouen. Il attirait à lui, en cette dernière qualité, nombre d'affaires qu'il aurait dû porter devant Balthasar Néel. Il lui refusait même très-souvent son ministère. On comprit enfin les abus qu'entraînait une pareille confusion. Un procureur du Roi spécial fut attaché au siége de la Vicomté de

---

[2] J'ai dressé la liste des Vicomtes de l'Eau à l'aide des renseignements que m'ont fournis certaines pièces de l'ancienne chambre des comptes, déposées à la bibliothèque de Rouen et aux archives de la Seine-Inférieure, les archives de l'archevêché de Rouen (Arm. 2, c. 49) et le fonds de la Vicomté de l'Eau au Palais de Justice.

l'Eau ; on y créa même un office d'avocat du Roi ; cet office fut supprimé en 1776[4].

Au nombre des personnes subordonnées au Vicomte de l'Eau, nous citerons le greffier, les trois huissiers, les quatre sergents, les bouteillers priseurs de vins, le *clerc siégé*, le *plancager herbager*[4], le garde du quai, les tonneliers et *arruneurs* de vin, les *bruments*, les maîtres de la grande et petite carue, les mesureurs de grains, les porteurs de grains, les bardeurs de plâtre, les francs brouettiers royaux du grand et du petit poids, le peseur de beurre frais au Neuf-Marché, les maîtres des ponts de Pont-del'Arche, Vernon, et généralement tous les voituriers et bateliers.

Clerc siégé.

Le *clerc siégé* était anciennement nommé par les fermiers de la grande ferme de la Vicomté de l'Eau pour tenir registre de tous les deniers qui y étaient perçus. François Ier, voyant qu'il était difficile de connaître exactement la valeur du revenu de ce domaine, et qu'il y avait lieu de craindre qu'on ne cachât à dessein les papiers qui constataient les recettes, décida qu'à l'avenir le *clerc siégé* serait institué par le Roi, et lui prêterait serment aux mains du bailli ou de son lieutenant (Fontainebleau, décem-

---

[4] Arch. du Pal. de Just. F. de la Vic. de l'Eau.

[5] Les officiers de la Vicomté de l'Eau sont indiqués dans les descriptions de l'entrée à Rouen de Henri II (1550), de Henri IV (1596), rapportées dans l'*Histoire de Rouen*. Cf. rôles de capitation des officiers de la Vic. de l'Eau, arch. de la S.-Inf. F. de l'intend.

bre 1543; enregistré au parlement, 11 janvier 1543). Un arrêt du conseil d'État maintint le *clerc siégé* dans le droit exclusif de recevoir seul les déclarations des marchandises qui entraient à Rouen ou en sortaient, soit par terre, soit par eau. Indépendamment du *clerc siégé* de la grande ferme, il y en avait un autre pour le poids aux laines. Ce second office fut vendu 20,000 l., le 30 septembre 1766 [6].

Nous avons vu en quoi consistaient les fonctions du *plancager courbager*. Il percevait deux sortes de droits, l'un de 15 d. par courbe, désigné sous le nom de *courbage*, l'autre nommé *plancage*, qui était proportionnel au tonnage des bateaux. Les voituriers payaient en outre à cet officier des droits extraordinaires pour les chevaux de renfort qu'ils prenaient aux endroits difficiles, comme à Martot et à Pont-de-l'Arche, conformément à un arrêté des voituriers, du 1er mars 1680. Les contre-maîtres ou pilotes étaient tenus, dès leur arrivée, de venir déclarer aux bureaux du *plancager* établis à Rouen et à Pont-de-l'Arche, les courbes qu'ils avaient employées, et la contenance de leurs navires, heux ou gribannes. — En 1795, le marquis d'Étampes prétendait que lui et ses fermiers étaient exempts de tous droits de *courbage* et *plancage* [7].

[6] Arch. de la S.-Inf. F. de l'intend., liasse intitulée : « Vic. de l'Eau ». Arch. du Pal. de Just. F. de la Vic. de l'Eau.

[7] *Ibid.*

Bouteillers priseurs de vin.

Les bouteillers priseurs de vins étaient érigés en titre d'office; leurs provisions étaient adressées au Vicomte de l'Eau.

Il en était de même du garde du quai. Celui-ci était responsable vis-à-vis des marchands de tous les dommages qui arrivaient aux marchandises confiées à sa garde sur les quais, tant de nuit que de jour. Ses salaires étaient réglés par le Vicomte de l'Eau. Il ne faut point confondre le garde du quai avec le *superviseur*, officier municipal chargé spécialement par la ville de veiller à ce que les marchands forains ne commissent fraude ni malversation, et ne missent leurs marchandises à couvert avant d'avoir payé les droits de hanse, etc... Le *superviseur* était installé par le trompette de la ville, au son de son instrument. Ses fonctions s'étendirent au préjudice de celles du garde du quai, en même temps que la juridiction de la ville se développa au préjudice de celle du Vicomte de l'Eau[8].

Les tonneliers et *arruneurs* de vin formaient une communauté nombreuse d'ouvriers dont le métier consistait à charger et décharger les vins à Rouen et dans la banlieue, et à les ranger, ou, comme on disait, à les *arruner* ou *arrimer*, dans les lieux, gribanes et navires. Ils se faisaient recevoir devant le Vicomte de l'Eau, parce que c'était sur les quais qu'ils

[8] Arch. du Pal. de Just. F. de la Vic. de l'Eau, *Mémoire* pour les officiers de la Vicomté de l'Eau de Rouen, contre le lieutenant général de police de la même ville; imprimé du XVIIIᵉ siècle, grand in-f°.

travaillaient ; les aspirants à la maîtrise devaient faire chef-d'œuvre en sa présence. Les statuts des *arruneurs* de vin furent arrêtés par Jean Tavel, Vicomte de l'Eau, à la suite d'une enquête, et confirmés par Charles VI (Paris, novembre 1398)[9]. Les marchands et mariniers de mer s'étaient plaints des pertes occasionnées par l'impéritie des ouvriers qui s'entremettaient du métier d'*arruneur*. On rappela que nul ne pouvait l'exercer sans le congé du Vicomte de l'Eau ou de son lieutenant, et sans avoir prêté serment devant lui. Les *arruneurs* devaient faire recueillir dûment de terre à bord, de bord à bord, de bord à terre, les vins en tonneaux, en ponsons ou en caques. Aucun apprenti ne devait se mêler d'*arrunage* que sous les yeux d'un compagnon maître de *bergue*. Ce mot *bergue* a embarrassé le savant éditeur des ordonnances des Rois de France. L'explication en est simple pourtant. La *bergue* n'est autre chose que la barque. Les *arruneurs*, et plus tard les *bruments*, s'enrôlaient d'habitude quatre par quatre dans des barques, et les membres de chacune de ces petites associations, désignées sous le nom de *bergues*, étaient responsables l'un de l'autre, et devaient ensemble fournir une caution de 60 l. t. Des mesures étaient prises pour s'opposer aux *taqueheux* ou ligues que les *arruneurs* auraient pu former, afin de se faire payer plus que de raison. Ces statuts furent confirmés par Henri VI, roi d'Angleterre, par lettres en date du 14 février 1426 (v. s.)[10]. — Un arrêt de la cour du parlement, du 25 novembre 1605, permit

---

[9] Ord. des Rois de Fr., VIII, 303.
[10] Ibid., XIII, 127.

aux tonneliers de se faire recevoir au serment d'*arruneur* de vins, devant le Vicomte de l'Eau. En 1627, les *bruments barquetiers et passagers* prétendirent être en droit de s'occuper de l'*arrunage* des vins, hors le temps des foires [11]. Les *arruneurs* s'y opposèrent et furent maintenus dans leur privilége par sentence de la Vicomté de l'Eau (1663), et plus tard par sentence du bailliage (1732). Une autre sentence du Vicomte de l'Eau, du 19 septembre 1738, portait que les quatre gardes de la communauté, les quatre maîtres et adjoints, le syndic et l'écrivain élus par délibération de la communauté, le 6 septembre 1738, se présenteraient devant lui pour être reçus et prêter serment, et remettraient au greffe de son siège la liste des noms et surnoms de tous les membres de la communauté, lesquels, à leur tour, seraient tenus de se faire recevoir dans la huitaine, ainsi que tous les apprentis et compagnons qu'ils voudraient faire travailler sur la Seine et sur le quai. Les apprentis juraient, en passant maîtres, de porter honneur et respect à leurs anciens, et de ne reconnaître d'autre juge que le Vicomte de l'Eau, pour raison de leurs travaux sur la rivière [12].

---

[11] Arch. du Pal. de Just. F. de la Vic. de l'Eau. *Mémoire* précité pour les officiers de la Vicomté de l'Eau, contre le lieutenant général de police de la même ville.

[12] Arch. du Pal. de Just. F. de la Vic. de l'Eau.

Bruments.

Les *bruments* ou *brements* formaient depuis longtemps un corps d'ouvriers occupés à *fleter*, charger et décharger les vins et autres liqueurs qui arrivaient au port de Rouen ou qui en partaient. « En la cité de Rouen, dit le *Coutumier*, il a un office que l'on appelle la Bergue d'antiquité. Les bermans carchent les tonneaux et les autres marchaandises en l'eaue de Seinne ». Ils n'avaient point de provisions. Seulement, ils devaient prêter serment au Vicomte de l'Eau chaque année, du jour S.-Michel à la veille S.-Romain. Ils se faisaient, à cette époque, enregistrer, sur un tableau tenu à cet effet, par barques de quatre personnes chacune ; ils y posaient leurs marques, afin qu'au moyen de cet embarquement les marchands qui avaient subi des pertes dans le *flettage*, chargement et déchargement de leurs vins et liqueurs, connussent contre qui ils pouvaient avoir recours. Pour plus de garantie, les *bruments* devaient imprimer, sur les poinçons et futailles qui leur passaient par les mains, la marque qu'ils avaient posée sur le tableau de la communauté. Une sentence de la Vicomté de l'Eau, de l'année 1593, leur fit défense, sous la peine du fouet, d'entreprendre sur les fonctions des maîtres de la carue ; une autre sentence, du 24 octobre 1738, leur interdit, ainsi qu'aux *gagne-liards*, de s'immiscer dans la décharge des boissons et même du cidre, à moins d'en avoir été requis par les marchands. Le 17 mai 1696, ces ouvriers avaient formé une société, « tant en la perte qu'en la gagne, pour le travail de chargeage des gribannes et autres bâtiments chargés de cidre ». Ils s'engageaient à recevoir dans leur société tous leurs enfants mâles, dès que ceux-ci auraient atteint un âge raisonnable, et à faire dire une messe au décès de chacun des membres de l'association [13].

Maîtres de la grande et petite Carue.

Il y avait, dans les derniers temps, dix offices de maître de la grande et petite Carue. Ils consistaient dans le privilége de charger et décharger toutes les marchandises qui arrivaient par mer à Rouen, ou qui partaient du quai de cette ville pour aller en mer. Je ne saurais préciser la date de la création de ces offices. Il paraîtrait qu'à une époque reculée, le Vicomte de l'Eau y commettait. Quand ils furent devenus des charges vénales, ce qui eut lieu au commencement du XVIe siècle, les lettres de provision furent adressées au Vicomte de l'Eau. Un arrêt du conseil d'Etat, de l'année 1568, accorda un tarif aux officiers de la Carue [14]. En 1743, ils firent enregistrer à la Vicomté de l'Eau une délibération par laquelle ils avaient décidé que les semaines seraient faites par chacun d'eux, à tour de rôle, suivant l'ordre de réception, comme cela se pratiquait de tout temps ; que

---

[13] Arch. du Pal. de Just. F. de la Vic. de l'Eau. Voy. surtout le *Mémoire* précité pour les officiers de la Vicomté de l'Eau, contre le lieutenant général de police de la même ville.

[14] *Ibid.*

l'officier de semaine serait tenu de se trouver, tous les jours de la semaine, sur le quai, avant l'heure du travail, pour se pourvoir d'un nombre suffisant de journaliers ; les officiers hors d'état de vaquer à leurs fonctions, pour cause d'infirmité ou de vieillesse, pouvaient néanmoins avoir part à la bourse commune, pourvu qu'ils eussent dix ans d'exercice. Avant ce terme, l'officier malade n'avait part à la bourse commune que pendant la première année de sa maladie ; après quoi, il était exclu de la moitié des profits ; il pouvait toutefois en être autrement en vertu d'un vote unanime de la compagnie, ou lorsque l'officier avait été blessé dans l'exercice de ses fonctions.

Mesureurs de grains et autres officiers.

Une ordonnance de Henri II rendit vénales les charges de mesureurs de grains et fixa le nombre de ces officiers à vingt-quatre. Ils devaient fournir caution jusqu'à 30 l. Cette caution devait être reçue par le bailli et le Vicomte de l'Eau. Les mesureurs de grains étaient tenus de venir à la Vicomté de l'Eau renouveler leur serment, tous les ans, aux fêtes de Noël, et d'y apporter, pour y être jaugés, les mines et les boisseaux dont ils se servaient.

Les marchands de grains ne pouvaient faire enlever leurs grains des voitures qu'après qu'ils avaient été mesurés par ces officiers.

Dès la fin du xviie siècle, la communauté des porteurs de grains se composait de quatre-vingt-dix jurés, formant une confrérie sous l'invocation de S. Jacques, S. Christophe et Ste Avoye. Elle se divisait en plusieurs compagnies, désignées, sans doute par le nom d'anciens membres, les compagnies des *Rubinels*, des *Brulans*, des *Courmantons*, des *Mauneveux*, des *Gueroults*, des *Paticiers*; chacune avait son syndic. Le 18 septembre 1761, sur la requête des porteurs de grains, qui venaient de voir mourir six de leurs plus forts camarades, par suite d'excès de charge, le Vicomte de l'Eau rendit une sentence pour ordonner qu'à l'avenir les sacs de farine ne pourraient excéder deux cent cinquante livres [15].

Nous avons déjà vu que la police des voitures d'eau et des bateaux regardait le Vicomte de l'Eau. Notons ici que tous les bateliers depuis le Port-S.-Ouen jusqu'à la Bouille étaient tenus de se faire recevoir devant lui [16]. C'était lui qui réglait leurs salaires, et généralement ceux de tous les ouvriers employés sur le port [17].

Les maîtres des ponts et pertuis de la Seine étaient autrefois nommés par les marchands de Rouen et de Paris. Plus tard, leurs fonctions devinrent des offices auxquels le roi se réserva de pourvoir. Le comte de Gisors pourvoyait aux offices d'aide et envergueur au pont de Vernon. Les lettres de provision étaient adressées au Vicomte de l'Eau. Un arrêt du conseil d'Etat (21 août 1742) ordonna que le maître du pont de Pont-de-l'Arche se ferait aussi recevoir devant ce

[15] Arch. du Pal. de Just. F. de la Vic. de l'Eau, plumitif commençant à l'année 1724.

[16] Arch. de la S.-Inf. F. de l'intend., corresp. minist., lettre de 1751.

[17] Arch. du Pal. de Just. F. de la Vic. de l'Eau.

magistrat et apporterait à son siége toutes les contestations relatives au montage de ce pont [16].

Droits divers prétendus par le Vicomte de l'Eau et par ses officiers.

Indépendamment de leurs gages, le Vicomte de l'Eau, les sergents et les bouteillers recevaient des *honnêletés*, des *étrennes*, etc., des fermiers, du Roi et des personnes qui avaient des *fiefs* et *aumônes* sur le domaine de la Vicomté de l'Eau ; ils jouissaient en outre de certains priviléges.

Ainsi, le Vicomte avait droit de commettre ses causes, tant en demandant qu'en défendant, aux requêtes du palais, à Rouen. Il avait son logement dans l'enclos de la Vicomté ; il touchait 50 l. de gages sur le domaine du Roi, et 60 l., pour droits de buvettes, à prendre sur les amendes prononcées à son tribunal.

Le vigneron et le marchand forain, qui apportaient des vins à Rouen, lui devaient 12 d., quand ils venaient attester devant lui, par serment, la vérité de leurs déclarations. Il prenait sur les navires, suivant la nature de leur cargaison, un cent d'oranges, un demi-cent de citrons, un demi-cent d'huîtres, deux *peslées* de moules, un cent de pommes, une quarte de navets ; le lieutenant, le *clerc siégé*, le greffier, avaient des droits de la même espèce.

[16] Arch. du Pal. de Just. F. de la Vic. de l'Eau.

Chaque *brument* devait au Vicomte 15 d. chaque année, à la S.-Michel, en venant renouveler son serment. Le *barrager* de la porte Cauchoise lui apportait des *norolles* à Pâques; à Noël, les échevins de la ville lui envoyaient une livre de cire en bougie et deux flambeaux de cire rouge.

Le Roi ou ses fermiers devaient aux officiers de la Vicomté des festins la veille de la Toussaint, la veille de Noël, le Jeudi saint; du vin la veille de la S.-Martin, des bougies à Noël, des gâteaux et des étrennes en argent la veille des Rois [19].

Les gens d'église n'étaient pas à l'abri de ces *honnêtetés* ruineuses, qui, de gratifications volontaires qu'elles étaient à l'origine, étaient devenues de véritables droits, exigés avec une remarquable opiniâtreté.

Les religieux de S.-Ouen percevaient les revenus de la Vicomté depuis deux heures de l'après-midi, veille de la fête de leur patron, jusqu'au lendemain, à la même heure. Mais il fallait pour cela qu'ils obtinssent le congé du Vicomte de l'Eau; ce fut pour celui-ci l'occasion d'exiger des moines un festin. Dès le commencement du xive siècle, ils avaient essayé de s'en affranchir; leurs efforts furent inutiles. Il fut décidé aux assises de Rouen, en 1314, que « pour le soupper de ladite vigille (S.-Ouen), se il est jour auquel on puisse ou doye mengier char publiquement,

---

[19] Voy. l'*Estat sommaire* des droictz et honnestetez deubz aux officiers de la Vicomté de l'Eaue, à la fin du *Recueil* des arretz et reglements donnez tant en instances civilles que criminelles, sur le faict de la juridiction et compétence de la Vicomté de l'Eaue à Rouen.

On voit, par un état de la fin du xive siècle, que les officiers de la Vic. de l'Eau étaient nourris aux dépens du Roi, sur les revenus de la Vic. de l'Eau.

lesdits religieux trouveront et fourniront trois miches de pain de couvent,... deux gallons de vin convenable,... deux pastés nouveaux faitz de deux cappons et d'autre volille à l'équipollent,.... et pour le disner dudit jour S.-Ouen, cinq semblables miches, trois gallons de semblable vin, deux pieces de bueuf et deux pices de mouton, trois pastés, avec potage de pois ou de porée, et pour issue, des poires et des fourmages [20] ». Au xviie siècle, cette obligation subsistait encore.

Les religieux du Mont-aux-Malades et de Fécamp devaient pareillement un dîner; les premiers pour leur semaine de la S.-Gille, les seconds pour leur foire S.-Gervais.

Mais les plus maltraités étaient, sans contredit, les religieux de Bonne-Nouvelle et de S.-Wandrille.

Le prieur de Bonne-Nouvelle devait des paires de gants au Vicomte, au lieutenant, aux sergents et aux bouteillers, le jour de l'ouverture de la foire du Pré. Dès 1412, cette rente avait donné lieu à une contestation. Il payait aux mêmes officiers une collation le mardi qui précédait l'Ascension, et un dîner et une collation lorsque le prisonnier, délivré par la fierte, venait recevoir la bénédiction à l'hôtel de la Vicomté, tapissé pour cette cérémonie, toujours aux frais des religieux. Lorsqu'ils ne s'exécutaient pas de bonne grâce, ils étaient parfois insultés, et, en tout cas, privés de la rente de quarante muids de vin qu'ils percevaient sur le domaine du Roi [21].

[20] Lettres de Richard de Saint-Morisse, lieutenant du bailli, 10 octobre 1314, aux arch. de la S.-Inf. F. de S.-Ouen.
[21] Arch. de la S.-Inf. F. de Bonne-Nouvelle.

Pendant la dixième semaine de S.-Wandrille, tous les officiers de la Vicomté, occupés à la recette, faisaient bombance aux dépens du couvent et absorbaient en fêtes et en galas la meilleure partie de son revenu. Le *clerc siége* réglait alors la dépense, et se faisait payer, pour sa peine, un salaire de 100 s. par jour. Les religieux, qui payaient la carte, ne voyaient point sans indignation ces dîners de prince, dont, pour comble de malheur, on ne leur savait aucun gré. Ils s'en plaignirent vertement, notamment en l'année 1582, où la dépense leur sembla avoir passé tout à fait les limites de la convenance, et consignèrent leurs griefs dans un mémoire qui peint les mœurs du temps, et n'est point du tout à l'honneur des officiers du Roi. « Par chascun jour, y est-il dit, ils faisoient une telle despense et désordre, que lorsque le dessert aprochoit, l'on commenceoit à entrer sur le devys que, sy quelqu'un de la compaignée disoict une parolle ou propos que l'on dist estre scandaleux, on se donnoit le plaisir de demander l'advis de la compagnée, sçavoir sy ledit propos estoict scandaleux, qui, se estoict trouvé ainsy, celui qui l'avoit proferé estoit condamné en chopine de vin d'amende ; et pendant que l'on prenoit ces beaux suffraiges et opinions, où ordinairement présidoict le dit Viconte, l'on beuvoit de hault; et se trouvoit pour le moings deux potz de vin vuidez aux despens de la pauvre abbaie... Bref, il ne restoit plus que les joueurs d'instrumentz pour les faire esbattre et donner le plaisir et contentement aprez telles crapules extraordinères. » A cette occasion, les religieux produisirent en justice la copie d'une pièce de vers, intitulée : *Ordonnance de la*

Vicomté de l'Eau, qui avait été affichée dans la salle du festin; elle contenait des règles de bienséance, qui avaient toutes pour sanction le paiement de chopine. On ne sera peut-être pas fâché de connaître cette *ordonnance*, qui, à défaut de mérite poétique, a du moins celui de la singularité [22].

ORDONNANCE DE LA VICOMTÉ DE L'EAU.

En ceste table ycy royale,
Est deffendu qu'on ne rapine,
Ne que langage estrange on parle,
Sur payne de payer chopine.

Item, quand on souppe ou qu'on disne,
Ou que l'on veult menger ou boyre,
Blasphémer Dieu, sa Mere digne,
Ne parler de la beste noyre.

Item, est à tous defendu
Qu'on ne parle à nul à l'oreille,
Sur peyne d'estre convaincu
De payer amende pareille.

Et se l'escoutant s'apareille
De s'appocher pour escouter,
Ce ne sera pas grand merveille
S'on lui faict choppine conster.

Item, oultre l'on ne dira,
L'un ot l'autre, opprobre ne injure;
Ou aultrement l'on en payra
Double amende, car c'est de droiture.

[22] *Voyez* copie collationnée par Marc, huissier, 1584, à la requête des fermiers de la 2ᵉ sepmaine de la Vic. de l'Eau, appartenant aux religieux de S.-Wandrille, aux arch. de la S.-Inf. F. de S.-Wandrille.

> Et si quelqu'un, par adventure,
> Veult alléger par sa science
> Que l'ordonnance soyt trop dure,
> Il fault qu'il prenne à patience.
>
> Prince, il vous plaira commander
> D'entretenir ceste ordonnance,
> Et nul ne vienne sans mander,
> S'il n'a office en convenance.

Les rentes dont nous venons de parler n'avaient rien d'extraordinaire au moyen âge. Que de fois ne voit-on pas des seigneurs s'imposer, avec toute leur famille, à de modestes curés de paroisse, et exiger à certains jours, pour eux et leur suite, un dîner dont la composition n'avait rien d'arbitraire ni d'imprévu, mais était déterminée par le texte d'une charte ou par l'usage. Pour en revenir à la Vicomté de l'Eau, ce ne fut qu'au XVIIe siècle que les gens d'église parvinrent à se faire exempter de ces charges onéreuses, qui commençaient à paraître se concilier mal avec la dignité d'officiers du Roi, si gourmés pourtant dès qu'il s'agissait d'une question de préséance. L'abbaye de S.-Wandrille, qui avait été exploitée plus qu'aucune autre, fut exemptée la première de tous frais de festins, en vertu d'un arrêt du parlement du 8 mai 1604[23]. Une sentence du bailli, du 17 avril 1624[24], et un arrêt de la cour, du 11 avril 1636[25], en délivrèrent les religieux de S.-Ouen et le prieuré de Bonne-Nouvelle.

---

[23] Arch. de la S.-Inf. F. de S.-Wandrille.
[24] Ibid. F. de S.-Ouen, liasse 85.
[25] Ibid. F. de Bonne-Nouvelle.

Hôtel de la Vicomté de l'Eau.

Je suppose que ce ne fut qu'au XIIIe siècle que la Vicomté de l'Eau fut installée en face de l'église S.-Vincent, dans une rue située à l'extrémité de la ville, et qui prit alors le nom de rue de la Vicomté. L'hôtel de la Vicomté s'étendait de cette rue jusqu'à la rue Herbière, et servait au logement du Vicomte de l'Eau et des *clercs siéges;* le tribunal, les bureaux de recette y étaient établis. C'était là que se trouvaient déposés les banquarts et balances du grand poids et du poids aux laines, et les étalons des poids et mesures. Au-dessous de cet hôtel, on voit encore des caves assez remarquables, qui pourraient bien remonter à la fin du XIIIe siècle; elles se composent de cinq travées de voûte sur double rang, avec encorbellement le long des murs et cinq piliers à chapiteaux au milieu; c'était là qu'on mettait le vin de mueson. Il n'y avait point de prison à la Vicomté de l'Eau; on se servait habituellement de la conciergerie du palais comme de prison empruntée. Le mauvais état du bâtiment et son étroitesse forcèrent le Vicomte de l'Eau à installer son tribunal au couvent des Cordeliers en 1755, et plus tard, en 1764, au rez-de-chaussée de l'ancien bâtiment du palais, sur la rue Saint-Lô, vis-à-vis la rue de la Poterne[16].

[16] Arch. du Pal. de Just. F. de la Vic. de l'Eau.

COUTUMIER

DE LA

VICOMTÉ DE L'EAU.

Le *Coutumier de la Vicomté de l'Eau* n'est en grande partie qu'une espèce de tarif des droits de *coutume*. A ce point de vue, il présente le même intérêt que les anciens tarifs, qui tous peuvent être consultés avec profit pour l'histoire du commerce. Mais ce qui donne à notre *Coutumier* un intérêt particulier, c'est la date de sa rédaction; ce sont surtout les usages juridiques qui s'y trouvent rapportés. On s'étonne de n'y point trouver, comme dans la plupart des documents analogues, de ces pratiques bizarres, de ces formules singulières qui témoignent de la grosse gaîté et de l'esprit bouffon du moyen âge, mais qui parfois aussi n'étaient dans la pensée de nos pères qu'un moyen plus ou moins ingénieux d'aider la mémoire et d'assurer le souvenir et la perpétuité des usages [1].

---

[1] Nous citerons les dispositions suivantes entre mille :
— « Li singes au marchant doit iiij d., se il pour vendre le porte ; et se li singes est à home qui l'ait acheté por son déduit, si est quites ; et, se li singes est au joueur, y jouer en doit devant le

Un fait curieux et vraiment digne de remarque, à cause de sa singularité, c'est le crédit dont a joui le *Coutumier de la Vicomté de l'Eau.* Il y avait longtemps que les changements survenus dans l'administration de la justice avaient ôté toute application à la plupart des dispositions juridiques qui s'y trou-

paagier, et pour son jeu doit estre quites de toute la chose qu'il achete à son usage, et ausi tot li jongleur sunt quite por j ver de chançon[1]. »

— « Item, chascun homme vendeur de voirres, venant de dehors la ville de Harfleur, en icelle, doit de coustume au prévost ung voirre une foys l'an, sans plus, en telle manière que ledit prévost peult prendre ung tel voirre, grand ou petit, comme il lui plaist, où pennier dudit voirrier; et aprez ce, ledit prévost est tenu à lui faire emplir de vin, et le voirrier doit boire icellui vin, en telle manière que, se il ne le boyt tout à une foys, sans reposer ou arrester en quelque manière que ce soit, icellui prévost pourra prendre ung autre voirre, tel comme il lui plaira ou pennier dudit voirrier, pour l'amende de ce qu'il n'aura ainsi béu ledit vin, sans ce que ledit voirrier le puisse ou doye contredire[2]. »

— « L'homme ou femme traversant Saine doit de coustume, s'il n'est franc, comme dit est, ij d.

« Et, partant, l'homme acquitte son cheval.

« L'homme ou femme qui n'a que ung oeil ne doit que 1 d.

« L'homme ou femme qui ne voit ne doit rien.

« Le jongleur doit jouer de son mestier, et partant quicte, sans autre coustume paier.

« Le gentil chien doit, en traversant Saine, obole.

« Et, partant, son maistre quicte.

« Le matin ne doit rien.

« Le porc ou truye, grant ou petit, obole.

« Et par ce, son maistre quicte.

« La beste à laine, grande ou petite, chacune, obole.

« Et, partant, son maistre quicte[3]. »

— « Item, se ung juif passe le travers de Sayne, il doibt quatre deniers et une juifve quatre deniers, et s'elle est prains, elle doibt huit deniers.

« Item, ung porc doibt ung denier pour son maistre et pour luy[4]. »

---

[1] G. B. Depping, *Règlements sur les arts et métiers de Paris, rédigés au XIIIe siècle*, p. 287.
[2] Arch. de la S.-Inf. *Coutumier de Harfleur*, f° 10.
[3] *Ibid.* f° 8.
[4] *Ibid. Coutume et prevoté de Honnefleu et travers de la rivière de Sayne, laquelle s'estend de la Croix de Pétier dit Noqueron jusques au Neuf-Rocher de Vauouy*, 4 avril 1520.

vaient consacrées. La dépréciation des monnaies, le développement du commerce avaient forcé de créer de nouveaux tarifs ; il y a plus, la langue même dans laquelle il était écrit était devenue, pour ceux qui avaient le plus d'intérêt à l'entendre, un jargon à peu près inintelligible. Que de causes de mort, ou tout au moins de réforme! Et malgré tout, grâce à cet édit de Henri II que nous avons cité, il s'est maintenu ; son caractère tout local, tout spécial, l'a dérobé par bonheur à une attention dangereuse. Il a survécu à la vieille coutume de Normandie et a subsisté avec force de loi, sous sa forme barbare et surannée, jusqu'à la Révolution.

Le *Coutumier de la Vicomté de l'Eau* a été publié pour la première fois en 1617, par Germain de la Tour[5], sous ce titre : « *Le Coustumier des anciens droits deuz au Roy, qui se perçoivent au bureau de la grande et petite ferme de la Viconté de l'Eau de Rouen, à cause des marchandises venans, entrans et sortans hors la ville et banlieue d'icelle, pour les marchands forains qui doivent coustume. Avec la vraye interprétation et explication des droits et usages dudit Coustumier, en langage plus intelligible, au-dessous de chacun article,* par M. Germain de la Tour, contrôleur et garde des bleds en ceste ville de Rouen[6]. » Au commencement se trouve une épître dédicatoire à MM. les conseillers échevins de la ville de Rouen. Cette épître prouve

---

[5] Germain de la Tour, en 1618, se porta pour adjudicataire de la ferme de la Vicomté de l'Eau. Arch. de la S.-Inf. F. du bureau de finances, plumitif de 1618.

[6] A Rouen, chez Nicolas le Prévost, libraire, demeurant près la Rouge-Mare, M. DC. XVII.

que jusqu'alors on ne connaissait les coutumes de la Vicomté de l'Eau « que par de vieils manuscrits mal entendus et fort difficilles à interpréter, ce qui, suivant la remarque de l'éditeur, était contraire à l'intention de Sa Majesté, qui ne voulait que ses droits fussent incertains, tant pour son intérêt que celuy des marchands ». A la suite du *Coutumier*, Germain de la Tour a publié les *Droits d'Oléron* et diverses pièces intitulées : « Autres droits qui se perçoivent au bureau de ladite grande ferme de la Vicomté de l'Eaue de Rouen, outre l'antien droict deu au Roy, et ce à cause de plusieurs fermes appartenant à l'Hostel Commun de ladicte ville ; — la Ferme des menus courtages et tiers de tonneau, suyvant l'extraict d'un antien registre couvert de parchemin, estant en l'Hostel Commun de la ville de Rouen, auquel registre sont incerez plusieurs chartres et droicts dépendants de ladicte ville, et spécialement de la Ferme des menus courtages appartenant à icelle, etc.... ; — la Ferme du pontage, qui se perçoit sur toutes marchandises qui descendent le pont de ceste ville de Rouen pour y estre vendues ou traversans; que sur les marchandises achaptées en icelles et chargées dans basteaux, au dessous du pont pour porter amont la rivière de Seine, et aussi sur toutes les marchandises venans de la mer et renvoyées sans estre vendues en ladite ville, soit que icelles marchandises de renvoy chargent d'aval ou d'amont les ponts. Laquelle ferme se paye tant par les bourgeois marchands de ceste dite ville que marchands forains, excepté aux foires, durant lesquelles il ne se paye aucune chose ; — la Ferme de la poise du sel... » Plusieurs des explications que Germain de la Tour a jointes à l'ancien texte ne sont guère que de nouveaux tarifs ajoutés aux anciens. Quoi qu'il en soit, elles sont intéressantes, et nous avons cru devoir les reproduire intégralement. Quant au texte du *Coutumier*, il est extrêmement défiguré, soit que l'éditeur n'ait eu à sa disposition que des copies défectueuses, soit qu'il n'ait point apporté assez d'attention à la lecture des manuscrits qu'il a pu consulter. On connaît quelques autres éditions du *Coutumier*; mais comme aucune ne diffère de celle de Germain de la Tour, il nous paraît inutile de les mentionner ici.

L'édition que je présente a été faite principalement à l'aide de deux manuscrits de la bibliothèque Bigot, déposés aujourd'hui à la Bibliothèque impériale.

Le plus ancien est un petit volume en parchemin, relié en maroquin rouge, aux armes du Roi, ancien fonds français, 10391, 13; il contient 82 feuillets, en y comprenant neuf feuillets de garde. Sur une des gardes du commencement se trouve une vignette représentant la Vierge tenant l'enfant Jésus, et sur une autre, en regard, une vignette représentant la crucifixion. La présence de ces pieuses images et l'insertion de quelques phrases des évangiles sur les premiers feuillets ne sont pas des particularités indifférentes ; elles prouvent en effet que ce manuscrit a été, pendant quelque temps du moins et à une époque reculée, le texte officiel du tribunal de la Vicomté de l'Eau et qu'il a servi à la réception du serment des Vicomtes de l'Eau et de leurs officiers. Ce manuscrit est écrit avec soin, en belle écriture, qui me paraît être de la fin du XIIIe siècle. En tout cas, le texte du

Coutumier, tel qu'il est transcrit dans ce manuscrit, n'est certainement pas antérieur à 1264, puisqu'il y est fait mention, au chapitre XXVII, de la rente de 200 l. qui fut accordée cette année-là, par S. Louis, aux religieuses Emmurées, ni même à 1269, puisque les chanoines de Rouen y sont indiqués (*ibid.*) comme touchant une rente de 10 l., qu'ils n'acquirent d'Amauri de Meulan qu'en mars 1269 [1]; mais il n'est point postérieur de beaucoup d'années à cette dernière date. Il est évidemment antérieur à 1300, puisque les noms des Sarrasins convertis, énumérés au chapitre LXXIII, ne figurent pas dans les extraits des comptes de la Vicomté de l'Eau du XIVe siècle, et même à 1292, puisque la prohibition du ch. XXXVII fut levée cette année-là, quand les Rouennais furent privés de leur monopole, en punition de leur révolte [2]. Ajoutons, comme preuve surabondante, que l'emploi exclusif du mot *Vicomtes de l'Eau* au pluriel, dans le texte de ce manuscrit, autorise à supposer que sa rédaction a dû précéder l'époque où l'on créa un magistrat distinct des fermiers, auquel on réserva le titre de Vicomte de l'Eau, changement qui dut s'opérer vers la fin du XIIIe siècle.

Ce *Coutumier*, du reste, semble n'être qu'une compilation d'anciens textes, traduits sans doute du latin, comme donnent lieu de le supposer certains mots latins conservés dans la rédaction, notamment

---

[1] M. Léop. Delisle, *Cartul. norm.*, n° 782.

[2] « Placuit quod quicumque mercatores, undecumque sint, cum mercibus suis, ascendendo et avallando, possint transire pontem Rothomagi et in villa chargiare et dischargiare, vendere et emere in villa Rothomagi. » Olim, II, 356, 357.

Rothomagi, qui revient à chaque page, et *Petro Luce*.

Il contient 73 chapitres; le dernier porte pour titre : « Les nons des Sarrazins convertis, et combien il ont de gages chascun jour. »

L'autre ms., de la Bibliothèque impériale, est inscrit sous le n° 10391, 14, du même fonds; c'est un petit volume en parchemin, écrit dans la première moitié du xve siècle, contenant 202 feuillets. Le *Coutumier de la Vicomté de l'Eau* occupe les 86 premiers; le reste est consacré aux *Establissements des nefs de mer et des maistres et des mariniers*, en d'autres termes, aux *Rôles d'Oléron*. Il est probable que la rédaction de ce second texte remonte à la fin du xive siècle. Vingt chapitres ont été ajoutés au *Coutumier* primitif, dont le texte a d'ailleurs été suivi avec peu de scrupule. On trouvera, dans notre édition, ces vingt chapitres à la suite du *Coutumier* du xiiie siècle.

Les mss. du *Coutumier de la Vicomté de l'Eau* ne sont pas rares, ce qui tient évidemment à l'usage où étaient les fermiers de s'en faire délivrer copie pour acquérir la connaissance des droits à percevoir. Les deux mss. qu'on conserve à la bibliothèque de Rouen sont deux copies d'expéditions délivrées à des fermiers.

L'un, petit in-folio parchemin de 46 feuillets, est inscrit sous le n° Y, 59, 36. L'expédition avait été délivrée à Guillaume Toustain et à ses compagnons, fermiers de la Vicomté de l'Eau, en vertu d'une ordonnance des gens de la chambre des comptes de Paris, du 12 mars 1484. L'original dont on s'était servi pour l'expédition faisait partie des archives de la chambre des comptes de Paris, et se trouve ainsi spécifié (f° 46, v°) par le clerc chargé de la copie : « Cum quodam parvo libro, pelle rubeâ cooperto et in asseribus religato, cum papiriis et registris Normannie existente. » C'est pour ainsi dire une troisième édition du *Coutumier*, inférieure à celle dont le second ms. de la Bibliothèque impériale nous présente le type ; nous avons dû la négliger.

L'autre ms., légué à la bibliothèque de Rouen, en 1853, par M. Juste Houel, ne porte point de numéro ; c'est un in-4° parch., de 51 feuillets, écrit vers l'année 1524. Il renferme deux documents distincts : d'abord le coutumier contenu dans le ms. précédent, et copié d'après le même manuscrit. Il suffit d'en lire quelques chapitres pour s'en convaincre. On reconnaît d'ailleurs le ms. de la chambre des comptes, cité plus haut, à cette description : Extrait « *d'ung Coustumier de la Viconté de l'Eaue de Rouen, escript en la main, relyé en ays, en la forme d'Heures, couvert de peau rouge, fermant à deux fermois, desquels l'un est rompu, et sus la couverture d'icelluy est escript : la Viconté de l'Eaue de Rouen, et merqué K.* » Notons cependant que cette seconde copie est plus complète que celle de 1484. Elle contient en plus quatre chapitres et les *Rôles d'Oléron*, qu'on avait sans doute négligés lors de la première copie, comme dénués d'intérêt pour le fermier.

Le second document, transcrit dans ce manuscrit, est un *Coutumier de la Viconté de l'Eau* réduit à ce qu'il contenait d'essentiel, réformé en certains points, et destiné à être disposé en tableau, pour satisfaire à une ordonnance de l'échiquier de Normandie de 1509, comme le prouve le commencement de cette pièce.

« L'an de grâce mil cinq cens neuf, eu moys de
« may, en ensuivant l'ordonnance de la court de l'es-
« chiquier, a esté extraict du Coustumier de la Vi-
« conté de l'Eaue que les marchans doyvent en ladite
« viconté pour l'acquit de leurs dictes marchandises,
« mis et escript en ce présent tableau, pour con-
« gnoistre par lesdits marchans et autres fréquen-
« tans le faict et estat de marchandise en ladite
« ville de Rouen, ce qu'ilz doibvent en icelle Viconté,
« affin que ceulx qui ont à recepvoir lesdits acquictz
« et ceulx qui ont à iceulx paier puissent congnoistre
« et sçavoir ce que l'en doit recepvoir et paier des
« derrées et marchandises dont il est deu coustume
« et acquict. »

L'expédition de ces deux documents avait été dé-livrée à la requête de Pierre du Vallet, fermier pour le Roi de la grand'ferme de la Vicomté de l'Eau, en vertu d'une ordonnance des gens des comptes, du 20 juin 1523.

Cet extrait du *Coutumier* offre assez d'intérêt ; c'est une quatrième édition, si on nous passe cette expression. Les chapitres relatifs à la juridiction et de nouveaux tarifs remplacent ceux des anciens manuscrits. C'est sans doute à ce *Coutumier* abrégé qu'il est fait allusion dans l'édit de Henri II que nous avons cité, par lequel ce prince, pour rétablir la juridiction du Vicomte de l'Eau, rendit force de loi à l'ancien *Coutumier*.

Il en existe une autre copie aux archives de la Seine-Inférieure, qui doit être à peu près de la même époque. Elle fait suite au *Coutumier de Honfleur*, dans un manuscrit provenant de l'abbaye du Valasse [9].

C'est d'après un manuscrit du second type qu'a été composée l'édition de Germain de la Tour.

Pour plus de simplicité dans notre édition, nous désignerons dans les notes le second ms. de la Bibliothèque impériale par A, le *Coutumier* de 1509 par B, le manuscrit de 1524 de la bibliothèque de Rouen par C, et l'édition de Germain de la Tour, dont nous reproduisons toutes les explications, par D [10].

[9] Ce ms. avait appartenu à M. de Civille, Vicomte de l'Eau, à la fin du XVe siècle; son nom se trouve écrit sur la couverture, à la fin du volume.

[10] Citons encore deux manuscrits du *Coutumier de la Vicomté de l'Eau*, du XVe siècle, dont l'un se trouve à la bibliothèque Sainte-Geneviève, sous le n° 4063, fonds français, et l'autre est indiqué dans le catalogue de la biblioth. de sir Thomas Philipps sous le n° 4320.

COUTUMIER DE LA VICOMTÉ DE L'EAU.

Comme nostre entente soit en ceste présente œuvre à desclérier les droitures et les coustumes avé les apartenances de la Viscomté de l'Eaue de Rouen etant comme nos porron, pour aler encontre la couvoitise d'aucuns, non pas refreinte, qui, en guise de fermiers, peussent u tens à venir entrer en la dite Viscontée, que aucun ne fust esgené ne malement (sic) par icels fermiers, por la cause de l'argent que il n'eust pas paié por sa coustume, si comme il deust, et por ce que le droit et le héritage nostre seigneur le Roy de France soient gardez en icelle chose et que il n'i périssent pas, et que ce que les fermiers ont, qui leur est et leur doit estre, leur soit rendu et paié sans amenuisement, pour ices choses, en apelon nos Iceus, qui en ceste œuvre aront veu aucune chose qui soit à amender, que il l'amendent, et, se il i faut chose qui nécessère i soit à metre, que il la parfacent et refforment, en ostant aussi ce qui i sera de superflu, c'est à dire chose qui n'i doit pas estre, eins i est trop, et à ceste œuvre parfere et acomplir me daignent il prester leur aide [1].

[1] Cf. le Prologue du *Coutumier de Normandie* et du *Livre de la mer*.

CI COMMENCENT LES CHOSES DE QUOI NOS DIRON, ET SONT BRIEMENT ENCAPITULÉES PAR ORDRE, AUSSI COMME NOS EN DÉTERMINERON.

De ce qui apartient à la ferme des Estaus, I.

De ce qui apartient à la ferme des Peaus engravelées, II.

De ce qui apartient à la ferme de Chanvre, III.

De ce qui apartient à la ferme des IIII. Piez, IIII.

De ce qui apartient à la ferme de la Caherie, V.

De ce qui apartient à la ferme de la Prévosté de Darnestal, VI.

De ce qui apartient à la ferme du Grant-Pois, VII.

ICI COMMENCENT LES COUSTUMES.

Du harenc, VIII.

Des maqueriaus et d'autres poissons, quix qu'il soient, frez ou salez, de mer, IX.

De poissons d'eau douce, X.

De peleterie, XI.

De choses qui sont à peser, XII.

De fruiz coustume, XIII.

De cuirs, de feutre, de parche et de cordouen et des choses semblabes, XIIII.

De vins, moeson et la coustume, et d'autres choses qui s'aquitent par mesure, XV.

Des nez et des coustumes que les nez doivent por les marchaandises que il aportent, XVI.

Comment les choses communes se aquitent, XVII.

Du liage coustume, XVIII.

Des choses et des personnes qui sont franches, xix.

De cité, de chasteaus, de villes, de lieus et de fleus frans, xx.

Du travail asséer, xxi.

Du barrage et des torteaus, xxii.

Des iiii. piez la coustume, xxiii.

Des estallages, xxiiii.

Des pors qui vont au pasnage, xxv.

De blé, de orge, de aveine et de touz autres leumages la coustume, xxvi.

Des choses que les personnes ecclésiastres et celes des religions ont à rechevoir sus la Viscontée de l'Eaue de Rouen, xxvii.

Des choses que les personnes ecclésiastres et celes des religions sont tenus à paier et à rendre as portes de Rouen qui sont dites les barres de la Visconté de l'Eaue de Rouen, xxviii.

Des choses que les personnes laies ont et doivent avoir sus la Viscontée de l'Eaue, xxix.

Du sel qui va par eaue en batel et quele coustume en est deue as sergans, xxx.

Des choses qui ont esté dites et prononciés par jugement des contens qui jadis estoient et estoient meus entre les Viscontes de l'Eaue, d'une part, et le Mere et les pers et la ville de Rouen, de l'autre, xxx (sic).

De ceus qui viennent meindre nouvelement en la ville de Rouen, xxxi.

Du juré au Meire de la ville de Rouen qui feit injure ou forfeture as Viscontes de l'Eaue de Rouen, et de la justice qui en doit estre feite, xxxii.

De la juridicton que les Viscontes de l'Eaue ont

sus leur coustumiers, et comment il les doivent deffendre du Meire de Rouen, xxxiii.

De ce que les Viscontes de l'Eaue doivent recorder, xxxiiii.

Du contens de i. estal, xxxv.

De la justice que les Viscontes de l'Eaue pueent fere sus le Mere et les pers de Rouen, xxxvi.

Des marchaandises qui pueent estre descarchies de l'eaue et estre mises en couvert, xxxvii.

Den vente feite hors de la banleue de Rouen, xxxviii.

De celui à qui l'en baille le merel, et puis après le pert, xxxix.

Des coustumiers qui pleident en la Visconté de l'Eaue, xl.

De la poesté que les mariniers et les bateliers ont de arrester en leur vessiaus, xli.

De ce que les Meire et les pers de Rouen sont tenus venir au mandement des Viscontes de l'Eaue, xlii.

Des forfeitures, xliii.

De prendre congé as Viscontes de l'Eaue de Rouen, xliiii.

De celui qui afferme que la chose estrange est soue, xlv.

De la franchise as citéens de Rouen en la Visconté de l'Eaue, xlvi.

De la juridicion que les Viscontes de l'Eaue ont sus i. larron pris à jour de marchié, seisi de larrechin ou soupechoneus d'aucun crime, xlvii.

Combien loins la juridicion as Viscontes de l'Eaue se extent, xlviii.

De la loi que l'en apele desrène, xlix.

Du pesage baillié à ferme, l.

Des boutelliers de la Visconté de l'Eaue de Rouen, li.

Des défautes des pledans, LII.

De metre les nez au quai ou au port, LIII.

De l'aquit de la marchaandise portée à col, LIIII.

Des compleignans qui ne sont pas tenus paier les destreis, LV.

De la coustume de pain, LVI.

De la coustume de voide, LVII.

De la marchaandise achetée en compagnie, LVIII.

Des fardeaus alans par eaue, LIX.

De fil, linge et lange porté par eaue, LX.

De celui qui n'est pas tenu paier le saleire as sergans ne le denier à icels meismes por le tonnel, LXI.

Des vins, de pain, de blé et d'autres choses donnez en aumosne ou à donner i, LXII.

De la coustume de caherie, LXIII.

De homme mort peschié en l'eaue de Seinne, LXIIII.

Des amendes et des forfeitures où les sergans ont partie et les barriers, LXV.

De la coustume des escueles, des pichiers, des boissiaus et des seilles, LXVI.

Des choses que les Viscontes paient por feire les servises, et ausi de la manière des servises, LXVII.

De l. autre office, LXVIII.

De l'office des bermans, LXIX.

Des caretetes (*sic*) et des chevaus trespassans ovec marchaandises et sans marchaandises, LXXI.

Ce que l'en doit de rente à la Visconté de l'Eaue de Rouen, LXXII.

Les nons des Sarrazins convertis, et combien il ont de gages chascun jour, LXXIII.

I.

A la ferme des Estaus apartient la porte Cauchése, la porte Estoupée et les torteaus que l'en i queut, et la porte Bouveruel et le barrage et les torteaus, et la porte Beauvesine et les torteaus et le barrage; item les escroes des toiles.

II.

A la ferme des Peaus engravelées apartient le cuir tané tant seulement.

III.

A la ferme de Chanvre apartient les escueles et le madre et le file, linge et riens plus.

IIII.

A la ferme des iiii. Piez apartient la porte du Pont de Seinne, les tourteaus et le baarage et le congié, et la coustume du poisson de douce eaue, et les cuirs à pel frez, et le pein qui vient à cheval et à charete, à jor de foire, et tout fruit, et tout egrun, à jor de foire; de la leinne qui vient à poiz, qui vient, comment que ele viegne, soit à cheval ou en charete ou à col, la coustume de la leine.

V.

A la ferme de la Caherie apartient oeuz, formages, polaille et toute voleille qui vient par eaue.

VI.

A la ferme de la Prévosté de Darnestal apartient la porte du Pont Honfroi par devers Ste Katherine; item la porte S.-Oein et les torteaus et les barrages qui i sont cuillis as ii. portes, et la leinne à suint, comment que ele soit aportée, les peaus d'agneaus et de chevreaus, de quel part qu'eles viegnent, exceptée la mer; item la leinne blache au desous du pois par desous xxv. lb.; item les dras du Bourcthoroude[1], et le pein de la rive, et tot pain qui par eaue vient vendre en Rouen[2].

VII.

A la ferme du Grant Poiz et du Petit apartient à peser quel avoir que ce soit dedens la banleue et non pas allours, se ce n'estoit par la volenté des Viscontes de l'Eaue de Rouen.

VIII.

DE LA COUSTUME DU HARENC.

Pour i. m., iiii. d.; et, se il vient par eaue, as sergans, x d.; et, se il est venu par terre, as sergans, riens. — Pour v. m. de harenc venu d'Engleterre, au

---

[1] L'édition de Germain de la Tour porte : « Du bourg Charville. »

[2] Ces six premiers articles se trouvent reportés dans les *Coutumiers* A et D, après le chapitre intitulé « Des caretes et des chevaux trespassans avec marchaandises et sans marchaandises ». Sous ces articles, dans le *Coutumier* D, se trouve cette *explication* : « Les droits provenants des estallages des penniers de marée sont et dépendent de la ferme des Quatre-Pieds de ladite Vicomté avec le barrage des portes. »

Roy, i. m. por la coustume quelque il soit; et se il en a en la nef plus de v. m., si ne paie l'en nient que de v. m., si comme il est desus dit; et se il a en la nef meins de v. m., si paiera l'en de chascun millier iiii. d.

D. EXPLICATION.

Pour chacun millier de harenc sor ou baril de harenc blanc, de quelque sorte qu'il soit, excepté d'Angleterre, venant en ceste ville de Rouen à marchand forain pour estre vendu, ou passant, ou traversant ladite ville, apporté par eaue ou par terre, est deu au Roy, pour la coustume, quatre deniers.

Et pour chacun lest de harenc blanc ou sor, trois sols quatre deniers.

Et aux sergeants de ladite Viconté, dix deniers, pour toute la marchandise de harenc ou autres marchandises qui seront dans ledit navire; lesquels dix deniers, outre ledit droict de coustume, se doivent payer seulement et non emplus avant par les marchands qui auront marchandises qui doivent coustume; et reigler lesdicts dix deniers selon le plus ou moins de marchandises qu'ils auront et quantité de marchands, le tout esgallement dix deniers.

Est à noter aussi que les heux, alleges, ou bateaux venans du Havre, apportans marchandises qui doivent coustume, ne doivent pour ledit droict des sergeants payer seullement que cinq deniers.

Pour cinq milliers de harenc sor ou cinq barils de harenc blanc venant d'Angleterre, il en est deu au Roy un millier de harenc sor, ou un baril de harenc blanc en essence au choix du Roy, eu lieu du droict de coustume, encor qu'il ny eust que ledict nombre dans le navire, et, se plus y en a, ne sera prins que ledict baril, et au dessoubs de cinq milliers de harenc sor ou cinq barils de harenc blanc, sera payé la coustume à raison de quatre deniers pour baril ou millier de harenc sor, avec dix deniers pour le droict des sergeants.

Est à entendre que toutes marchandises qui doivent coustume, ayant payé une fois, lors de l'arrivée d'icelles et n'estant point vendues, le marchand peut (s'il voit que bien soit) prendre un acquit en ladite Viconté, pour renvoyer icelles où bon luy semblera, sans payer aucune chose en ladicte Viconté pour ladicte coustume : mais s'il vent sa marchandise à un marchand forain, pour porter hors la ville et banlieue, en ce cas, le marchand achapteur est tenu de prendre acquit et payer lesdicts droicts de coustume.

IX.

DE LA COUSTUME DES MAQUERIAUS ET DES AUTRES POISSONS QUIEX QU'IL SOIENT FREZ OU SALEZ.

Pour ii. m. ou por iii. m. en grenier ou en charete, viii. d.. Pour chascune coste, ii. d.. Pour chascun tonnel de congre, viii. d., et d'autre poisson, aussi. Pour poisson salé en quarete, viii. d.. Pour poisson salé en Engleterre, viii. d., et as sergans, x. d., de l'un et de l'autre, c'est à savoir du maquerel et du congre. Por xii. derrées de oistres à cheval, ii. d., et à col, rien, ne d'autres poissons, aussi rien, quiex que il soient, portez à col. Touz autres poissons portez à cheval, iiii. d.[1].

D. EXPLICATION.

Pour chacun baril de macquereau venant par eaue pour estre vendu, passant ou traversant la ville, est deu de coustume au Roy, viii. d..

Et pour chacun lest dudit maquereau, viii. s..

Et aux sergeants de ladite Viconté, x. d..

Pour toute la marchandise qui se trouvera dans le navire, comme devant est dit, cy x. d..

Pour maquereaux en pille venant par eaue, quelque nombre qu'il y en ayt en grenier, viii. d., aux sergeants, x. d..

---

[1] Ce chapitre a été modifié dans le *Coutumier* B.

Pour tonneau ou baril de congres, ou autres poissons sallez venant par eaue ou en grenier, viii. d., aux sergents, x. d..

Morues en grenier venant par eaue, quelque nombre qu'il y ayt, viii. d., et aux sergeants pour le navire, x. d., et si c'est un heu ou allege venant du Havre, v. d..

Morues en baril venant de Flandres ou autres lieux par eaue, est deu pour chacun baril, viii. d., et pour le lest, viii. s., et aux sergeants, comme dit est, x. d..

Pour chacun hambourg ou baril de saumon, venant aussi par eaue dans un navire, viii. d., et pour le lest, viii. s.; aux sergeants de ladite Viconté, x. d..

Pour chacun baril de tout poisson sallé cy-dessus, venant par charroy, pareil droict de viii. d., et aux sergeants, néant.

Pour tonneau, barique, baril, ou autre futaille, grande ou petite de marsouyn, ballaine, poisson sech, sardines vertes ou seiches, et autres telles choses, viii. d.

Pour baril ou autre futaille de nos de morues, viii. d..

Pour charge ou somme de marée et poisson sallé passant ou traversant la ville, soit pour estre vendue ou acheptée pour porter hors, iiii. d..

Pour charge de cheval ou somme de marée vendue ou acheptée pour porter hors, iiii. d..

Pour charge ou somme d'huitres et harenc frais, ii. d. obole.

X.

DE LA COUSTUME DES POISSONS D'EAUE DOUCE.

Il est, entre les autres coustumes, une coustume qui est apelée les Alettes[1], à laquele coustume il apartient que, de Pasques jusques à la Trinité, quicunques aporte poisson d'eaue douce à col, il paie i. d., à cheval, iiii. d., en boteille, i. d., se il a mis le poisson en la boteille de son col; et, se il l'i

---

[1] A. « Allectes. »

a mis en autre manière, il paera iiii. d. pour la bouteille[1].

D. EXPLICATION.

Pour chacune charge ou somme d'alloses et fintes, iiii. d..
Et pour le fais à col d'un homme ou autre personne, i. d..
Pour un esturgeon ou marsouin frais, x. d.
Pour un saulmon frais, i. d..
Pour charge de cheval d'esplenc, neant.
Faut aussi notter qu'antiennement le poisson en bouteille estoit prins pour poisson pris et porté en la nasse.

XI.

DE LA COUSTUME DE LA PELETERIE.

Pour i. c. de peaus blanches ou por i. c. de peaus de agniaus, iiii. d.. Pour i. c. de caz, xiiii. d.. Pour i. douzeine de caz, ii. d.. Pour i. c. de leuberges[2], xiii. d.. Pour i. c. de peaus de connins, iiii. d.. Pour i. vestir, c'est asavoir pour vi^{xx} peaus[3] de connins, v. d., et por chascun quarteron, i. d.. Pour i. c. de peaus de martines[4], xiiii. d.. Pour i. c. de peaus de ver, iiii. d.. Pour peleterie de moutons feite, à cheval, iiii. d., et en charete, viii. d.; et, se ce sont peaus de sauvagine[5], iiii. d., se il sont venues à cheval. Pour i. seul cuir qui a este tué à force, i. d., et au barrage, i. ob.. Pour i. seul cuir de cheval ou de cherf, i. d.. Pour la pel de loutre entière, i. d., ou se il trespassent les choses devant promises ou se il demeuront.

[1] Ce chapitre a été modifié dans le *Coutumier* B.
[2] C. « Lamberges. »
[3] C. « iiii^{xx} peaus. »
[4] A. « Peaux de matres. »
[5] A. « Et ce sont peaux sauvages. »

D. EXPLICATION.

Pour chacun cent de peaux d'agneau ou de cuiros de monton, iiii. d..

Pour chacun cent de pelleterie, comme renards, chatz, lubergnes, connilz et autres telles pelleteries, xiiii. d..

Pour douzaine de peaux de mouton, veau, chèvre et marroquins, ii. d..

Pour chacun cuir gras, tenné ou sec d'Irlande, Barbarie, Moscovie, Inde et autres lieux, i. d..

Et est assavoir si un marchand fait venir cuirs ou achapte en ceste ville jusques au nombre de deux cens cuirs, en sera palé pour chacun cuir, un denier, et aux sergeans de la dicte Viconté, outre ledict droict, cinq deniers pour lesdits deux cens cuirs, v. d..

Pour chacune tacque contenant dix cuirs, soit d'Irlande ou autres lieux, vers ou sallez, ii. d..

Convient aussi noter que lesdicts sergeans n'ont aucun droict, s'il n'y a ledit nombre de deux cens cuirs.

XII.

DE LA COUSTUME DES CHOSES QUI SONT A PESER.

Pour i. c. de pougas, iiii. d., et *Petro Luce*, i. d.. Pour chascun pot de cuivre non pasé, i. d.. Pour i. c. de limalle, iiii. d., et à Pierre Lucas, i. d., por le pois, et de cuivre aussi, se il l est. Pour i. c. de fer, iiii. d., et de glusies[1] iiii. d., qui est une manière de fer fondu. Por chascun pois de leinne, de homme de hors, i. d. parisis, et de homme de Rouen, i. d. tornois; et por pois et demi, ii. d.. Por i. c. de chire, iiii. d., et à Pierre Lucas, i. d., et au mains de xii. d., i. d.. Por i. c. de chanvre, i. d.. Pour i. c. de plom, iiii. d., et à Pierre Lucas, i. d. pour le pois. Pour xxv. lb.

---

[1] O. « Glufer. »

de fil d'ercal, i. d. por le pois. Por chascun millier d'estein, de cuyvre, de chire, de alemandes[1] et d'auteles choses xl. d., et aussi de alun biset et de secé et de catillé. Pour i. c. de sieu, iiii. d., et à Pierre Lucas i. d. por le poiz. Pour i. c. de viez arein iiii. d., et aussi du nouvel. Pour chascun pois de leinne d'Engleterre ou de Portemue i. d., et à Pierre Lucas une pictevinne por le pois ; et est à savoir que, se il avient en mercherie mellée, qui est apelée euvre de forge, cauches, linges, soie, cuireins et autres choses que le poivre et le commin et les alemandes et la chire et d'autres teles choses qui sont portées, ovec la mercerie mellée desus dite, à col ou à cheval, ne doivent rien de coustume, pour tant que il soient de pois meneur de quarteron ; et, se le quarteron i ara esté d'aucune des choses desus ditez, ele s'aquitera par i. d.[2]

D. EXPLICATION.

Poivre rond, le cent pesant, iiii. d..
Cire, le cent pesant, iiii. d..
Amandes, le cent pesant, iiii. d..
Ris, le cent pesant, iiii. d..
Formage, le cent pesant, iiii. d..
Suif et chandelle, le cent pesant, iiii. d..
Ouainct et gresse, le cent pesant, iiii. d..
Lard et jambon de Majence, le c. p., iiii. d..
Plomb, le c. p., iiii. d..
Estaim, le c. p., iiii. d..
Laton, métail, cuivre, potin et autres telles choses, le c. p., iiii. d..

---

[1] C. « Ammandes. »
[2] Ce chapitre a été modifié dans le *Coutumier* B.

Fer et acier, le c. p., IIII. d..
Fil de laton, fil de fer et à cardes, le c. p., IIII. d.,
Lin, chanvre et estouppe, le c. p., IIII. d..
Cotton fillé, le c. p., IIII. d..
Fil de laine, le c. p., IIII. d..
Fil de lin, chanvre et estouppe, le c. p., IIII. d..
Fil d'Espinay, le c. p., IIII. d..
Garence, le c. p., IIII. d..
Pots de fer, la douzaine, IIII. d..
Laine, le c. p. doit pour la coustume IIII. d.,
Est aussi à noter que si un marchand achepte mercerie meslée avec œuvre de poids, il payera la coustume de ladite mercerie et quatre d. pour cent d'œuvre de poids.

XIII.

DE LA COUSTUME DES FRUIZ.

De la mine de pesches ou de poires ausi en batel, et de chascune somme de pommes et aussi de noiz à cheval, i. d.; et, se il vindrent en eaue par batel de amont, viii. d. au Roy, et as sergans i. d.; et, se il ont venu en nef, por chascun tonnel, viii. d..

D. EXPLICATION.

Pour chacune mine de pommes ou poires contenant six corbeilles, i. d..

Pour chacun navire chargé d'oranges, citrons, pommes ou poires arrivant à la ville de Rouen, viii. d., et aux sergeants, x. d..

Pour baril, tonneau ou autre fustaille, canastre ou pennier desdits fruicts, viii. d..

Noix en basteau, en grenier, viii. d., aux sergeants, x. d..

Noix en baril ou autre fustaille pour piece, viii. d..

Pour charge ou cheval des dictes oranges, citrons, pommes et poires, i. d..

Pour charge ou somme d'oignons, IIII. d,.

Fruicts à pierre, panets et navets, néant.

XIIII.

DE LA COUSTUME DES CUIRS, DU FEUTRE, DE LA PARCHE, DE LA BASENNE ET DU CORDOEN ET DES PEAUS DE VEAUS.

Pour chascun loth de cuirs, iiii. d.. Pour chascun lest, xii. d., et as sergans v. d.. Pour i. quarteron [1], ii. d.. Pour la douzeinne de parche, ii. d.. Pour la douzeinne de basenne, ii. d.. Pour deux quaeirs de cordoen [2], iii. d.. Pour i. quaeir, ii. d.. Pour la douzeinne de peaus de veaus, ii. d., xv. peaus, iii. d., et de feutre, i. d., se il est porté à col; et iiii. d., à cheval, combien que il en i ait.

XV.

DES VINS MOESON ET COUSTUME ET DE AUTRES CHOSES QUI S'AQUITENT PAR MESURE.

Eu tens de vendenges et que les mous sont, l'en paie i. sixtier de vin por xix. sixtiers, de chascun mui i. sixtier et i. galon; des tonnes des rechaus c'est à dire des tonneaus qui sont sus le bout, v. s.; por chascun doublier, iii. s. et vi. d.; por le tresel, iiii. s.; por le tonnel de Rochele, v. s.; por le tonnel que l'en apele charetée, vii. s.; por la pipe, ii. s. vi. d., por la queue, xxi. d.; por chascun tonnel de homme de hors de ville, combien que le tonnel soit grant, xvi. d. por coustume, et as sergans, i. d. por le tonnel ferré, quant il i a vin. — Item l'en doit savoir que, se il a en batel ou en nef xix. tonneaus, et il i est de

---

[1] B. « Pour une tacque de cuirs. »—C. « Pour la tacre, ii. d. »
[2] B. « Pour troys carterons de cordouan. »

ces xix. tonneaus les uns doubliers, ou treseaus ou charetées qui fuchent moeson, que l'en ne doit pas prendre i. tonnel de ces tonneaus por la coustume; mès l'en en doit prendre moeison; et, se il est einsi que les xix. tonneaus soient touz d'une quantité et d'une moeison, l'en doit prendre de ces xix. tonneaus i. por la costume au chois le Roy ; et, se il en i a plus de xix. tonneaus, ce qui i sera par desus sera regardé à conter selon ce que il sera. — Item il est à savoir que le marchaant doit avoir deus tonneaus de chois en xix. tonneaus avant que le Roi. — De chascun tonnel réec après la mi mars, paie l'en coustume ; et doit l'en savoir que les tonneaus desus dis doivent estre contez as personnes à qui l'en doit les moeisons, c'est à savoir les doubliers por iii. muis, le tresel por iii. muis et demi et le tonnel de Rochele por iiii. muis; et, se charetée eschiet au chois, ele doit estre contée pour tant comme les bouteliers estimeront qu'ele tienge; et par devant la mi mars chascun tonnel réec doit moeson et coustume et as sergans i. d.. De la tonne réequie aprez la mi mars doit l'en iii. s. au Roi et v. d. as sergans, et du rechaus (c'est le tonnel qui siet sus le bout) qui est réequié après la mi mars, xvi. d. au Roy; de la tonne et du rechaus qui ne sont réequiez doit l'en moeson et as sergans i. d.; et la tonne, x. d.. — Item, se il avient que aucun coustumier vende vins, et il viegnent vers Rouen à Paris du vendeur coustumier, l'en en doit de chascun tonnel xvi. d. por la coustume et as sergans i. d. ; et de v. tonneaus et de plus en batel, v. d.. — Vin d'Angou doit moeson et coustume de homme de hors, se il est venu par terre, et de homme de Rouen, moeison tant seulement ; et, se il est venu par eaue, il ne doit rien. — Se aucun meinne vin vers France et il sache ou achate nouvel vin, il doit moeson. — Vin qui vient de Petou ou de S. Jouen ne doit rien fors coustume, quar la terre si est franche; ne de Gascoigne aussi, jaçoit ce que contens en soit meu por avoir ent moeson. — Por vii. setiers de vin doit l'en ii. d. pour coustume, por demi mui iiii. d., por xiiii. setiers v. d., por i. mui viii. d.; pour chascun homme qui a compaignon, se il est coustumier, xvi. d., et as sergans i. d., pour i. mui de sain xxii. d., pour viii. sextiers vii. d.; et aussi de huille de nois et de miel. — Item nul ne puet vendre vins puis que il sont charchiez d'amont que, se il viennent dedens les bournes de la moeson de l'eaue de Rouen, que il ne convienge que tout soit aporté ensemble à moeson, tout soient il merchiez des merches à marchaans. — Item nul ne puet vendre ne encouvenanchier vins ne autres derrées en quele manière que ce soit, por tant que il passent la banleue de l'eaue Roth., que il ne couviegne que il soient aquitées por le homme de hors[1].

D. EXPLICATION.

De ce qui est deu par les marchands forains à cause des vins venans en la ville de Rouen pour y estre vendus, passans ou traversans ladite ville pour porter hors, tant pour le droit de mueson, coustume, que droit de choix desdits vins, assavoir :

Pour chacun pousson ou demie queue de vin du cru de Vernon, est deu au Roy pour la coustume seize deniers et pour la mueson douze deniers, qui est deux sols quatre de-

---

[1] Nous croyons utile de mettre en regard de ce chapitre un extrait d'un rôle de S.-Amand que nous avons déjà eu l'occasion

niers pour pousson sans comprendre le droit de choix ainsi que il sera dict cy après, ii. sols iiii. d..

Pour chacun ponsson de vin cru de Mantes, seize deniers

de citer et les chapitres correspondants du manuscrit **A** et du Coutumier de 1509.

1º *Extrait d'un rôle du milieu du* XIII*ᵉ siècle, aux archives de la* S.-Inf. F. *de* S.-Amand.

« Sciendum est quod abbatissa et conventus Sancti Amandi debet habere totam decimam modiacionis in Vicecomitatu Rothomagi; quocumque modo veniat vinum, dum sit super matrem vel limum, debet modiacionem ; si vero veniat vinum quod sit reletum, non debet modiationem Regi nec Sancto Amando decimam.

Item sciendum est, quod sic redditur modiatio vini. Quando ita est quod ad portum veniat navis vel batellum aliquod, in quo vinum sit, et, si ibi sint novendecim dolia similis cantitatis, Rex illorum dolliorum habebit unum, et, si non sint similis cantitatis, debet Rex habere modiacionem in denariis et sciendum est quod voco dolia similia cantitatis, quando sunt doubleria, vel dolia de Rochellâ, vel tresella, vel quadrigate. Item sciendum est quod, quando ita venit vinum quod sunt ibi minus quam novem decim dolia, vel quod non sunt similis modiacionis vel cantitatis, debentur pro doublerio iii. s. et vi. d., pro tresello iiii. s., pro dolio de Rochellâ v. s.; Item pro quadrigatâ vii. s. et ex omnibus supradictis denariis debet Sanctus Amandus habere decimum denarium, et, quando Rex habet novem dolia, debet habere Sanctus Amandus decimum doublerium. Similiter quando Rex habet novem tresella, decimum debet habere Sanctus Amandus. Similiter debet fieri de doliis de Rocellâ et de quatrigatis. Item intelligendum est quod si vinum veniat in quadrigâ et sit super limum, sive mustum sit, sive in alio tempore venerit, debetur modiacio. Item sciendum est vinum quod venit per Secanam de subtus pontem Rothomagi, nullus (*sic*) debet modiacionem. Item de vino quod redditur in elemosinâ, videlicet Prato et Cerisiaco et capitulo Sancte Marie et Archiepiscopo, debet Sanctus Amandus habere decimam.

2º **A.** « En tens que l'en moute et de vendenges de xix. septiers i. septier, de chascun muy i. septier et ung gallon, de tonnes de recheaux c'est assavoir de tonneaux qui sont sur le bout v. s., pour chascun doublier iii. s. vi. d., pour le tresel iiii. s., pour le tonnel de Rochelle v. s., pour le tonnel que on appelle charretée vii. s., pour la pippe ii. s. vi. d., pour la queue xxi. d., pour chascun tonnel à home de hors, de quelque quantité que il soit, xvi. d., de coustume, et aux sergens i. d., pour le ferré, pour que il y ait vin, s'il en a ou batel ou en la nef xix. tonneaux, et il y a doubliers, tresiaux ou charettées qui facent moeson, le tonnel ne doit pas estre prins, mès le moeson de xix. tonneaulx, mais que ilz

pour la coustume et quatorze deniers pour la mueson qui est deux sols six den. pour ponsson sans ledit droit de choix, ii. s. vi. d..

soient dune cantité et d'une mannière; l'en en doit au Roy ung tonnel ; et, se plus en y a de xix. tonneaulx, il sera gardé à conter, selon ce que il sera ; et est assavoir que le marchant doit avoir ii. tonneaulx de chois de hors au devant du Roy de xix. et i. tonnel; de chascun tonnel reçu après la my mars l'en paie coustume ; et est assavoir que les tonneaulx dessus dis doivent estre contés au cappitre de Rouen pour chascun homme qui a compaignon, se il est coustumier, xvi. d.; et aux sergens i. d., pour le muy de sain xxi. d., pour viii. septiers vii. d.; et aussi de huille de nois et de myel.

30 B. *De la moueson des vins et aussy de la coustume et des autres choses qui ce acquictent par mesure.*

L'en a acoustumé prendre à la Viconté pour chacum ponchon de vin qui a creu au dessus du Pont de l'Arche et jusques à Vernon és parties d'environ xii. d..

Item des autres vins qui par semblable ont creu au dessus de Vernon comme Mante, Paris, Bourgongne et Beaulne, jouxte que les bouteilliers de la Viconté le rapportent.

Item est deu pour chacun tonnel, v. s..

Pour la pippe, ii. s. vi. d..

Et pour la queue, xxi. d..

Et est ce deu pour la mueson tant seullement.

Item est deu pour chacun tonnel à homme de dehors, de quelque quantité qu'il soit, grand ou petit, coustume, xvi. d..

Se il vient vins en butel ou en nef, et il en a jusques à dix neuf pièces d'une essence, il en appartient au Roy la xixe pièce ; et, ce plus y en a, il sera compté et regardé par les bouteilliers ; et en prendra le Roy pour chacune xixe pièce une pièce qui seront choisiz par les bouteilliers, appellez ceulx qui y seront à appeller, et est assavoir que le marchant doit choisir deux pièces au devant du Roy et ainsi continuer jusques,.....

Se il advient que aucun coustumier vende vins à ces périlz, et il vient à Rouen, l'en doit pour chacun tonnel de coustume, xvi. d..

Et aux sergens, i. d..

Et de cinq tonneaulx en batel et de plus ausdits sergens, v. d..

Vin d'Anjou doit mueson et coustume ; se c'est pour homme de Rouen doit mueson tant seullement.

Et s'il vient par eaue, il ne doit riens. Se aucuns menent vins en France et facent nouvel vin, il doit mueson.

Vin qui vient à Rouen, de Poetou ou de Sainct Jouen ne doit

Pour chacun ponsson de vin du cru de Paris seize deniers pour la coustume et quinze deniers pour la mueson sans ledit choix, pour pousson, ii. sols vii. d..

Pour chacun ponsson de vin du cru de Bourgongne seize deniers pour la coustume et quinze deniers et le tiers de un denier pour la mueson sans ledit choix, ii. sols vi. d. et le tiers d'un denier.

Est à noter que pour faire le compte d'un tiers de denier outre deux sols vii. d. pour ponsson, il faut prendre encore le tiers du nombre des ponssons, comme pour trente ponssons le tiers qui est dix deniers et ainsi faire d'autre nombre.

Pour chacune demie queue de vin de quelque cru que ce soit, reservé le cru de Bourdeaux, Freneuse et Oissel, est deu saize deniers pour la coustume et douze deniers pour la mueson; si, sans ledit droict de choix, ii. s. iiii. d.

Pour chacun ponson ou demie queue de vin du cru d'Oissel ou Freneuse n'est deu que xvi. d. pour la coustune, et n'y a mueson ny choix, xvi. d..

Pour chacune demie queue de vin de Bordeaux n'est deu aussi que saize deniers pour la coustune, et n'y a mueson ny choix, xvi. d..

Pour chacune botte, pipe, ou queue de vin d'Espagne, Malvoisie et autres lieux est deu seize d. pour la coustume et vingt un denier pour la mueson outre le droict de chois, qui est trois souls un d. pour pièce, iii. s. i. d..

Pour chacune demie queue ou barique de vin d'Espagne haut païs et autres lieux seize deniers pour la coustume et douze deniers pour la mueson sans le choix, ii. s. iiii. d..

---

fors la coustume ; car la terre est France ; ne de Gascongne, jacoit ce que contens soit meu pour en avoir la moueson.

Et de six septiers de vin l'en paie ii. d..

Pour demy muy, iiii. d..

Pour quatorze septiers, v. d..

Pour le muy, viii. d..

Et pour chacun homme, bourgeois de Rouen, s'il a compagnon forain ou coustumier, xvi. d..

Et aux sergens de la Viconté, i. d..

Pour le muy de sain, xxi. d..

Pour huit sextiers, vii. d..

Et par semblable d'huille de noix, rabette et de myel.

Pour chacune caque ou demy poinson de vin, de quelque creu qu'il soit, reservé Freneuse et Oissel, quatre deniers pour la coustume et six d. pour la mueson, qui est, x. d..

Pour chaque fillette de vin, qui est la moitié d'une demie queue, tant pour coustume que mueson, vi. d..

Du droict de choix pour joindre et adjouter avec les droicts du vin cy dessus et comme il se prend.

Convient notter qu'antiennement ce paioit au Roy, par les marchands pour le vin pour ledit droict de choix outre le droict de coustume et mueson cy dessus de dix neuf tonneaux de vin un tonneau de vin en essence; mais ayant eu esgard audict droict qui estoit excessif, le Roy a réduit ledict droict de chois, et ne se prend que pour dix neuf ponsons vingtz sous, et pour cent ponsons soixante et dix soubs, en la maniere qui onsuit :

Premièrement,

Pour dix huit ponsons de vin n'est deu aucun choix, néant.

Pour dix neuf ponsons continuant jusque à trente sept ponsons de vin, il n'est deu en plus avant que vingt soubs, et ny ayant que dix neuf ponsons, sera aussi payé ladicte somme, xx. s..

Pour trente huict ponsons continuant jusques à cinquante six ponsons, xxxv. s..

Pour cinquante sept ponsons jusques à soixante huit ponsons, xlv. s..

Pour soixante neuf ponsons jusques à soixante quinze ponsons, lv. s..

Pour soixante seize ponsons jusques à quatre vingtz sept ponsons, lx. s..

Pour quatre vingtz huit ponsons jusques à cent ponsons, lxx. s..

Plus pour cent dix ponssons, lxxv. s..

Pour cent quinze ponssons, iiii. l..

Pour cent vingt ponss., iiii. l. x. s..

Et ne se paye en plus avant pour ledit droict de choix que ladite somme de soixante dix sols pour ledit nombre de cent ponssons comme il est dict, et, se plus il y en a, se doit faire le compte selon le nombre; comme pour exemple, de cent vingt ponssons, quatre livres dix sols ; de deux cent vingt ponssons, deux fois soixante dix sols pour les deux cens ponssons et vingt sols pour les vingt ponssons, qui est en tout huict livres de choix, et ainsi faire d'autre nombre à l'équipollent de ce qui se trouvera et joindre ledit droict de choix avec le droict de coustume et mueson, comme amplement est declaré cy-devant et faire son compte entier selon le nombre et cru du vin, et par ce moyen les marchands ne peuvent ny ne doivent ignorer ce qu'ils doivent payer en ladite Viconté pour le droit de leur vin, pour estre fort facile à entendre.

Les queues, bottes et pippes de vin, comme dit est, doivent double choix, qui est de cent queues, deux fois soixante et dix sols, faisant la somme de sept livres, et ainsi faire le compte selon le nombre qui se trouvera.

Et s'il advient qu'un marchand ayt ponssons, queues et demy queues, ensemble, ne sera prins le droict de choix que d'une espece de futaille de plus grand nombre.

Est aussi deu pour chaque bateau ou navire qui apporte vins tant d'amont que d'aval, outre le dit droict de mueson, coustume et choix, x. d. aux sergeans de ladite Viconté, et quelque nombre de marchands forains qui ayent vins dans navire ou bateau, ne doivent payer que dix d. seullement pour chacun des dicts vaisseaux qui doivent estre payez par les dicts marchands à l'équipollent et esgalle portion de ce qu'ils auront de vin soit un denier ou deux deniers pour marchand, et ainsi compter le dit droict de dix deniers aux autres marchands qui doivent coustume.

Pour chaque ponson ou demie queue de Colinhout *(sic)* est deu pour la coustume seulement xvi. d..

Pour le vin aigre, sildre, poirey, bière et verjus, n'est deu aucune chose.

Du droict de coustume deu pour le vin qui s'achapte en ceste ville de Rouen par les forains pour porter hors ladite ville et ban-lieue.

Pour chacun ponsson ou demie queue de vin de quelque crû qu'il soit, xvi. d..

Et aux sergeants, i. d..

Pour deux, trois et quatre ponssons n'est deu ausdits sergeants (que) i. d..

Pour cinq ponsons, ou cinq demyes queues de vin, est deu pour chacune pièce, xvi. d..

Et aux sergeants cinq deniers seulement, estant le vin porté par charroy, v. d.,

Et, se le vin est porté par navire n'est deu ausdits sergeans, quelque grand nombre qu'il y en ayt, que x. d..

Pour chaque ponson ou demie queue de Colinbout, xvi. d..

Et aux sergeants, néant.

XVI.

DES NEZ ET DES COUSTUMES QU'ELES DOIVENT DES MARCHAANDISES QUE IL APORTENT.

Quant une nef feicte en Engleterre vient à Rouen, si en doit l'on au Roi iii. s. pour les espousailles et iii. s. por le siège et x. d. as sergans. Et, se el'a esté espousée autre foyz, si que l'en le puisse veir et aperchevoir par merel ou par signe que ele l'oit esté, ele ne doit que iii. s. por son siège; quar toz jours doit ele son siège, espousée ou à espouser. Et, se ela *(sic)* aporte harenc de la coste d'Engleterre, l'en en paiera au Roi i. m.; et, se ele aporte harenc de la coste de Flandre, l'en paiera au Roi de ce iiii d. de chascun millier; et si doit l'on savoir que, se cele nef viegna *(sic)* à Rouen et descarche de son harenc, puisque ele sera entrée en Seinne, qu'ele paiera de chascum m. que ele ara descarchié iiii. d.; et d'autres choses que la nef aport el ne paiera rien. — De la nef qui vient de Guernesi, de Diepe, paie l'en tant seulement x. d.; et, s'ele vient d'entre Diepe et le Mont S. Michiel ou d'outre Dieppe, ele doit as sergans x. d..— La nef qui vient de Hybernie doit à la Visconté de l'Eaue de Rouen xx s. et au chastel de Rouen i. timbre de martines ou x. livres de tornois, mès que serement soit avant feit des marchaans qu'il ne pourent trouver à vendre le dit timbre ès parties de Ybernie où la nef fut carchie; et, se il aront aporté ledit timbre, il jureront que il fu acheté ès parties de Ybernie, ne en autre manière il ne doit pas estre recheu. — Item la nef desus dite doit au Chambellenc de Tanquarville i. ostour ou xvi. s., mès que le serement soit avant feit des marchaans en la forme et en la manière, si comme il est desus dit; et por ice est tenu ledit Chambellenc trouver bosc à raparellier la dite nef, se mestier li en est, à la requeste du marinier ou du mestre de ladite nef, et de ceste nef doit l'en prendre congié as Viscontes de l'Eaue. — La cogue de Flandres ne doit pas vendre sans le congié de la Vicontée de l'Eaue; et, s'il est issi qu'ele vende sans congié, ele paiera iii. s. por l'amende; et si doit pour aquit tout quan qu'ele ara aporté; et si doit x. d. as serjans; et, se ele fu feite en Engleterre, bien soit ele de Flandres, si doit ele estre espousée. — La cogue de Frise ou de Danemarche n'est pas tenue à prendre congié, et, se ele aporte cuirs, l'en doit de chascun lest v. d. as sergans. — L'en doit savoir que les choses qui s'aquitent par conte, si comme bacons, se aquiteront sans les sergans; quar il n'i ont rien. — L'en doit i. d. de chascun anchre, quant il n'est mie de la nef.

D. EXPLICATION.

La nef ou navire venant d'Angleterre doit à son arrivée qu'elle a mouillé l'ancre, payer par le maistre pour son siége, iii. s..

Et, si c'est son premier voyage qu'il aura fait à Rouen, payera le maistre pour son despoux et nouvelle arrivée, encor iii. s..

Sera tousjours tenu ledict maistre de navire anglois, ou autres, de quelques lieux qu'ils soient, venant d'Angleterre, payer pour le siège de leur navire à leur arrivée, iii. sols : mais il ne doit payer qu'une fois lesdits iii. sols pour son despoux et nouvelle arrivée.

Pour le siège d'un navire irlandois est deu cinq sols, et ne doit aucun despoux, v. s..

Pour les autres navires venant de la mer, soit de ce royaume, Allemands, Flamens, Espagnols et autres, ne doivent aucune chose pour leur siège et despoux, néant.

Et, si iceux navires aportent harenc ou autres marchandises qui doivent coustume, en sera néantmoins le droict payé par les marchands, avec dix deniers pour le droict des sergeants, desdicts navires et cinq deniers pour les allèges, heux et bateaux, comme devant est dict.

Pour marchandises apportées par charettes n'est deu aucune chose aux sergeants, néant.

Pour chacun lot de cuirs, contenant deux cens, apportez dans navires ou charettes pour estre vendus, ou achaptez pour porter hors, est deu aus dits sergeants, outre le droict d'un denier pour cuir, de coustume, v. d..

Pour un tymbre de martres deu au chasteau de Rouen et un austour estimé à saize sols, aussi deu au chambellan de Tancarville pour la nef ou navire venant d'Irlande, n'en sera parlé en plus avant pour n'estre lesdites redevances payées au bureau de la dite Viconté.

XVII.

COMMENT LES CHOSES COMMUNES S'AQUITENT.

La muele à feure doit i. d., et l'enclume à feure iiii. d.. Les fours ou les souflés à feure viii. d.. La muele à moulin ii. d.. Por chascun cheval portant ou raportant vesche ou blé ou autre tele chose, i. d..

— Por i. baril d'achier en quarete, iiii. d.. — Por tout egrun à cheval ou en quarete, iiii. d.. — Por i. c. de fer, iiii. d.. — Por i. tonnel de hanas en quarete ou par eaue, viii. d.; et à col ou à cheval, de fust, i. d., de madre, iiii. d.. — Acune foiz avient-il que i. marchaant fait porter ses dras ou ses teiles ou autres teles choses à col par ii. hommes ou par iii. ou par plusieurs ; il doit paier de chascun homme portant i. d., de fil en voenne venant en quarete, viii. d., et à cheval, iiii. d., et à col, i. d.; por fereure de quarete, i. d.; por trepiez portez en nef ou à cheval, iiii. d. et à col, i. d.; por sel porté à cheval, i. d., mès que il en i ait au meinz une mine.

D. EXPLICATION.

Pour une meulle à taillant, i. d..

Pour une meulle à moullin, ii. d..

Pour une enclume à mareschal appellé febvre, iiii. d..

Pour soufflets, fous, escuelles de bois, trenchoirs, lanternes et autres telles futailleries estans en grenier dans un navire, viii. d..

Pour une somme ou charge de cheval de la dite fustaillerie, iiii. d..

Pour charge ou somme de bled ou autres grains, i. d..

Pour un baril d'acier pesant cent livres, iiii. d..

Pour un cent pesant de fer, iiii. d..

Pour un cent pesant d'esgrain, qui est fer à cheval ou à charette, iiii. d..

Pour un tonneau de hanaps ou fustaillerie, viii. d..

Pour draps et toille portées à col, par chacun homme, i. d..

Pour mercerie portée à col, ii. d..

Pour sel apporté à cheval, ne s'en paye à présent riens, mais l'on en paye au Roy trois deniers pour poise de sel arrivant en la ville de Rouen pour marchand forain, ou achapté pour porter hors, comme sera dict cy après;

Pour huche, coffre ou buffet, fermant à clef, iiii. d..

Pour baril de cendre ou autre fustaille, iiii. d..

Pour somme ou charge de formages, angelots, œufs et poulaillerie, i. d..

Pour toille portée à col, poisson d'eaue douce, poulaille, œufs, angelots et fil, i. d..

Pour mercerie portée à col, ii. d..

XVIII.

DE LA COUSTUME DU DÉLIAGE.

Déliage est i. coustume qui est prise à la volenté des Viscontes de l'Eaue, le plus prechein jor de vendredi devant ou après la feste Saint Andrieu. Tout ce qui vient à col, quant le déliage est, s'aquitera par iiii. d., et as sergans i. d., et à cheval par viii. d., et as sergans i. d., et à quarete par xvi. d., et as sergans i. d.. Por chascune quarete à i. cheval, ii. d.. Por chascune guerbe de acier à cheval, i. d., ja ce soit-il ovec mercerie ou euvre de forge. Por guimple de soie ou autre tele euvre, i. d.. Por mercerie en nef, viii. d.. Por chascun cheval estrange portant bas, trespassant par la ville de Rouen, i. d.. Por chascun bacun vendu et acheté de hors ou dedens, i. d.. Por tapis de Reins, viii. d.. Por tapis de fil, i. d.. Por une coute de plume, iiii. d.. Por quevechel ou coissin de plume sans coute, ii. d.; et, se il est ové la coute, il ne doit rien, quar la coute l'aquite. Por huche ou por bufet à clef, iiii. d.. Por huche et por bufet ovec clef portez hors de la ville, iiii. d.. Por chascun trossel de dras, à cheval, iiii. d., et en nef ou en batel, viii. d..

Por le frael de cordes de bast, en nef ou à cheval, i. d.. Pour demi chief de fourmages, iii. d., se il sont venus d'Engleterre ; et le chief en est de ii. c. et l. libr. — Pour le chaable sanz nef, doit l'en v. d.; pour une (batelée) de oeus, xiii. d., et as sergans, v. d., et, se il sont venus en quarete, por chascun cheval de la quarete ii. (d.), et, se il sont venus par cheval, i. d.. De ce que l'en porte à col as foires, doit l'en au Roi ii. d., et as sergans, i. d.; et, se il est porté hors les feires, si en doit l'en i. d. au Roi, et as sergans riens. De ce que l'en porte en quaretes as feires, doit l'en viii. d. au Roi, et as sergans i. d.; et, se il est porté hors les feires, si en doit l'en viii. d. au Roi, et as sergans rien. Por mercerie alant par eaue, viii. d., et à cheval, iiii. d., et as sergans, i. d., quant ele est portée as fères. Por ougnons à cheval, iiii. d., et à quarete, viii. d. Por dras alans par eaue vers Vernon ou cele part, viii. d., et, se il sont venus à Rouen, iiii. d., par eaue ; et, se il a avec ces dras leinne, le poiz en doit viii. d.. Por lin à cheval, i. d., Pour couteaus et por dras à cheval, iiii. d., et en quarete, viii. d., et à col, i. d.. Por chascun tonnel de cendres, iiii. d., en eaue, et en quarete, por chascun cheval, ii. d., et à cheval, i. d.. Por chascun sac de leinne baillé par le hardel, viii. d.. Nul ne puet peser alun ou aucune chose de tele manière, sans le pois le Roi, fors par douzeines. Pour la peise de sel, iii. d. de coustume ; les mesureurs de sel doivent avoir iiii. d. des coustumiers por chascune poise de sel que il leur mesurent, et des jurez de la ville de Rouen, iii. d.. Por chascun sac de leinne, pourtant qu'il ne soit pas menor de xiii. pois, doit l'en xvi. d..

D. EXPLICATION.

Pour chacune somme ou charge de cheval de fil, toille ou draps apportez pour vendre en la ville de Rouen le plus proche vendredy de devant ou après la S. André, est deu de coustume une fois par an, viii. d..

Et aux sergeants pour chacun marchand, i. d..

Pour ladite marchandise portée à col, ii. d..

Aux sergeants, i. d.

Pour balle ou ballot de toille, fil et draps venant par eaue ou en charette, xvi. d.

Aux sergeants, i. d..

Pour autres menus articles contenus en ce chapitre de linge la Coustume, il n'est besoin d'explication et aussi quil sont assez expliquez par cy devant, et seront encor cy après.

XIX.

DES CHOSES ET DES PERSONNES FRANCHES.

Alun de glace et de boucan ne doit rien. Sayn qui vient ovec bacons ne doit rien, se il est des bacons meisme; et, quant il n'en est, il se aquite. Fil en loissel, vernis, parchemin, cardon, braieus de fil, toute sarpillerie, coutiz, couches, peaus de leirons et de putois, toute euvre de l'ormerie[1], tout fruit qui est porté à col, coction, couleurs, craspoiz, tapis de fil, toute robe et tout vestir et tout cauchement que le marchaant achète por son user ou por sa femme, coute de boure, huche et bufet sans clef qu'il ont achetez à Rouen et que l'on i aporte aussi ne doivent rien, jasoit ce que il aient clef. Glu, capel de bonnet et de feutre, figues, tout poisson porté à col, frael de cordes de bast aporté à col, fein, car-

---

[1] A. « Fil en lisselle, parchemin, tout niffrun, cardons, brëeus de fil, aguille, toute sarpillerie, coutis, moulles, peaulx de lérons, piaulx de putois, toute euvre de l'ormerie. »

don, plastre, pierre, terre à foulon, merrien et tout bosc, gengivre, girofle, quenele, vermellon, argent, or, bresil, greinne, blez et toutes autres choses pour semer, vin acheté de tonne réequie après la mi mars, sidre, quarete à prestre et à chevalier et à chascun gentilhomme ou femme qui aient esté fex ou fille de chevalier et toutes autres choses por leur user, clers establis à avoir ordres, toutes ices choses sont franches de coustume, mès que le serement des personnes desus dites ou de leur mesnie soit priz que, se les vins qui aront esté vendus ou autres choses qui doient moeson ou coustume soient revendus de eus meesmes qui les aront achetés ou par lor quemandement, que il aporteront la coustume ou la moeson à la Viscontée de l'Eaue de Rouen. Huile d'olive ou de caneuvis, sieu batu, toute poulaillerie, oeus, quevreaus, oiseaus et formages sunt quites de coustume, por tant que il soient aportez à col. Toute quinquaillerie, ce est à savoir, flageus, toreis, mireeurs, fuiseaus, culliers de fust, savon et autreteles menues choses, en quel manière que il soient portées, et blé porté à col, harenc corbechon, qui n'a point de teste, ainz a esté pendu par la queue, et harenc selcrenc, verre, toute chincherie, chire qui est venue ovec son miel, gravele, yvoire, peaus de morinne ne doivent rien, mès que l'en jure que la beste ne fu pas morte par aucune action. Poiz neire, colante, sarge relée, muele à fevre perchie et le clou ne doivent rien.

D. EXPLICATION.

Allun de quelque sorte que ce soit, néant.
Campesche, néant.
Tout autre bois servant à taindre, néant.

Cochenille et graine d'escarlatte, néant.

Vermillon, ocre, croye et toutes autres sortes de painctures, quels qu'ils soyent, néant.

Nois de galles, néant.

Colle de toute sorte, néant.

Bois d'esbène, néant.

Bois de gajac, néant.

Vaude servant à tainturier, néant.

Sucre et dragée de toute sorte, néant.

Confitures de toutes sortes, néant.

Gingembre, néant.

Poivre de Brésil, néant.

Clou de girofle, canelle, muscade, et autres telles espiceries, néant.

Maniguette, néant.

Savon de toute sorte, néant.

Gomme arabic et autre sorte de gomme, néant.

Morfil, néant.

Safran, néant.

Dates et tous fruicts confits, néant.

Blanc, plomb et myne de plomb, néant.

Escorce de gajac, néant.

Coton en laine, néant.

Arquensson et encens, néant.

Et généralement toutes sortes d'espiceries et drogueries, excepté la cyre, le ris, poivre rond et amandes, qui doivent coustume.

Tout le reste ne doit riens.

Plumes à escrire, plumes à lict et toutes autres sortes de plumes, néant.

Prunes de toutes sortes, néant.

Amidon, néant.

Ambre gris, musc et toutes autres sortes de senteurs, néant.

Ficelle et cordage, néant.

Vieil drapeau, néant.

Beurre frais et sallé de toute sorte, néant.

Autres marchandises qui ne doivent coustume, qui s'acquite par la balle, pippe, casse, coffre ou autrement :

Librarie de toute sorte, néant.
Mélaces, néant.
Réglice, néant.
Raisin de Damas et toute autre sorte, néant.
Figues et prunes, néant.
Houblon, néant.
Olives, capres et perce pierre, néant.
Huille d'ollif, huille de poisson, de cade, de lin, de nois, de laurier, et autres, excepté huille de rabette, néant.
Parchemin et papier, néant.
Commyn, néant.
Savon noir et autre en fustaille, néant.
Estraces de soye, néant.
Terbentyne, néant.
Liége, néant.
Glu, néant.
Coipeaux à faire pignes, néant.
Vif argent, néant.
Souffre, néant.
Bray et goutron, néant.
Bourre et ploc et tout poil de beste, néant.
Graine de laurier, néant.
Uforbe, néant.
Orseille et tourne sol, néant.
Noir à noircir, néant.
Drogues de toutes sortes, néant.
Coutils à faire licts et vieil linge, néant.
Bougrens vieils, néant.
Casse fistulle, néant.
Feutres et chapeaux nuds, néant.
Cornes de beuf, vache et autres, néant.
Os de beuf et tous autres, néant.
Vielis souliers, néant.
Accoustremens à usage d'homme et femme, néant.
Verres, flagons et bouteilles, néant.
Soude, néant.

Chardons à bonnetier et chapelier et tous autres, néant.

Bois de merrien, ais de noyer, chesne, sap, et autres, néant.

Fustaille neuve ou vieille, néant.

Carbon (*sic*) de terre ou à brusler, néant.

Latte, chanlatte, ozier, néant.

Clouterie de toute sorte, néant.

Plastre, chaux, carreau, moulage, thuille et ardoize, néant.

Verres cassez, ou à casser et tous verres, flagons et bouteilles, néant.

Foin et paille, néant.

Et jaçoit que toutes les choses dessus dites soyent franches de coustume il convient néantmoins que tous marchands, bourgeois et autres de quelque quallité qu'ils soyent, viennent obtenir l'acquit et congé au bureau de ladicte Viconté, à peine aux contrevenants de forfaicture des marchandises, ou d'amende, selon que le cas le requiert.

Gens d'église et clercs qui sont ès sainctes ordres, chevaliers, fils et filles de chevaliers et leurs vefves ne doivent riens de coustume pour leurs vins et autres choses à leur usage, et sont tenus le jurer et affermer ainsi; mais s'ils vendent vins ou autres choses qui doivent coustume, sont tenus et subjects de le dire et déclarer au bureau de ladite Viconté, pour en estre payé au Roy la coustume, et, se ils jurent ou afferment autrement, et il est trouvé au contraire de ce qu'ils ont juré, les vins et autres marchandises doivent estre forfaictes, ou amendé comme le cas le requiert.

XX.

DES CITÉS, DES CHASTEAUS, DES LIEUS, DES VILLES, DES FÉEUS QUI SONT FRANS.

La cité de Petiers, Sauchevel, Faleise, Bretoell, Vernoeil, la Rochele, la ville de S. Jouen, la Roque Mabile, S. Jehan de Roen, Daufront en Passois, Nonancourt, le féeu de Nantueil, le fieu de Aumeville et d'Auborville et des Templiers et des Hospitaliers, le fieu de Aurelandois, le fieu de Maretot, Janval, Niors, les fieus de la Boutellerie et de Bonport, le fieu de Acre et de Foucarmont, le Pont Ourson. Et ja ce soit-il que les choses desus dites soient franches quant au Roy, si doivent il paier pleinne coustume, quant les religions ont leur semeinne en la Viscontée *Rothom̄*., exceptés les borgés de Rouen, quant les moignez du Pré tiennent lor semeinne ; quer adonc doivent les dis borgeis de Rouen paier demie coustume.

D. EXPLICATION.

Toutes les citez, villes, chasteaux et fiefs cy dessus spécifiiez et déclarez, sont francs et exemps de payer aucun droict de coustume, mais néantmoins les habitans des lieux sont tenus et subjets de venir prendre congé et acquict au bureau de ladite Viconté de l'Eaüe, des marchandises à eux appartenants et non à d'autre et à ceste fin faire assavoir de lettre passée devant notaire, juge royal, ou maire des lieux, contenant comme iceluy habitant est demeurant en une des villes, chasteaux, ou fiefs cy dessus, et convient faire renouveller icelle lettre tous les ans; autrement l'an passé ils sont tenus à payer plaine coustume.

Aussi sont tenus les habitans desdicts lieux et fiefs francs, lorsqu'une des semaines des religieux eschet, soit la sepmaine de l'abbé et religieux de S. Wandrille, du Mont-aux-Malades ou autres payer plaine coustume.

Comme aussi par semblable les bourgeois de Rouen, sont tenus à payer demie coustume durant la sepmaine des religieux, prieur et couvent de Bonnes Nouvelles lez Rouen appellée la Sepmaine du Pray, et ce une fois par an tant seulement, que l'on dit la Sepmaine du Prisonnier, qui est au mois de may, en laquelle sepmaine est le jour et fête de l'Ascension.

XXI.

DE L'ASSÉEMENT DU TRAVAILL.

Le travaill as fèvres, où l'en meit les chevaus, ne puet estre assis sans le congié et le sceu des Viscontes do l'Eaue *Rothom.* dedens la banleue *Rothom.*; et en doit avoir le Roy iii. s., et les sergans iiii. d., por fere le sige du travaill, où les sergans doivent estre présenz ; et est ice du nouvel travaill ; mès du vieil asseeir, ne doit rien avoir le Roi, mèz les sergans en aront iiii. d.; e doit le travail avoir iiii. piez de lèeur, et, tant comme le fèvre voudra, de longueur [1].

D. EXPLICATION.

Ne sera faicte aucune explication pour cest article, attendu qu'il n'est question des droicts de ladicte Viconté, n'estant mon intention autre que de l'explication d'iceux droicts et les rendre faciles à entendre le plus qu'il me sera possible.

XXII.

DE LA COUSTUME DU BARRAGE ET DES TORTEAUS.

Les fours ou les souflés au fèvre, viii. d.; l'eclumme, ii. d. Item 1º de fer à cheval, i. d., et à carete, ii. d.. Fardel à cheval, i. d., et, se plusieurs i ont dras ou teiles, l'en doit de chascun marchaant i. d.. Blé à cheval, i. ob.. Dras à col, ob.. Chascun cuir, i. ob.. Mercherie à col, i. ob., et à cheval, i. d., et en quarete à i. cheval, i. d., et à ii. chevaus, ii. d.; et, se

---

[1] Supprimé dans le *Coutumier* B.

plus de chevaus i a, si n'en paiera l'en que ii. d.. Chincherie, ii. d. por le tortel, i. foiz l'an. Paeles à cheval, i. d., à col., i. ob.. Se dras ou teiles viennent en quarete et plusieurs marchaans i aient, chascun marchaant doit ii. d.. Peisson à cheval, ii. d., et, se aucun homme eit vii. chevaus à poisson, si n'en paiera il que vii. d. por les chevaus, et por le poisson, i. d.. Coute de plumme, ii. d.. Quévecheul ou coissin sans coute, i. d.. Huche à sereure, ii. d., et, se ele est portée hors de la ville, ja ce soit il que ele soit sans sereure, si paera ele une foiz l'an ii. d. por le tortel, et ausi paie l'on barrage et tortel de la leinne. Pour teile portée à col, i. ob., et à cheval, i. d.. Filerresse de leinne doit i. foiz l'an ii. d., por le tortel, de la leinne qu'ele porte filer; et ausi paient les carbonniers une foiz l'an ii. d. por le tortel. Por chascune quarete par la ville de Rouen trespassant, ii. d., et soit voide ou carchie. Por chascun cheval à bas, ob.. Item toute vieze marchaandise, i. foiz l'an, ii. d., por le tortel.. Por le porc, i. ob.. Pour ii. oelles, i. ob., et, se il en i a une, si paiera ele autant. Beuf ou vaque, i. ob.. Cheval trespassant par la vile Rothom̄., vendu ou acheté dedens la ville de Rouen, i. d.. L'asne, iiii. d. et la quièvre, ob.. Le fès à i. homme, de poisson d'eaue douce acheté, i. d., du merquedi des Cendres jusques à la vegille de Pentecouste. Harenc à col, quant il est porté hors de la vile, i. ob., et à cheval, i. d.. Leinne à suint portée à col, i. ob., et i. foiz par an ii. d. por le tortel; et si doit l'en savoir que l'en ne paie pas le denier por peisson à nule des portes fors à la porte Cauchese, au départir de Rouen, quant l'en ara entré en la ville de Rouen par la porte Beauvesine.

D. EXPLICATION.

Il n'est requis aucune explication ou interprétation pour cest article pour estre les droicts du barrage, lesquels droicts ne se payent que avec le droict du passage qui est deu à la ville.

XXIII.

DE LA COUSTUME DES QUATRE PIEZ.

Un cheval venant en la ville *Rothom.*, por estre vendu, ii. d.; et, se il s'en ist par la porte où il entra, il ne doit rien; et autresi de toutes autres bestes, queles que il soient est la coustume paiée, et sont fraches au départir de la ville tout aussi comme il est desus dit du cheval, et ne paient pas coustume. Item, por i. cuir tané, quant la queue i est, i d.; et aussi du cuir fresc; bien soit sans queue, de combien que il soit deporté, se il soit detallié, i. d.. Pour i^c. de peaus de quevreaus ou d'agneaus, iiii. d.. Por. i. bacon qui ait été occis, i. d.. Por i. flique, i. d.; et, se ii. fliques sont ensemble, mès qu'eles ne soient d'une beste, il paeront i. d. tant soulement. Por i. douzeinne de peaus de veaus à let, ii. d.. Por i. cuir de beuf ou de vaque ou de cheval ou de autre beste qui est morte par fortune, 1 d., et de droite mourine, rien.

D. EXPLICATION.

Pour un cheval ou autre beste quevaline vendue à Rouen est deu pour la coustume, ii. d..

Pour mouton ou brebis, obole.

Pour bœuf ou vache, i. d..

Pour charge ou somme de cheval de veaus, i. d..

Pour porc ou truye, i. d..
Pour cuir frais, sec, ou tanné, i. d..
Pour un cent de peaux de chieure, xiiii. d..
Pour douzaine peaux de veau, ii. d..
Pour un cent peaux d'agneau ou cuiros de mouton, iiii. d..

XXIIII.

LA COUSTUME DES ESTAUS.

Chascun vendeeur de poisson en la haule de Rouen doit vi. d. de son estalage par jornée; et, se i. vendeur vent poissons en i. mesme estal, qui soient à pluseurs marchaans, le vendeeur des poissons paiera vi. d. de estalage por chascun marchaant; et si doit l'en savoir que les estaus sont loués par les fermiers au (sic) bouciers et as vendeeurs de pein en tele manière que, se il vient par aventure habundance de char ou de poisson, que les vendeeurs de pein lesseront les estaus por la char et por le poisson metre desus [1].

D. EXPLICATION.

Pour l'estallage de poisson de chacun homme chasse-marée, soit forain ou bourgeois, aportant poisson pour vendre en la vente au Vieil-Marché, excepté le harenc frais, escallés, poisson d'eaue douce et poisson sallé, est deu vi. d..

Plus doit encor assavoir le chasse-marée forain pour la coustume de chacun pennier de marée qui est vendu en ladite vente, vi. d..

Et pour chacune somme de marée, outre l'estallage, iiii. d..

Pour les estaux de la boucherie du Vieil-Marché estans au nombre de quatre rengs en a esté faict bail aux bouchers par

---

[1] Ce chapitre a été supprimé dans le *Coutumier* B.

messieurs les trésoriers généraux de France audict Rouen, ayant à ceste fin ladicte boucherie esté construitte et rebastie de neuf, et les deniers du loüage de ladite boucherie payez au receveur du domaine du Roy et non aux fermiers de ladite Viconté, comme n'estant du comprins de leur bail.

XXV.

DES PORS QUI VONT AU PASNAGE LA COUSTUME.

Se il avient que pors trespassent par la ville *Rothom.* et voisent à pasnage en aucune forest, l'en doit retenir gage de avoir coustume de icels, c'est à savoir i. d. de chascun porc, por ce que, se ils reviennent du pasnage et il entrent en la ville *Rothom.* par la porte donc ils ensirent par devant, il seront quitez de la coustume; et, se il ne reviennent, le gage sera aquité de chascun porc, i. d. pour coustume.

XXVI.

DE LA COUSTUME DU BLÉ, DE ORGE ET D'AVEINNE.

Por chascune summe de blé, de orge et de aveinne, de mesteil, de peis, de vesche et de touz autres leumages, i. d., se il sont venus par eaue, en guernier, et par terre, en quarete, por chascun cheval, ii. d., et à cheval, i. d.; et si doit l'en savoir que blé, aveinne, orge et grein de ceste manière ou leumage, qui viennent de par desus Maante en batel, quiex qu'il soient, doivent por toute la batelée as sergans, x. d.; et, se il viennent de par desouz Maante, il doivent v. d.; et, se ils viennent en benne, rien ne devront.

D. EXPLICATION.

Pour chacun muy de bled contenant quatre mines, méteil, seigle, orge, avoine, pois, febves et autres grains, est deu au Roy pour la coustume vi. d..

Et, se il vient en bateau ou navire, est deu aux sergeants seulement x. d..

Bled, meteil et autres grains apportez par charette, est deu aussi de muy vi. d..

Aux sergeants, néant.

XXVII.

DES CHOSES QUE LES PERSONNES DE SEINTE YGLISE ET DES RELIGIONS ONT ET RECHOIVENT EN LA VISCONTÉ DE L'EAUE ROTHOMAGI.

L'archevesque et le capistre *Roth.* ont iii^c. muis de vin ; et au rechevoir les lor est conté chascun doublier por ii. muis et demi et vi. sextiers ; et si né doivent pas avoir charetée de chois, se il n'en i a xix. toutes ensemble. Le tresel lor est conté por iii. muis et demi ; le tonnel de la Rochele por iiii. muis ; et les iii^c. muis de vin pueent-il commenchier à rechevoir, puis que la feste S. Michiel sera trespassée, en tele manière que ils voillent les vins qui adonques vendront ; et aprez la feste desus dite doivent-il et sont tenus rechevoir vins de quiconques couleur, manière, pays il soient, por tant que il soient creus de par desus le Pont de l'Arche, qu'il soient du chois et de la moeson-le-Roy ; et, se il vient de tonneaus de vin de Orliens, il lor doivent estre contez chascun tonnel por ii. muis ; et, se il avient que vins ne viegnent pas, par defaute et por ce que il en soit poi, ou que il i eit aucun empeechement, en tele manière que satisfacion ne leur puisse estre feite jusques à la quantité des iii^c. muis desus dis qui leur sont deus de moeson, il sont tenus à rechevoir, voillent ou ne voillent, de chascun mui xx. s., jusques à tant que satisfacion lor soit feite des iii^c. muis de vin desus dis. Item il ont en la dite Visconté chascun an, à ii. eschiquiers, x. l.[1]. Item xxxvi. s..

Les nonneins de S. Amant de Rouen[2] ont la disme de chascune moeson que toutes personnes de seinte yglise et de religion et totes autres personnes, queles qu'eles soient, ont en la Viscontée de l'Eaue de Rouen.

Les moignes de S. Wandrille ont la disième semeinne de toute la coustume de la Viscontée de l'Eaue de Roen, de laquele coustume nul homme en soit franc, fors les prestres et les chevaliers et les fix et les filles de chevaliers et les clers qui sont establis dedens les seintes ordres et leur choses por lor user propre, en icele manière si comme il est dit hu capistre huictième devant cesti, où l'en parle des choses et des personnes franches; et aucune foiz, mont de fieez, est il veu que, hu tens de la semeinne as moignes de S. Wandrille desus dis, avient-il la semeinne du Pré de jouste la ville *Rothom.*, du Mont as Malades, de S. Oein *Rothom.*; et adonques la

---

[1] Le *Coutumier* A porte : « Item le dit chappitre avoit droict de prendre et avoir chacun an toute la coustume de deux jours c'est assavoir le derrain jour de septembre et le premier jour d'octobre, quelle choze ilz ne prengnent plus, et en a faict le Roy une eschange, et par ce sont lesdits deux jours retournez au demayne du Roy, qui sont baillez au prouffict du Roy hors et séparément de la ferme de la Viconté de l'Eaue. »

[2] A. « Item trente six nonnains, etc. » Cette mauvaise leçon, dont le vice tient à la confusion que l'on a faite de deux phrases distinctes, a passé dans tous les manuscrits et dans l'édition de Germain de la Tour. Nulle part pourtant on ne trouve que le nombre des religieuses de S.-Amand ait été fixé à trente-six.

semeinne avenante faillie, doivent les mongnez de
S. Wandrille desus dis avoir aprez tantost, sanz intervalle, jor por le jour de la semeinne en restorement
de ladite semeinne. — Item les mongnes de S. Wandrille desus dis doivent avoir de la nef qui vient de
Hybernie i. timbre de martines, quant leur semeinne
est ; et, se la nef desus dite n'aporte le timbre desus
dit, elle paera x. lb. aussi comme au Roi ; et soit le
serement pris des mariniers, ausi comme il est demoustré en xie capistre devant cesti, qui parle des
nés et de la coustume que les marchaandises doivent
qu'il aportent.

Le prieur et le couvent du Mont as Malades jouste
la ville *Rothom*. ont la metié de la coustume du
timbre de martines que la nef de Ybernie aporte tout
aussi comme le Roy, et quant la semeinne S. Gile
est. Item le desus dit prieur et le couvent ont lxx. lb.
vi. s. viii. d. chascun an, à ii. eschiquiers. — Item
il ont iiii^m. de harenc et viii. s. por le vin de la
S. Martin de yver.

Le prieur et le couvent de S. Lo *Rothom*. ont vi. s.,
quant la feste S. Lo est.

Item les malades de la Maladerie de Chartres, x. lb.
chascun an, à ii. eschequiers.

Le prieur et les chanoinnes de la Magdalaine *Roth.*,
l. lb. chascun an, à ii. eschequiers.

Item l'en paie viii. s. au chastel *Roth.*, à ii. eschequiers, chascun an.

Le prieur de Beaulieu et le couvent, c. lb., l'année,
la metié à Rouveisons et la metié au Pardon S. Romain.

Les chanoines de S. Candre le Viell, vi. s., quant
la feste S. Candre le Viell est, à paier à ii. eschequiers.

Les mongnes de S. Oein *Rothom.* ont toute la coustume de la Viscontée de Rouen, tant comme les feirez de la feste S. Oein durent, en la végile et en la feste du saint desus dit, commenchantes lesdites feires de nonne de la végile jusques à nonne de la jornée de la feste desus dite. — Item il ont chascun an lx. s. à la mi quaresme.

Item le prieur de S. Gervès *Rothom.* a toute la coustume, quant la feste S. Gervès est, en autele manière comme les mongnes de S. Oein desus dis en cest capistre.

L'abé du Bec-Helluyn ont *(sic)* c. lb. à ii. eschequiers, en autele manière que les mongnes desus dis en cest capistre, en la végile et en la feste S. Oein et S. Gervès.

Le mestre et les frères de Grantmont de Rouen, iie. lb. chascun an, à ii. eschequiers.

Les sereurs de la Sale as Puceles de jouste Rouen iie. lb. chascun an, à ii. eschequiers.

Les ii. prouvendes de xv. lb., qui sont en Notre Dame de Rouen, ont xxx. lb. à ii. eschequiers.

Les sereurs Jacobines *Rothom.* de S. Mahieu, iiiie. lib. chascun an, à ii. eschequiers.

Les Templiers xx. lib., à ii. eschequiers, chascun an.

Les mongnes du Pré de Rouen, xl. muis de vin de moeson chascun an à avoir toutes le foiz que les Viscontes de l'Eaue de Rouen leur offerront à avoir, més que le vin qui leur sera offert soit de la moeson et du chois le Roy. — Item il ont, i. semeinne, la coustume de la Viscontée de Rouen tant seulement; et est la semeinne de Rouvesons; et adonc ont les desus dis mongnes du Pré leur feires ès queles fères les Viscontes de l'Eau *Roth*, ont la metié de toute la coustume, en tele manière que les mongnes desus dis prendront d'icele coustume tout premereinnement x. lb., por la demie coustume des citéens de Rouen qui adonques paent demie coustume. — Item, les devant dis mongnes du Pré ont chascun an en la Visconté de Rouen iiii. lb. vi. s., à ii. eschequiers.

Les mongnes de Cerisi ont x. muis de vin en la Viscontée de l'Eaue de Roen, en autre tele manière comme les mongnes du Pré desus dis en cest capistre.

D. EXPLICATION.

En ce présent chapitre cy-dessus du droict que les gens d'église ont sur la Viconté, il n'est besoin d'autre explication, mais sera entendu et fait sçavoir en quoy consiste la dixme de la mueson du vin deue aux trente six nonnains de Sainct Amand, comme amplement il est déduict cy après.

Pour faire le compte de la dixme de la mueson du vin deue en la Viconté de l'Eaue par les fermiers d'icelle à la dame abbesse de S. Amand de Rouen par chacun an convient observer ce qui ensuyt,

Assavoir :

En registrant la venue du vin en un papier appartenant au clerc siégé de la grande ferme de ladite Viconté de l'Eaue fault employer le nombre et cru du vin ainsi qu'il est porté par le rapport des priseurs et en faire le compte des setiers, selon le cru du vin, ainsi comme il ensuyt :

Premièrement :

Au vin du cru de Vernon n'y a point de septiers d'autant qu'il n'y a choix, mueson ny coustume, néant.

Au vin de Mantes quatre septiers pour chacun ponsson, pour ce qu'il paye deux deniers pour ponsson, plus que celuy de Vernon, iiii. sept.

Au vin de Paris y a six septiers pour ponsson d'autant qu'il paye un denier pour ponsson davantage que celuy de Mante, vi. sept.

Et au vin de Bourgongne six septiers et deux tiers de septier pour ponsson, pour ce qu'il paye le tiers d'un denier plus que celuy de Paris, vi. sept. deux tiers de septier.

Et convient prendre pour lesdicts deux tiers de septier de trois ponssons deux septiers, et ainsi faire d'autre nombre.

Au vin de tout autre cru n'y a point de septiers, comme aussi au vin qui est rapporté et vient au nom des bourgeois il n'est besoin faire le compte pour les septiers. Aussi n'y a aucuns septiers aux demis ponsons, fillettes, caques, demies queues et queues.

Est à entendre, que le vin du cru de Vernon s'entend pour ce qui croit au dessus du Pont de l'Arche et jusques au pont de Vernon et ès environs et ainsi des autres crus.

Et pour le calcul qu'il faut faire, après que tout le vin venu durant l'année est registré, est requis garder l'ordre qui en suyt.

Premièrement,

Il faut nombrer et calculler les fillettes par après les caques, demys ponsons, queues, demys queues et les septiers et escrire sur une fueille de papier le nombre que l'on trouve en chacune page dudit registre de la venue de vin, et commencer en icelle fueille par première page et continuer ainsi par compte jusques à la dernière page escripte au dit registre.

Il n'est besoin comprendre ny calculer le vin qui est marqué sur ledit registre de la venue du vin franc, ne pareillement le vin de Bourdeaux qui n'est point marqué franc sur ledit registre appartenant à un forain, attendu qu'il ne paie que saize deniers pour demie queue ou barrique pour le droict de coustume et ne doit ne mueson ne choix.

Comme en pareil cas celuy du cru de Freneuse, Oissel, Catelier et lieux ès environs ne doit non plus que ledit vin de Bordeaux.

Plus, n'est besoin comprendre au compte de la dicte dixme ledit vin de Bourdeaux, Freneuse, Oissel, Catelier qui vient au nom des bourgeois d'autant qu'en iceluy il n'y a droict de mueson tant pour les forains que bourgeois.

Puis par après faut faire le calcul entier ainsi qu'il ensuyt.

Nombre tant de fillettes, cacques, demis ponsons, demies queues, queues et septiers.

Qui seroit pour le droict de mueson la somme de.

Et pour la dixiesme partie d'icelle somme deue à la dicte dame abbesse de S. Amand pour le dict droict de dixme de mueson la somme de..... et certifier et signer le compte et estat par le clerc siégé de ladite grande ferme.

Et pour faire le compte de la valleur de la dite mueson, convient faire ce qui ensuyt, assavoir :

Pour fillette de vin est deu pour la dite mueson, iii. d..

Pour cacque ou demy ponson, vi. d..

Pour ponsson ou demie queue, xii. d..

Pour queue, xxi. d..

Et pour septier, obolle.

Et ainsi se faict la somme totalle du droict de la dicte mueson, au moyen du nombre des pièces de vin et septiers trouvez escripts au registre de la venue de vin durant la dicte année, comme il est dict cy devant, et prendre d'icelle somme totalle la dixiesme portion, qui est le droict de dixme deu à la dicte dame abbesse de Sainct Amand.

XXVIII.

DES CHOSES QUE LES VISCONTES DE L'EAUE *ROTHOM.* RENDENT SUS LADITE VISCONTÉ AS PERSONNES LAIES.

Monseigneur Robert de la Chapele a sus la Viscontée de l'Eaue de Rouen chascun an, à ii. eschequiers, ix. lib. ii. s. vi. d. Guifroi du Val Richier chascun an, à ii. eschequiers, xl. lb.. Bertin du Chastel de Rouen chascun an, à ii. eschequiers, x. l.. Le gaaulier du chastel de Rouen chascun an à ii. eschequiers xxvii. lb. vii. s. vi. d.. — Le chapelein de la chapele du chastel *Rothom.* iiii. s., à l'eschequier de la S. Michiel[1].

---

[1] Ce chapitre a été supprimé dans le *Coutumier* B.

XXIX.

DE LA COUSTUME DU SEL QUI VA PAR EAUE.

Por v. poises de sel à homme coustumier, alans par eaue, en guernier, doit l'en as sergans v. d., et de meinz de sel, ne doit l'en rien; et, se sel est porté en banne, ausi n'en doit l'en rien as sergans. L'en doit au Roi de chascune poise de sel iii. d., comment qu'il soit porté. Se sel a esté acheté en compagnie, l'en n'est pas tenu de necessité aquiter lei, devant qu'i monte le pont de Seinne.

D. EXPLICATION.

Pour chacune poise de sel, contenant quatorze mines, venant dans un navire pour estre vendu à Rouen ou achepté pour porter amont la rivière dans un bateau ou par terre est deu au Roy pour la coustume, iii. d..

Et aux sergeants pour le navire, x. d..

XXX.

DES CHOSES QUI ONT ESTE DITES ET PRONUNCIES PAR JUGEMENT DES CONTENS QUI JADIS ESTOIENT MEUZ ENTRE LES VISCONTES DE L'EAUE $\overline{ROTHOM}$. D'UNE PART ET LE MEIRE ET LES PEIRS $\overline{ROTHOM}$. DE L'AUTRE.

En l'an m. cc. et xxxviii, hu jor de mardi-devant Pentecouste, Nichole Arrode et Guillaume Barbeite [1], arbitres et ordeneeurs des contens qui

---

[1] Les familles Barbette et Arrode appartenaient au haut commerce de Paris à la fin du XIIIe siècle. Une sentence fut rendue par Etienne Barbette au parloir des bourgeois, en 1298 ; Jean Arrode y figure comme témoin. (G.-B. Depping, *Règlements sur les arts et métiers de Paris*). Il est fait mention de Jean Barbette et

estoient entre les Viscontes de l'Eaue d'une part et le Meire et les citéens de Rouen de l'autre, présentez les parties desus dites par devant monseigneur Jehan de Beaumont et monseigneur Renaut de Crietot et monseigneur Adam de Milli chevaliers, feite tout premièrement et diligeaument l'enqueste sus l'arbitrement des arbitres desus diz, distrent les dis arbitres et pronuncièrent lor dit et leur ordenement hu compromis desus dit en ceste manière qui ensieut[1] :

Se il avient que aucun de la quemune de Rouen forfache à Viscontes de l'Eaue *Rothom.*, et les Viscontes veillent que il viege par devant eus à jurer de ce et à respondre en, il manderont au Meire de Roen que il leur envoit tel homme qui est son juré. Se il avient que le Meire ne semongne pas son juré, ledit Meire sera en amende envers les Viscontes desus dis ; et, se le Mere ne face ou ne voille feire par despit les mandement (*sic*) as Viscontes desus dis, il porront feire leur justise sus ledit Meire et sus les citéens *Rothom.* et tenir les justiciez jusques à tant que il leur eit esté amendé du Meire et des citéens desus dis[2].

D.

Pour ce chapitre n'y a nulle explication a faire, ajant aussi perdu les Vicontes de l'Eau l'auctorité de jurisdiction qu'ilz avoient sur les Maires.

Jean Arrode, échevins de Paris, dans l'acte d'amortissement (fév. 1284) accordé aux frères prêcheurs par le prévôt des marchands et échevins de Paris. (Le Roy, *Dissertation sur l'origine de l'hôtel de ville de Paris*, dans l'*Histoire de Paris* de Félibien, T. I, p. ciii.) — Cf. ibid., p. cv.

[1] Ce chapitre a été supprimé dans le *Coutumier* B.
[2] Supprimé dans le *Coutumier* B.

XXXII (sic).

DU JURÉ AU MEIRE DE ROUEN QUI FEIT INJURE OU FORFEITURE AS VISCONTES DE L'EAUE DE ROUEN ET DE LA JUSTISE QUI EN DOIT ESTRE FETE, TOUT EN LA MANIÈRE QUE IL EST DESUS DIT HU CAPISTRE DESUS DIT.

XXXI.

DE CEUS QUI VIENNENT MEINDRE DE NOUVEL EN LA VILLE DE ROUEN.

Ceus qui viennent meindre de nouvel en la ville *Rothom.* sont coustumiers et paient coustume jusques à tant que il aient meins en la vile *Rothom.* par an et jor, et quant l'an et le jour seront passez, adonques aront-il la franchise de la quemune, aussi comme li autre de la quemune, et quant il seront hors de la quemune, il seront justisiés par les Viscontes desus dis, aussi comme leur coustumiers [1].

D. EXPLICATION.

Toutes personnes qui viennent de nouveau demeurer à Rouen sont tenus à payer les droicts et coustumes deuz au Roy en la dicte Viconté jusques à ce qu'ils ayent demeuré an et jour en ladite ville, et l'an et jour passé, sont quittes et francs de coustume comme les bourgeois de ladite ville.

XXXII.

DE LA JURIDICION QUE LES VISCONTES DE L'EAUE ONT SUS LOR COUTUMIERS.

Se les Viscontes desus dis font arrest en eaue sus les jurez de la quemune de Roen et il en soit osté

---

[1] Cf. *Coutumier de Dieppe.*

aucune chose de cel arrest, sans le congié des Viscontes desus dis, il arresteront ce que celui qui ara froissié l'arrest ara en l'eaue, s'il i a rien, jusques à tant que ledit juré leur eit amendé et feit satisfacion et l'eaue reseisie arrière, ausi come devant; et, se celi qui ara froissié l'arrest n'a rien (en) l'eaue, les Viscontes manderont au Meire que il fache resaisir et revestir l'eaue par son juré et que ledit juré viegne amender as dis Viscontes son meffeit, et, se le Meire recuse ou ne volle ce feire, les dis Viscontes feront justise sus le Meire et sus la vile *Rothom.*, jusques à tant que le Meire et la ville et le juré de Roen leur aient amendé[1].

D.

Il n'est requis aucune explication en ce chapitre pour ne parler des droicts de la dicte Viconté et aussi que les dicts Vicontes n'ont plus de pouvoir sur les Maires.

XXXIII.

Sus les coustumiers de la vile *Roth.*, qui sont de dehors la vile de Rouen n'a pas le Meire *Roth.* aucune justise, ne sus lor choses, ne ne pueit, ne doit le dit Meire feire arrest sus les choses des dis coustumiers, se les dis coustumiers ne soient tenus en chose gagie par devant le dit Meire ou en requenoissant feit par devant ledit Meire ou la justise; et, se le dit Meire ara feite aucune force sus les choses desus dites, les dis Vicontes porront feire justise sus ledit Maire et la vile *Roth.*, jusques à tant que il leur

---

[1] Ce chapitre a été supprimé dans le *Coutumier* B.

aient amendé ; et du contens desus dit d'entre le coustumier et le juré doivent les dis Viscontes reconnoistre et tenir en voir et en droit[1].

D.

Ne sera falcte, n'est besoin d'aucune explication en ce chapitre pour les causes dessus dites.

XXXIIII.

DE CE QUE LES VICONTES DE L'EAUE DOIVENT RECORDER.

Des contens qui estoient entre les Viscontes desus dis d'une part et 1. juré au Meire de l'autre, por la reson de un forfeis ou de injures que le dit juré fist à dis Viscontes, si comme les dis Viscontes disoient, les forfeitures et le injure avoient esté dites en pleidant contre le juré. Le dit juré ala à conseil et le Meire et les Pers ovec li, por conseillier lei ; et, quant il revindrent du conseil, le juré dut respondre à la requeste des dis Viscontes, et dist le dit juré que bien responnoit et bien respondroit à la requeste des Viscontes desus dis ; sus laquele chose le dit juré requeroit le recort de la court ; et adonques respondirent et distrent les dis Viscontes que volentiers s'en recorderoient ; et aprez ce respondirent et distrent à l'encontre les dis Meire et Peirs *Rothom*, que il s'en devoient recorder ; et de ce se mistrent les dis Viscontes d'une part et les dis Meire et Peirs de l'autre en arbitres ; et les dis arbitres distrent que les dis Meire et Peirs ne s'en devoient pas recorder, por ce que il

[1] Supprimé dans le *Coutumier* B.

avoient esté au conseil dudit juré, mès les dis Vicontes et ceus qui estoient ovec eus s'en recorderoient [1].

D.

Nulle explication en ce chapitre, comme devant est dict.

XXXV.

DU CONTENS D'UN ESTAL.

Du contens d'un estal distrent les arbitres que il ne pooient rien feire ne dire devant que il eussent veu où l'estal siet; et adonques, veu le lieu, distrent-il que il diroient bien où il seoit hu tens au roi Phelipe [2].

D.

Aucune explication comme desus.

XXXVI.

DE LA JUSTICE QUE LES VISCONTES DE L'EAUE DE ROUEN PUEVENT FEIRE SUS LE MEIRE ET LES PERS *ROTHOM*.

Quant il forfont ou dient injure as Viscontes desus dis, et distrent les arbitres desus dis que il est einsint que les Viscontes de l'Eaue de Rouen puent arrester en l'eaue quan que le Mère et les Peirs de *Rothom*. et les jurez aront en l'eaue, si que il ne porront monter, ne avaler, carchier, ne descarchier, ne nul autre ne porra ce feire en leur nons, ne pour iceuz; et si

---

[1] Supprimé dans le *Coutumier* B.
[2] Supprimé dans le *Coutumier* B.

porront les dis Viscontes arrester les mines et les pois, si que l'en ne porra rien mesurer, jusques à tant que il ara esté amendé du Meire et des Peirs et des jurez *Rothom.* as Viscontes desus dis ; et n'a nul autre justicier, quelque il soit, poeir de feire tele juridicion fors les Viscontes desus dis de ce, ne de hanter là ; et fu quemandé du Meire *Roth.* à ses Peirs de par le Roy, à garder fermement et loialment sanz empirier toutes ces choses, si comme il sont desus dites, à touz jours més¹.

D.

Il n'est question en ce chapitre d'aucuns droicts deus en la dicte Viconté ; partant n'y a explication, et aussi que les Viscontes n'ont plus de pouvoir sur les Maires ni Pairs.

XXXVII.

DES MARCHAANDISES QUI PUEENT ESTRE DESCARCHIES DE L'EAUE ET ESTRE MISES SOUS COUVERTURES.

Coustumier marchaant ne puent meitre sous couverture aucune marchaandise descarchie de la value de c. s. qu'ele ne soit forfeite, fors ces marchaandisez, qui ensievent : bacons, seyn, oint, sieu, cuirs, cordoen, toute peleterie et autres choses de tel manière, lesqueles marchaandises puent estre mises à terre sous couverture, sans nul péril, por tant que l'en en eit pris congié as Viscontes de l'Eaue de Rouen.

D.

Nulle explication n'est requise en ce présent chapitre,

¹ Supprimé dans le *Coutumier* B.

pour n'être question d'aucuns droits à payer, joinct aussi que la permission de mettre les marchandises à couvert appartient aux sieurs conseillers échevins de la ville.

XXXVIII.

DE VENTE FEITE DE HORS LA BANLIEUE DE ROUEN.

Se aucun vent aucune chose hors la banleue de Rouen, il n'est pas tenu à amender lei [1].

D. EXPLICATION.

Marchands qui vendent marchandises hors de la banlieue, quelque marchandise que ce soit, ne sont tenus ny subjects prendre congé en la dicte Viconté pour les dictes marchandises, et ne doivent aucune chose de coustume.

XXXIX.

DE CELI A QUI L'EN BAILLE LE MEREL ET PUIS LE PERT.

Se l'en baille à aucun merel por signe d'estre aquité à la Visconté de Rouen, et puis avient que il le perde, l'en le doit feire jurer que il ne le feit pas malicieusement por li ne por autre, ne en fraude que il ne pait la coustume de la Viscontée de l'Eaue de Rouen ; et, se il ne veut jurer, il le doit amender et paer iii. s., por l'amende ; et, se il emporte ledit merel outre les bornes, ne que il ne l'ait ballié en lieu establi à rechevoir lei à la porte par où il a passé, il doit forfeire toute la marchaandise que il porte ou il le doit amender et paier xviii. s. por l'amende.

---

[1] Supprimé dans le *Coutumier* B.

XL.

DES COUSTUMIERS QUI PLEIDENT EN LA VISCONTÉ DE L'EAUE.

Se aucun coustumier se complaigne devant les Viscontes desus dis de aucun autre coustumier, le coustumier compleignant est tenu paier les destreis avant que la semonse soit feite ou l'arrest, c'est à savoir : i. d. de chascuns xii. d., combien que ce soit que la demande du compleignant soit grande; et por les destreis desus dis paiés du compleignant sera ledit compleignant quite de l'amende, se il déchiet de sa demande, et, se celi de qui il se pleint enchiet; il l'amendera.

XLI.

DE LA POESTÉ QUE LES MARINIERS ET LES BATELIERS ONT DE ARRESTER EN LEURS VESSIAUS.

Chascun marinier ou chascun batelier puet de sa propre auctorité arrester en sa nef ou en son batel les marchaandises qui i sont aportées por son freit ou por son salere seulement; et por autre deite, quel que ele soit, ne por autre chose ne poeut-il pas ce feire, se ce n'est par le congié des Viscontes de l'Eaue Rothom., par devant lesquiex le plet de ce sera mené, se il en convient pleidier.

XLII.

DE CE QUE LE MEIRE ET LES PEIRS ROTHOM. DOIVENT VENIR AU MANDEMENT DES VISCONTES DE L'EAUE DE ROUEN.

Toutes le foiz que il est besoig, ne mestier de feire jugement à la Visconté de l'Eaue de Roen, le

Meire et les Peirs sont tenus à venir à la dite Viscontée au mandement des dis Viscontes, por conseiller les et por jugier aveuc eus, selonc les choses proposées et alleguies en jugement par devant les dis Viscontes [1].

D.

N'est besoin d'explication en ce présent chapitre, n'ayant les dicts Vicontes de pouvoir sur les Maires, comme ils avoyent antiennement.

XLIII.

DES FORFEITURES.

Nul, quelque il soit, ne puet deschargier vins ne meitre d'eaue à terre, ne meitre iceus vins de tonnel en tonnel, ne de carete à terre, por tant que se il viegnent nouvelement, ne monter, ne avaler sans le congié des Viscontes de l'Eaue *Rothom.*, que tout ne soit forfeit; et cele forfeiture doivent avoir les Viscontes de l'Eaue.

XLIIII.

DE PRENDRE CONGIÉ AS VISCONTES DE L'EAUE *ROTH.*

Les citéens de Rouen ne poent, ne ne doivent porter ne mener ne trespasser leur marchaandises par eaue ne par terre hors de la banleue de Rouen, sans le congié et le plesir des Viscontes de l'Eaue; et sont tenus les dis citéens jurer et flanchier que les marchaandises de quoi il prennent congié ne sont

---

[1] Supprimé dans le *Coutumier* B.

vendues ne enconvenanchies et que nul qui doie coustume n'i a part ; et, se il avient que l'en puisse savoir ne prouver certeinement qu'il aient feit fals serement, les marchaandises seront forfeites ou il paieront de ce tel amende comme les Viscontes desus dis voudront.

D. EXPLICATION.

Si quelque citoyen et bourgeois de Rouen fait venir ou envoye marchandise qui doive coustume hors la ville et ban-lieue, les fermiers de la dite Vicomté de l'Eaue sont permis le faire purger par sermens devant le sieur Vicomté de l'Eaue, à fin de sçavoir s'il a avec lui aucun personnier forain qui ayt part en la marchandise, et s'il jure et afferme n'en avoir aucun et que icelle marchandise va à ses périls, dangers et fortunes, le congé et acquict luy doit estre à l'instant baillé sans payer aucune chose; mais si par après le serment par lui faict, il se recognoist qu'il y avoit personnier forain avec luy, ou que icelle marchandise fût par luy troequée, vendue ou eschangée, la marchandise sera forfaicte ou amendée, selon que le cas le requiert.

XLV.

DE CELI QUI AFFERME QUE LA CHOSE ESTRANGE EST SOUE.

Quiconques afferme aucune marchaandise, quele que el soit, ou autres biens quiex que il soieent, estre suens par devant les Viscontes de l'Eaue de Rouen, et il soit trouvé menchogier de ce, la dite marchaandise ou les dis biens remeindront ausi comme forfeis en la mein des dis Viscontes.

D. EXPLICATION.

Si aucun bourgeois de Rouen jure et afferme en justice que les marchandises qu'il fait venir ou envoye hors la ville de Rouen en son nom sont pour son propre compte et que nul homme forain n'y a part, qui doive coustume, et il est trouvé menteur, telles marchandises seront forfaictes ou amende, selon que le cas y eschet.

XLVI.

DE LA FRANCHISE A CITÉENS ROTHOM. EN LA VISCONTÉE DE L'EAUE ROTHOM.

Se aucun qui eit la franchise *Rothom*. achate vins, mès qu'il soient creuz au desus du Pont de l'Arche et il viegnent à Roen, il paiera moeson et bien les eit-il achetez por son user et bien eussent-il aussi creu en ses propres vignes. Des vins qui sont creus par desous le Pont-de-l'Arche ne paie l'en ne moeison ne coustume ; mez, se les vins de desus le Pont de l'Arche sont donnez à aucun des citéens *Roth*., qui sont quites et frans de toute moeison et de toute coustume, mès que il jure et flanche en la Viscontée de l'Eaue de Rouen que il ne vendra ne tant ne quant de iceus.

D. EXPLICATION DU CHAPITRE CY-DESSUS : DE CE QUE DOIVENT LES BOURGEOIS DE ROUEN POUR LEURS VINS.

Tous citoyens et bourgeois de Rouen, faisant venir vins provenant du cru ou autrement, alant cru au dessus du Pont de l'Arche, doivent payer au Roy en ladite Viconté pour chacun ponsson ou demie queue de vin le droict de mueson, qui est douze deniers pour pièce, avec le droit de choix, qui est de cent ponssons, ou cent demies queues soixante dix sols, estant exempts de la coustume que paye le forain, qui est saize deniers pour pièce ; et ne doivent iceux bourgeois aucune chose, de quelque marchandise que ce soit, que dudit vin, ainsi quil sera dict cy après,

Assavoir :

Pour chacun ponsson ou demie queue de vin, est deu comme dict est, outre le droict pour la mueson, xii. d..

Pour un demy ponsson ou caque, vi. d..

Pour une fillette de vin, moitié d'une demie queue, iii. d..

Pour une botte, pipe ou queue de vin de quelque cru que ce soit, excepté Bourdeaux, Oissel et Freneuse, xxi. d..

Et outre le droict de mueson ci-dessus, est encor deu par les dicts bourgeois le dict droict de choix, qui est de cent ponssons ou cent demies queues, soixante et dix sols.

Assavoir :

Pour xviii. ponssons, n'y a aucun choix, néant.

Pour xix. ponssons jusques à trente sept ponssons vingt sols, estant deu autant de dix neuf ponssons, xx. s.

Pour trente huict ponssons, continuant jusques à cinquante six ponssons, xxxv. s..

Pour cinquante sept ponssons jusques à soixante huict ponssons, xlv. s..

Pour soixante neuf ponssons jusques à soixante quinze ponssons, lv. s..

Pour soixante seize ponssons jusques à quatre vingt sept ponssons, lx. s..

Pour quatre vingt huict ponssons jusques à cent ponssons, lxx. s..

Qui seroit pour cent ponssons ou cent demies queues de vin, à raison de douze deniers pour pièce pour ledit droict de mueson, la somme de cent sols, et pour le dit droict de choix soixante et dix sols, qui est en tout, viii. l. x. s..

Plus pour le choix de cent dix ponssons, lxxv. s..

Pour cent quinze ponssons, iiii. l..

Pour cent vingt ponssons, iiii. l. x. s..

Et ne se paye pour ledit droict de choix que ladite somme de soixante et dix sols pour le dit nombre de cent ponssons, comme il est dict, et, se plus y en a, se doit faire le compte selon le nombre.

Par exemple de cent vingt ponssons, iiii. l. x. s..

Pour deux cent vingt ponssons deux fois soixante et dix sols pour les deux cens ponssons et vingt sols pour les vingt ponssons, qui est en tout huict livres, viii. l..

Et ainsi faire d'autre nombre à l'équipolent de ce qui se trouvera, et joindre le dit droict de choix avec le dit droict de douze deniers pour pièce pour la mueson, ainsi que dit est cy devant et par ce moyen pourra fort facillement le bourgeois faire le compte de ce qu'il doit au Roy en la dite Vicomté tant pour la mueson, que droict de choix pour son vin.

Pour les queues est deu double choix qui est sept livres pour cent queues avec vingt et un denier pour la mueson de chacune queue.

Les dicts bourgeois ne doivent aucune chose du vin de Bourdeaux, Oissel, ny du cru de Freneuse, d'autant qu'iceux vins ne doivent ne mueson ne choix, fors seulement la coustume qui est saize deniers pour pièce pour les forains.

Pour les bourgeois n'est rien deu, néant.

XLVII.

DE LA JURIDICION QUE LES VISCONTES DE L'EAUE DE ROUEN ONT SUS LE LARRON PRIS A JOUR DE MARCHIÉ OU DE FEIRE SEISI DE LARRECHIN OU SOUPECHONNÉ D'AUCUN CRIME.

Se il avient que aucun soit pris à jor de marchié, de quele justice que ce soit, seisi de larrechin ou sopechonné, il doit estre améné sans doute as Viscontes desus dis et baillié ; et à iceus en apartient le jugement estre feit d'iceli par iceus et par IIII. chevaliers que le Visconte du Chastel de Rouen i doit feire venir à la requeste des dis Viscontes, à jugier iceli selonc ses mérites [1].

D. EXPLICATION.

Cette auctorité de jurisdiction estoit anciennement attribuée aux Vicontes de l'Eaue, mais à present et de longtemps leur est ostée comme estant des dépendances du lieutenant criminel qui en a la jurisdiction.

---

[1] Supprimé dans le *Coutumier* B.

XLVIII.

EN COMBIEN LOIG LA JURIDICION AS VISCONTES DE L'EAUE *ROTH.* S'ESTENT.

Les Viscontes desus dis ont poer d'arrester et de justicier en l'eaue de Seinne de Rouen jusques à la mer et jusques à Paris, et par terre, tant comme la banleue *Rothom.* s'estent, par leur force, por leur amendes et por leur deites et por autres choses, partant que il soient des apartenances de la Viscontée de l'Eaue de Roen; et por autres choses il poeent justicier ne arrester hors de la banleue *Rothom.*; mès il doivent requerre conseil et aide en ce des autres justiciers, por feire arrester et justicier ce que il leur requerront [1].

D. EXPLICATION.

Les Vicontes de l'Eaue ont jurisdiction et peuvent cognoistre en première instance de toutes marchandises qui déchargent ou chargent sans avoir prins acquict ny congé en la dicte Viconté, et à ceste fin ont pouvoir de décerner mandement pour mettre en arrest lesdictes marchandises, et ce jusques à l'embouchure de la mer et d'amont la rivière jusques à Paris et par terre jusques dans la banleue, comme aussi ont connoissance de juger de toutes debtes dépendant des droicts d'icelle Viconté et des débats qui proviennent entre les marchands et voicturiers, qui vont par la rivière de Saine, à cause du port et voictures des marchandises.

[1] Supprimé dans le *Coutumier* D.

XLIX.

DE LA LEY QUE L'EN APELE DESREINE.

La ley que l'en apele desreine en la Coustume de Normendie, ja ce soit-il que en plusieurs manières por les dignités soient feites aucune fois diversités et condicions par ii. tesmoins aucune foiz ou par iii., ou par iiii., ou par v., ou par vi., ou par vii., et que il n'en i ait pas, ne ne doie avoir plus de sept tesmoins à ce feire; selon la coustume de Normendie, il est à savoir que, se desreine soit gagie en la Viscontée de l'Eau de Rouen et contre la court, que celi qui l'a gagie à feire la porra feire par la treizième mein[1]; et a esté acoustumé à feire la en ceste manière, c'est à savoir que les Viscontes ou justice diront à celi qui gaja la desreine ces paroles, c'est à savoir : se il est garni et apparellié de feire sa lei; et donc doit celi qui la loy doit fere respondre : oil ; et puis donques sera escarie la loy à icell qui la doit feire par la justice en ceste forme ; et doit le feiteur de la loi meitre sa mein sus le livre et dire ces paroles qui ensieueent, après la justice, en la forme que la justice l'ara escari : « Se Dex m'ait et ces Seins et tous autres que je ne doi pas à N. l'argent que il me demande, » ou « je ne fis pas ce que il me meit seure »; et puis, après ces paroles dites, se doit-il

---

[1] O. « La loy que l'en appelle derraine par la coustume de Normendie est faicte en plusieurs manières et eu plusieurs conditions, aucunes foys par deux tesmoings ou par trois ou par quatre ou par cinq ou par six ou par sept tésmoingtz par la coustume de Normendie; et non pourtant c'elle est gaigée par la Viconté de l'Eaue de Rouen, celui qui la gaige la fera luy troysième en ceste forme, etc. »

drecier de son serement et treire soi arrière ; et puis aprez li doivent estre apelés ses tesmoins, qui la loi li doivent aidier à feire ; et doit chascun des tesmoins estre escari et oï par soi, sa mein mise sur le livre ; et après l'escariement feit de la justice doit-il respondre que il n'i sont apelez ne amenés ne corrompu ne par prière, ne par pris, ne par cortoisie, ne par dons que il en atendent à avoir et dire en ceste forme : « Si me ait Dex et ces Seins et tous autres que N. a dit voir de ce dont il a feit le serement », et ausi doivent touz les autres tesmoins jurer ; ès queles choses, se les tesmoins aront mué ou delessié aucune chose des paroles escaries par la justice en la manière desus dite, celi qui ara gagié la loi ou la desreinne autant comme contre aucun aucun (sic) autre comme contre la cour, la porra feire par sixte main [1].

D. EXPLICATION.

Cette loy ne s'observe plus et n'a lieu ; et à present, si aucun est débiteur de quelque argent, le créditeur fait assigner le débiteur devant le juge ordinaire afin d'estre payé de ce qui luy est deu, et produit en justice sa demande soit par témoins ou par lettre.

L.

DU PESAGE BAILLIE A FERME.

Por 1. peis de leine peser, 1. d. au peis, c'est à savoir à celi qui a le peis, de celi qui achate et de celi qui vent, de chascun, ob.. Pour chascun cent peser,

[1] A. « Cil qui gaiga la loy ou la derraine perdra, et, se aucun gaigé la loy ou desraine contre aucun aultre que contre la court, il la pourra soy siste main. »
Ce chapitre a été supprimé dans le *Coutumier* B.

paie l'en i. d. au pois, de quele chose que ce soit, ou de marchaandise, de celi qui achate et de celi qui vent, aussi comme il est desus dit. Item l'en doit savoir que les citéens et les marchaans de hors la ville sont d'une mesme condicion quant au pesage desus dit[1].

LI.

DES BOUTEILLERS DE LA VISCONTEE DE L'EAUE DE ROUEN.

L'en doit savoir que il doit avoir ii. boutelliers en la Viscontée de l'Eaue de Rouen establis et jurés por boire des vins as marchaans qui sont venus vers Rouen, desquiex vins est deue moeson au Roy, por eslire le tonnel ou les tonneaus qui est deu ou qui sont deus por le chois de la moeson que le Roi ou les Viscontes de l'Eaue de Rouen doit avoir ou doivent avoir, si comme il est desus dit hu capistre des vins. — Item l'en doit savoir que nul des botelliers desus dis ne doit estre courretier, ne ne puet. — Item les dis botelliers ne doivent blasmer ne loer les vins as marchaans aprez ce qu'il en aront beu en fesant leur office. — Item il ne doivent pas boire des vins à marchaans, en feisant leur office, fors de xix. tonneaus; et, se il n'en i a xix., il escouvient que il soient veus d'iceus boutelliers.

D. EXPLICATION.

En la Viconté de l'Eaue de Rouen, il y a deux boutelliers preseurs de vins pour le Roy. La fonction de leur office est de prendre fidellement le compte du vin qui arrive en ceste ville de Rouen, tant d'amont que d'aval par bateaux, navires

---

[1] Supprimé dans le *Coutumier* B.

ou charettes pour la conservation des droicts du Roy selon qu'ils sont requis par les marchands de ce faire. Et doivent rabattre le vingt deux pour vingt, du vin qu'ils trouverront en fustaille pour les coulages et du vin de mer aussi vingt deux pour vingt du vin non plain, ou bien faire remplir le vin et faire desduction apres le remplage, de vingt et un pour vingt.

Puis par apres en est faict par iceux preseurs bouteillers leur rapport qu'ils envoient au bureau de la dicte Viconté, auquel est conteneu le creu et nombre du vin, apartenant à chacun marchand, soit forain ou bourgeois, sur lequel rapport est faict le compte par le clerc siégé de la dicte grand ferme de la dite Vicomté ou son commis, de ce qui est deu au Roy pour icelle ferme; et pour ce faire sont tenus les fermiers de la dite Viconté ou receveur du domaine payer annuellement aus dicts priseurs leurs gaiges qui leur sont attribués par le Roy.

Et s'il se trouve dans les dicts bateaux, navires ou charettes, quelque vin gasté, ne doivent, ny ne peuvent iceux priseurs bouteillers loer ny blasmer le dit vin, ny employer en leurs rapports : *vin gasté, tant de pièces;* mais avant que faire leur rapport, convient que le vin soit gousté par les fermiers pour la conservation de leur droict, et aussi par les courtiers qui en baillent leur certiffication, laquelle est communiquée ausdicts preseurs bouteillers, afin que, suyvant la dicte certification, ils employent au bas de leur rapport, le vin qui se trouve gasté par les dicts courtiers.

LII.

DES DÉFAUTES DE CEUS QUI PLAIDENT.

Se il avient que aucun se compleigne de i. autre en la Viscontée de l'Eaue de Rouen et arrest soit feit sus les biens d'icelli à qui l'en demande, par la requeste du compleignant, l'en doit savoir que, se le compleignant ne vient à l'eure ou au jor qui lor seront assignez et determinez et à celi à qui il demunde à pledier, qu'iceli à qui il demande et ses biens seront desarrestez et delivrez ; et, se celi à qui l'en demande face ii. défautes, il sera condempné envers le demandeur, en tant comme sa péticion se montera[1].

D. EXPLICATION.

Toute personne faisant complainte en justice à l'encontre d'un autre, se doit comparoir en personne, et si le demandeur faict deffaut, le deffendeur est absouz de l'action quant à présent, sauf à reprocher, et si par semblable le deffendeur fait déffaut, il est contrainct par les voyes ordinaires à comparoistre en justice pour se justifier du fait à luy demandé.

LIII.

DE MEITRE LES NEZ A QUAI OU A PORT.

La nef fermée à kais *Rothom.*, rien fesante ou volente rien feire, doit départir du kay por donner lieu et plache à i. autre nef volente et preste à ouvrer et à laborer, ja ce soit-il que le kai soit au mestre à cui la nef est. Et, se il avient que l'en ne l'oste ne ne la veulle l'en oster du kai desus dit simplement et débonnairement, par le contredit d'aucun, au mandement des Viscontes de l'Eaue de Rouen, par leur sergans, si comme ce a esté acoustumé à feire, et les sergans truisent aucun rebelle ou engrez qui ne veulle ce feire ou le refuse à leur commandement, les dis sergans pueent coupper la feste ou la corde de quoi la dite nef estoit fermée sus terre au kai et lessier la dite nef toute seule ou aler vagante par l'eaue et l'autre nef meitre à kai en leu d'icele nef ;

---

[1] Supprimé dans le *Coutumier* B.

et se il avient que aucun eit damage por l'occasion d'icele nef lessie aler vagante, si comme il est desus dit, et que la nef desus dite périsse en manière que ce soit, en alant vagante, les Viscontes de l'Eaue *Rothom.* ou leur sergans ne sont tenus à respondre à nuli por l'occasion de tele action ; mès iceus qui aront contredit e esté rebelles au commandement des Viscontes de l'Eaue *Roth.* à emplir, l'amenderont as dis Viscontes [1].

D. EXPLICATION.

Il y a à présent une office de superviseur à laquelle les sieurs conseillers et échevins de la ville pourvoyent, la function de laquelle consiste à visiter journellement le long du tallus des quays afin de voir et visiter les navires, heux et allèges qui sont deschargées de marchandise pour les faire partir et vuider hors du quay pour faire place aux autres vaisseaux estant chargez de marchandise pour faire leur descharge librement sans aucun péril ny danger ; et si le maistre des vaisseaux ou aucuns de leurs compagnons mariniers sont refusans de ce faire, après en avoir esté adverti, le dict superviseur peut de son authorité avec sa hache, qu'il porte pour cest effet, couper les cables et cordages dont ces vaisseaux sont amarez ; et à ceste fin est le dict superviseur gaigé de ladicte ville. Cela n'empesche néantmoins les sergents de la dicte Viconté, qu'il naient l'œil et esgard à ce que le quay ne soit occupé des dicts vaisseaux n'aiant aucunes marchandises.

LIIII.

DE L'AQUIT DE LA MAARCHANDISE PORTÉE A COL.

Tote marchaandise qui est portée à col de homme est aquitée par i. d.; et à cheval par iiii. d.; exceptés

---

[1] Supprimé dans le *Coutumier* B.

les hanas de fust qui sont aquités par i. d., portez à col ou à cheval; et lins à filer sont aquitez tot en autele manière.

D. EXPLICATION.

Marchandise de draps, toille, mercerie et autres telles marchandises pour somme ou charge de cheval doit de coustume, iiii. d..

Pour mercerie portée à col, ii. d..

Et pour toille ou drap apporté à col pour vendre, i. d..

LV.

DES COMPLEIGNANS QUI NE DOIVENT PAS PAIER LES DESTREIS.

Se aucun requiert de aucun autre i. somme d'argent qui li soit deue por service qu'il li a feit, celi présent à qui il demande, ou que ce soit por marchaandise, il sera arresté et semons à la requeste du demandeeur, sans paier destreis, en tel manière que les ii. personnes, cele qui demande et cele à qui l'en demande, soient présentez. — Item l'en doit savoir que nul des citéens ne des jurez *Rothom.*, compleignant sei d'aucun coustumier, ne doit paier destreis; mès il doit baillier plèges de sieurre sa compleinte.

D. EXPLICATION.

Si un bourgeois de Rouen, ou autre a procès à l'encontre des fermiers de la dite Vicomté pour les droicts d'icelle et il ne demeure d'accord du payement d'iceux droits, en ce cas il n'est pas tenu ny subject de payer les dicts droits, mais bien baillera asseurance pour le payement d'iceux droicts, si convient les payer, jusques à avoir effet en cause.

LVI.

DE LA COUSTUME DU PAIN.

Por c. douzcinnes de pein que l'en apele la brotée venant par eaue de Evvreus doit l'en viii. d. de costume; et por le pein d'une somme de blé venant de Maante paie l'en i. d. de coustume, et de quicunques lieu que pein viegne en quarete, paie l'en ii. d. de chascun cheval de la quarete, et, se le pein vient à cheval en bennastres, i. d.; et, se le pein vient ou par eaue en couple de banastres, si paie l'en i. d. de coustume.

D.

Il ne se paye à présent aucune coustume pour le pain, et ne doit riens.

LVII.

DE LA COUSTUME DU VOIDE.

Por le tonnel de voide porter jusques à la mer par eaue, paie l'en viii. d. de coustume; et, se le voide est porté en nef, si en paie l'en viii. d., et as serjans x. d.. Més se le voide est descarchié à terre, eins que il viegne à la mer, si paie l'en de ce v. d. as sergans et viii. d. au Roy. Et, se le voide est venu par eaue de desus Rouen, si paie l'en de chascun tonnel viii. d. au Roy; et, se il est venu en batel sanz tonneaus, viii. d. au Roi et as sergans x. d.; et, se il est venu par terre en quarete, de chascun cheval de la quarete paie l'en ii. d. et as sergans rien; et, se il est venu à cheval, i. d..

D. EXPLICATION.

Pour chacun navire chargé de voide venant de Caen ou autres lieux est deu de coustume, viii. d..

Aux sergeants, x. d..

Pour chacun tonneau, pipe, ponsson ou autre fustaille, viii. d..

Pour voide en futaille porté par charette, pour chacune pièce de la dite fustaille, viii. d..

Et aux sergeants, néant.

LVIII.

DE LA MARCHAANDISE ACHETÉE EN COMPAGNIE.

Il avient mout de fois en la Viscontée de l'Eaue *Rothom*, que i. marchaant vient as Viscontes aquiter sa marchaandise ; et donques, si comme ce est acoustumé en la dite Viscontée feire, lei demande l'en au marchaant par sa foi, à savoirmon, se aucun qui doie coustume eit partie en cele marchaandise ; et, se le marchaant respont adonques que la marchaandise fu achetée communément entre li et aucun autre, ja ce soit-il soient frères ou non, et que lor chatex soient entre eus sans aucune division, la marchaandise porra et devra estre aquitée par i. sole coustume.

D. EXPLICATION.

Si quelque marchand de Rouen demande acquit en la Viconté de marchandise qui doive coustume, on luy demande ordinairement s'il y a aucun forain qui ayt part avec lui en la dite marchandise ; lors il déclare qu'il n'a pas part seul à icelle et a personnier forain avec luy ; il est tenu de payer plaine coustume, soit qu'ils soyent frères ou autrement ; et n'y ayant aucun personnier forain avec luy, après avoir déclaré que la marchandise s'en va à ses risques, l'acquit et congé luy est baillé sans riens payer.

LIX.

DES FARDEAUS ALANS PAR EAUE.

Le fardel de dras ou de teiles ou d'autres choses, de quele marchaandise que ce soit, qui est porté de Rouen jusques à la Boille, portant qu'il i soit descarchié, doit iiii. d. de coustume ; et, se il va par eaue outre la Boille, il paiera viii. d.; et, se il est porté de Rouen contremont l'eaue, il paiera iiii. d. de jusques au Port S. Oein ; et, se il va outre le Port S. Oein par eaue, il paiera viii. d. de costume.

D. EXPLICATION.

Pour balle, ballot ou autres fardeaux de draps et telle manufacture de laine arrivant à Rouen, soit d'Angleterre, ou autres lieux, est deu au Roy pour le droict de coustume, viii. d..

Aux sergeants pour le navire qui apporte les dictes marchandises pour une fois payer seulement, x. d..

Et convient notter que les dicts dix deniers ne se doyvent payer que par les marchands qui ont marchandises qui doivent coustume.

Comme, par exemple, s'il y a huict ou dix marchands qui ayent marchandises de draps, plomb et autres choses venant d'Angleterre, sera payé le dict droit de dix deniers esgallement, soit un denier pour chacun marchand, ou plus, ou moins, et le semblable aussi sera ainsi payé par les marchands qui font venir harenc de Flandre ou autres marchandises seiches venant d'Allemagne et autres lieux qui doivent coustume au Roy.

Pour balle ou ballot des dicts draps achaptez en ceste ville de Rouen pour porter hors la ville et banlieue, par navire, bateau ou charrette, pour marchand forain, viii. d..

Aux sergeants, néant.

Pour charge ou somme de cheval de draps toilles ou merceries, pour porter hors ou arrivant à Rouen est deu pour la coustume iiii. d..

Pour coffre ou bahurt de mercerie, draps, toilles et autres telles choses, xii. d..

Pour tonneau, cane ou baril des dictes marchandises, viii. d..

Pour balle ou tonneau de garence, viii. d..

Pour balle de pastel, iiii. d..

Pour baril fueille de fer blanc et noir, iiii. d..

Pour baril huille de rabette, xi. d..

Pour deux barils de la dite huille rabette, xxi. d..

Pour baril de miel, xi. d..

Pour deux barils de miel, xxi. d..

Et des autres fustailles de la dite huille de rabette et miel à l'équipolent.

Pour balle ou ballot de fil de laine, viii. d..

Pour ballot de coton fillé, viii. d..

Pour balle de camelots, sarges et autres telles marchandises, viii. d..

Pour charge de cheval des dictes marchandises, iiii. d..

Pour balle ou ballot de toilles blanches, toilles escrues, canevas, et autre toile soit arrivant à Rouen par charroy ou navire, ou acheptée pour porter hors la ville et ban-lieue, viii. d..

Pour la somme ou charge de cheval des dites toilles, iiii. d..

Pour balle ou ballot de casteloignes et tapisserie, viii. d..

Pour balle ou ballot de bougrens neufs, viii. d..

Pour balle ou ballot de fustaines, sarges d'ascot et toute grosserie et mercerie, viii. d..

Pour balle, cane, ou tonneau de clinquaillerie, viii. d..

Pour la charge de cheval ou somme des dictes marchandises, iiii. d..

Pour balle ou ballot de fil de Lion et treillis d'Allemaigne, viii. d..

Pour tonneau baril et autre fustaille de formage de Flandre et autres lieux, viii. d..

Pour un navire, heux et allége chargé de formage ou jambons de Majence en grenier, quelque nombre qu'il y ayt, n'est deu au Roy pour la coustume que viii. d.,

Et aux sergeants, x. d.,

Pour chacun cent de faux à faucher, iiii. d.,

Pour chacun touret de fil de caret, viii. d.,

Pour ballot d'acier, iiii. d.,

Pour ballot d'acier, iiii. d.,

Pour chacun cent pesant de laine d'Espaigne ou d'autres lieux passant ou traversant la ville ou arrivant en icelle pour y estre vendue, iiii. d.,

Convient entendre que toutes marchandises qui doivent coustume, chargez en la dicte ville et ban-lieue, excepté le vin pour porter hors, ne doivent aucun droict de dix deniers pour les sergeants, néant.

LX.

DE FIL, LINGE ET LANGE PORTÉ PAR EAUE.

Fil, linge ou lange qui est porté par eaue de Ellebuef jusques à Rouen doit viii. d. de coustume, et, se le fil est à home de Ellebuef, il paiera iiii. d. tant seullement ; et, se il est porté par desous Roen par eaue outre la Boille, il paiera viii. d. de coustume [1].

LXI.

DE CELI QUI N'EIT PAS TENU (A PAYER) LE SALEIRE AS SERGANS NE LE DENIER POR LE TONNEL A ICEUS MEISMES.

Il n'eit pas acoustumé, ne ne doit estre de coustume en la Viscontée de l'eaue *Rothom.* que les sergans de la dite Visconté puissent ne ne doient demander leur saleire por leur servise à celi qui ara paié les destreis, compleignant soi de aucun por

---

[1] Supprimé dans le *Coutumier* B.

feire semondre et arrester celi contre qui il voudra pleidier en la court de la Viscontée de l'Eaue de Roen ; mès, se le compleignant qui ara paié les destreis desus dis aura voulu donner aucune chose au sergant par sa courtoisie et par sa debonnereté, sans nul contreignement, le sergant le porra bien prendre don soufisant d'iceli, se il li donne en la manière desus dite. — Item les dis sergans ne doivent pas avoir le denier des tonneaus venans à Rouen, en nef ou en batel, se il n'en i a v. tonneaus, au meins que il i en puisse avoir, ja ce soit-il que le Roi en eit de chascun tonnel xvi. d. de coustume ; et, se les vins viennent de desus Maante, l'en en paiera aux serjans x. d. por toute la navée ou la batelée ; et, se il viennent de desous Maante, l'en n'en paera que v. d. as sergans por toute la navée ou batelée. — Item, se j. seul tonnel de vin en quarete viegne ou voise ou trespasse par la vile, si en paiera l'en as sergans j. d. por cel tonnel. — Item l'en doit savoir que, se aucun marchaant eit vins en pluseurs quaretes venantes ou trespassantes par la ville *Rothom.*, les sergans n'en aront que j. seul denier por tous les vins du marchaant.

D. EXPLICATION.

Les sergeants de la Vicontè de l'Eaue ne doivent et ne peuvent demander aucun sallaire à celuy qui aura payé la coustume et droits deux au Roy en la dite Vicontè ; mais, si de grace et courtoisie le marchand présente aus dicts sergeants par forme de don quelque chose, ils le peuvent prendre, comme aussi il ne sera payé aux sergeants de la dite Vicontè pour quelque nombre de vin qui arrive en ceste ville d'amont par bateau, pour marchand forain, pour toute la batelée, que dix deniers.

LXII.

DE PEIN, DE BLÉ ET D'AUTRES CHOSES DONNÉES OU A DONNER EN AMMOSNE.

Vins, pein, blé, fruit et toutes choses queles qu'eles soient, données ou à donner en ammosne, venantes ou repeirantes ou trespassantes par eaue ou par terre, sont franches et quites de toute moeson et coustumes, mès que serement en soit feit que ja rien n'en sera vendu, mès que tout sera donné en ammosne ; et aussi est des vins et des autres choses qui sont achetées et vendues por la reson de nucches de confraerie et de festes à feire en l'eur de Ste Marie, de S. Nicholas et de tous autres Seints et Seintes.

D. EXPLICATION.

Tout vin, bled, fruicts, viandes, et autres choses destinez pour nopces, confraries et festins faitz en l'honneur de Dieu, de la benoiste vierge Marie et de tous les saincts et sainctes de Paradis sont francs et tenus quittes de payer aucun droict de mueson ny de coustume, en jurant par eux que le vin et autres choses ne sont pour estre vendus, mais que ils seront convertis et employez aux choses susdites ; et à ceste fin l'acquit et congé leur doit estre baillé et delivré par le clerc siégé de la grande ferme de la dite Vicomté sans riens payer.

LXIII.

DE LA COUSTUME DE LA CAHERIE.

Il est une coustume que l'en apele la caherie por laquele coustume l'en paie i. d. de chascune somme à cheval, de oeuz, de poulaillerie, de oiseaus, de formages, de aigneaus et de quévreaus ; et aussi en paie l'en i. d., quant il viennent à Rouen par eaue.

D. EXPLICATION.

Pour chacune somme ou charge de cheval, venant de la basse Normandie, et autres lieux l'on paye de coustume, 1. d..

Pour charge de cheval ou somme d'œufs, formages et autres telles choses, 1. d..

LXIIII.

DE HOMME MORT PESCHIÉ EN L'EAUE DE SEINNE.

Homme mort peschié en l'eaue de Roen de Seinne dedans la banleue ne puet ne ne doit estre osté ne remué, ne les biens, se il en i a aucuns qui soient enlachiés au mort, sans le congié et la licence as Viscontes de l'Eaue *Roth.*, et que les Viscontes desus dis ou lor sergans aient veu ledit mort; et, se l'en euure dudit mort autrement que il n'est desus dit, il sera amendé as dis Viscontes.

D. EXPLICATION.

Toute personne submergée en la rivière de Saine par cas fortuit ou autrement ne peut ny ne doit estre tiré hors d'icelle ny approcher du corps pour estre visité, sans avoir au préalable demandé permission et congé au sieur Vicomte de l'Eaue, qui pour cest effet s'i transporte assisté de son greffier et sergeant pour visiter le corps mort et voir si iceluy corps a esté offencé ou autrement, pour par après en dresser l'information et estre le corps inhumé en terre saincte; mais s'il est trouvé et sceu que la personne se soit jettée en l'eaue par forme de désespoir, en se précipitant de propos delibéré, en ce cas ne mérite le corps la terre saincte.

LXV.

DES AMENDES OU DES FORFEITURES OU LES SERGANS DE LA VISCONTÉ OU LES GARDES DES PORTES QUE L'EN APELE BARRIERS DE LA VILE DE ROUEN ONT PARTIE.

Se il avient que aucun des sergans ou des barriers desus dis prengnent ou ameignent aucun à la Viscontée de Rouen et sa marchaandise avec, qui sans le quemandement et la conscience as Viscontes de l'Eaue *Roth*, s'en fut alé et sa marchaandise avec malicieusement et larrechineusement, sans prendre congié à la Viscontée de Rouen, outre les destrois ou les lieus establis, par lesquiex les marchaans vont délivrément, quant il ont les mereaus de la Viscontée et leur marchaandise aussi, le dit sergant ou le dit barrier qui le dit homme ara pris et amené à la Vicontée desus dite, por la reison desus dite, ara la tierche partie de cele forfeiture ou de l'amende qui en sera prise por lor service.

D. EXPLICATION.

Tous marchands forains qui doivent la coustume, bourgeois de Rouen et autres, de quelque condition qu'ils soyent, exemps de coustume, ne peuvent ny ne doivent envoyer hors la ville et ban-lieue de Rouen leurs marchandises, soit pour vendre ou autrement, sans avoir auparavant prins l'acquit de bource, qui est le droit de coustume ou l'acquit de bouche par le bourgeois ou autre exempt de coustume, qui est l'hommage deue au Roy ; et si icelles marchandises passent hors du distric du barrage, et elles soient trouvées sans acquit par les sergeants ou barragers, iceux sergeants et barragers peuvent mettre en arrest les dictes marchandises et assigner les marchands, instance des fermiers de la dicte Viconté, par devant les dicts sieurs Vicontes de l'Eaue, pour voir adjuger la forfaicture d'icelles marchandises ou amende telle que le cas requiert : de laquelle forfaicture ou amende le tiers en est acquis aus dicts sergeants ou barragers comme dénontiateurs.

LXVI.

DE LA COUSTUME DES ESCUELES, DES PUCHEEURS[1] ET DES SEILLES.

Por escueles en grenier c'est à savoir en huche ou en tonnel venantes par eaue ou par terre paie l'en viii. d. de coustume ; et, en sac ou en panier ou en quarete par eaue, ii. d.; et, à col, i. d. ; et por xiii. desrées d'escueles, i. d.; et pour la douzeinne de pucheeurs qui sont clouez, viii. d.; et por boissaus et por seilles qui sont cloués, à col ou à cheval, i. d.; et, quant les pucheeurs ou les seilles ou les boesseaus devant dis ne sont pas cloués, si ne doivent coustume.

D. EXPLICATION.

Pour fustaillerie en grenier dans navire, heux ou bateau, assavoir escuelles, seilles, lanternes et autre telle fustailleries, achaptés pour porter hors est deu par la coustume, viii. d..

Pour un charroy ou charette de la dicte fustaillerie, viii. d..

LXVII.

DES CHOSES QUE LES VISCONTES DE L'EAUE *ROTH.* PAIENT POR LES SERVISES FEIRE A LA VISCONTÉE DE ROEN ET LA MANIÈRE DES SERVISES.

Il a en la cité *Rothom.* i. office de grant antiquité establi que l'en apele la *boutellerie*, auquel office les

---

[1] A. « Pichiers. »

dis Viscontes paient par termes de l'an, c'est à savoir : premièrement en la feste S. Michiel une livre de poevre en i. bel hanap de fust de la value de i. d.; item, en la feste de Touzseins, ii. s.; item en la feste de saint Martin en yver, ii. s.; item à Noel, ii. s.; item à Quaresmepernant, i. mine de nois ; item à la Nativité de S. Baptiste, i. mine de sel et i. mine de peires ; et, por icés choses desus dites avoir, doit le boutellier ou cil qui tient l'office de la boutellerie à ferme trouver mesures à coustumiers qui vendent vins en l'eaue de Seinne à detail, sauve la coustume que les dis vendeeurs ont acoustumé à paier au boutellier, à son lieutenant.

D. EXPLICATION.

Cette office appellé la bouteille n'a plus de lieu d'autant qu'à présent lors qu'il est question que les marchands qui apportent vivre par bateaux pour vendre en gros en ceste ville, et de iceluy vin ils veulent et désirent en vendre quelque nombre en destail, soit sur le quay, dans le bateau ou autrement : pour satisfaire à paier les frais, advaris et acquitz de leurs vins, le jaulgeur qui tient a ferme le jaulge et estallons de la ville pour les petites mesures, est tenu de bailler aux marchands vaisseaux, jaulges et estallons marquez de la marque et armoirie de la ville pour vendre leur vin en destail, en paiant le dict droict de jaulge.

LXVIII.

DE I. AUTRE OFFICE.

Il est acoustumé paier des Viscontes de l'Eaue *Rothom*, as heirs Saudescole, à certeins termes de l'an c'est à savoir à la S. Martin en yver, i. tonnel de vin de la moeison le Roy, item à la feste S. Andrieu

i. mine de sel et i. mine de nois[1], à Pasques i. pel de cordoen, à la feste S. Lorens i. mine de peires, à paier avec les peires desus dites qui sont palés à l'office de la boutellerie, si com il est dit hu premier capistre devant cesti ; et por la reison de ces choses avoir sont les heirs desus diz ou leur office tenans, tenus à mener chevaus et quaretes, ou l'une de ces ii. choses au chastel de Rouen, selon ce que il en sera besoig audit chastel, por porter les deniers le Roi ou autres choses, totes les fois que il en aront esté requis du Baillif ou du Visconte[2].

D. EXPLICATION.

Les redevances ne se payent plus aus dicts hoirs, et aussi n'est besoin à present d'avoir chevaux ou charettes pour porter les deniers provenants de la ferme de la dite Viconté, d'autant qu'ils se peuvent fort facillement porter dessoubz les bras, et pour plus grand travail à col d'homme.

LXIX.

DE L'OFFICE AS BERMANS.

Il a i. office en la cité Roth., des bermans, que l'en apele la bergue de antiquité. Les bermans carchent les tonneaus et les autres marchaandises à terre et en l'eaue de Seinne, des quiex le serement doit estre renouvelé une fois en l'en, en la Viscontée de l'Eaue Roth., à la feste S. Michiel, sus leur office qui est à feire ; et doit le serement estre feit en ceste forme,

---

[1] A. B. « A Karesme prenant cinq milliers de barenc et une mine de poix à Pasques. »
[2] Supprimé dans le *Coutumier* B.

c'est à savoir que la compaignie des Bermans qui est nommée Bergue, si comme il est desus dit, dira le nombre des compaignons de la dite Bergue en la Viscontée de Roen et mosterra le nombre de cele Bergue, ne ne porra estre acreu par l'espace d'iceli an ; mès se la Bergue de i. compagnie eit besog d'autres Bermans, ele les porra apeler aveques li, à ouvrer oveq eus, à jornée et à aidier leur.

D. EXPLICATION.

En la ville et cité de Rouen, y a une office d'ancienneté establie que l'on appelle brements qui descendent des bateaux navires et charettes à terre, les vins, boissons et liqueurs pour mettre en cave, lesquels brements sont tenus et subjets après le prix et marché faict avec le bourgeois ou marchand de descharger des navires bateaux ou charette à terre, toutes sortes de vins, boissons liqueurs et huiles et les mettre en sûreté à leurs périls, dangers et fortune, en cave ; et pour plus grande assurance et sureté d'icelles marchandises, iceux bremens s'assemblent une fois l'an la veille ou le jour de devant la S. Michel en la dicte Viconté, afin de paier au clerc de la paroisse S. Nicaise de Rouen, ou autre pour ce estably leur droit de confrarie, puis par après font et prestent le serment devant le dit sieur Viconte de l'Eaue, s'associant au nombre de quatre personnes pour chaque barque ou compagnie, les quels sont escris en un registre, avec la marque d'iceux brements, noms, demeures et paroisses pour y avoir recours, lorsque (sic) s'il advient par leur mauvaise conduite ou men-œuvre il se pert quelque pièce de vin boisson, ou huile l'on aye la congnoissance de leur lieu et demeure pour assubjettir les dicts brements à paier l'estimation de la perte des dicts vins, boissons, liqueurs et huiles ; et doibvent pour leur serment paier chacune barque contenant quatre personnes audict Viconte de l'Eaue cinq sols. Et pour cest effect y a un tableau en la dicte Viconté ou sont marqués avec de la croie les marques d'iceux bremens.

LXX.

DES CHEVAUS ET DES QUARETES PASSANS PAR LA VILLE DE ROEN ATOUT MARCHAANDISES ET SANS MARCHAANDISES.

Cheval et quarete portans marchaandises aquitez ovec les marchaandises à la Viscontée de l'Eaue de Rouen, trespassans la ville *Rothom.*, seront quites de coustume, se il reviennent vois par la dite ville, se iceus ou l'un d'iceus ne issent au revenir vois de la dite ville par autre porte que il n'i avoient entré par devant, quant il estoient carchiés.

D. EXPLICATION.

Si un cheval ou charette porte marchandise et ayant payé l'acquit et droit de coustume en la Viconté de l'Eaue et icelle charette ou cheval revient veas sans aucune marchandise ils seront quittes et exempts de payer coutume sortans par la mesme porte.

LXXI.

DE CE QUE L'EN DOIT DE RENTE A LA VISCONTÉE DE L'EAUE DE ROUEN.

Les heirs monseigneur Jehan des Vignes doivent à ladite Viscontée iiii. lb. v. s. de rente por ii.[1] .... lesquiex doivent estre rendus le jor de Chandeleur, por la coustume des estaus au poisson de Honnefleu et de Fiquefleu ; et pueent les sergans de la dite Viscontée justice feire sus les dis estaus se la dite rente n'est païée au terme que ele est deue desus dit.

---

[1] Il existe un blanc dans le manuscrit. Ce blanc autorise à penser que ce manuscrit n'est pas le manuscrit original.

LXXII.

DES CHOSES QUE LES PERSONNES DE Ste YGLISE SONT TENUS PAIER AS PORTES DE ROUEN QUE L'EN APELE LES BARRES.

La prioresse de S. Pol. juxte Rouen, à toutes les barres, xii. d., xii. peins à Noel, por toutes les portes.

L'abeesse de S. Amant ii. sommes de orge rendues par an, à la feste S. Michiel, por toutes les portes.

L'abé de S. Oein de Rouen, à chascune porte, chascuns iii. mois, xxxiiii. peins ; et valent chascuns ii. peins i. d.. — Item, il doit, le diemenche aprez la Seint Oein, à chascun barrier, i. pichier de vin et ii. peins, donc chascun valle ii. d. et i. mès de beuf et i. mès de porc. — Item il doit, à iceli diemenche, à la Viscontée de l'Eaue de Roen iiii. peins de couvent à disner et iiii. pichiers de vin et les pos tous nués et ii. oues et iiii. pouchins et demi c. de galés et iiii. tartes.

Item le prieur de S. Lo *Roth*., pour toutes les portes exceptée le Pont de Seinne, à Noel, iiii. pichiers de vin et iiii. peins, dont chascun valle ii. d. et viii. mès de char. Item il doit à la porte du Pont de Seinne par an, ii. chapons.

Item l'abé de Fescamp doit, à la porte Beauvesine, i. mine de forment, por aler querre les torteaus à S. Marie de Fonteinnes ; et doit le fermier dudit abbé feire rendre au barrier les torteaus, à ses cous. Item ceux d'Estouteville doivent, por le fieu d'Estouteville, chascun an, lx. guerbes c'est à savoir xx. guerbes d'aveinne, xx. guerbes d'orge et

xx. guerbes de blé, à chascune des portes; et les doit l'en prendre à la granche monseigneur Jehan d'Estouteville, chevalier; item, à la porte Caucheise, xl. guerbes de blé; et sont prises à la granche au conte de Eu, à Rommare; de ce doivent les fermiers des portes i. sixtier de vin en ii. canes vergnies et i. longue de beuf.

Item à la porte Caucheise, de la granche à la dame de Courcheles, xx. guerbes de blé; de ce doit l'en à la dite dame xviii. d...

Item à la porte Caucheise doit l'abbé de Jumièges i. septier de vin et viii. peins, viii. més de char, i. carteron de harenc et i. sextier de orge et ix. bachins d'aveinne, qui se doivent monter à i. boissel.

Item les juis de Roen doivent v. s. à Noel por tout l'an as portes[1].

D. EXPLICATION.

Ce chapitre contenant plusieurs redevances deubz tant par la prieuré de S. Paul que autres n'a besoing d'autre explication que ce qui est porté par iceluy chapitre.

LXXIII.

DES NONS DES SARRAZINS CONVERTIS À LA FOI CHRETIENNE ET COMBIEN IL ONT DE GAGES CHASCUN JOR ET COMBIEN L'AN POR LEUR MESONS ASSIGNEZ A PRENDRE SUS LA VISCONTÉE DE L'EAUE DE ROUEN.

Aalart vii. d. p., de jor. Item ii. s. à chascun eschequier, pour sa meson.

---

[1] Supprimé dans le *Coutumier* B.

Bedoin viii. d. p., de jour. Item viii. s. à chascun eschequier, por sa meson.

Suseyre v. d. p., de jor. Item v. s. à chascun eschequier, por sa meson.

Jaqueline vi. d. p., de jor. Item vi. s. à chascun eschequier, por sa meson.

Marguer. iiii. d. p., de jor. Item iiii. s. à chascun eschequier, por sa meson [1].

(Ici se termine le *Coutumier* du xiiie siècle.)

LXXIIII.

A la Viconté de l'Eau de Rouen a telle franchise que nul ne pueut amener vins vers Rouen, que, puis que ils sont passés Carretage [2], que ilz ne doyvent leur moeson; et, se ilz demeurent oultre Carretage jusques à la Basse Sentelle emprés les meurs de Bonport, cil qui est pour la Viconté à Eullebeuf [3] le pueut arrester, jusques à tant qu'il soit paié de la moeson pour la Viconté; et a l'en de coustume à paier de chascun tonnel ii. s. vi. d.; et pour chascune queue xv. d., excepté ceulx de la ville du Port-S.-Oen, qui ne doyvent que ii. s. pour tonnel, et xii. d. pour queue des vins qui sont deschargiers (*sic*) en ladicte ville [4], des tonneaulx qui demeurent as

---

[1] Ce chapitre ne figure que dans le *Coutumier* du xiiie siècle.

[2] O. « Cateraige. »

[3] O. « Et ce il demeure oultre Cateraige et dessoubz le Port Sainct Ouen, cil qui est pour la Viconté, etc..... »

[4] Dans le *Coutumier* O, il n'est plus question du privilége des habitants du Port-S.-Ouen.

Villoys, et se ilz passoient en carecte et ilz estoient menés en lieu que ilz fussent chargiez entre Rouen et Caudebec, pour aller contreval, oultre Caudebec, ilz paieront autretant moeson et coustume, come se ilz deschendoient à Rouen et la coustume seroit pour homme coustumier.

D. EXPLICATION.

Nul ne peult faire venir ses vins soit par eaue ou par terre depuis qu'ils sont passez Quatarrage près les murs de Bonport, soit que le vin descharge à Elbeuf ou le Port S. Ouen, qu'il ne paie le droict de mueson et droict de choix pour les bourgeois, et pour les forains mueson, coustume et choix; et ont pouvoir les gardes de la Viconté estant à Ellebeuf ou Port Saint Ouen d'arrester iceux vins à faute de paier les droits susdits; et si les dits vins passent plus outre soit pour descharger à Rouen ou ailleurs paieront aussi les mêmes droicts.

LXXV.

Il ne puet avoir nulles mesures dedens la banlieue de Rouen pour mesurer blé, ou avoyne, ou pois, ou aultre chose qui ne soit ou doye estre seellée des seeaulx de la Viconté et qui ne soit essayé as estallons de la Viconté; et nul ne doit avoir la garde des estallons ne des seaulx fors les Vicontes; et, se nul estoit trouvé qui eust mesure pour vendre ou pour achecter, qui ne fust seellée des seeaulx de la Viconté, la mesure soit (*sic*) prinse et l'omme prins, et en prendroit le Viconte amende à sa vollenté [2].

D. EXPLICATION.

Si aucun marchand de la ville et ban-lieue de Rouen vent ou achapte bleds, orge, avoine, pois et aucuns grains, ne peut avoir et tenir en sa maison aucunes mesures pour mesurer Iceux grains qui ne soient auparavant jaulgez et estallonnez sur les antiens estallons du Roy estans en la chambre du jaulge de la dicte Viconté à peine aux contrevenants d'estre prins et saisis avec leurs mesures et de l'amende en tel cas requis.

Et si sont tenus les vingt-quatre mesureurs de bleds jurez pour le Roy à Rouen d'aporter tous les ans une fois proche de la feste de Noël ou feste des Rois leurs mynes à bled et avoyne, pour estre jaulgez et estallonnez sur les dicts estallons, le tout pour la conservation du bien public.

LXXVI.

Nul ne puet pesser dedens la banlieue de Rouen avoir de pois oultre xxiiii. l., ce se *(sic)* n'est au pois le Roy, qui ne soit en l'amende au Viconte, à sa vollenté, et de ceulx de Rouen ne puent peser fors jusques à xxiiii. l., et non pas ensembles, fors xii. l. ensembles. Item le pois le Roy doit estre de cent livres et doit avoir iiii. l. de trait et non plus.

D. EXPLICATION.

Les marchands de la ville et ban-lieue de Rouen, ne peuvent ny ne doivent avoir en leurs maisons plus de vingt quatre livres de poids, pour le peser en deux fois par douze livres la pesée et non emplus-avant, à peine de l'amende ; et doit estre le poids du Roy de cent livres et avoir quatre livres pour traict.

LXXVII.

Se c'est chose que ung home coustumier se plaigne d'aultre et se plaigne que il lui doye deniers, l'omme qui se clamera paiera de chascun xii. d.,

i. d. de destrois, selon la somme que il demandera ; de ii. s. ii. d., de x. s. x. d. et de xx. s. xx d., et de cent sous c. d.; et, se il en enchiet en amende de sa clamour, il ne paiera aultre amende que les destrois, se c'est chose que cellui de qui l'en se clame conguoise que il doye, le Viconte tendra l'arrest jusques à tant qu'il soit payé; et, se il nye que il ne lui doye riens, il en gaigera une loy ; et si sera mis d'un jour à aultre, pour faire hâtif droit, ou par gage de bataille ; et seront mis les jours de jour à aultre ; et a le Viconte sa bataille tous les jours de l'an en karesme et dehors et ses loys autressy en karesme et dehors ; et, se la bataille n'y puet estre, l'enqueste y sera, si comme le Roy la commandé nouvellement.

D. EXPLICATION.

Cette forme et manière de procéder se faisoit et exerçoit antiennement devant les Vicontes de l'Eaue, mais à present et de longtemps n'a plus lieu.

LXXVIII.

Et se l'omme est franc ou Templier ou aultres frans autressy, les puest-il faire arrester le Viconte et en fera droit autressy comme des aultres coustumiers ; et, se les Templiers ou les Hospitalliers venoient au Viconte, et ilz lui disoient : « Sire, rendés nous la court de nos hommes », il n'enporteroient pas la court, ains en tendra le Viconte les plés ; et, se les hommes as Templiers congnoissent que ilz le doyvent, le Viconte les fera paier, et tendra du leur, jusques à tant que cil qui clamera se tiengne pour paié ; et, se les hommes as Templiers ou as Hospitalliers, tant seullement, enchéent en amende devant le Viconte, les Templiers et les Hopitalliers emporteront les amendes toutes de leurs hommes.

D. EXPLICATION.

Quelque franchise, ou exemption de coustume que les Templiers ou Hospitalliers avoient anfiennement en la Viconté de l'Eaue, néantmoins estoient-ils tenus et subjets de venir respondre en justice devant le Viconte, soit qu'ils eussent fait venir vins pour leur provision, ou autres choses dépendans de la jurisdiction dudict sieur Viconte, ainsi que les autres coustumiers ; et à ceste fin leur estoit rendu justice, soit en demandant ou en deffendant.

LXXIX.

Se ung homme de dehors se clame d'aultre qui soit deschendu en la ville de Rouen ou dedens la banlieue, l'omme qui se plaint paiera les destrois et mandera le Viconte au Maire que il le face arrester tel homme qui est son juré, et tendra le Maire l'arrest chiés son juré, jusques à tant que le Viconte lui mant que il le délivre ; et, se il avenoit chose que le Maire délivrast l'arrest, il paieroit ce pour quoy la choze seroit arrestée, et seroit en l'amende au Viconte, et l'osteroient le Viconte hors de sa franchise, jusquez à tant que le juré au Maire lui eust amendé à sa vollenté de ce que il délivra l'arrest.

D. EXPLICATION.

Si quelque homme de dehors faisoit plainte d'un autre homme qui avoit faict descharger sa marchandise dedans la banlieue, ou en la ville de Rouen sans avoir prins le congé, le Viconte de l'Eaue mandoit au Maire, qu'il eust à faire arrester iceluy homme, jusques à ce que les droicts de coustume fussent payez et l'amende jugée ; et si au préjudice dudit mandat, le Maire n'en tenoit compte et ne faisoit arrester l'homme et autres choses à luy appartenant, en ce cas estoit tenu le Maire à l'amender ou perdre sa franchise, jusques à ce que l'on eust payé et satisfaict la dite amende et droits de coustume.

IIII^{xx}.

Se le juré au Maire se clame à lui d'un home de dehors, le Maire fera arrester le coustumier à terre ; et, se l'omme coustumier congnoist que il doye au juré au Maire, le Maire le doit faire tantost paier et tenir le sien ; et, se l'omme de dehors nye par devant le Maire que il ne lui doye rien, le Maire doit envoyer les parties par devant le Viconte; et tendra le Viconte le plet des deulx parties, et le Maire tendra l'arrest, jusques à tant que le Viconte mant que il soit délivré.

D. EXPLICATION.

La jurisdiction des Vicontes de l'Eaue ny des Maires pour l'article cy dessus, n'a de long-temps ny à present plus de lieu, en estant la cognoissance attribuée au bailly de Rouen, ou Viconte dudit lieu, selon le cas résulte.

IIII^{xx} I.

Le Viconte de l'Eaue a toute la grant justice dedens la banlieue de Rouen, au vendredi, dessus les jurés au Maire et dessus les coustumiers à terre ou

en foire ou en eaue ; et, se mutre ou larrechin y
estoit fait, où grant justice soit, le Maire en doit
congnoistre la prinse, et le doit envoyer à la Viconté
de l'Eaue ; et, se le larron y est prins, il le doit envoyer
à la Viconté, et doit estre jugié à la Viconté ;
et doit mander le Viconte au Baillif qu'i lui envoye
chevaliers pour jugier le larron à ladicte Viconté ;
et, au mandement au Viconte, le Maire doit venir,
et y doit amener au jugement de ses plus sages
Pers ; et, quant cil sera jugié, tous les meubles seront
au Viconte.

D. EXPLICATION.

Cette authorité et cognoissance de justice n'appartient
plus au Viconte de l'Eaue ny au Maire, mais au lieutenant
criminel qui en juge en première instance.

IIII^{xx} II.

Se le Viconte mande au Maire que il lui envoiet ses
jurés devant lui, pour aucun forfet dont il le veulle
quereller, le Maire les doit envoyer droit par devant
le Viconte ; et, se le Maire deffent que il ne facent
commandement au Viconte, le Viconte doit arrester
l'avoir à tous ses jurés en l'eaue et as portes, jusques
à tant que le Maire l'amende ou die ses raisons
pourquoy il ne sont venus ; et les puet quereller
le Viconte tout à sa vollenté.

D. EXPLICATION.

Les Vicontes de l'Eaue n'ont plus de pouvoir sur les Maires,
ny hommes despendants desdicts Maires comme estant
du tout privez de ceste authorité.

IIII^{xx} III.

Se ung homme maine avoir de pois qui doye coustume pour venir à Rouen et viengne de desoubz Caudebec, puisque il passe Caudebec, il ne puet à nul lieu descendre sa marchandise, que le Viconte n'y ait sa coustume.

D. EXPLICATION.

Si un marchand forain apporte pois ou autres grains qui doivent coustume, et ayant passé Caudebec il ne peut et ne luy est permis iceux descharger à terre qu'il ne soit à Rouen, auquel lieu il payera la coustume à la Viconté, le tout à peine de forfaicture ou amende, comme le cas le requiert.

IIII^{xx} IIII.

En l'an de grâce mil iiii^c (sic) et xii.[1], le mardi avant la S. Simon et S. Jude, avint à Rouen que la nef à l'abbé et convent de Saint Vandrille avala le pont toute chargée de vins, laquelle nef et lesquieulx vins s'en alloient, sans ce qu'ils eussent été veus des Boutelliers de la Viconté de l'Eaue de Rouen; et, pour ce, la dicte nef et les vins furent suis; et voulloit Jehan L'Archevesque qui adont tenoit la dicte Viconté à ferme que eulx fussent forffais; més pour la prière d'aucuns de ses amys, il en prinst amende; et y envoya l'abbé qui pour le temps estoit ung de

---

[1] Il faut lire 1312. Nous savons par les extraits de comptes de la Vicomté de l'Eau que Jean L'Archevesque était fermier cette année-là.

ses moignez qui estoit baillif de l'ostel et estoit appellé dan Raoul Hors-de-la-Ville, lequel vint faire amende devant Jehan L'Archevesque pour le meffait dessus dit en l'ostel et au siége de la Viconté, devant grant foison de bonne gent, de laquelle amende Guillaume de Soteville, Guillaume Le Machon et aultres furent plèges, et en prinst Jehan L'Archevesque cent livres, pour l'amende.

D. EXPLICATION.

L'abbé, religieux et convent de S. Wandrille ne doivent aucune chose payer à la Viconté, à cause de leurs vins et sont (comme dict le proverbe) quittes pour flageoller : c'est pourquoy lorsqu'il arrive vins ausdicts religieux, ils sont tenus aller aux priseurs bouteillers de vins, afin de faire prendre le compte du nombre de leur vin et apporter au bureau de la Viconté le rapport et estiquectée desdits vins, contenant le vin à eux appartenant, le vingt deux pour vingt desduit : puis par après advertir les fermiers ou receveur de la dite Viconté, que le bateau où est ledict vin est prest et disposé pour descendre le pont, afin de partir et s'en aller, à ce que les dicts fermiers ou receveur soyent présents à voir faire trois tours audit batteau avec la flutte et le tambourin sonnant, avant que de descendre le pont de la rivière de Saine, et par ce moyen sont quittes et exempts du droit deu au Roy en icelle Viconté pour les dits vins, ce que n'ayant fait payèrent ledit abbé et religieux audit Jean L'Archevesque pour lors fermier ladicte somme de cent livres d'amende.

IIII^{xx} V.

Il avint à Rouen à l'esequier, à la S. Michiel qui fu l'an de grâce mil IIIe et XII. que il out gens jugiés à pendre, et fu le bourrel mort, et ne peult l'en trouver qui l'office de la mort d'iceulx vousist faire ; et voult Pierres de Hanget, qui adont estoit Baillif de Rouen, que les sergens de la Viconté de l'Eaue le feissent ; et disoient (sic) que eulx le devoyent faire ; et les sergens disoient tousjours que eulx n'y estoient point tenus et que eulx ne leurs ausseseurs ne le firent oncques, ne eulx ne le feroient ja, se Dieu plaist ; car eulx sont sergens du Roy, et ont leur servise de don de Roy et par lettres esquelles il n'est pas contenu que eulx le doyvent faire ; et cest débat durant, Pierre de Hangest qui adont estoit Baillif en fist aprise par Jacques du Chastel adont Maire de Rouen, par Robert son frère, par Vincent Michiel et par aultres bourgois de Rouen ; et aprez ce fait et enquis, respondu (fut) par l'evesque d'Auserre, par maistre Philipe le Convers, par sire Regnault Barbon, par maistre Pierre de Latilli et aultres maistres de l'eschiquier adoncques, que les dis sergens ne devoient mye faire l'office ne n'avoient oncques fait ; mès, se ainsy estoit que l'en eust deffaulte de bourel et que l'en ne peust trouver qui la dicte office feist, les dis sergens de la Viconté de l'Eaue deveroient querre qui le feroit aux coulx et aux despens le Roy, comment que eux l'alassent loings querre.

D. EXPLICATION.

Les sergeants de la Viconté de l'Eaue ne doivent ny ne sont tenus à faire l'office de bourreau : comme il est amplement dit en l'article cy-dessus. Estants sergeants royaux de la plus antienne création : mais bien sont tenus, lorsqu'il n'y a aucun exécuteur des arrest et sentences criminelles à Rouen, en trouver un de la part où il sera, le tout aux despens du Roy. Et pour ce faire leur est baillé argent par le receveur du domaine de la dite Viconté de Rouen et non autrement.

IIII^{xx} VI.

La prieuse de S. Pol jouxte Rouen doit à tous les barriers, pour toutes les portes, xii. d., xii. pains à Noel. L'abesse de S. Amant de Rouen doit ii. sommes d'orge pour toutes les portes, par an, rendues à la feste S. Michiel. L'abbé de S. Oen de Rouen doit à chacune porte, chacun iii. mois, xxiiii. pains et vallent chacun ii. pains i. d., et si doit le dimence après la S. Oen à chacun barrier ung pichier de vin et ii. pains dont chascun vault ii. d., et j. mès de beuf et ung mès de port. Item il doit, à icellui dimence, à la Viconté de l'Eaue de Rouen, à disgner, iiii. pains de convent, iiii. pichiers de vin en pos tous neufz, ii. oees et iiii. pouchins rotis, demy cent de galles et iiii. tartes.

Le prieur de S. Lo de Rouen, pour toutes les portes, excepté le Pont de Saine, à Noel iiii. pichiers de vin, iiii. pains dont chascun vaille ii. d. et vin et mès de char. Item yl doit à la porte du Pont de Saine, par an, ii. cappons à Noel. Les hoirs Messire Jehan des Vignez doyvent à la Viconté de Rouen quatre livres, chinq soubz de rente, par an, pour ii. coullieux (sic)[1] lesquieulx doyvent estre rendus à la Viconté, le jour de la Candelleur, pour la coustume des estaulx au poisson de Honnefleu et de Fliquefleu, et puent faire les sergens de la Viconté de l'Eaue de Rouen justice sus les dis estaux, se la rente n'estoit palée au terme qu'elle est deue.

L'abbé de Fescamp doit, à la porte Beauvoysine, une myne de fourment, par an, pour aller querre

---

[1] Cf. chapitre LXXI.

les tourteaulx à Sainte Marie de Fontaines, et doit le fermier dudit abbé faire paier les tourteaulx au barrier, à ses coulx et despens.

Ceux de Stouteville doyvent, par an, pour le fieu de Stouteville, ix. garbes de blé, xx. garbes d'orge, xx. garbes d'avoyne à chacune des portes; et les doit l'en prendre à la grance monss. Jehan de Stouteville, chevalier.

Item à la porte Cauchoise, xl. garbes de blé; et sont prinses à la grance au conte d'Eu à Roumare; et si doyvent les ffermiers ii. septiers de vin en ii. canes vernies, neufvées et une longue de beuf.

La dame de Courcelle doit, par an, à la porte Cauchoise, xx. garbes de blé; et l'en lui doit xviii. d..

L'abbé de Jumèges doit, par an, à la porte Cauchoise ung septier de vin, viii. pains, viii. mès de char, i. quarteron de harent, i. septier d'orge et ix. bachins d'avoyne qui doyvent monter ung boissel[1].

IIII^{xx} VII.

COMME L'EN PAIE LE POIS.

Chacun marchant vendeur ou achacteur de Rouen ou de dehors paie pour chacun millier, de quelquez derrées que ce soient, xiiii. d., c'est assavoir x. d. pour le Roy, et iiii. d. au peseur; pour ix. c. xiii. d., c'est assavoir ix. d. au Roy et iiii. d. au peseur; pour viii. c., xii. d., c'est assavoir viii. d. au Roy et iiii. d. au peseur; pour vii. c., x. d., c'est assavoir vii. d. au Roy et iii. d. au peseur; pour vi. c., ix. d., c'est assavoir vi. d. au Roy et iii. d. au pe-

---

[1] Cf. le chapitre LXXII.

seur; pour v. c., vii. d., c'est assavoir v. au Roy et
ii. d. au peseur; pour iiii. c. vi. d., est assavoir
iiii. d. au Roy et ii. d. au peseur; pour iii. c., v. d.,
c'est assavoir iii. d. au Roy et ii. d. au peseur; pour
ij. c., iii. d., c'est assavoir ii. d. au Roy et i. d. au
peseur; et si paie l'en autant de demy cent ou de
xxviii l. et demie comme d'un cent; et au dessoubz
de xxviii. l. et demie l'en ne paie que i. d., mès que
le marchant n'en est (sic) plus vendu ou acheté; car
s'il en avoit vendu ou acheté i. c. xxviii. l., si ne
paieroit-il que ii. d.; et s'il y avoit i. c. xxviii. l. et
demie, il paieroit autant comme de deux cens; et
en paie autant l'achacteur; et est parti l'argent ainsi
comme il est dict devant du vendeur; et, se il y a
ung marchant, soit vendeur ou achacteur, qui soit
demourant hors du fleu du Maire il paiera, après ce
que il ara paié ce que il doit au Roy et au peseur,
i. d. pour i. c. as Poitevines; et n'est nul, tant soit
franc, ne nullez derrees, tant soient francos, qui
soient franches de pesage; et, s'il avient aucune fois
que il esconvient porter les pois hors de la Viconté,
mès l'en ne les doit pas porter hors, se il n'y a à
peser ii. m. ou environ et si ne doit pas estre porté
hors de la Viconté devant que l'en ait prins congié
à celui qui rechoit le droit du Roy; ne si ne le doit
l'en pas porter hors à jour de feste, c'est assavoir
quant en n'a pas congié à la Viconté de descargier
aucunes derrées en l'eaue. Nul vendeur ne puent
pesser à son pois en ung jour à ung marchant plus
de deulx douzaines d'une marchandise, sans prendre
congié à cil qui reçoit le droit du Roy; autrement
les derrées ou marchandises serroient forsfaictes ou
amende faicte, comme dit est; et si n'a riens le pe-

seur ès forsfaictures ne ès amendes qui sont faictes à la cause du pois; ne nul ne puet donner congié, ne le peseur, ny autre de peser hors de la Viconté, fors celui qui reçoit le droit du Roy; et, se il avient que ung marchant, soit le vendeur ou achecteur, face peser à la Viconté ou aillieurs aucunes derrées, si les fait lever ou emporter sans paier ne deprier ou prendre congié pour le pesage à cellui qui rechoit le droit du Roy, sitost comme toutes les derrées seront levées ou emportées, hors de la Viconté ou de la maison où il arront este pesées, cellui qui rechoit le droit du Roy les pourra faire rapporter à la Viconté, comme forsfaictes, ou amende en sera faicte, comme dist est; et, se il avient que il faille aucune chose d'amendement aux poix ou aux banques ou aux ballancez, cellui qui rechoit le droit du Roy, le doit faire mectre; et lui doit estre rabatu à son paiement; et se il avient aucune fois que ung marchant vende ou achacte aucune marchandise par plussieurs parties à plussieurs gens, si comme chandellier achacte suif à plusieurs bouchiers, chacun bouchier s'acquitera selon ce que il ara vendu de suif; s'il en a vendu xxviii. l. et demie, il paiera ii. d. et au dessoubz i. d.; et, se il est sceu que deulx gens partent ensemble en une marchandise et eulx ne l'acquitent, come en partie la marchandise sera forsfaicte ou amende en sera faicte à vollenté, comme dist est; et le vendeur ou achacteur qui vendra ou achectera ces menues partiez s'acquitera, selon ce que il ara fait, ou cent ou au millier; et l'argent qui sera reçeu des parties sera party; et, se ainsi est que le Roy puisse avoir avantaige à sa part; chacun cent plus de ii. d.; et, se il y a si poy d'argent que il n'y puise avoir avantaige; il prendra de chacun cent ii. d.; et le peseur ara le résidu; et si ara le peseur telle courtoise (sic) ou avantaige come les marchans lui vouldront faire ou donner; et, quant il vient oint de Bretaigne à une nef à ung Breton ou à ung marchant de dehors, quant il est vendu et il est apporté au pois peser, le peseur prent ung des ointeaulx; ne le mendre ne le gregnieur pour son avantaige; et, se il avient aucune fois que ung homme face peser ou esmer aucunes marchandises sans estre vendus ne acheclés; il paiera pour chascun millier xiiii. d., dont le Roy ara x. d. et le peseur iiii. d.; et se aucun vent ou achacte derrées en Flandrez ou à Harfleu ou aillieurs et les vent par le pois que il les a acheclés, sans venir au pois, le vendeur ne les doit délivrer ne l'achacteur ne les doit recevoir, se ilz n'ont ainçois prins congié ou paié au pais le pesage à cellui qui rechoit le droit du Roy, autant come se les derrées estoient posées au pois du Roy; car s'ilz sont livrés aultrement, ils seront forsfaictes ou amendé à vollenté, comme dist est; et si ne doit le pois estre pendu au dimence, au jour de Noel ne à trois jours d'apprès, au jour de l'an, à la Thiphane, à la Candelleur, à la Marchesque, au jour de Pasques ne les trois jours après, se il n'est grant besoing, au jour de l'Ascension, au jour de Penthecoustes, ne les trois jours après, au jour de la S. Jehan, à la Notre Dame mi-noust, à la Notre Dame en septembre, ne au jour de Toussains, ne à la Notre-Dame-des-Avens, se iceulx festes n'eschéent au vendredi ou au jour des foires; et, se il avient que l'en poise à la Viconté ii. m. ou iii. m., le marchant a acoustumé de donner aux varlés qui servent le pois pour chascun millier iiii. d.; et doyvent porter les varlés les derrées par devant aultres pour le pris que aultres les vouldroient porter.

D. EXPLICATION.

Des droits deuz au grand poids de ladite Vicomté tant en général qu'en particulier, à cause des marchandises pesées en iceluy vendus journellement, tant par les bourgeois de Rouen que marchands forains, avec les droicts des particuliers qui ont à prendre sur ledit poids outre le droict du Roy, ainsi que amplement est dict cy après.

Assavoir :

Droit total deub audit poids.

Pour xxiiii. livres de marchandise de quelque qualité qu'elle soit est deub un denier du vendeur et un denier de l'achapteur soit bourgeois ou forain, ii. d..

Et au desoubz de xxiiii. livres il n'est rien deub, néant.

Pour xxv. livres, trois deniers du vendeur et trois deniers de l'achapteur, vi. d..

Pour xxviii. et demie il faut autant payer que de lxxiiii., assavoir quatre deniers du vendeur et quatre deniers de l'achapteur, viii. d..

Pour lxxv. autant de droict que de cent livres, assavoir six deniers du vendeur et six deniers de l'achapteur bourgeois à bourgeois, et si le marchand est forain, il doibt un denier pour cent de plus et d'avantage qui est en tout pour chacun cent, xiii. d..

Convient faire le compte ainsi à l'esquipollent d'autre nombre.

Pour chacun millier pesant de marchandise a traize deniers pour cent tant pour vendeur que achapteur à payer également par moitié dix sols dix deniers qui est le droict total deub audit poids, x. s. x. d..

Droict en particulier dudit poids, et personnes ayant et prenant droict en iceluy.

Le Roy nostre sire prend deux den. pour cent pesant, qui est vingt deniers pour millier.

Assavoir :

De xxiii. l. en particulier deux d. autant que de c. ou c. xxviii. l., ii. d..

De c. xxviii. l. et demie, quatre deniers autant que de ii. c. l., iiii. d..

De ii. c. xxviii. l. et demie et iii. c. l., vi. d..
De iii. c. xxviii. l. et demie et iiii. c. l., viii. d..
De iiii. c. xxviii. l. et demie et v. c. l., x. d..
De v. c. xxviii. l. et demie et vi. c. l., xii. d..
De vi. c. xxviii. l. et demie et vii. c. l., xiiii. d..
De vii. c. xxviii. l. et demie et viii. c. l., xvi. d..
De viii. c. xxviii. l. et demie et ix. c. l., xviii. d..
De ix. c. xxviii. l. et demie et mil livres, xx. d..

Est à noter que les bourgeois et marchands de ceste ville, vendant marchandises l'un à l'autre ne doivent pour tout le droict dudit poids pour cent chacun que six den. qui est douze den.

Et les forains pour cent, sept den. chacun qui est quatorze deniers.

Et pour le regard des marchandises esmés qui ne sont vendus, n'est deu que la moitié des droits dudit poids.

Les sieurs conseillers, eschevins de la ville de Rouen ont droit audit poids de huict deniers pour cent, qui est pour chacun millier six sols huict deniers tournois.

Assavoir :

De xxv. livres jusques à lxxiiii. livres est deub. iiii. d..
De lxxv. livres cent livres et c. xxiiii. l., viii. d..
De cent xxv. livres et cent lxxiiii. liv., xii. d.
De cent lxxv. livres, ii. cens livres, et ii. cens xxiii. livres, xvi. d..
De ii. cens xxv. livres et ii. cens lxxiiii. li., xx. d..

De ii. cens lxxv. livres, iii. cens livres, et iii. cens xxiiii. livres, ii. s..
De iii. cens xxv. li. et iii. c. lxxiiii. l., ii. s. iiii. d..
De iii. cens lxxv. li. et iiii. c. xxiiii. l., ii. viii. d..
De iiii. cens xxv. li. et iiii. c. lxxiiii. livres, iii. s..
De iiii. cens lxxv. li. et v. cens xxiiii. li., iii. s. iiii. d..
De v. c. xxv. li. et v. c. lxxiiii., iii. s. viii. d..
De v. c. lxxv. li. et vi. c. xxiiii. liv., iiii. s..
De vi. c. xxv. li. et vi. c. lxxiiii. liv., iiii. s. iiii. d..
De vi. c. lxxv. l. et vii. c. xxiiii. liv., iiii. s. viii. d..
De vii. c. xxv. l. et vii. c. lxxiiii. l., v. s..
De vii. c. lxxv. l. et viii. c. xxiiii. liv., v. s. iiii. d..
De viii. c. xxv. l. et viii. c. lxxiiii. liv., v. s. iiii. d..
De viii. c. lxxv. l. et ix. c. xxiiii. liv., vi. s..
De ix. c. xxv. l. et ix. c. lxxiiii. liv., vi. s. iiii. d..
De ix. c. lxxv. l. et mil livres, vi. viii. d..

Le peseur hérédital représenté par les héritiers du feu sieur de Radepont et à présent maistre Philippe Thorel a droict de huict deniers pour millier, assavoir :

De xxviii. l. et demie ou ix. liv. ii. d. autant que de cent livres, ii. d..
De ii. c. liv., ii. d..
De iii. c. liv., iiii. d..
De iiii. c. liv., iiii. d..
De v. c. liv., iiii. d..
De vi. c. liv., vi. d..
De vii. c. liv., vi. d..
De viii. c. li., viii. d..
De ix. c. liv., viii. d..
De mil livres, viii. d..

Les quatre brouetiers royaux ont droict de huict deniers du millier, assavoir :

De c. xxviii. l. n'est rien deu, néant.
De c. xxviii. l. et demie, ii. d..
De ii. c. liv., ii. d..
De iii. c. liv., ii. d..
De iiii. c. liv., iiii. d..

De v. c. liv., iiii. d..
De vi. c. liv., iiii. d..
De vii. c. liv., vi. d..
De viii. c. liv., vi. d..
De ix. c. liv., viii. d..
De mil livres, viii. d..

La Poitevine représentée par le sieur du Breuil qui a droict de prendre de cent livres pesant de marchandise vendue ou achaptée par marchands forains, un denier, qui est pour millier dix deniers et au dessouz de cent livres, n'est rien deu, et aussi les bourgeois ne doivent riens dudit droict.

De cent livres pesant de marchandise pour marchant forain, i. d..

Et pour mil livres, x. d..

Et est à noter que pour le droict deu au peseur hérédital, il n'y a nul exempt quelque previliège ou exemption qu'il puisse avoir, qu'il ne paye le droict de pesage. Ne doit aussi ny ne peut estre porté le poids hors de la Viconté pour peser marchandise en la ville, que premièrement l'on n'aie demandé congé à celuy qui reçoit le droit du Roy au bureau de la dite Viconté qui est le fermier d'icelle : ou celuy qui pour luy fait la recepte et non à autre, comme il est cy-devant dit à peine de l'amende.

N'estant aussi permis au peseur dudit poids ny autres de bailler iceux congés, mais bien aux fermiers qui tiennent à ferme et perçoivent le total droict et revenu deu au Roy en icelle Viconté, lesquels à la représentation de Sa Majesté doivent avoir et recevoir l'hommage qui lui est pour cest effect deue et aussi pour avoir certaine congnoissance de ce qui se passe audit poids pour la conservation de leur droict.

Et pour ce faire convient que le dit receveur pour les dits fermiers ait un livre ou registre afin de mettre par ordre les noms et surnoms des marchands vendant et acheptant et qualité des marchandises et employer sur le dit registre se ils sont forains ou bourgeois de ceste ville, lorsqu'ils demanderont congé d'avoir le poids : c'est l'ordre qu'il y faut tenir.

Comme aussi n'est permis ny loisible de porter le poids hors de la Viconté pour peser ces marchandises aux jours de feste c'est assavoir aux jours que l'on ne prend congé de descharger marchandises en la dite Viconté.

N'est pareillement permis à aucun marchand vendant ou acheptant marchandise de peser à son poids emplus-avant que vingt; quatre et se plus y en a, est tenu de prendre congé et payer les droits dudit poids, à peine de confiscation des denrées et marchandises ou amende, comme dit est; et si ne peut espérer ny prétendre aucune chose le peseur aux amendes ou forfaictures qui sont faictes à cause dudit poids.

Ne peut aucun marchand soit qu'il fasse peser sa marchandise en la dicte Viconté ou ailleurs dans la ville ou banlieue faire porter et enlever icelle hors du poids qu'il n'aye payé les droicts d'icellui ny prins acquict et congé à peine de forfaicture des dictes marchandises ou amende au cas appartenant.

Les fermiers de la dite Viconté, sont tenus et sujects par leur bail d'entretenir les poids, les faire jauger et estallonner, comme aussi faire mettre en bon estat les banquarts, savattes et cordages servants audit poids : afin que le public n'en reçoive aucune incommodité.

Et advenant que aucuns marchands vendent denrée et marchandises par le menu à plusieurs marchands : comme est l'ordinaire des bouchers qui vendent suif, ou créton, aux chandeliers, chacune partie s'acquittera par le menu et se payera comme elle sera pesée, soit de xxiiii. livres, xxv. livres, xxviii. livres, xxviii. livres et demie ou autrement, et ainsi des autres parties de poids lesquelles seront et se doivent registrer par le clerc-siège dudit poids sur son registre pour la conservation du droict du Roy.

Et s'il est cognu que deux personnes ayent part ensemblement en quelque marchandise et en ont prins chacun leur part égalle, eux doivent l'acquitter et faire peser chacun en particulier et non pas soubs un mesme nom à peine de confiscation ou amende.

Le peseur dudit grand poids a droict d'avoir et prendre lorsqu'il arrive ouaint de Bretagne dans un navire, soit à un marchand breton ou autre et qu'il est vendu pesé au poids un pain d'ouaint et ne doit estre le moindre pain ny par semblable le meilleur.

Sy un marchand fait esmer marchandise audit poids, n'estant vendue, payera pour l'esme moitié du droict dudit poids, qui est en tout six deniers pour cent s'il est bourgeois et sept deniers pour cent, estant forain, tant pour le vendeur que achapteur.

Et ne doit estre pesé aucunes marchandises le jour du sainct dimenche, au jour de Noel, ny feriers de Noel, au jour de l'an, à la Tifaigne, qui est la feste des Rois, à la Candeleur, à la Notre Dame de mars, au jour de Pasques, et foires s'il n'y a grande nécessité, au jour de l'Ascension, la Pentecouste, les festes d'après, au jour S. Jean, la Nostre Dame-my-aoust, à la Nostre Dame de septembre, au jour de Toussaints, à la Notre-Dame-des-Avents, se icelles festes ne sont au jour du vendredy, ou au jours de foires.

Et s'il se pèse nombre et quantité de marchandises au poids, eu esgard au grand travail que ont les brouettiers dudit poids de mettre le poids dans la ballence, ont accoustumé iceux marchans de donner quelque honnesteté ausdits brouettiers, lorsqu'ils portent le poids en la ville pour peser marchandise en nombre. Comme aussi antiennement pouvoient les dits brouettiers par préférence porter les marchandises pesez audit poids, au mesme prix que les brouettiers les vouloient porter : mais à present sont permis et libres les marchands se servir de telles personnes qu'ils voient bien estre.

IIII^{xx} VIII.

COMME L'EN PAIE LE PESAGE DE LA LAINE.

Chacun marchant hors du fieu du Maire paie pour chacun pois de laine I. d. pour la coustume, et

i. d. pour le pois et est tout deu au Roy, et une poitevyne pour chascun pois, à cellui qui rechoit les poitevynes, se il n'est franc; et jasoit ce que il soit franc, si paiera il i. d., pour le pesaige, de chacun pois que il vendra; et doit l'en autant de demy pois ou de vii. l., come d'un pois; et chacun marchant qui est bourgois de Rouen doit pour chacun pois, une obolle et autant de demy pois ou de vii. l. comme d'un pois. L'en ne paye riens au dessoubz de vii. l. au pois; mès l'en doit i. d. pour la coustume et doit on autant d'aignellins come de lainez, combien que ilz soient pesées au grant pois ou achactées en tache; et, se il avient que aucun marchant de dehors face peser ou esmer aucunes laines qui ne soient point vendus ne achectez, il paiera pour chacun pois i. d. au Roy; et, se ung homme de Rouen qui face peser ou esmer sa laine en celle manière, il paiera pour chacun pois obolle; ne nul ne doit peser plus de vi. l. de laine à son pois ne à son quarteron; et, se il est sçeu que il l'en livre plus de vi. l., sans venir au pois du Roy, elle sera forsfaicte ou amende en sera faicte à vollenté. Et se ung homme coustumier fait porter laine, hors que il travesse la ville à tout, il paiera pour chacun pois i. d. de coustume; et, se aucun a haste de peser sa laine, et il soit jour de feste que l'en ne poise point à la Viconté, se il n'en pueut avoir congié de cellui qui rechoit le droit du Roy, il les pourra livrer sans péril ne le peseur n'en pueut donner congié, ne si n'a point le peseur de partiez ès forsfaitures ne ès amendes qui sont faictes à cause de la laine, ne si n'a nul droit ne nul sallaire pour peser, fors seullement ce que les marchans lui veullent donner ; et, se il avient que aucun ait fait peser laine en la Viconté ou là où le pois sera porté pour peser, se il le fait lever et porter hors du lieu où elle ara esté pesée, sans paier ce qu'il en devera au Roy ou sans prendre congié à cellui qui rechoit le droit du Roy, elle sera forsfaicte ou amende en sera faicte à vollenté. Et, se il avient que amendement faille au pois ou au banquet ou à la balance où l'en met le pois, cellui qui rechoit l'acquit pour lui doit faire mectre à ses despens, et le peseur doit faire refaire les réaulx, se il en est mestier ; et a telle avantaige, tout avant la sepmaine, comme le marchant lui vouldroit donner pour les réaulx en quoy l'en poisse la laine, excepté au jour du vendredi que les varlés du pois portent la laine atout telle courtoise come les marchans lui vouldront donner ; et, se il avient que il faille porter les pois hors de la Viconté pour peser, l'en ne le doit pas porter hors, se n'est par le congié et commendement de cellui qui rechoit le droit du Roy ; et, se il n'y a à peser xii. pois ou xiiii. au mains, et si ne le doit l'en pas porter hors au jour des festes qui sont devisées au cappictre du grand pois, se la feste n'escheoit au vendredi que il escovient porter le pois en halle, se il n'y a à peser. La coustume de la laine à suint : l'en paie pour chacun (cent) de toesons ou de peaulx de laines atout le suint xiiii. d. de coustume, pour le demy cent vii. d., pour le carteron iii. d., pour le demy quarteron ii. d., pour vii. toesons ii. d., pour vi. toesons i. d., et pour une toeson toute seule i. d.; et doit autant l'achacteur comme le vendeur, se il n'est franc de coustume.

D. EXPLICATION.

Des droicts deux au dict poids des laines.

Assavoir :

Le Roy nostre sire prend de chacun marchand forain pour le droict de coustume de cent livres de laine quatre deniers, et pour le pesage deux deniers, qui est une obolle pour poids, cy en tout pour cent, vi. d..

Les marchands bourgeois de ceste ville, vendeurs et achepteurs ne doivent ledit droict de coustume, mais doivent pour le dit droict de pesage tant le vendeur que l'achepteur une obolle pour chacun poids de laine contenant vingt cinq livres qui est pour cent, ii. d..

Les sieurs conseillers eschevins de la dicté ville de Rouen ont droict d'avoir et prendre pour chacun poids de laine douze deniers en une partie et trois deniers pour poids en autre, qui est en tout pour chacun cent pesant de laine cinq sols, lequel droict se paye par les marchands vendeurs soit forains ou bourgeois et n'est riens deu par les marchands achapteurs, v. s..

Est à notter qu'il n'est aucune chose deu durant les foires pour le dit droict de douze deniers pour poids, qui est quatre sols pour cent de laines, néant.

Plus les dits sieurs conseillers eschevins ont droict de quatre et quatre deniers, qui est huit deniers pour cent de laines, lequel droict se paye esgallement par moitié, tant par les vendeurs que achepteurs soit bourgeois ou forains, viii. d..

Plus les dicts sieurs conseillers eschevins ont droit à cause de la ferme du lotage de quatre deniers pour cent de laine, lequel droict se paye par le marchand forain vendeur au jour de vendredy seulement, iiii. d..

Les trois peseurs héréditaux ont droit pour chacun cent de lainé, dix deniers qui se paient par moitié, tant par les marchands, vendeurs que achapteurs forains et bourgeois, x. d..

Les quatre réaux ont droit de huict deniers pour chacun

cent pesant de laine qui se paye aussi par moytié tant par les marchands forains que bourgeois, vendeurs et achepteurs, viii. d..

Plus pour le droit de la Poitevine une obolle pour poids de laine qui est deux den. pour cent, lequel droit ne se paye que par les marchands forains, vendeurs ou achapteurs, ii. d..

Tous lesquels droits cy-desus, sans comprendre le dit droit de quatre den. pour cent pour le lotage, montent à huict sois pour chacun cent pesant de laine, qui se paye tant par les marchants forains que bourgeois, vendeurs et achapteurs, ainsi qu'il ensuyt, assavoir :

Par le marchand forain vendeur est deu pour chacun cent pesant de laine, vi. s. viiii. d..

Plus par le marchand forain achapteur, est deub pour cent pesant de la dite laine, xxi. d..

Par le marchand bourgeois vendeur est deub pour cent pesant de la dite laine, vi. s. iii. d..

Et par le marchand bourgeois achapteur est deub pour cent de la dite laine, xv. d..

Et outre est encore deub le dit droict de la ferme du lotage qui est quatre d. pour cent, qui se paye par le marchand forain vendeur, au jour de vendredy seulement comme devant est dit.

Convient aussi noter qu'il n'est deub que la moitié de tous les droicts cy-dessus pour la laine en suyn et laine en locquets.

La laine esmée n'estant vendue ne doibt que douze d. pour cent, xii. d..

Ne se paye aussi comme dit est, aucune chose durant les foires pour le dit droit de douze deniers pour poids de laine qui est quatre sols pour cent, néant.

Et si ne doit-on pas peser durant les jours de feste, comme il est dit plus amplement au chapitre du grand poids, si la feste n'eschet au jour du vendredy, ou jours de foires.

IIII*ˣˣ* IX.

DE CUIROS.

L'en paie coustume pour chascun cent de cuirain courroyé[1] d'alun ou de gravelle ou de samasse[2] ou de fourmage autant et en telle manière que le cent de la laine à suint et le cent de cuiros secs doit iiii. d., le demy cent ii. d., le carteron i. d.; et doit l'en autant de la laine à suint ou de peaulx ou de cuirain ou de cuiros portés ou travessés la ville, comme se ilz estoient vendus en la ville.

D.

L'explication desdits cuiros a esté faite cy-devant.

IIII*ˣˣ* X.

COMME L'EN S'ACQUITE AS ESTALLAGES.

Tous ceulx qui achactent poisson frés ou meslent frés pouldré pour rendre[3] à Rouen, doyvent pour chacun pennier de poisson iii. d. à l'estallagez, et les rabactent à ceulx qui les vendent, ne nul n'en est franc, et se gens de religion ou d'abbie, ou bourgois en achactent pour confraries ou pour festes ou pour nopchez, se ilz content leurs despens, eulx paieront pour chascun pennier iii. d., et le revendeur, comme dist est; car, se ilz ne content, eulx ne paieront riens; ne nul poisson n'en est franc, pourtant qu'il soit frés et qu'il soit vendu à Rouen à

---

[1] **D.** « Chacun cent de cuiros non courroyé. »
[2] **D.** « Saynage. »
[3] **D.** « Revendre. »

détail; et si paie l'en autant de meslent sallé comme du frés; se il n'est acheclé au conte, il ne doit riens; ne maqueriaulx frés ne harent frés achectez au conte ne doyvent riens; et les harens frés qui sont achectés sans conte qui seront revendus au Viel Marché ou devant l'Estre Saint Michiel à détail, l'en paiera pour chascun pennier iii. d., et les rabatra l'achacteur au vendeur; et ceulx qui seront au Pont de Saine ou au Pont de Robec et avant la ville ne doyvent riens. Ung broutier qui amaine poisson de la mer en sa brouete, et il le vent à Rouen à détail ou en gros, iiii. d. pour estallage; et avec ce, chascun marchant qui amaine poisson pour vendre à Rouen, se il est vendu, il doit pour chascun jour vi. d.; et, se ilz sont ii. parchonniers ou iii., ilz paieront chascun marchant vi. d. pour estallage, mès; se les poisson et (sic) sallé, l'en en doit riens, se n'est meslent sallé qui doit autant comme le frés; ne nul n'en est franc, soit de Rouen ou d'ailleurs; et, se il avient que aucun qui ait aucun poisson frés et il ait vendu ou fait vendre, comme dist est, se il s'en va atout son cheval ou ses chevaulx, sans paier les vi. d. d'estallage dessus dis, si tost come il ara passé la barre, les chevaulx seront forsfais ou amende en sera faite à vollenté.

D. EXPLICATION.

Cy devant a esté faicte l'explication du chapitre des estallages, la coustume du droit de six deniers pour chacun chasse-marée vendant poisson à la vente du Viel Marché de Rouen.

Les gens d'église, religieux, et autres de telle profession, ne doivent aucune chose pour le poisson qu'ils achaptent pour leur provision et nourriture, comme aussi les bourgeois qui en achaptent pour confrairies.

Et pour le regard du poisson revendu en destail par les poissonnières soit devant le cimetière S. Michel, ou au bout des halles du Vieil Marché, il y a pour cest effect des estaux baillés à ferme par les fermiers de la dite Viconté, à plusieurs femmes poissonnières.

IIII^{xx} XI.

Les drois et les revenues des halles du Viel Marchié appartiennent à la ferme des Quatre-Piez ; et baillent et lieuvent les estaulx le mieulx que il puent, excepté quant il y ara ung haro fait au couvert des hallez, les parties sont admenés à la Viconté, et illeuc plaident, et les amendes qui en sont levés sont aux principaux fermiers de la Viconté et aultres amendes aussi.

D.

Ceste cognoissance de juger des haros, qui se faisoit antiennement au couvert des halles n'est plus aux Vicomtes de l'Eaue mais au juge politicque qui est le bailly de Rouen ou son lieutenant.

Et pour les estaux, ils se baillent à ferme par les fermiers de la Viconté, comme devant est dit.

IIII^{xx} XII.

LES CHOSES QUI APPARTIENNENT A LA FERME DES QUATRE-PIÉS.

La coustume du poisson d'eaue doulce, les drois et les appartenances du grant poix, ce qui est deu au Roy et au pois de la laine, aussi de ce qui est deu au Roy, la coustume des cuirs frés et tannés, les barrages et les tourteaulx de toutes les portez de Rouen, la coustume des bestes à quatre piés et le travais aussi des pors qui vont au pasnage, la coustume des estallages, la coustume du pain qui vient au jour de foire, la coustume des draps portées à col, au jour des foires, la coustume du pain apporté par eaue, la coustume du fille, linge et lange et du lin et du canvre, la coustume de charie et poulailerie, la coustume des hanaps, seilles, boessaulx, pichiers et escuelles, la coustume des toilles à col, la coustume de la laine à suint et des cuirs, la coustume du pesage du fille, le savene (sic)[1] d'oultre Sayne, la coustume des peaulx d'aigneaulx et des quévreaulx sans courroy, les estallages des penniers du poisson de mer vendus à la marée, les estallages et appartenances des halles du Viel Marchié et ce que doyvent les religieux et aultres au Roy à cause de sa Viconté.

IIII^{xx} XIII.

CE QUE DOYVENT LES RELIGIEUX ET AULTREZ AU ROY A CAUSE DE SA VICONTÉ, ET CE QUI APPARTIENT AUX SERGENS.

L'abbé de S. Oen de Rouen doit à chascun des sergens de la Viconté de l'Eaue, chascun an, après la feste Saint Oen, ii. pains, ung gallon de vin, i. mès de beuf et i. mès de port; les fermiers de la Viconté les doyvent paier la veille de la Tousains après souper, à la veille S. Martin d'iver, à la veille de Noël, à chascune d'iceulx festes, à chascun des

---

[1] D. « Le saumon. »

sergens xx. d., la veille et le jour de la Tousains, la veille et le jour de la Saint Martin d'yver. Item eulx ont acoustumé avoir et queillir (sur celui) qui apporte ou fait apporter derrées as foires qui sont en la banlieue de Rouen, excepté la foire S. Michiel, i. d.; et si ne leur doyvent riens marchans de bestes, c'est assavoir eulx leur doyvent cueillir à la foire du Pré, à la foire S. Guervais, à la foire S. Laurent, à la foire S. Oen, à la foire du Champ du Pardon, au jour que l'en queust le desliage Saint Andrieu. Item eulx ont de chascune somme de poisson que ung homme coustumier vent à Rouen ob. pour l'annellet; mais il faut que le poisson soit fret; car ilz n'ont riens de poisson sallé; et doit avoir cellui qui est sepmainier iceulx ob.; et, se il vient à carecte, il ara de chascune carrectée un harens frés ou iiii. d.; et, se il y a ii. parchonniers ou iii., il ara de chascun iiii. harens ou iiii. d.; et sy ont acoustumé avoir de chascune batellée de moulles que l'en amaine à Rouen pour vendre iiii. d.; et avec ce, ilz ont toutes les choses qui sont devisés en ce livre.

Gaultier le Merchier, du Chastiau neuf, paya et bailla en gaige i. d. pour coustume, disant lui estre franc; car il estoit du fieu de Bertueil, et Gaultier le Huchier ii. d. de ce mesmez fieu pour xxi. jour (sic) xii. s. i. d., pour jour, xviii l. xiiii. s. vii. d., pour xxx. jours, xii. s., i. d, pour jour, xviii l. ii. s. vi. d. pour xviii. jours, xii. s. i. d. pour jour, xvi l. xviii. s. iiii. d..

D.

Ces deux articles cy dessus n'ont ny ne méritent aucune explication.

IIII^{xx} XIIII.

Extrait du compte de la Viconté de Rouen du terme de Pasquez l'an mil iii. c. lxxiii.

RECEPTE DE LA VICONTÉ DE L'EAUE DE ROUEN.

D'icelle Viconté de l'Eaue, hors la ferme des iiii. Piés de nouvel bailliée par le Viconte, par mandement et ordonnance de nosseigneurs des Comptes du jour de la S. Michiel derrenière jusques à trois ans après ensuivant à Guillaume le Tresillier, comme premier preneur, par le pris de vii. m. v. c. l. t., à paier à six paiemens, par égaulx porcions à chascun terme Pasques et de S. Michiel, le premier terme de paier commenchant à ceste Pasques par les condicions et en la manière qui s'ensuit :

C'est assavoir qu'il paiera francement au Roy notre sire la dicte somme, et si l'acquitera des rentes qui enssuivent, et en sera tenu faire satisfacion et les paier aux personnes cy après escriptez, c'est assavoir :

A l'archevesque et au cappitre Notre Dame de Rouen, trois cens muys de vin, qu'ilz prennent par an sur la dicte Viconté.

A l'abbé de Cherizi, par an, dix muys de vin.

Au prieur du Pré, par an, xl. muys de vin.

Aux religieuses de S. Amand de Rouen, telles dismes comme elles ont acoustumé sur la dicte Viconté.

Au prieur du Mont-aux-Mallades, à la S. Martin d'yver, vii. s., et à karesme prenant iii. m. de harent sor.

Au chappellain de la chappelle de Rouen, par an, ung tonnel de vin.

Aux boutelliers de la dicte Viconté, par an, vingt livres t. xii. s. t., une livre de poivre, une mine de noiz, une myne de seel, et une mine de poires.

Aux iiii. sergens de la dicte Viconté, par an, à chascun, vi. s. viii. d,.

Aux hoires *(sic)* Saudescolle, i. tonnel de vin, une myne de seel, ung millier de harent sor, une myne de nois, une pel de cordouan et une myne de poires.

Item les sepmaines et les jours que les religieux prennent chascun an sur la coustume de la dite Viconté, c'est assavoir l'abbé et convent de Saint Vandrille, la dixième sepmaine de toute la coustume.

Le chappitre de N. D. de Rouen la coustume du derrain jour de septembre et du premier jour d'octobre.

Item il sera tenu à tenir en estat xii. mynes pour mesurer le seel, et les buffes de la dicte Viconté et les rendre en bon estat en la fin du terme.

Item il paiera aux quatre sergens de la Viconté, par an, à chascun, cent soubz pour les despens qu'ilz soulloient prendre en la dicte Viconté, si comme par noz seigneurs des Comptes fu pieça ordonné.

Item il paiera aux dis boutelliers, pour les despens qu'i soulloient semblablement prendre en la dicte Viconté, xxx. l. c'est assavoir à chascun xv. l. t., par an, avec les drois dessus diz.

Item il paiera au Viconte de l'Eaue, pour les despens que lui et son clert soulloient semblablement prendre en la dicte Viconté, par an, xxx. l.; et généraument sera tenu paier toutes autres choses que les fermiers qui ou temps passé ont tenu afferme la dicte Viconté, ont acoustumé paier et faire sur icelle Viconté.

Item, sera tenu à icelle Viconté cuellir, lever et recever et exploytier, ainsi comme il a esté acoustumé à faire ou temps passé.

—

Ici finit le *Coutumier de la Vicomté de l'Eau* dans le second manuscrit de la Bibliothèque impériale et dans l'édition de Germain de la Tour. Il est suivi, dans ce manuscrit et dans cette édition des *Rôles* ou *Jugements d'Oléron*. Cette pièce fameuse, objet de tant de savantes recherches, de tant de prétentions opposées, a été publiée bien des fois; elle l'a été de nos jours par un érudit du premier ordre, M. Pardessus, dans sa belle *Collection de lois maritimes antérieures au XVIIIe siècle*[1]. Je pourrais donc me dispenser de la comprendre dans cet ouvrage. Je n'ai pas cru pourtant devoir le faire, et cela pour deux considérations.

Dans mon opinion, les *Rôles d'Oléron* sont le complément nécessaire des dispositions législatives insérées dans le *Coutumier de la Vicomté de l'Eau*. On ne saurait regarder comme un rapprochement fortuit et dénué de signification la présence des *Rôles d'Oléron* à la suite de ce *Coutumier*, dans le manuscrit de la chambre des comptes de Paris, dans celui qui a servi à l'édition de Germain de la Tour, dans le second manuscrit de la Bibliothèque impériale et dans celui de la Bibliothèque Sainte-Geneviève. Je crois pouvoir en induire que le Vicomte de l'Eau était chargé à Rouen, tout spécialement, de l'application de cette coutume. La présence du même document au commencement du *Coutumier de Dieppe* donne lieu de supposer qu'il en était de même du Vicomte établi par l'archevêque dans cette ville commerçante; et ce qui me confirme dans cette opinion, déjà suffisamment probable, c'est la compétence du

[1] T. I, p. 323-354.

prévôt de Harfleur, dont les fonctions étaient analogues à celles du Vicomte de l'Eau et du Vicomte de Dieppe, compétence parfaitement constatée par l'ordonnance de 1364. Cette ordonnance autorisait les Castillans à faire le commerce dans les ports de Leure et de Harfleur et disposait que leurs causes seraient jugées par le droit et les *lois de Leyron*. D'autre part, l'ordonnance de 1309 reconnaissait à ces étrangers le droit d'être jugés par le prévôt de Harfleur, à l'exclusion de tous autres juges[1]. Tenons donc pour certain que les *Rôles d'Oléron* formaient une loi générale que le Vicomte de l'Eau à Rouen et les prévôts ou Vicomtes dans les autres ports de mer furent pendant longtemps, notamment au xiv° siècle, chargés d'appliquer.

Une seconde considération, c'est que l'édition de M. Pardessus, si grand qu'en soit le mérite, a été faite presque exclusivement à l'aide de manuscrits anglais, dont aucun, ce semble, ne porte de date certaine, et qu'il nous a paru intéressant de pouvoir comparer avec les textes connus, un assez bon texte français, celui du *Coutumier de Dieppe*, portant la date positive de 1396. Ainsi, pour nous borner à un exemple, on verra que l'addition notable de l'article 4 est au moins du xiv° siècle, puisqu'elle se trouve déjà dans notre manuscrit.

Du reste, notre seul but est tout simplement de compléter notre recueil de documents relatifs à la Vicomté de l'Eau et de fournir aux érudits un nouveau texte d'une compilation considérée généralement comme une des plus intéressantes pour l'étude de l'ancien droit maritime. Nous ne pouvons mieux faire que de renvoyer à l'introduction si remarquable, et au docte commentaire de M. Pardessus.

Le texte que nous publions, nous l'avons dit, est emprunté au manuscrit du *Coutumier de la Vicomté de Dieppe*, déposé aux archives de la Seine-Inférieure. Il occupe les feuillets 6, 7, 8 et une colonne du feuillet 9 recto. Il comprend 26 chapitres, comme le manuscrit de Rennes, avec lequel il semble présenter une parfaite analogie. Les 23 premiers articles répondent aux 23 premiers de l'édition de M. Pardes-

---

[1] *Ibid.*, p. 297.

sus, si ce n'est qu'il y a interversion pour les articles 17 et 18. L'article 24 de l'édition de M. Pardessus manque comme dans le manuscrit de Rennes et dans les anciennes éditions ; l'article 25 répond à l'article 24 de notre édition ; les articles 26 et 27 répondent aux articles 25 et 26 ; ces deux derniers articles ne figurent ni dans le manuscrit de la Bibliothèque Bodléienne ni dans celui de la Bibliothèque Cotton.

La date de 1396 se trouve indiquée au feuillet 9 recto, seconde colonne, à la fin du prologue du *Coutumier de Dieppe* : « Lequel extrait fu fait et disposé en l'an de grâce mil ccc IIII^{xx} et xvi., ad ce appellez pluseurs bourgois de la dicte ville ad ce recongnoissans et concordans. » Il est évident par l'écriture que les *Rôles d'Oléron* ont été écrits en même temps que ce *Coutumier*.

Nous avons préféré ce texte, à cause de sa date et de sa correction, à celui du manuscrit de la Bibliothèque Impériale (Ms. franç. 10391, 14) et à celui qui se trouvait inséré à la suite du *Coutumier de la Vicomté de l'Eau* dans le manuscrit de la chambre des comptes, manuscrit dont on conserve une copie à la bibliothèque de Rouen. Nous ne devons pas dissimuler cependant que les *Rôles d'Oléron* dans ces deux manuscrits, de même que dans l'édition de Germain de la Tour, semblent avoir été transcrits sur un texte plus ancien, dont les manuscrits anglais précités présentent le type. Comme dans ces deux manuscrits, en effet, dans les manuscrits de la Vicomté de l'Eau et dans l'édition de Germain de la Tour, l'article IV se termine ainsi : « Et ara le maistre son fret de tant comme il ara de derrées sauvées par aucune manière », et la compilation finit par le chapitre XXIIII, qui manque dans le *Coutumier de Dieppe* et dans les anciennes éditions : « Ung bachelier et (sic) lamen d'une nef, et est louée à maner jusques au port là où l'en la doit chargier..... ».

ROLES D'OLÉRON.

—

CY COMMENCENT LES JUGEMENS DE LA MER, DES MAISTRES, DES MARCHANS, DES MARENEAUX, DE TOUTES LEURS OEUVRES NOUMEZ LA COUSTUME D'ALERON (sic).

I.

L'en fait un homme maistre d'une nef; la nef est à pluseurs compaignons; la nef se part d'un pais dont elle est et vient à Bourdiaux ou ailleurs et se frette à aler en pais estrange; le maistre ne peut pas vendre la nef, se il n'a commandement ou procuracion des seigneurs; mais, se il a mestier d'argent ès despens de la nef, il puet bien mettre aucun des apparaus de la nef en gage par le conseil des mareneaux de la nef. *C'est le jugement en ce cas.*

II.

Une nef est en ung hable et demeure pour atendre son frest et son temps, et, quant il vient à s'en partir, le maistre doit prendre conseil à ses compaignons et leur doit dire : « Seigneurs, vous haitte bien cest temps? » Aucun y ara qui dira : « Cest temps n'est pas bon, car il est nouviau venu, et le devon lessier asseir », et li autre diront : « Le temps est bel et bon », le maistre est tenu à soy accorder au plus des compaignons ; et, se il faisoit autrement et la nef se perdoit, il est tenu à rendre la nef, se il a de quoy. *C'est le jugement en ce cas.*

III.

Une nef se part en aucunes terres en quelque lieu que ce soit, les mareneaux sont tenus de sauver le plus que ilz pourront de la nef et des desrées ; et, se ilz les aydent à sauver, le maistre est tenu de bailler leurs coux raisonnablement à venir en leur terres, se ilz ont tant sauvé parquoy leur maistre le puisse faire ; et puet bien engaigier des choses qui seront sauvéez à aucun pour les avoir[1], et, se ilz n'aydent és dictes choses sauver, il n'est pas tenu à les pourveir en rien, encheiz perdent leur louyer, quant la nef est perdue. Et le maistre ne puet vendre les apparaux à la nef, se il n'a commandement ou procuracion des seigneurs, ainçoys les doit mettre en sauvegarde jusquez à tant que il sache la volenté des seigneurs ; et le doit faire le plus loyalment que il pourra ; et, se il le faisoit autrement, il est tenu de l'amender, se il a de quoy. *Et c'est le jugement en ce cas.*

IIII.

Une nef s'en part de Bourdeaux ou d'ailleurs chargée ; il avient aucune foys que la nef s'empire ; l'en sauve le plus que l'en puet des desrées ; les mar-

---

[1] Edit. de M. Pardessus : *pour les ramener en lor terre.*

chans et le maistre sont en grant débat, et demandent ly marchant au maistre à avoir leurs desrées. Ilz les doivent bien avoir, poiant le fret de tant comme la nef aura fait tel vyage, veue pour veue, corps pour corps[1], se il plest au maistre; et, se le maistre veult, il puet bien adouber sa nef, se elle est en ce cas qu'elle puet estre prestement adoubée; et, se non, il puet louer une autre nef et achever son voyage; et aura le maistre son fret d'autant comme il aura des desrées sauvéez[2]. Et doit le fret des dites desrées qui sont sauvéez estre compté, livre à livre, et des dictes desrées à poier son advenant des coux qui auront esté mis ès dites desrées sauver. Et, se ainsi estoit que le maistre et les marchans promeissent (as giens) qui leur aident à sauver la nef et les dictes desréez la tierce partie ou la moitié ès dictez desrées et nef pour le péril où ilz estoient, la justice du pais doit bien regarder quel paine et quel labour ilz auront mis à lez sauver, et selon ce les paier, non contrestant la promesse que le dit maistre et marchant leur auront faicte. *Et c'est le jugement en ce cas.*

V.

Une nef s'en part d'aucun port charge ou wide, et arrive en aucun port; les mareneaux ne doivent pas yssir hors sans le congié du maistre; car, se la nef

---

[1] Ces mots : *veue pour veue, corps pour corps*, ne se trouvent ni dans les deux manuscrits anglais, ni dans les deux manuscrits de la Vicomté de l'Eau.

[2] Ce qui suit ne se trouve dans aucun des manuscrits indiqués à la note précédente.

se perdoit ou empiroit par aucune aventure, ilz sont tenus à amender; mès, se la nef estoit en lieu où elle fûst amarée de ii. amarez ou de iii., ilz peuent bien issir hors sanz congié du maistre, lessant une partie des mareneaux à garder la nef et les desréez; et eulz à revenir par temps à leur nef; et, se ilz estoient demouré, ilz le doivent amender, se ilz ont de quoy.

VI.

Marineaux se louent à leur maistre, et y a tieux qui s'en issent sans congié de leur maistre et s'enyvrent et font contens et melléez, desquieulx il y a aucuns qui sont navrez; le maistre n'est pas tenu à eulz faire guérir ne à lez pourveir en rien; ainçois les puet bien mettre hors de la nef, eulz et leurs oustieux et loer autres. Et, se ilz coustent plus, ilz sont tenus à paier le plus au maistre; mais, se le maistre les envoye en aucun service pour le prouffit de la nef, où ilz se blessent, ou l'en leur fait chose de désavenant, ilz doivent estre guéris et mirés sur les coux de la nef. *Et tel est le jugement en ce cas.*

VII.

Il avient que maladie prent à un des mareneaux de la nef en faisant le service de la nef; le maistre le doit mettre hors et lui doit querre un hostel, et si luy doit bailler crasset ou chaindoille; et si lui doit bailler un des vallés de la nef à le garder, ou ly loüer une femme qui se prengne garde de luy; et si le doit pourveir de telle viande comme l'en use en la nef, c'est assavoir en tant comme il prenoit quant il estoit en santé, ne riens plus, se il ne plest au maistre; et, si veult avoir viandes plus délicieuses, le maistre n'est pas tenu à li querre, se n'est à ses despens; et, se la nef est preste à s'en partir, elle ne doit pas demourer pour luy; si guérist, il doit avoir son louyer, contant et abatant le prest, se le maistre luy a fait; et, se il meurt, sa femme et ses prouchains amis les doivent avoir pour luy. *Et tel est le jugement en ce cas.*

VIII.

Une nef chargée à Bourdiaux ou ailleurs, et avient chose que tourment les prent en la mer, et que il ne peust eschapper sanz getter des desréez de la nef; le maistre doit dire : « Seigneurs il convient getter hors ces desréez pour sauver la nef »; et, se il y a nul marchans en la nef qui respondent leur volenté et gréent le giet, les raisons au maistre en sont plus clères; et, se ilz ne gréent, le maistre ne doit pas pour ce lessier ester que il ne gette tant comme il verra que bien soit, jurant luy et le tiers[1] de ses compaignons sur Saintes Euvangilles, quant il sera venu à sa droite descarche, que ilz le faissoient pour sauver leurs corps, la nef et les desréez qui sont en la dicte nef. Et les vinz qui seront gettés doivent estre prisiez au feur de ceulx qui seront venus à sauveté; et quant ilz seront vendus, si les doit l'en partir livre à livre entre les dis marchans; et le maistre y doit partir et compter la nef ou son frec à

---

[1] Edit. de M. Pardessus : *jurant soi tiers de ses compaignons.*

son choix pour recouvrer le dommage. Et les maronneaux doivent avoir un tonnel franc et l'autre doit partir au giet, selon ce qu'il aura, se il se deffent comme bon homme en la mer; et, se il ne se deffent, il n'ara rien de franchise, et peuent bien les marchans charger le maistre par son serement. *Et tel est le jugement en ce cas.*

IX.

Il avient que un maistre couppe son mast par force de temps; il doit appeller les marchans qui ont les derréez en la nef, se il y en a nul, et leur doit dire : « Il couvient couper se mast pour sauver la nef et les desréez et mettre un fust venable[1] par loyaulté. » Et aucune foiz avient que on couppe caiblez et lesse l'en cablez[2] et autres choses pour sauver la nef et les desréez; toutes ces choses soient comptées livre à livre comme giet. Et quant Dieu dourra que la nef sera venue à sa droite descharge à sauveté, les marchans doivent poier leur avenant sanz nul delay ou bailler gaiges d'argent tant avant que les desréez soient mises hors de la nef; et, se la nef estoit en ouvrages[3], et le maistre y demourast par raison de leur débat, et il voit courroison, le maistre n'y doit pas partir, ains doit avoir son frec, ainsi bien comme se les couvens estoient plains[4]. *Et tel est le jugement en ce cas.*

[1] Manuscrit de Rennes : *raisonnable*.
[2] Edit. de M. Pardessus : *ancres*.
[3] Ibid., *dur siège*. Manuscrit de Rennes, *est à louaige*.
[4] Edit. de M. Pardessus : *Et il y eut couleison, le mestre ne doit pas pastir, ainçois en doit avoir son fret de ceux vins, comme il prendra des autres.*

X.

Un maistre d'une nef vient à sauveté à sa droicte descarche; il doit monstrer aux marchans le cordage auquel il vuidera. Et se ilz voyent que il y ait à d'amender, le maistre le doit amender, car se le tonnel se perdoit par deffaulte de guie ou de cordage, le maistre est tenu à le paier aux marchans entre lui et ses mareneaux. Et si doit paier le maistre selon ce qu'il prent de guidage, et doit le guidage estre mis à recouvrer le dommage premièrement, et le remenant doit estre parti entr'eulz; mais, se le cordage ront sanz ce que le maistre moustrât aux marchans, ilz sont tenus à rendre tout le dommage. Mais se les marchans dient : « Le cordage est bel et bon », et il rompent, chascun doit partir au dommage, c'est assavoir le marchant à qui le vin sera tant seulement et le maistre et les mareneaux. *Et tel est le jugement en cas.*

XI.

Une nef est chargée à Bourdeaux ou ailleurs et lieve son voille pour arruner ses vins, et ne offrent le pas le maistre et les mareneaux lievé leur voille, si comme ilz deuisent[1], et les prent mal temps en la mer, en tel manière que la fustaille croist et enfondre le tonnel ou pippe; la nef arrive à sauveté à sa droite descarche; le marchant dit au maistre

---

[1] Edit. de M. Pardessus : *et n'affient pas le maistre et ses mariners lor boucle, si comme ilz deussent.*

que par leur fustaille est perdu leur vin ; le maistre dit que non fu ; se le maistre jure et ses compaignons iii. ou iiii. ou vi. ou viii. de ceulz que les marchans vouldront que les vins ne se perdirent pas par leur deffaute, comme les marchans leur mettent sur, ilz l'en doivent estre quittes et délivrez ; mais, se ainssi est qu'il ne veullent jurer, ilz sont tenus à rendre aux marchans tout se dommage, car ilz sont tenus à affier leur voille bien et certainement, avant que ilz pertent de descharge. *Et c'est le jugement en ce cas.*

XII.

Un maistre loue ses mareneaux et les doit tenir bien et en pais et estre leur juge, et, se il en y a un qui desmente l'autre, par quoy ilz ayent pain et vin à table, cellui qui desmentira l'autre doit paier iiii. deniers, et le maistre, se il en desment, doit poier viii. deniers. Et se il en y a nul qui desmente le maistre, il doit poier viii. deniers aussi. Et, se ainsy est que le maistre fiere nul de ses mareneaux, le marenel doit atendre la premiere collée, comme de poing ou de paulme ; et, se il le fiert plus, il se doit deffendre ; et, se le marenel fiert le maistre, il doit paier c. soulz ou perdre le poing au (choix du) marenel. *Et c'est le jugement en ce cas.*

XIII.

Une nef se frecte à Bourdiaux ou ailleurs et vient à sa droitte descharge et font chartre-partie, touages et petis lamens sont sur les marchans : (en) la coste de

Bretaingne tous ceulz que l'en prent, puis que l'en passe l'ille de Bas et Louassent [1] petis lamens, et ceulz de Normandie et d'Engleterre, puisque l'en passe Garnesy, et ceulx de Flandres, puis que l'en passe Kalais, et ceulz d'Ecouce puis que l'en passe Garnemue [2]. *C'est le jugement en ce cas.*

XIIII.

Contens se fait entre le maistre d'une nef et les mareniaux; le maistre doit oster la touaille iii. fois devant son ma(renel) avant que il le mette hors. Et le marinel offre à faire l'amande au regart des mareneaux qui sont à la table; et, se le maistre soit tel que il ne vueille riens faire et là met hors le marinel, le marenel s'en puet aller sieurre la nef jusques à la droite descharge, et doit avoir aussi bon louyer, comme se il estoit venu dedens, en amendent le meffait au regart des compaignons; et, se ainsy est que le maistre ne maine aussi bon compaignon comme cellui en la nef, et la nef se perde ou s'empire par aucune aventure, le maistre est tenu à rendre la nef et la marchandise, se il a de quoy. *Et tel est le jugement en ce cas.*

XV.

Une nef est en un couvers bien tendée et amarée; une autre nef vient dehors de la mer et ne se gou-

---

[1] Mauvaise leçon. Il faut lire, comme dans l'édition de M. Pardessus: *l'isle de Bas, en Léon, sont*, etc.

[2] Yarmouth.

verne mie bien, et se friec[1] en la nef qui est en sa voye, sy que la nef est en dommage du coup que l'autre lui a donné ; et y a des vins enfondrés d'une part et d'autre par la raison du coup; et le dommage doit estre prisié et parti moitié à moitié (entre) les deux nefz, et les vins qui sont dedens les ii. nefz partir, et le domage autresy entre les marchans ; et le maistre de la nef qui a férue l'autre, est tenu à jurer sur les Sains, lui et ses compaignons, que ilz ne le férirent pas de leur gré. Et est raison par quoy ce jugement fu fait, premièrement, que une vielle nef ne se meist pas voulentiers en la voye de une meilleur, se elle eust eu dommage chose pour grever l'autre nef, mais quant elle scet bien que elle y doit partir à la moitié, elle se trenche voulentiers dehors sa voye. *Et tel est le jugement en ce cas.*

XVI.

Deux nefz ou pluseurs sont en un hable où il y a poy de yaue, et si aseiche l'ancre d'une nef, le maistre de celle nef doit dire au maistre de l'autre nef et aux marchans : « Maistre, levez vostre ancre, car elle est trop près de nous et nous pourroit faire dommage »; il ne le veullent pas lever ; le maistre et ses mareneaux qui paour ont pour le dommage le pevent lever et eslongner de eulx ; et, se ilz le tolent à lever, et l'autre leur face dommage, ils sont tenus à rendre le dommage tout au lonc; et, se ainsi estoit qu'il ny eust mis buye et il fait dommage, ilz sont tenus à rendre le dommage tout au longc ; et,

---

[1] Edit. de M. Pardessus : *fiert la nef.*

se ainsi estoit que ilz sont en un hable qui aseiche, ilz sont tenus à mettre balingues à leurs ancres qui parent au plain de la mer. *Et c'est le jugement en ce cas.*

XVII.

Une nef est arivée à sa charge ou ailleurs le maistre est tenu à dire à ses compaignons : « Seigneurs, freterés vous voz marréages ou vous les lerez au frez de la nef? » ilz sont tenus de respondre lequel ilz feront, et, se ilz les lessent au frez de la nef, ils aront telz frez comme la nef aura. Et, se ilz veullent freter par eulx, ilz doivent freter en tel manière que la nef ne soit pas demourante, et, se il avient chose qu'ilz creussent [1] frez, le maistre n'y a nul blasme, et leur doit monstrer leurs rens et livrer; et y puet mectre le pesant de leur marréages chascun, et, se ilz veullent mectre tonnel d'iaue bien le peuent mectre; et, se getoison se faisoit en la mer, leur tonnel d'yaue doit estre pour tonnel de vin ou pour autres desréez, livre à livre, parquoy les marenniaux se puissent deffendre en la mer, et se ainsi est que ilz les frectent aux marchans telle marchandises [2] comme le marenel doit avoir, le marchant aura. *Et tel est le jugement en ce cas.*

---

[1] Edit. de M. Pardessus : *ne troevent fret*. Il est probable que le manuscrit sur lequel a été prise la copie contenue dans le *Coutumier de Dieppe* portait *ne treussent*.

[2] Edit. de M. Pardessus : *franchise*.

XVIII.

Les maronneaux de Bretaigne ne doivent avoir que une cuisine, par la raison que ilz ont (bruvage) alant et venant ; et ceulx de Normandie en doivent avoir deux le jour, pour ce que ilz n'ont que yaue à aler ès despens de la nef ; mais, puisque la nef est à la terre au vin, les mareneaux doivent avoir beuvrages et leur doit le maistre querre. *Et c'est le jugement en ce cas.*

XIX.

Une nef vient à sa descarche; les maronneaux veullent avoir leurs fres; aucuns y a qui n'ont ne lit ne arche en la nef, le maistre puet retenir de son louyer pour rendre la nef la où il la prist, se il ne donne bonne caucion de fournir tout le voyage. *Et tel est le jugement en ce cas.*

XX.

Le maistre de une nef loue ses maronneaux en la ville dont la nef est et les loue les unz aux marreages les autres à deniers ; il avient que la nef ne puet trouver frez à venir à ses parties et leur couvient aler plus loing. Ceulz qui sont à marreages le doivent sieurre, mais ceulz qui sont à deniers, le maistre leur doit croistre leur louyer veue par veue, corps pour corps[1], par la raison que ilz les avoit loez

---

[1] Edit. de M. Pardessus : *cours par cours.*

en certain lieu. Et, se ilz viengnent plus pres que où l'alouement fu pris, ilz doivent avoir tout leur louyer; mais ilz doivent rendre la nef la où ilz la prindrent, et, se le maistre veult, à l'aventure de Deux (lisez : *Dieu*). *C'est le jugement en ce cas.*

XXI.

Il avient que une nef vient à Bourdeaux ou ailleurs; de telle cuisine comme il y ara en la nef, deux des mareneaux en pevent porter un mès et lendemain demi mès, tieulx comme ilz sont trenchés en la nef, et de tel pain comme il y ara, selon ce que ilz pourront menger une foiz, et du buvrage rien. Et se doivent ceulz délivrer tost et appertement, si que le maistre ne perde l'eure de la nef, car, se le maistre les y perdoit et il y eust dommage, ilz sont tenus à l'amander, ou, se un des compaignons se blesce par besoing d'aide, ilz sont tenus à l'amander au dit du maistre et à ceulz de la table. *C'est le jugement en ce cas.*

XXII.

Un maistre frecte sa nef à un marchant et devise un certain terme au louement dedens; quant le marchant doit charger la nef à estre preste à s'en aler, le marchant ne le fait pas, ains tient le maistre et ses mareneaux par l'epasse de viij. jours ou de xv. ou de plus; aucune fois il pert sa muaison et son temps par deffaulte du marchant; le marchant est tenu à amander au maistre, et telle amande comme on aura faicte, les mareneaux en doivent avoir le quart et le maistre les iii. pars, par raison que il leur treuve leurs despens. *Et tel est le jugement en ce cas.*

XXIII.

Un marchant frecte une nef, et la chargent et mectent au chemin, et entre celle nef en ung port et demeure tant que deniers lui faillent; le maistre doit bien envoyer en son païs pour querre de l'argent, mais il ne doit pas perdre temps ne muaison, car, se il le fait, il est tenu à rendre aux marchans tous leurs dommaiges que ilz auront; mais le maistre puet bien prendre du vin et des desréez au marchant et vendre pour querre son estorement. Et quant la nef sera venue à sa droite descharge, les vins que le maistre a pris devront estre aférez et mis au feur que les autres seront vendus communelment, n'à plus, n'à moins. Et doit le maistre avoir ses frez des vins que il aura pris. *Et tel est le jugement en ce cas* [1].

[1] A la suite de cet article xxiii. vient l'article suivant dans l'édition de M. Pardessus : *Ung bachelier est lodeman d'une neef et est louyé à l'amener jesques à le port où l'en la doit descharger, le mestre est tenu à purveier fourme, lui et ses mariners, et mettre balyngues qui aptergent à plain, ou que la fourme soit bien balinguée que les marchanlz ne eient damage ; qar s'ilz aveient damage, le mestre est tenuz à l'amender, s'il ne die reson pour quoy qu'il ne soit abatu : et la reson est le lodman a bien fait son devoir quant il a amené la neef a saufcelé jesques à la fourme, qar jesques illeqs la debvroit amener, et de cette heure en avant le feys est sur le mestre et sur ses compaignons. Et ce est le juggement en ce cas.* — Le même article se trouve dans les deux manuscrits du *Coutumier de la Vicomté de l'Eau.*

XXIIII.

Un lamen prent une nef à mener à Saint Malou ou ailleurs; se il fault, et la nef s'empire par faulte que il ne la sache conduire, et les marchans ayent dommage, il est tenu à rendre le dommage, se il a de quoy; et, se il y a de ceulz qui le prengnent sur leur teste, se le maistre ou aucun des maronneaux, ou aucun des marchans (soit) qui ly couppent la teste, ilz ne sont point tenus à en poier point d'amende; mais toutesvoiez on doit bien savoir avant se il a par quoy amander. *Et tel est le jugement en ce cas.*

XXV.

Une nef guide à sa descharge; la nef aseiche où est si jolie où elle pent volentiers; les mareniers vont sur le voille ou sur les tilles devant ou derrière, vins guindent, et avient que ilz lessent une brèche ouverte (à) un tonnel qu'i ont guindé, et ilz ne l'ont pas amaré à cordes à bort de la nef, et le tonnel deffraude et chiet, et se pert et s'effonce à un autre sur quoy il chet, et sont ii. perdus; le maistre et les maronneaux les doivent rendre aux marchans, et les marchands doivent poier les frez de ii. tonneaux par raison que l'en luy doit paier des autres au feur que ilz seront vendus; le maistre et les mareneaux doivent mettre leur guidage, premièrement à recouvrer leur damage, et le remenant doit estre parti entre eulz pour tant chacun doit prendre au dit guidage livre à livre; et les seigneurs de la nef n'y doivent riens prendre, car c'est par la faulte du maistre et des mareneaux d'amarer leur tonnel. *Et le jugement est tel en cas.*

XXVI.

Deux batiaux font compaignie pour aler aux harens ou à maquereaux et doivent mettre autretant des angins l'un comme l'autre; à gré sont de partir le gaing à moitié entre eulx; et s'il avient que Dieu face sa volenté de l'un des batiaux, de la gent et des angins et des autres choses, et l'autre eschappe, et s'en vient au païs dont il est, les amis de ceulz qui sont mors leur demandent à avoir partie du gaing que il ont ès angins et au vessel ; ilz auront partie du gaing et des angins par le serement de ceulx qui seront eschappez, mais ou vaissel ne prendront riens. *Et tel est le jugement en ce cas.*

Dont tesmoing le seel de l'Ile de Ouleron establi.

AUTRES DROITS QUI SE PERÇOIVENT AU BUREAU DE LA DITE GRANDE FERME DE LA VICONTÉ DE L'EAUE DE ROUEN OUTRE L'ANTIEN DROICT DEU AU ROY, ET CE A CAUSE DE PLUSIEURS FERMES APPARTENANTS A L'HOSTEL COMMUN DE LA DICTE VILLE, AINSI QU'IL ENSUIT.

Premièrement,

Les fermes des dix et deux cinq sols pour lest de harenc, qui est en tout vingt sols pour chacun lest venant et entrant en la ville et ban-lieue de Rouen, et traversant icelle, qui se payent par les bourgeois et forains, assavoir :

Pour chacun lest de harenc blanc et sor est deu tant par les bourgeois que forains, xx. sols.

Et si est encor deu, comme devant est dict, au Roy pour la coustume trois sols quatre deniers pour chacun lest pour marchand forain, iii. s. iiii. d..

Convient entendre qu'il n'est deu aucune chose du droit de la dite ferme des dix sols et deux v. s. pour lest de harenc, à cause du harenc qui s'achapte en ceste ville pour porter hors, n'estant deu que le dit droict de coustume au Roy pour les marchands forains seulement.

Comme aussi il ne se paye aucune chose pendant et durant les foires du Pardon et S. Romain et Chandeleur pour le droict des dicts deux cinq sols pour lest venant, entrant et traversant la dite ville lors des dites foires, soit pour y estre vendu ou autrement, mais bien est deu, foire ou non foire, le dit droict de dix sols pour lest avec le dit droict de coustume de trois sols quatre deniers pour lest deu au Roy par les forains.

FERME DES TOILLES QUI SE PAYE LORS DE LA SORTIE, FOIRE OU NON FOIRE, TANT PAR LES BOURGEOIS QUE FORAINS.

Pour chacun cent pesant de toile blanche pour porter hors la ville et ban-lieue, soit pour marchand bourgeois ou forain est deu x. d..

Et si encor est deu au Roy pour la coustume pour marchand forain pour balle, ballot, casse, fardeau ou autre pièce, quelque grande quelle soit, viii. d..

Et pour coffre des dites toilles pour la dicte coustume, xii. d..

Pour chacun cent pesant de toille de lin escrues, v. s..

Pour chacun cent pesant de toille de chanvre, estouppes, canevas, brun mellins, olonnes, et telles grosses toilles, ii. s, vi. d..

Et pour balle, pacquet ou ballot des dites toilles pour le dit droict de coustume, viii. d..

Est à notter qu'il n'est deu aucune chose à ladite ville à cause de la dite ferme, pour les toilles qui arivent en ceste ville pour y estre vendus, n'en estant deu que huict deniers pour balle ou ballot par les marchands forains pour le dit droit de coustume.

Aussi ne sont exemps du droit d'icelle ferme les bourgeois de la dite ville ny pareillement de toutes les autres fermes cy après appartenans à la ville excepté de la ferme des menus courtages et tiers tonneau. De la quelle les dits bourgeois sont exemps et ne doivent aucune chose.

FERME DU PASTEL, VOIDE ET GARENCE QUI PAYE A L'ENTRÉE, FOIRE OU NON FOIRE, TANT PAR LES BOURGEOIS QUE FORAINS.

Pour balle de pastel arrivant à Rouen pour y estre vendue, v. s..

Et pour le droict de coustume deu au Roy quatre deniers pour balle pour marchand forain, iiii. d..

Convient entendre que tous marchands qui font venir pastel, pour estre renvoyé et non vendu doivent dans le temps de six semaines renvoyer iceluy, et ce faisant ne payent et ne doivent aucune chose du dict droict de cinq sols pour balle, mais s'ils laissent passer le dict temps de six sepmaines sans renvoyer le dit pastel, le dit droict en est deu et acquis.

Pour chacune balle de garence arrivant audict Rouen pour y estre vendue, xxx. s..

Et pour le dit droict de coustume huict deniers pour balle, viii. d.

N'est aussi deu aucune chose de la dite garence; si elle est destinée pour renvoyer hors; aussi convient qu'elle soit renvoyée dans le dit temps de six sepmaines, comme dit est.

Pour chacune cuve de voide venant de Caen ou d'ailleurs, v. s..

Et pour le dit droict de coustume pour voide en grenier dans un navire quelque grand nombre qu'il y ait, viii. d..

Et aux sergeants de la dite Viconté pour le navire estant le voide à un marchand forain dix deniers.

Il n'est rien deu d'icelle ferme pour le pastel, voide et garence qui s'achapte en ceste ville pour porter hors que le dit droict de coustume deu au Roy par les forains.

FERME DE L'ESME QUI SE PAYE A LA SORTIE, FOIRE OU NON FOIRE, TANT PAR LES BOURGEOIS QUE FORAINS.

Pour chacun cent pesant de marchandises esmez à la romaine pour porter hors est deu iiii. d..

Et si est deu la coustume au Roy par le marchand forain pour la dicte marchandise subjette au dict droict de coustume; et selon la quallité d'icelle en sera payé le droict, ainssi qu'il est porté au coustumier de la dite Viconté.

Les marchandises esmez au poids de la dicte Viconté pour porter hors ne doivent aucune chose de la dite ferme, d'autant que le droict en est payé au dict poids.

LA FERME DES MENUS COURTAGES ET TIERS DE TONNEAU, SUYVANT L'EXTRAICT D'UN ANTIEN REGISTRE COUVERT DE PARCHEMIN, ESTANT EN L'HOSTEL COMMUN DE LA VILLE DE ROUEN, AUQUEL REGISTRE SONT INCEREZ PLUSIEURS CHARTRES ET DROICTS DEPENDANTS DE LA DICTE VILLE, ET SPECIALLEMENT DE LA FERME DES MENUS COURTAGES APPARTENANT A ICELLE CONTENUE DU XII. XVI. FUEILLET DUDIT REGISTRE SECONDE PAGE COLLATIONNEE PAR GOSSELIN, GREFFIER DE LA DITE VILLE LE DOUZIESME JOUR DE FEVRIER MIL CINQ CENTS SOIXANTE ET DEUX AINSI QU'IL S'ENSUYT.

Ensuyt les droicts de la ferme des menus courtages pour la ville de Rouen :

Premièrement,

La dite ville a droict de prendre des vaisseaux montants la rivière de Seine frettez en la ville et ban-lieue de Rouen deux deniers pour chacune livre du nombre du fret que fretera le maistre de chacun vaissel pour les marchandises illec fretez, ii. d..

Item de vaisseaux avallants frettez en la ville et ban-lieue, comme dessus, de vingt tonneaux et au dessouz deux deniers pour livre et au dessus de vingt tonneaux, pour tout le courtage pour le droit de la ville, le tiers du fret d'un tonneau.

Item de toutes les autres marchandises qui se vendent au lest pour marchands estrangers comme harenc, cendres, brey, goutren, pour chacun lest saize deniers tournois, cy xvi. d..

Et pour chacune tacque de cuirs vendus par marchands estrangers quatre deniers, cy iiii. d..

Item pour douzaine de peaux un denier, cl i. d..

Et pour chacune poize de sel quatre deniers pour marchands estrangers, cy iiii. d..

Item pour baril ou balle de garence par marchands estrangers, quatre deniers, cy iiii. d..

Item pour lards, pour chacun lard un denier pour marchands estrangers, cy i. d..

Item pour allun, pour balle ou baril un denier pour marchands estrangers, cy i. d..

Item pour cent de poisson sallez, comme congres, moruo, saumon, stocfiz, merlus et autres tels poissons sallez saize deniers tournois, ci xvi. d..

Pour millier de macquerel saize deniers pour marchands estrangers, cy xvi. d..

Item pour chacun tonnel de guesde, saize deniers pour marchands estrangers, cy xvi. d..

Les droits cy dessus de la dite ferme des menus courtages et tiers de tonneau se payent comme dit est, outre les drois de coustume deuz au Roy, qu'il convient que le marchand adjouste avec le dit droit de coustume, lors qu'il fait son compte de ce qu'il doit, et ce selon la qualité des marchandises. Et ne doivent aucune chose les marchands forains du droit de la dite ferme, si leurs marchandises ne sont vendues en ceste ville de Rouen n'estant rien deu pour les marchandises qui se renvoyent et traversent. Etans aussi exempts du droit d'icelle ferme les bourgeois et marchands de ceste dite ville.

La ferme du Pontage qui se perçoit sur toutes les marchandises qui descendent le pont de ceste ville de Rouen, pour y estre vendues ou traversans, que sur les marchandises achaptées en icelle et chargées dans basteaux au dessous du pont, pour porter amont la rivière de Seine, et aussi sur toutes les marchandises venans de la mer et renvoyées sans estre vendues en la dite ville, soit que icelles marchandises de renvoy chargent d'aval ou d'amont les ponts. Laquelle ferme se paye tant par les bourgeois marchands de ceste dite ville que marchands forains ; excepté aux foires durant lesquelles il ne se paye aucune chose, et se reçoit icelle ferme ainsi qu'il ensuit.

Assavoir :

Pour chacun tonneau de vin, soit ponçons, demies queues, ou autre fustaille, douze deniers, cy xii. d..

Pour tonneau de sidre ou poirey, six deniers, cy vi. d..

Pour muy de bled et autres grains, douze deniers, cy xii. d..

Pour poize de sel contenant quatorze mines six deniers, cy vi. d..

Pour chacun lest de morue, harenc, saumon et maqueron, deux sols, cy ii. s.

Pour chacun millier de morues vertes ou seiches, cinq sols, cy v. s..

Pour balle de garence, huit sols, cy viii. s..

Pour balle de pastel, trois deniers, cy iii. d..

Pour un basteau d'escalles pour porter à Paris ou autres lieux d'amont, cinq sols, cy v. s..

Pour un basteau chargé de fruits, citrons et oranges pour porter amont la rivière, xii. s. vi. d..

Pour chacun cent de charbon de terre, deux sols six deniers, ci ii. s. vi. d..

Pour un basteau chargé de foin, ou bois, dix sols, cy x. s..

Pour meulle à moullin venant d'amont par la rivière en ceste ville, i. d..

Pour meullarde et meulliot, i. d..

Pour cent de carreau de meulle, i. d..

Pour toutes marchandises d'œuvre de poids, assavoir, beurre, suif, formages, cire, fer, plomb, estain, cuyvre et généralement toutes marchandises qui s'acquitent par le poids est deu un denier pour livre de la vraye valeur des dites marchandises qui est de vingt sols un denier, cy i. d..

Pour cuir de Barbarie, Pérou, Inde, Cap de Vert, et toutes autres sortes de cuirs et pelleterie, un denier pour livre, de la valeur d'iceux cuirs, cy i. d..

Pour pots de fer, qui s'acquittent à la douzaine, un denier pour livre de la valeur, cy i. d..

Pour toutes sortes de pelleterie, un denier pour livre de la valeur, cy i. d..

Pour toutes marchandises qui s'acquittent par tonneau, pipe, boucaut, ponçon, baril ou autre fustaille, casse, coffre, balle, ballot ou autre fardeau ; assavoir : mélasses, huylles de toutes sortes, merceries, toiles, draps et autres telles marchandises, de quelle qualité que ce soit, acier en botte, fer blanc ou noir, en baril. Et toutes autres marchandises qui ne sont d'œuvre de poids, est deu un denier pour livre, de la valeur d'icelles, cy i. d..

Et outre les droits de la dite ferme du Pontage est deu

au Roy le dit droit de coustume pour les marchandises achatées en ceste ville pour marchands forains, chargées au dessus ou au dessous du pont, et marchandises deschargées au-dessous du pont, pour vendre ou traverser, qui doivent coustume.

FERME DE LA POISE DU SEL.

Pour chacune poise de sel contenant quatorze mines venant, entrant et passant par dessous les ponts de ceste dite ville ou autrement soit pour vendre en ladite ville, chambre de la Bouille, que pour la fourniture des greniers à sel de France ; tant pour marchands de Rouen que forains, est deu huit sols pour poise, cy viii. s.,

Et pour le pontage pour poise, comme dit est, six deniers, cy vi. d.,

Et outre est deu au Roy pour la coustume trois deniers pour poise, iii. d.,

Laquelle coustume ne se paye qu'une fois par le marchand forain, lors de l'arrivée dudit sel ou achapt fait en ceste dite ville, et le renvoyant en son nom, et n'estant vendu, ne doit plus rien de la dite coustume, iii. d.,

APPENDICE.

I.

QUITTANCE POUR GRAVURE DES SCEAUX ET RÉPARATION DES POIDS DE LA VICOMTÉ DE L'EAU. 1425.

A tous ceulx qui ces lettres verront ou orront, Roger Mustel, Viconte de l'Eaue de Rouen, salut ; savoir faisons que au jour d'uy furent présens par devant nous Robin d'Arraguon et Alain Le Doyen pour luy et Perrin Cossart, Jehan Regnoult, lesquieulx congnurent et confessèrent avoir eu et reçeu de Jehan Benart l'un des fermiers d'icelle Viconté la somme de saize livres, dix neuf soulz, dix deniers tournois pour les causes cy après desclairéez, c'est assavoir icellui d'Arraguon, pour paynne et matières d'avoir fait tout de neuf et gravé deulx seaulx à merquer les mesures du guauge pour le Roy notre sire estant en l'ostel d'icelle Viconté, et aussi quatre signez faiz de cuivre et gravés servans pour les merqs et signes, passeportes et acquis d'icelle Viconté, pour tout ce par marchié et pris à luy fait, soixante sols tournois. Audit Alleaume la somme de soixante deux sols tournois, pour avoir refondu le pois de demy cent et de douze livres pour le grant pois d'icelle Viconté, au pris de xii. d. pour lyvre, et pour vi. l. pesant de dechié, lequel il a fourny de son métal et despoisé pour ce dix sols tournois. A luy pour avoir fait tout de neuf et de potin ce quy estoit de plom, c'est assavoir les pois de vingt quatre livres, douze livres et six livres servans pour guauger les troneaulx *(sic)*, pour ce, au dessus dit pris de deux solz six deniers pour lyvre, pour paynne et matière et déchié, cent ching solz tournois. A luy pour ching aneaulx de fer par luy mis et assis aux diz pois, douze solz six deniers tournois. A luy pour le dit Perrin Conart cy devant nommé, lequel a adjusté les pois cy dessus dis, pour payne et journéez de luy et ses aides trente solz tournois, A luy pour le dessus nommé Jehan Regnoult, pour avoir abessé et porté hors les terres de la court de l'ostel d'icelle Viconté, lesquelles pourrissoient les solles et parois dudit lieu, pour ce par marché et pris à luy fait, soixante solz tournois, à ce présent maistre Jaques de Soteville, mestre dez oeuvres de carpenterie du Roy ou bailliage de Rouen, lequel certiffia les diz marchés avoir esté ainsi faiz et les dictez besongnez et ouvragez estre bien et deuement. De la quelle somme de xvi. lb. xix. s. vi. d. t. dessus dicte les dessus diz d'Arraguon et Le Doyen pour luy et les autres cy dessus nommés se tiendrent à bien paiez et comptent, et en quictèrent le dit Jehan Benart et tous autres à quy il appartient. En tesmoing de ce nous avons seellé ces présentes du grant seel aux causes de la dicte Viconté. Ce fu fait le xxiiii° jour de mars l'an de grace mil iiii. c. ving et chinq. Signé COUDREN avec paraphe. — Sc. perdu [1].

II.

EXTRAITS DE COMPTES DE LA VICOMTÉ DE ROUEN [2].

I.

OU COMPTE DE PIERRE SAYMEL, BAILLI DE ROUEN, DU TERME DE PASQUES L'AN MIL CCC. ET I. FAIT EN ROLLE EST ESCRIPT EN LA LA FIN DE LA RECEPTE DUDIT COMPTE CE QUI S'ENSUIT :

Item de Vicecomitatu Aque Rothomagi. Recepta :
De eodem Vicecomitatu ad hunc terminum partes à tergo, vi. m. vi. c. lvi. l. xviii. s. x. d.

[1] Arch. de la S.-Inf. — Parchemins provenants de l'ancienne chambre des comptes de Paris.
[2] Arch. de la S.-Inf. F. de l'archevêché. Arm. 2, cart. 20.

De eodem Vicecomitatu de vinis maris ascendentibus, de mercatoribus extra Rothomagum, ad hunc terminum, lii. l. x. s..

De eodem, de mercatoribus ville Rothomagi, ad hunc terminum, iii. c. liii. l. v. s..

Summa : vii. m. lxii l. xiii. s. x. d..

ITEM EN LA DESPENSE DUDIT COMPTE, EN LA FIN D'ICELLE DESPENSE EST CONTENU ET ESCRIPT CE QUI S'ENSUIT :

Expense Vicecomitatûs Aque Rothomagi :

Pro feodis et elemosinis ad hunc terminum, paries à tergo, xi. c. lvi. l. vi. s. viii. d..

Pro sororibus S. Mathei, pro medietate, ii. c. l..

Pro iii. c. modiis vini redditis capitulo Rothomagi, ix. c. xxii. l. x. s..

Pro Baptizatis, xix. d. par. per diem à festo Omnium Sanctorum usque ad primam diem maii, xvii. l. xviii. s. ii. d..

Pro locagio domûs eorumdem, pro medietate, xix. s..

Pro redditu Johannis de S. Leonardo pro toto anno, xxx. s..

Pro uno milliari alectium, unâ minâ nucium, unâ minâ salis, unâ pelle aluce, redditis heredibus Saudescolle, lxxv. s..

Pro quodam dolio vini reddito eisdem, viii. l..

Pro salario duorum buticulariorum, pro toto anno, xx. l..

Pro vino buticulariorum et servientum de terminis S. Martini et Natalis, xxxii. s..

Pro decimâ modiacionis vinorum venditorum redditâ abbatisse Sancti Amandi, v. c. x. l. xii. s. vi. d..

Pro salario clericorum, pro medietate, xx. l..

Pro victu recipiencium Vicecomitatum, c. iiii. l. xvii. s. vi. d..

Pro nunciis missis et expensis factis in curiâ ecclesiasticâ, x. s..

Pro justiciâ factâ, xx. s..

Pro tabuliis, pergameno et saccis, iiii. l. x. s..

Pro redditu domûs Vicecomitatûs de terminis Natalis et Pasche reddito heredibus Roberti de Cotevrart, lxv. s..

Pro redditu cujusdam domûs reddito ville Rothomagi pro toto anno, xl. s.,

Pro xl. modiis vini redditis monachis de Prato, c. ii. l..

Pro x. modiis vini redditis monachis de Cherisy, xxiiii. l.

Pro minis salis factis de novo, xx. l..

Pro salario bermannorum, corracteriorum et dollatorum, xii. l. x. s.,

Pro vadiis beduini mortui baptizati, pro uno mense, viii. d. par. per diem, xxv. s.

Pro denariis redditis Roberto as Ganz captis ab eodem pro vinis que erant de garnisione regis, x. l.,

Pro expensis Loyseli carnificis factis in negociis denar. de librâ, vi. l. xiii. s. iiii. d. pro parte Regis.

Summa: iii. m. vii^{xx} xv. l. xiiii. s. ii. d..

ET AU DOZ DUDIT ROLLE ET COMPTE EST ESCRIPT EN LA FIN DES PARTIES DE LA RECEPTE DUDIT COMPTE CE QUI S'ENSUIT:

De Vicecomitatu Aque Rothomagi. Recepta:

De modiacione vini Francisci, xix c. xxvi l. xi, s. vi. d..

De costumâ vini Francisci, iii. c. xxii. l. vii. s..

De modiacione vini Autissiodorensis, iiii. c. lxxvii. l. iiii. s.,

De costumâ vini Autissiodorensis, ii. c. xxi. l. xiiii. s. iiii. d..

De minutâ boistâ, vi. c. viii. l. ii. s.,

De lvii^{um} doliis vini Francisci venditis viii. l. x s. pro dolio, iiii. c. iiii^{xx} iiii. l. x. s.

De xxv. doliis vini Francisci venditis viii. l. pro dolio, ii. c. l.

De lxiiii. doliis vini Francisci venditis, vii. l. v. s. pro dolio, iiii. c. lxiiii. l.

De ix. doliis vini Autissiodorensis venditis xiii. l. x. s. pro dolio, viii. c. x l.

De lxii. doliis vini Autissiodorensis venditis xii. l. pro dolio, vii. c. xliiii. l.

De firmis traditis, pro medietate, iii. c. iiii^{xx} xviii. l. x. s.

ITEM AUDIT DOZ DUDIT COMPTE EN LA FIN DES PARTIES DE LA DESPENSE D'ICELLUI COMPTE EST ESCRIPT CE QUI S'ENSUIT :

Partes feodorum et elemosinarum Vicecomitatûs Aque ad hunc terminum :

Presbitero castri, iiii. s.
Segretario Prati, xliii. s.
Duabus prebendis Beate Marie, xv. l..
Heredibus Vincentii de Valle Richerii, xx. l..
Roberto de Geoliâ, c. iii. s. ix. d..
Magdalene, xxv. l.
Monti-Leprosorum, xxxv. l.
Grandi-Monti, c. l..
Aule-Puellarum, c. l..
Becco-Helluini, l. l.
Ysabelli de Gisorcio, vi. l..
Matheo Pidoue, ix. l. xi. s. iii. d..
Preceptori Templi Parisiensis, x. l..
Capitulo Beate Marie, c. s..
Priori Belli-Loci, l. l..
Pro talentis canonicorum pro toto anno, xxxvi. s..
Pro leprosariâ Carnoti pro toto anno, x. l..
Sancto Lupo (sic), pro toto anno, vi. s..
Sancto Candido, pro toto anno, vi. s..
Pro tribus milliariis alectium et pro vino S. Martini Monti-Leprosorum, vii. l xvi. s. viii. d..
Sancto Audoeno pro toto anno, ix. s.
Domino Petro de Chambliaco, vii. c. l..

2.

OU COMPTE DUDIT PIERRE SAYMEL, BAILLI DE ROUEN, DU TERME S. MICHIEL OUDIT AN MIL CCC. ET I. FAIT EN ROLLE EST ESCRIPT EN LA FIN DE LA RECEPTE DUDIT COMPTE CE QUI S'ENSUIT :

Item de Vicecomitatu Aque Rothomagi. Recepta :
De eodem Vicecomitatu ad hunc terminum, partes à tergo, ix. c. iiii^{xx} vi. l. ii. s. vi. d.

De eodem Vicecomitatu, de vinis maris ascendentibus, de mercatoribus extra Rothomagum ad hunc terminum, ix^{xx}. xviii. l. x. s..

De eodem, de mercatoribus ville Rothomagi ad hunc terminum, ii. c. l. v. s..

Summa, xiii. c. iiii^{xx} iiii. l. xvii. s. vi. d..

ITEM EN LA DESPENSE DUDIT COMPTE, EN LA FIN D'ICELLE DESPENCE, EST CONTENU ET ESCRIPT CE QUI S'ENSUIT :

Expense Vicecomitatûs Aque Rothomagi :
Pro feodis et elomosinis ad hunc terminum, partes à tergo, iiii. c. xxxviii. l. ii. s..

Pro sororibus S. Mathei pro medietate, ii. c. l. l..

Pro gaglis baptizatorum, per diem xix. d. par., de hoc termino, xviii. l. iiii. s. ii. d..

Pro locagio domûs eorumdem, pro medietate, xix. s..

Pro salario clericorum, pro medietate, xx. l..

Pro decimâ modiacionis vini et vinorum venditorum reddita abbatisse S. Amandi, xxxvii. l. iiii. s. x. d..

Pro victualibus recipiencium Vicecomitatum, iiii^{xx} xvi. l. ii. s..

Pro jure bermentorum, xiiii. s..

Pro redditu domûs Vicecomitatûs de termino S. Johannis et S. Michaelis preteritis, lxv. s..

Pro justiciâ factâ, v. s..

Pro tabulis et pergameno, xxv. s..

Pro ponderibus reparandis, xxx. s..

Summa, viii. c. xvii. l. xi. s..

ET AU DOZ DUDIT ROLLE ET COMPTE EST ESCRIPT, EN LA FIN DES PARTIES DE LA DICTE RECEPTE D'ICELLUI COMPTE, CE QUI S'ENSUIT :

De Vicecomitatu Aque Rothomagi. Recepta :
De modiacione vini Francisci, vii^{xx} xviii. l. v. s..
De costumâ vini Francisci, xiiii. l. x. s..
De modiacione vini Autissiodorensis, cv. l. iiii. s. vi. d..
De costumâ vini Autissiodorensis, xxv. l. x. s..

De vinis venditis, cix. l..
De minutâ boista, viii*xx* xv. l. iii. s..
De firmis traditis, pro medietate, iii. c. iiii*xx* xviii. l. x. s..
Summa.

ITEM AUDIT DOZ DUDIT COMPTE, EN LA FIN DES PARTIES DE LA DESPENCE D'ICELLUI COMPTE, EST ESCRIPT CE QUI S'ENSUIT :

Partes elemosinarum Vicecomitatûs Aque Rothomagi :
Presbitero Castri, iiii. s..
Sacriste Prati, xliii. s..
Duabus prebendis Beate Marie, xv. l..
Heredibus Vincencii de Valle Richerii, xx. l..
Roberto de Geollâ, cix. s. iii. d..
Magdalene, xxv. l..
Monti-Leprosorum, xxxv. l..
Grandi-Monti, c. l..
Aule-Puellarum, c. l.
Becco-Helluini, l. l..
Ysabelli de Gisorcio, vi. l..
Mathie Pidoue, ix. l. xi. s. iii. d..
Preceptori Milicie Templi Parisiensis, x. l..
Capitulo Beate Marie, c. s..
Priori-Belli-Loci, l. l.,
Magistro Petro de Carvillâ, c. s..
Summa.

3.

OU COMPTE DE PIERRE DE HANGEST, BAILLI DE ROUEN, DU TERME DE PASQUES MIL III. C. ET QUATRE, FAIT EN ROLLE, EST ESCRIPT, EN LA FIN DE LA RECEPTE DUDIT COMPTE, CE QUI S'ENSUIT :

Item de Vicecomitatu Aque Rothomagi. Recepta :
De eodem Vicecomitatu ad hunc terminum, partes à tergo, iii. m. ii. c. xvi. l. x. d..
De eodem Vicecomitatu, de vinis maris ascendentibus ultra

pontem, de mercatoribus extra Rothomagum ad hunc terminum, c. l. cvii. s. vi. d..

De eodem, de mercatoribus ville Rothomagi ad hunc terminum, v. c. xlvii. l. xii. vi. d..

De eodem, de mercatoribus ville Parisiensis, ad hunc terminum, xx. l. xv. s..

Summa recepte ab allà, iii. m. viii. c. iiii^{xx} ix. l. xv. s. x. d..

ITEM EN LA DESPENSE DUDIT COMPTE EN LA FIN D'ICELLE DESPENSE, EST CONTENU ET ESCRIPT CE QUI S'ENSUIT :

Expense Vicecomitatûs Aque Rothomagi :

Pro feodis et elemosinis ad hunc terminum, partes à tergo, xi. c. lvi. l. vi. s. viii. d..

Pro redditu quem dominus Petrus de Chambliaco capiebat apud Luparam pro domino Emardo d'Archyac, quem ipse capiet super Vicecomitatu ad vitam suam solummodo, pro terciâ parte, cxxxiii. l. vi. s. viii. d..

Pro sororibus Sancti Mathei, pro medietate, ii. c. l..

Pro xlviii modiis vini redditis capitulo Rothomagi, iii. c. xx. l..

Pro baptizatis, ix. d. par. per diem, à die Omnium Sanctorum usque ad primam diem maii, pro ix^{xx} duobus diebus propter bissextum, valentibus viii. l. x. s. vii. d..

Pro locagio domûs eorumdem, pro medietate, ix. s..

Pro redditu Johannis de S. Leonardo, pro toto anno, xxx. s..

Pro uno milliari allecium, unâ minâ nucium, unâ minâ salis, unâ pelle alluce redditis heredibus Sautdescolle, iiii. l. x. s..

Pro salario duorum buticulariorum, pro toto anno, xx. l..

Pro vino buticulariorum et servientum, de terminis S. Martini et Natalis, xxxii. s..

Pro decimâ modiacionis vini et vinorum venditorum redditâ abbatisse S. Amandi, ix^{xx} xvii. l. ix. s. ii. d..

Pro salario clericorum, pro medietate, xx. l..

Pro victu recipientium Vicecomitatum, vii^{xx} x. l. v. s. vii. d..

Pro justiciâ factâ, xx. s..

Pro tabulis, pergameno et saccis, xxx. s..

Pro redditu domus Vicecomitatûs, de terminis Natalis, Pasche redditis heredibus Roberti de Cotevrart, lxv. s..

Pro redditu ejusdem domûs reddito ville Rothomagi, pro toto anno, xl. s..

Pro sex modiis vini redditis priori de Prato, xl. l..

Pro minis salis et ponderibus reparandis, xl. s..

Pro operibus factis in domo Vicecomitatûs et pro panno empto pro computatorio, l. s..

Pro operibus factis in stallis piscium, xl. s..

Pro denariis datis Johanni de Rebez ad voluntatem Regis, pro medietate, xv. l..

Pro vadiis Balduini de Cathelongne de novo concessis eidem per litteras Regis, à die lune post festum S. Lucie usque ad primam diem maii, pro vi^{xx} xvi. diebus, iii. s. per diem, valentibus xx. l. viii. s..

Pro denariis traditis dominabus Sancti Mathei, pro victu xiiii^{cim} sororum de Pissiaco, viii^{xx} xv. l..

Pro denariis solutis domino Roberto de Erneval, pro gagiis suis exercitûs Flandrie anno iii. c. ii., per litteras Regis ii. c. xxi. l. vi. d..

Summa expense ab aliâ, ii. m. vi. c. iiii^{xx} xix. l. xiii. s. ii. d..

ET AU DOZ DUDIT COMPTE EN ROLLE EST ESCRIPT, EN LA FIN DES PARTIES DE LADICTE RECEPTE D'ICELLUI COMPTE, CE QUI S'ENSUIT :

De Vicecomitatu Aque Rothomagi. Recepta :

De modiacione vini Francisci, ix. c. lxii. l. iii. s. vi. d..

De costumâ vini Francisci, xlv. l. iii. s..

De modiacione vini Autissiodorensis, vi. c. lii. l. vii. s..

De costuma vini Autissiodorensis, vii^{xx} l. iiii. s..

De minutâ boistâ, v. c. xi. ll. ii. s. iiii. d..

De xlviii. doliis vini Aussiodorensis venditis xx. l. pro dolio iii. c. lx. l..

De firmis traditis, pro medietate, v. c. xlv. l..

ITEM AU DOZ DUDIT COMPTE, EN LA FIN DES PARTIES DE LA DESPENSE D'ICELLUI COMPTE, EST ESCRIPT CE QUI S'ENSUIT :

Partes feodorum et elemosinarum in Vicecomitatu Aque Rothomagi ad hunc terminum.
Presbitero Castri, iiii. s..
Segrestario Prati, xIIII. s..
Duabus prebendis Beate Marie, xv. l..
Heredibus Vincencii de Valle Richerii, xx. l..
Roberto de Geolia, ciii. s. ix. d..
Magdalene, xxv. l..
Monti-Leprosorum, xxxv. l..
Grandi-Monti, c. l..
Aulle-Puellarum, c. l..
Becco-Helluini, l. l..
Ysabelli de Gisorcio, vi. l..
Mathie Pidoue, ix. l. xi. s. iii. d..
Preceptori Templi Parisiensis, x. l..
Capitulo Beate Marie, c. s.
Priori Belli-Loci, l. l..
Pro talentis canonicorum pro toto anno, xxxvi. s..
Leprosarie Carnoti pro toto anno, x. l..
Sancto Laudo pro toto anno, vi. s..
Sancto Candido pro toto anno, vi. s..
Pro tribus milliaribus aliecclum et pro vino S. Martini Monti-Leprosorum, vii. l. xvi. s. viii. d..
Sancto Audoeno, pro toto anno, ix. s..
Domino Petro de Chambliaco, vii. c. l..

4.

OU COMPTE DUDIT PIERRE DE HANGEST, BAILLI DE ROUEN, DU TERME S. MICHIEL OUDIT AN M. CCC. ET QUATRE, FAIT EN ROLLE, EST ESCRIPT, EN LA FIN DE LA RECEPTE DUDIT COMPTE, CE QUI S'ENSUIT :

Item de Vicecomitatu Aque Rothomagi. Recepta :
De eodem Vicecomitatu ad hunc terminum, partes à tergo, m. iiii^{xx} xiiii. l. iiii. s..

De eodem Vicecomitatu, de vinis maris ascendentibus ultra pontem, de mercatoribus extra Rothomagum ad hunc terminum, ii. c. lxxviii. l. xii. s. vi. d..

Summa recepte Vicecomitatûs Aque Rothomagi, xiii. c. lxxii. l. xvi. s. vi. d..

ITEM EN LA DESPENSE DUDIT COMPTE, VERS LA FIN D'ICELLE DESPENSE, EST CONTENU ET ESCRIPT CE QUI S'ENSUIT :

Expense Vicecomitatûs Aque Rothomagi :

Pro feodis et elemosinis ad hunc terminum, partes à tergo, iiii. c. xxxviii. l. ii. s..

Pro sororibus S. Mathei, pro medietate, ii. c. l..

Pro baptizatis ix. d. par. per diem, pro ix^{xx} iiii^{or} diebus, viii. l. xii. s. vi. d..

Pro locagio domûs eorumdem, pro medietate, ix. s..

Pro salario clericorum, pro medietate, xx. l..

Pro decimâ modiacionis vini et vinorum venditorum redditâ abbatisse Sancti Amandi, xxxiiii. l. xii. ii. d..

Pro victu recipientium Vicecomitatum, vi^{xx} xii. l. xix. s. viii. d..

Pro jure bermentorum, xii. s..

Pro redditu domûs Vicecomitatûs de terminis S. Johannis et S. Michaelis preteritis, lxv. s..

Pro saccis et pergameno, xl. s..

Pro ponderibus, minis et stallis reparandis, x. l..

Pro stauramento hospicii, xx. s..

Pro justiciâ factâ, xvi. s..

Pro deffectu ii. c. xlvii modiorum et dimidii vini capitulo Rothomagi, ii. c. xlvii. l. x. s..

Pro deffectu xxxiii. modiorum vini priori de Prato pro modio lxv. s. valentium, cvii. l. v. s..

Pro deffectu decem modiorum vini abbati de Cerisyaco, pro modio lxv. s., valentium, xxxii. l. x. s..

Pro deffectu trium modiorum et dimidii vini heredibus Saudescolle, pro modio lxv. sol., valentium, xi. l. vii. s. vi. d..

Pro redditu quem dominus Petrus de Chambilaco capiebat apud Luparam, de empcione quam fecit à domino Emardo d'Archyac, quem redditum ipse capiet amodo ad vitam tantummodo super Vicecomitatu Aque Rothomagensis, pro termino Ascensionis ultimo preterito, pro terciâ parte, cxxxiii. l. vi. s. viii. d..

Pro parum computato de eodem ad Pascha ccc. iiii°, quia computatum fuit pro terciâ parte tantummodo et computandum erat pro duabus partibus, cxxxiii. l. vi. viii. d..

Pro denariis datis Johanni de Rebez ad voluntatem regis, pro medietate, xv. l..

Pro vadiis Balduini de Catelongne datis eidem de novo per litteras Regis pro ix^{xx} iiii^{or} diebus, iii. s. per diem, xxvii. l. xiii. s..

Pro undecim scacaria (sic) ultimo preterita de modiacione vinorum maris de mercatoribus ville Rothomag per litteras Regis quarum tenor à tergo, iiii. m. vii. c. iiiii. l. xiiii. s. vi. d..

Summa expense Vicecomitatûs Aque Rothomagi, vi. m. iii. c. xv. l. viii. d. inferius in majori summâ.

ET AU DOZ DUDIT COMPTE EN ROLLE EST ESCRIPT EN LA FIN DES PARTIES DE LA RECEPTE D'ICELLUI COMPTE CE QUI S'ENSUIT :

De Vicecomitatu Aque Rothomagi. Recepta :
De modiacione vini Francisci, iii. c. xxxiii. l. vii. s. vii. d..
De costumâ vini Francisci, cil. s. viii. d..
De modiacione vini Autissiodorensis, xii. l. xiiii. s. vi. d..
De costuma vini Autissiodorensis, xlvii. s. iiii. d..
De minutâ boistâ, ix^{xx} xv. l. xii. s..
De firmis traditis, pro medietate, v. c. xlv. l..

ITEM AU DOS DUDIT COMPTE, ENTRE LES PARTIES DE LA DESPENSE D'ICELLUI COMPTE, EST ESCRIPT CE QUI S'ENSUIT :

Partes feodorum et elemosinarum Vicecomitatûs Aque Rothomagi, ad hunc terminum :
    Presbitero Castri, iiii. s..
    Segrestario Prati, xiiii. s..

Duabus prebendis Beate Marie, xv. l..
Heredibus Vincencii de Valle-Richerii, xx. l..
Roberto de Geolia, ciii. s. ix. d..
Magdalene, xxv. l..
Monti-Leprosorum, xxxv. l..
Grandi-Monti, c. l..
Aule-Puellarum, c. l..
Becco-Helluini, L. l..
Isabelly de Gisorcio, vi. l..
Mathie Pidoue, ix. l. xi. s. iii. d..
Preceptori Templi Parisiensis, x. l..
Capitulo Beate Marie, c. s..
Priori de Bello-Loco, l. l..
Magistro Petro de Carvilla, c. s..

5.

OU COMPTE DUDIT PIERRE DE HANGEST, BAILLI DE ROUEN, DU TERME DE PASQUES L'AN MIL CCC. ET CINQ, FAIT EN ROLLE, EST ESCRIPT VERS LA FIN DE LA RECEPTE DUDIT COMPTE CE QUI S'ENSUIT :

Item de Vicecomitatu Aque Rothomagi. Recepta :
De eodem Vicecomitatu tradito ad firmam, pro medietate, iiii. m. l..
De eodem Vicecomitatu de vinis maris ascendentibus ultra pontem, de mercatoribus de extra Rothomagum, ad hunc terminum, cxix. l. v. s..
Summa, iiii. m. cxix. l. v. s..

ITEM EN LA DESPENSE DUDIT COMPTE VERS LA FIN D'ICELLE DESPENSE EST CONTENU ET ESCRIPT CE QUI S'ENSUIT :

Expense Vicecomitatûs Aque Rothomagi :
Pro feodis et elemosinis ad hunc terminum partes à tergo, xi. c. lvi. l. vi. s. viii. d..
Pro redditu quem dominus Petrus de Chambliaco capiebat apud Luparam, de empcione quam fecit à domino Emardo

d'Archyac, quem ipse capiet super Vicecomitatu ad vitam solummodo, pro duabus partibus, ii. c. lxvi. l. xiii. s. iiii. d..

Pro sororibus S. Mathei, pro medietate, ii. c. l..

Pro lvi. modiis vini Autissiodorensis redditis capitulo Rothom., iii. c. xxxvi. l..

Pro ix. modiis vini francisci redditis eisdem, xiii. l..

Pro baptizatis, ix. d. par. per diem à die Omnium Sanctorum usque ad primam diem maii, pro ix^{xx} uno diebus, viii. l. ix. s. viii. d..

Pro locagio domûs eorumdem, pro medietate, ix. s..

Pro redditu Johannis de Sancto Leonardo, pro toto anno, xxx. s..

Pro uno milliari allectium, unâ minâ nucium, unâ minâ salis, unâ pelle alluce redditis heredibus Saudescolle, iiii. l. xviii. s. iiii. d..

Pro salario Guillelmi Benedicti ibi pro Rege, pro medietate, x. l..

Pro justiciâ factâ, xlv. s..

Pro sex modiis vini Autissiodorensis redditis priori de Prato, xiii. l..

Pro denariis datis Johanni de Rebez ad voluntatem Regis, pro medietate, xv. l..

Pro vadiis Balduini de Catelonghe, pro ix^{xx} uno diebus, iii. s. per diem, de dicto termino, xxvii. l. iii. s..

Pro denariis solutis domino de Chambliaco per litteras Regis, de debito quod dominus Johannes de Chalon capiebat apud Templum, pro termino Omnium Sanctorum anno ccc. iiii°, pro secundo quinto, m. l..

Pro non computato de eodem ad Sanctum Michael, ccc. iii°, pro primo quinto, m. l..

Pro redditu dato de novo Guillelmo de Fontibus imperpetuum per litteras Regis, pro medietate, xxv. l..

Pro redditu dato Margarete Becceavalne, sorori S. Mathei, ad vitam, per litteras regis, pro termino Nativitatis Domini, pro toto anno, x. l..

Pro redditu dato Johanne La Louvelle, sorori S. Mathei, ad vitam per litteras Regis, pro termino Nativitatis Domini, pro toto anno, c. s..

Pro redditu dato Margarete Langiere, sorori S. Mathei ad

vitam per litteras Regis, pro termino Nativitatis Domini, pro toto anno, c. s..

Pro redditu dato ad vitam per litteras Regis Dominice sorori S. Mathei, pro termino Nativitatis Domini, pro toto anno, c. s..

Summa expense ab alia, iiii. m. viii^{xx} l. iv. s..

ET AU DOZ DUDIT COMPTE EN ROLLE, ENTRE LES PARTIES DE LA DESPENSE D'ICELLUI COMPTE, EST ESCRIPT CE QUI S'EN-SUIT :

Partes feodorum et elemosinarum Vicecomitatûs Aque Rothomagi ad hunc terminum :
Presbitero Castri, iiii. s..
Segrestario Prati, xliii. s..
Duabus prebendis Beate Marie, xv. l..
Heredibus Vincencii de Valle-Richerii, xx. l..
Roberto de Geolia, ciii. s. ix. d..
Magdalene, xxv. l..
Monti-Leprosorum, xxxv. l..
Grandi-Monti, c. l..
Aule-Puellarum, c. l..
Becco-Helluini, l. l..
Ysabelli de Gisorcio, vi. l..
Mathie Pidoue, ix. l. xi. s. iii. d..
Preceptori Templi Parisiensis, x. l..
Capitulo Beate Marie, c. s..
Priori Belli-Loci, l. l..
Pro talentis canonicorum pro toto anno, xxxvi. s..
Leprosarie Carnotensi pro toto anno, x. l..
Sancto Laudo pro toto anno, vi. s..
Sancto Candido pro toto anno, vi. s..
Pro tribus milliaribus aliecclum et pro vino S. Martini Monti-Leprosorum, vii. l. xvi. viii. d..
Sancto Audoeno pro toto anno, ix. s..
Domino Petro de Chambliaco, vii. c. l..

6.

OU COMPTE DUDIT PIERRE DE HANGEST, BAILLI DE ROUEN, DU TERME SAINT-MICHIEL OUDIT AN MIL CCC. ET CINQ, FAIT EN ROLLE, EST ESCRIPT EN LA FIN DE LA RECEPTE DUDIT COMPTE CE QUI S'ENSUIT :

Item de Vicecomitatu Aque Rothomagi. Recepta :

De eodem Vicecomitatu ad hunc terminum tradito ad firmam, pro medietate, iiii. m. l..

De eodem Vicecomitatu, de vinis maris ascendentibus ultra pon.em, de mercatoribus extra Rothomagum ad hunc terminum, lviii. l. xv. s..

ITEM EN LA DESPENSE DUDIT COMPTE, EN LA FIN D'ICELLE DESPENSE, EST CONTENU ET ESCRIPT CE QUI S'ENSUIT :

Expense Vicecomitatûs Aque Rothomagi :

Pro feodis et elemosinis ad hunc terminum, partes à tergo, iiii. c. xxxviii. l. ii. s..

Pro sororibus S. Mathei, pro medietate, ii. c. l..

Pro baptizatis, ix. d. per diem, pro ix^{xx} iiii^{or} diebus, viii. l. xii. s. vi. d..

Pro locagio domûs eorumdem, pro medietate, ix. s..

Pro salario Guillelmi Benedicti ibi pro Rege, pro medietate, x. l..

Pro justicià factà, xvi. s..

Pro denariis solutis dicto domino Petro de debito quod dominus Johannes de Chalon capiebat apud Templum, pro terminis Omnium Sanctorum, pro iii^o quinto, m. l..

Pro denariis datis Johanni de Rebez ad voluntatem Regis pro medietate, xv. l..

Pro vadiis Balduini de Catelongne, pro ix^{xx} iiii^{or} diebus, iii. s. per diem, de dicto termino, xxvii. l. xii. s..

Pro redditu Guillelmi de Fontibus dato eidem et suis heredibus, pro medietate, xxv. l..

Pro vadiis Alberti Le Villain et Nicholae uxoris ejusdem

de novo datis eisdem per litteras Regis, xviii. d. per diem, de dicto termino, pro ix^{xx} iiii^{or} diebus, xiii. l. xvi. s.,

Pro non computato ad Pascha ccc° v^{to} de vadiis eorumdem à xvi^a februarii usque ad primam diem maii, pro lxxiii. diebus, clx s. ix. d..

Pro vadiis Emeline Louvel datis eidem ad vitam de novo per litteras Regis, xii. d. per diem, de termino supradicto, pro ix^{xx} iiii^{or} diebus, ix. l. iiii. s..

Pro non computato ad Pascha ccc° v° de dictis vadiis à die crastinâ Omnium Sanctorum anno ccc° iiii° usque ad primam diem maii, pro ix^{xx} diebus, ix. l..

Pro non computato tunc de robâ ejusdem debitâ ad terminum Candelose, ix. s..

Pro xl. modiis vini redditis priori de Prato, pro modio iiii. l. x s., valentibus ix^{xx} l..

Pro decem modiis vini redditis abbati de Cerisyaco, pro modio iiii. l. x. s., val. xlv. l..

Pro tribus modiis et dimidio vini redditis heredibus Saudescolle, pro modio iiii. l. x. s., val. xv. l. xv. s..

Pro xl^{xx} xv. modiis vini redditis capitulo Rothom., xx. s. pro modio, val. xl^{xx} xv. l..

Pro dono facto bailliyo hâc vice pro expensis factis tempore preterito, iii. c. l.

Summa, ii. m. v. c. xii. l. xvi. s. iii. d..

ET AU DOZ DUDIT COMPTE EN ROLLE ENTRE, LES PARTIES DE LA DESPENSE D'ICELLUI COMPTE, EST ESCRIPT CE QUI S'ENSUIT :

Partes feodorum et elemosinarum Vicecomitatûs Aque Rothomagi ad hunc terminum :

Presbitero Castri, iiii. s..
Segrestario Prati, xliii. s..
Duabus prebendis Beate Marie, xv. l..
Heredibus Vincencii de Valle Richerii, xx. l..
Roberto de Geoliâ, ciii. s. ix. d..
Magdalene, xxv. l..
Monti-Leprosorum, xxxv. l..
Grandi-Monti, c. l..

Aule-Puellarum, c. l..
Becco-Helluini, l. l..
Ysabelli de Gisorcio, vi. l..
Mathie Pidoue, ix. l. xi. s. iii. d..
Preceptori Templi Parisiensis, x. l..
Capitulo Beate Marie, c. s..
Priori Belli-Loci, l. l..
Magistro Petro de Carvillà, c. s.

7.

OU COMPTE PIERRE DE HANGEST, BAILLI DE ROUEN, DU TERME DE PASQUES L'AN MIL CCC. ET XI., FAIT EN ROLLE, EST ESCRIPT EN LA FIN DE LA RECEPTE DUDIT COMPTE CE QUI S'ENSUIT :

Item de Vicecomitatu Aque Rothomagi. Recepta :
De eodem Vicecomitatu tradito de novo ad firmam Johanni Archiepiscopi de Ponte-Arche, pro primo sexto, iii. m. l..
De modiacione vinorum marinorum ascendencium per aquam Secane, descendentium ad portus Corone, Molendinellorum et ad alios portus talis condicionis, quam tenet Johannes Camelin ad firmam, pro primo sexto, iii. c. l.
Summa recepte Vicecomitatus Aque, iii. m. iii. c. l..

ITEM EN LA DESPENSE DUDIT COMPTE, EN LA FIN D'ICELLE DESPENSE, EST CONTENU ET ESCRIPT CE QUI S'ENSUIT :

Expense Vicecomitatus Aque Rothomagi :
Pro feodis et elemosinis ad hunc terminum, partes à tergo, iiii. c. iv. l. xvii. s. viii. d..
Pro sororibus S. Mathei, pro medietate, ii. c. l..
Pro viginti uno modiis vini francisci redditis capitulo Beate Marie Rothom., pro modio iiii. l. x. s., valentibus iiii^{xx} xiiii. l. x. s..
Pro xiii^{xx} xix. modiis vini debilis dicto capitulo, pro modio xx. s., valentibus xiii^{xx} xix. l..

Pro baptizatis, iiii. d. ob. par. per diem, pro ix^{xx} uno diebus, iiii. l. iiii. s. x. d..

Pro locagio domûs eorumdem, pro medietate, iiii. s. vi. d..

Pro redditu Johannis de Sancto Leonardo, pro toto anno, xxx. s..

Pro salario Luce de Cabourt ibi pro Rege, pro medietate, x. l..

Pro justicia facta, iiii. l. x. s..

Pro denariis datis Johanni de Rebez ad voluntatem Regis, pro medietate, xv. l..

Pro redditu dato Guillelmo de Fontibus et heredibus suis, pro medietate, l. l..

Pro redditu dato Margarete Becheavaine sorori S. Mathei ad vitam, pro termino Natalis ultimo preteriti, pro toto anno, x. l..

Pro redditu dato Johanne de Paveillyaco sorori Sancti Mathei ad vitam, pro dicto termino, pro toto anno, c. s..

Pro redditu dato Margarete Langlere sorori Sancti Mathei ad vitam, de dicto termino, c. s..

Pro reddito dato Dominice sorori Sancti Mathei ad vitam, de dicto termino, c. s..

Pro vadiis Auberti Le Villain et Nicholae ejusdem uxoris, xviii. d. per diem, de dicto termino, xiii. l. xi. s. v. d..

Pro vadiis Emeline Louvel ad vitam, xii. d. per diem, de dicto termino, ix. l. xii. d..

Pro robâ ejus de termino Candelose, pro toto anno, ix. s..

Pro redditu dato ad vitam Mathildi relicte Ade de Synors, pro medietate, lxii. l. x. s..

Pro vadiis Stephani Conversi, Johanne ejus uxoris et Ferrici eorum filii, cuilibet vi. d. per diem ad vitam, xviii. d. par. per septimanam, pro xxvi. septimanis de dicto termino valentibus xlviii. s. ix. d..

Pro redditu domini Guillelmi de Flavacuriâ quem solebat capere in thesauro Regis; et acciplet eum amodo super Vicecomitatum Aque Rothom. per litteras Regis, pro medietate, c. l..

Pro operibus factis in kayo Molendinellorum in quo vini marini et alie merces descendunt, xii. l. xvi. s..

Pro redditu domini Guillelmi de Haricuriâ et domine Blanchie ejus uxoris quem solebant capere in thesauro Regis et quem ipse et heredes sui capient amodo super Vicecomitatum Aque Roth. per litteras Regis, pro medietate, iiii^{xx} viii. l..

Pro alio redditu dicti domini Guillelmi et uxoris ejus amortisato, quem capiebant in thesauro Regis, pro medietate, c. l..

Summa expense Vicecomitatûs Aque Rothomagi, xv. c. lxxiii. l. xv. s. viii. d..

ET AU DOZ DUDIT COMPTE EN ROLLE, EN LA FIN DE LA DESPENSE D'ICELLUI, EST ESCRIPT CE QUI S'ENSUIT :

Partes feodorum et elemosinarum Vicecomitatûs Aque Rothomagi ad hunc terminum :
Presbitero Castri, iiii. s..
Segrestario Prati, xliii. s..
Duabus prebendis Beate-Marie, xv. l .
Heredibus Vincencii de Valle-Richerii, xx. l..
Roberto de Geolia, ciii. s. ix. d..
Magdalene Roth., xxv. l..
Monti-Leprosorum, xxxv. l..
Grandi-Monti, c. l..
Aule-Puellarum, c. l..
Becco-Helluini, l. l..
Isabelli de Gisorcio, vi. l..
Mathie Pidoue, ix. l. xi. s. iii. d..
Preceptori Templi Parisiensis, x. l..
Capitulo Beate-Marie, c. s..
Priori Belli-Loci, l. l..
Pro talentis canonicorum, pro toto anno, xxxvi. s..
Leprosarie Carnotensi, pro toto anno, x. l..
Sancto Laudo, pro toto anno, vi. s..
Sancto Candido, pro toto anno, vi. s..
Pro tribus milliariis allecium et pro vino Sancti Martini Monti-Leprosorum, vi. l. vii. s. viii. d..
Sancto Audoeno, pro toto anno, ix. s..

8.

OU COMPTE DUDIT PIERRE DE HANGEST, BAILLI DE ROUEN, DU TERME S. MICHIEL OUDIT AN MIL CCC. ET XI., FAIT EN ROLLE, EST ESCRIPT EN LA FIN DE LA RECEPTE DUDIT COMPTE CE QUI S'ENSUIT :

Item de Vicecomitatu Aque Rothomagi. Recepta :
De eodem Vicecomitatu tradito ad firmam, pro secundo v^{to}, iii. m. l..
De nimis capto supra Regem ad Pascha, ccc. x°.
Pro lxvi. modiis vini francisci redditis capitulo Beate-Marie Roth., xxii. s. xi. d..
Summa recepte Vicecomitatûs Aque, iii. m. l. xxii. s. xi. d..

ITEM EN LA DESPENSE DUDIT COMPTE, EN LA FIN D'ICELLE DESPENSE, EST CONTENU ET ESCRIPT CE QUI S'ENSUIT :

Expense Vicecomitatûs Aque Rothomagi :
Pro feodis et elemosinis ad hunc terminum, partes à tergo, iiii. c. xxxviii. l..
Pro sororibus S. Mathei, ii. c. l. pro medietate.
Pro baptizatis, iiii. ob. par. per diem, pro ix^{xx} iiii. diebus, iiii. l. vi. s. ii. d..
Pro locagio domûs eorumdem, pro medietate, iiii. s. vi. d..
Pro salario Luce de Cabourc ibi pro Rege, pro medietate, x. l..
Pro justicia facta, iiii. l. xv. s..
Pro denariis datis Johanni de Rebez ad voluntatem Regis, pro medietate, xv. l..
Pro redditu Guillelmi de Fontibus dato eidem et heredibus suis, pro medietate, l. l..
Pro vadiis Auberti Le Villain et Nicholae ejus uxoris, xviii. d. per diem, de dicto termino, xiii. l. xvi. s..
Pro vadiis Emeline Louvel ad vitam, xii. d. per diem, de dicto termino, ix. l. iiii. s..

Pro redditu dato ad vitam Mathildi relicte Ade de Synors, pro medietate, lxii. l. x. s..

Pro vadiis Stephani conversi, Johanne ejus uxoris et Ferrici eorum filii, cuilibet vi. d. per diem ad vitam, de dicto termino, xiii. l. xvi. s..

Pro vadiis Johanne de Sancto Karo ad vitam, xviii. d. par. per ebdomadam, pro xxvi. ebdomadis de dicto termino, xlviii. s. ix. d..

Pro robâ ejusdem de dicto termino, pro toto anno, xxv. s..

Pro redditu domini Guillelmi de Flavacuriâ, c. l. pro medietate.

Pro redditu domini Guillelmi de Haricuriâ et domine Blanchie ejus uxoris, quem capiebant in thesauro Regis, quem redditum ipsi et heredes eorum accipient amodo in Vicecomitatu Aque Rothomagi, pro medietate, iiii^{xx} viii. l. iii. s. ix. d. ob..

Pro parum computato de eodem ad Pascha ccc. x° et ad S. M. ccc. x°, vii. s. vii. d..

Pro alio redditu dicti domini Guillelmi et ejus uxoris amortizato, quem capiebant in thesauro Regis, pro medietate, c. l..

Pro redditu quem dictus dominus Guillelmus et ejus uxor capiebant et acquisiaverant in thesauro Regis Parisiensis quem capient amodo super Vicecomitatum Aque Rothomagi, per excambium quod fecit Rex eisdem in tali condicione quam capiebant eum in dicto thesauro, pro medietate, lxxiiii. l. par. valent iiii^{xx} xii. l. x. s..

Pro male jactato ad Pascha ccc. x° in summâ totali Vicecomitatûs Aque Rothomagi, iiii. l. vi. s. iiii. d..

Pro parum computato ad Pascha ccc° x°, pro centum quinque modiis vini Autissiodorensis redditis capitulo Rothomagensi, ad precium lxx. s. pro modio, valebant iii. c. lxxvii. l. x. s.; et non computatum fuit tunc nisi iii. c. xv. l. tantummodo, iii. l. x. s..

Summâ expense Vicecomitatûs Aque Rothomagensis, xiii. c. xii. l. iii. s. ii. d. ob..

ET AU DOZ DUDIT COMPTE EN ROLLE, ENTRE LES PARTIES DE LA DESPENSE D'ICELLUI COMPTE, EST ESCRIPT CE QUI S'ENSUIT :

Partes feodorum Vicecomitatûs Aque :
Presbitero Castri, IIII. s..
Segrestario Prati, xIIII. s..
Duabus prebendis Beate-Marie, xv. l..
Heredibus Vincencii de Valle-Richerii, xx. l..
Roberto de Geolia, cIII. s. ix. d..
Magdalene, xxv. l..
Monti-Leprosorum, xxxv. l..
Grandi-Monti, c. l..
Aule-Puellarum, c. l..
Becco-Helluini, l. l..
Ysabelli de Gisorcio, vi. l..
Mathie Pidoue, ix. l. xi. s. iii. d..
Preceptori Templi Parisiensis, x. l..
Capitulo Beate-Marie, c. s..
Priori Belli-Loci, l. l..
Magistro Petro de Careville, c. s..

9.

OU COMPTE DUDIT PIERRE DE HANGEST, BAILLI DE ROUEN, DU TERME DE PASQUES L'AN MIL CCC. ET XVI., FAIT EN ROLLE, EST ESCRIPT EN LA FIN DE LA RECEPTE D'ICELLUI COMPTE CE QUI S'ENSUIT :

Item de Vicecomitatu Aque Rothomagi. Recepta :
De eodem Vicecomitatu tradito ad firmam quem tenent Robertus Maleherbe et Michael Pynel pro v^{to} sexto, IIII. m. xxv. l..

ITEM EN LA DESPENSE DUDIT COMPTE, EN LA FIN D'ICELLE DESPENSE, EST CONTENU ET ESCRIPT CE QUI S'ENSUIT :

Expense Vicecomitatus Aque Rothomagi :
Pro feodis et elemosinis ad hunc terminum, partes à tergo, iiii. c. IIx. l. xvii. s. viii. d..
Pro sororibus S. Mathei, pro medietate, ii. c. l.,
Pro deffectu iii. c. modiorum vini debitorum capitulo Rothomagi, pro modio xx. s., valent iiii. l..
Pro uno dolio vini dato a Rege annuatim capellano castri Rothomagi pro toto anno, xvi. l..
Pro baptizatis, iiii. d. ob. par. per diem, ad hunc terminum, liii. l. iiii. s. x. d..
Pro die bissexti, v. d. ob..
Pro vadiis liberorum vii^{tem} baptizatorum, ii. s. ix. d. per diem, de dicto termino, xxiiii. l. xvii. s. ix. d..
Pro die bissexti, ii. s. ix. d..
Pro salario Roberti de Frigido-Monte loco Luce de Cabourt, ibi pro Rege, pro medietate, x. l..
Pro justicià factà, vi. l. xii. s..
Pro redditu dato domino Guillelmo de Fontibus militi et heredibus suis, pro medietate, l. l..
Pro redditu dato ad vitam Margarete Becheavaine, sorori S. Mathei pro toto anno, x. l.,
Pro redditu dato ad vitam Johanne de Paveillyaco, sorori ibi, pro toto anno, c. s..
Pro redditu dato ad vitam Margarete Langiere, sorori ibi, pro toto anno, c. s..
Pro redditu dato ad vitam Dominice, sorori ibi, pro toto anno, c. s..
Pro vadiis Alberti Le Villain et ejus uxoris, xviii. d. per diem, xiii. l. xi. s. vi. d..
Pro die bissexti, xviii. d..
Pro vadiis Emeline Louvel ad vitam, xii. d. per diem, ix. l. xii. d..
Pro die bissexti, xii. d..
Pro robà ejusdem de festo Candelose, pro toto anno, ix. s..
Pro redditu dato ad vitam Mathildi de Synors, pro medietate, lxii. l. x. s..

Pro vadiis Stephani conversi, uxoris et filii ejus, ad vitam cuilibet vi. d. per diem, xlii. l. xi. s. vi. d..

Pro die bissexti, xviii. d..

Pro vadiis Johanne de Sancto Karo, xviii. d. per septimanam, xlviii. s. ix. d.,

Pro redditu domini Guillelmi de Haricuriâ et domine Blanchie ejus uxoris hereditario, pro medietate, iiii^{xx} viii. l. iii. s. ix. d. ob..

Pro alio redditu eorum amortizato, pro medietate, c. l..

Pro alio redditu eorumdem, pro medietate, lxxiiii. l. par., valent iiii^{xx} xii. l. x. s. t..

Pro redditu dato imperpetuum sororibus de Pyssiaco, pro medietate, ii. c. l..

Pro redditu dato ad vitam nobili ac potenti viro domino Amedeo Sabaudie comiti, capiendo super dictum Vicecomitatum aut super Vicecomitatum Rothomagi, nisi iste ad hoc sufficient, per litteras Regis datas iiii^{to} februarii ccc. et xv., pro medietate, xii. c. l. l..

Pro redditu dato de novo à Rege per litteras Richardo Natalis, summulario Scancionarie Regis ad vitam, ii. s. par. per diem, à xxvie die decembris quâ die dicta littera data fuit usque ad primam diem maii, pro vi^{xx} quinque diebus, xii. l. x. s. par. valent. xv. l. xii. vi. d. t..

Pro die bissexti, ii. s. vi. d..

Pro reffectionne minarum dicti Vicecomitatûs Aque, xxv. l..

Pro operibus carpentarie et lathomie factis in domo dicti Vicecomitatûs, vii. l. xvi. s. v. d..

Summa expense Vicecomitatûs Aque Rothomagi, ii. m. ix. c. iiii^{xx} l. vii. s. v. d..

ET AU DOZ DUDIT COMPTE EN ROLLE, EN LA FIN DES PARTIES DE LA DESPENSE D'ICELLUI COMPTE, EST CONTENU ET ESCRIPT CE QUI S'ENSUIT :

Partes feodorum et elemosinarum Vicecomitatûs Aque Rothomagi ad hunc terminum :

Presbitero Castri, iiii. s..

Segrestario Prati, xliii. s..

Duabus prebendis Beate-Marie, xv. l..
Heredibus Vincencii de Valle-Richerii, xx. l..
Roberto de Geollà, clii. s. ix. d..
Magdalene Rothomagi, xxv. l..
Monti-Leprosorum, xxxv. l..
Grandi-Monti, c. l..
Aule-Puellarum, c. l..
Becco-Helluini, l. l..
Ysabelli de Gisorcio, vi. l..
Mathie Pidoue, ix. l. xi. s. iii. d..
Preceptori Templi Parisiensis, x. l..
Capitulo Beate-Marie, c. s..
Priori Belli-Loci, l. l..
Pro talentis canonicorum, pro toto anno, xxxvi. s..
Leprosarie Carnotensi, pro toto anno, x. l..
Sancto Laudo, pro toto anno, vi. s..
Sancto Candido, pro toto anno, vi. s..
Pro tribus milliariis alleccium et pro vino Sancti Martini Monti-Leprosorum, xi. l. vii. s. viii. d..
Sancto Audoeno, pro toto anno, ix. s..

10.

OU COMPTE DUDIT PIERRE DE HANGEST, BAILLI DE ROUEN, DU TERME S. MICHIEL OU DIT AN MIL CCC. ET XVI., FAIT EN ROLLE, EST CONTENU ET ESCRIPT EN LA FIN DE LA RECEPTE DUDIT COMPTE CE QUI S'ENSUIT :

Item de Vicecomitatu Aque Rothomagi. Recepta :
De eodem Vicecomitatu tradito ad firmam, quem tenet Robertus Maleherbe et Michael Pynel, pro ultimo vi^{to}, iii. m. xxv. l. t..
Summa per se.

ITEM EN LA DESPENSE DUDIT COMPTE, EN LA FIN D'ICELLE DESPENSE, EST CONTENU ET ESCRIPT CE QUI S'ENSUIT :

Expense Vicecomitatus Aque Rothomagi :
Pro feodis et elemosinis, partes à tergo ad hunc terminum, iiii. c. xxxviii. l. ii. s..

Pro sororibus Sancti Mathei, pro medietate, ii. c. l..

Pro baptizatis, iiii. d. ob. par. per diem, pro ix^{xx} iiii^{or} diebus, iiii. l. vi. s. iii. d..

Pro locagio domûs eorum, pro medietate, iiii. vi. d..

Pro vadiis liberorum septem baptizatorum, ii. s. ix. d. per diem, de dicto termino, xxv. l. vi. s..

Pro salario Roberti de Frigido-Monte ibi pro Rege, pro medietate, x. l..

Pro justicia factâ, vi. l. v. s..

Pro redditu domini Guillelmi de Fontibus, pro medietate, l. l..

Pro vadiis Emeline Louvel ad vitam, xii. d. per diem, de dicto termino, ix. l. iiii. s..

Pro redditu dato ad vitam Mathildi de Synors, pro medietate, lxii. l. x. s..

Pro vadiis Stephani conversi, Johanne ejus uxoris et Ferrici eorum filii cuilibet vi. d. per diem, de dicto termino, xiii. l. xvi. s..

Pro vadiis datis à Rege ad vitam per litteras Agneti et Sedyllie dictis de Sancto Marcello, sororibus S. Mathei per litteras Regis datas xvi^a die marcii ccc^o xv^o, que Johanna de Sancto Karo capiebat xviii. d. par. per ebdomadum, de dicto termino, xlviii. s. ix. d..

Pro robis earum per dictas litteras, pro toto anno, xxv. s..

Pro alio redditu dato eisdem per dictas, litteras pro toto anno, xxv. s..

Pro redditu domini Guillelmi de Haricuriâ et ejus uxoris, pro medietate, iiii^{xx} viii. l. iii. s. ix. d. ob..

Pro alio redditu eorum amortizato, pro medietate, c. l..

Pro alio redditu eorum, pro medietate, iiii^{xx} xii. l. x. s..

Pro redditu dato sororibus de Pissyaco, pro medietate, ii. c. l. ad habendum.

Pro redditu dato ad vitam domino Comiti Sabaudie, pro medietate, xii. c. l. l..

Pro vadiis Rich. Natalis ad vitam, ii. s. par. per diem, de dicto termino, xxiii. l..

Pro medietate robe ejusdem, l. s..

Pro ponderibus dicti Vicecomitatûs reparandis, vi. l. vii. s. v. d..

Summa Vicecomitatûs Aque Rothomagi, II. m. v. c. IIII^{xx} vii. l. III. s. ix. ob..

ET AU DOZ DUDIT COMPTE EN ROLLE, EN LA FIN DES PARTIES DE LA DESPENSE D'ICELLUI COMPTE, EST ESCRIPT CE QUI S'ENSUIT :

Partes feodorum et elemosinarum Vicecomitatûs Aque Rothomagi ad hunc terminum :
Presbytero Castri, IIII. s..
Segrestario Prati, xIIII. s..
Duabus prebendis Beate Marie, xv. l..
Heredibus Vincencii de Valle-Richerii, xx. l..
Roberto de Geollà, cIII. s. ix. d..
Magdalene Rothomagi, xxv. l..
Monti-Leprosorum, xxxv. l..
Grandi-Monti, c. l..
Aule-Puellarum, c. l..
Becco-Helluini, l. l..
Ysabelli de Gisorcio, vi. l..
Mathie Pidoue, ix. l. xi. s. III. d..
Preceptori Templi Parisiensis, x. l..
Capitulo Rothomagi, c. s..
Priori Belli-Loci, l. l..
Magistro Petro de Carevillà, c. s..

II.

OU COMPTE DUDIT PIERRE DE HANGEST, BAILLI DE ROUEN, DU TERME DE PASQUES L'AN MIL CCC. XVII., FAIT EN ROLLE, EST CONTENU ET ESCRIPT EN LA FIN DE LA RECEPTE DUDIT COMPTE CE QUI S'ENSUIT :

Item de Vicecomitatu Aque Rothomagi. Recepta :
De eodem Vicecomitatu recepto in manu Regis per Philippum de Valle-Richerii et Robertum de Frigido-Monte burgemes Roth. ad hunc terminum videlicet à die festi S. Mi-

chaelis ccc° xvi° usque ad diem dominicam quâ cantatur *judica me* grosse, partes à tergo, ii. m. ii. c. xxix. l. x. s..

De modiacione, acquictacione vinorum marinorum ad hunc terminum, partes in quodam rotulo, ii. c. iiii*xx* viii. l. xvi. s. ii. d..

De quadam brancâ dicti Vicecomitatûs, videlicet de magno et pervo (sic) ponderibus, stallis et acquictationibus portarum traditâ ad firmam Garino de Pondere et ejus participantibus, pro medietate, v. c. l..

Summa recepte Vicecomitatûs Aque Rothomagi, iiii. m. xviii. l. vi. s. ii. d..

ITEM EN LA DESPENSE DUDIT COMPTE, EN LA FIN D'ICELLE DESPENSE, EST ESCRIPT ET CONTENU CE QUI S'ENSUIT :

Expense Vicecomitatûs Aque Rothomagi :

Pro feodis et elemosinis ad hunc terminum, partes à tergo, iiii. c. lix. l. xvii. s. viii. d..

Pro sororibus S. Mathei, pro medietate, ii. c. l..

Pro lxx. modiis vini Autissiodorensis redditis capitulo Beate Marie, vi. l. pro modio, valent. lx. l..

Pro deffectu ii. c. xv. modiorum vini redditis ibi, xx. s. pro modio; valent ii. c. xv. l..

Pro decem modiis vini redditus abbati de Cerisyaco, iiii. l. pro modio; valent xl. l..

Pro quodam dolio vini dato à Rege annuatim capellano castri Rothomagi, pro toto anno, xix. l..

Pro baptizatis, iiii. d. ob. par. per diem, de hoc termino, iiii. l. iiii. s. x. d..

Pro locagio domûs eorumdem, pro medietate, iiii. s. vi. d..

Pro vadiis liberorum septem baptizatorum, ii. s. ix. d. per diem, de dicto termino, xxiiii. l. xvii. s. ix. d..

Pro salario Roberti de Frigido-Monte ibi pro Rege, pro medietate, x. l..

Pro justiciâ factâ, iiii. l. v. s..

Pro redditu dato domino Guillelmo de Fontibus militi et ejus heredibus, pro medietate, l. l..

Pro redditu dato ad vitam Margarete de Villetâ, sorori

S. Mathei, videlicet medietate redditûs quem capere solebat deffuncta Margareta Becheavaine, quondam soror ibi, per litteras Regis Philippi datas xxviii° septembris ccc. xi°, pro toto anno, c. s..

Pro denariis datis à Rege per litteras sorori Ysabelli la Loquetiere, sorori ibi, annuatim ad terminum Purificacionis, Rege regente regna Francie et Navarre et non ultra, pro toto anno, c. s..

Pro redditu dato ad vitam Johanne de Pavellyaco, sorori ibi, pro toto anno, c. s..

Pro redditu dato ad vitam Dominice, sorori ibi, pro toto anno, c. s..

Pro vadiis uxoris Alberti Le Villain, ix. d. per diem, vi. l. xv. s. ix. d..

Pro non computato de eisdem ad Sanctum Michaelem ccc° xvi°, vi. l. xviii. s..

Pro vadiis Emeline Louvel ad vitam, xii. d. per diem, ad hunc terminum, ix. l. xii. d..

Pro medietate robe ejusdem de termino Candelose, pro toto anno, ix. s..

Pro redditu dato ad vitam Mathildi de Synors, pro medietate, lxii. l. x. s..

Pro vadiis Stephani conversi ejus uxoris et filii eorumdem, cuilibet vi. d. per diem, xiii. l. xi. s. vi. d..

Pro vadiis datis ad vitam Agneti et Sedillye dictis de Sancto Marcello, sororibus S. Mathei, que Johanna de Sancto Karo capere solebat, xviii. d. par. per ebdomadam, de dicto termino, xlviii. s. ix. d..

Pro redditu domini Guillelmi de Haricuria et domine Blanchie ejus uxoris ad hereditagium, pro medietate, iiii^{xx} viii. l. iii. s. ix. d. ob..

Pro alio redditu eorumdem amortizato, pro medietate, c. l..

Pro alio redditu eorumdem, pro medietate, iiii^{xx} xii. l. x. s..

Pro redditu dato imperpetuum sororibus de Pyssyaco, pro medietate, ii. c. l..

Pro redditu Ricardi Natalis ad vitam, ii. s. par. per diem, de dicto termino, xxii. l. xii. s. vi. d..

Pro medietate robe ejusdem, l. s..

Pro vadiis Droconis Laguete quondam famuli camere ad vitam datis eidem à Rege per litteras, capiendis annuatim videlicet tercia pars ad terminum Ascensionis, tercia pars ad terminum Omnium Sanctorum et altera tercia pars ad terminum Candelose, iii. s. vi. d. par. per diem, à secundâ die februarii usque ad primam maii, pro iiii^{xx} x. diebus, xv. l. xv. s. par. valent xix. l. t. xiii. s. ix. d..

Pro vadiis Petri Le Queu ad vitam datis eidem similiter ad dictos terminos per litteras, iii. s. vi. d. par. per diem, pro iiii^{xx} x. diebus xv. l. xv. s. par. valent. xix. l. xiii. s. ix. d..

Pro vadiis datis à Rege per litteras Raolino Bosquet, quondam portitori vini in Aulâ, ad vitam, xii. d. par. per diem, à primâ die marcii usque ad primam diem maii, pro lx^a diebus lx. s. par. valentes lxxv. s..

Pro vadiis datis à Rege per litteras dicto Mouton, custodi barillarie, ad vitam, viii. d. par. per diem, à primâ die marcii usque ad primam diem maii, pro lx^a diebus xl. s. par. valentes l. s. turon..

Pro x^{em} modiis cum dimidio vini Autissiodorensis redditis priori de Prato, vi. l. pro modio, valentibus lxiii. l..

Pro tribus modiis cum dimidio vini francisci redditis ibi, iiii. l. pro modio, valentibus xiiii. l..

Pro deffectu xxvi. modiorum vini redditorum ibi, iiii. l. pro modio; valent cxvi. l..

Pro quodam dollo vini, uno milliario aleccium, unâ minâ nucium, unâ minâ salis, unâ pelle alluce redditis heredibus Saudescolle, per financiam factam cum eisdem pro isto termino, xvi. l..

Pro salario duorum buticulariorum ibi, pro medietate, x. l..

Pro vino buticulariorum et servientum, pro terminis Sancti Martini et Natalis, xl. s..

Pro decimâ modiacionis et vinorum venditorum redditâ abbatisse S. Amandi vii^{xx} v. l. xii. s. i. d..

Pro salario clericorum dicti Vicecomitatus, pro medietate, xii. l..

Pro victu eorum qui dictum Vicecomitatum receperunt à die Sancti Michaelis usque ad diem dominicam quâ cantatur *Judica me*, partes in quodam rotulo, viii^{xx} l. lxviii. s. iiii. d..

Pro nunciis missis per eosdem, xxv. s..

Pro pargameno et papriis (sic), lx. s..

Pro parte censuum domûs dicti Vicecomitatûs redditorum. Majori Rothomagi ad hunc terminum, xl. s.,

Pro jure servientum dicti Vicecomitatûs et pro utensilibus, pro operibus et pluribus aliis minutis rebus per receptores quesitis et factis, partes à tergo, xxv. l. v. s. iii. d.,

Pro denariis traditis viro venerabili et discreto decano Byturicensi, Foucaudo de Rupechouardi, xl. l.,

Pro denariis traditis Martino de Essartis, iiii. c. l.; ponuntur super ipsum in debito de ccc. xv°.

Summa expense Vicecomitatûs Aque Rothomagi, iii. m. ii. c. xxi. l. xliii. s. ii. d.,

ET AU DOZ DUDIT COMPTE EN ROLLE, EST ESCRIPT, ENTRE AUTRES PARTIES, CE QUI S'ENSUIT :

Partes recepte Vicecomitatûs Aque Rothomagi levate in manu Regis ad hunc terminum :

De argento modiacionis vini francisci, vii. c. lxxv. l. vii. s. iiii. d..

De choisyo doliorum vini Francisci, quinque doliorum continentium xviii. modios cum dimidio, pro modio iiii. l., valentium lxxiiii. l..

De argento modiacionis vinorum Burgundie, vi^{xx} l. lxxiii. s. vi. d..

De Choisyo eorumdem vinorum, xxiii. doliorum continentium iiii^{xx} modios cum dimidio, pro modio vi. l., valentium iiii. c. iiii^{xx} l. ix. s..

De minutâ pissidâ, vii. c. lxxiii. l. ix. s. ii. d..

Partes feodorum et elemosinarum Vicecomitatûs Aque Rothomagi ad hunc terminum :

Presbitero Castri, iiii. s..

Segrestario Prati, xiiii. s..

Duabus prebendis Beate Marie, xv. l..

Heredibus Vincencii de Valle-Richerii, xx. l..

Roberto de Geoliâ, ciii. s. ix. d..

Magdalene Rothom., xxv. l..

Monti-Leprosorum, xxxv. l..
Grandi-Monti, c. l..
Aule-Puellarum, c. l..
Becco-Helluini, l. l..
Ysabelli de Gisorcio, vi. l..
Matheo Pidoue, ix. l. xi. s. iii. d.,
Preceptori Templi Parisiensis, x. l..
Capitulo Beate Marie, c. s..
Priori de Bello-Loco, l. l..
Pro talentis canonicorum, pro toto anno, xxxvi. s..
Leprosarie Carnotensi, pro toto anno, x. l.,
Sancto Laudo, pro toto anno, vi. s..
Sancto Candido, pro toto anno, vi. s..,
Pro tribus milliariis allecclum et pro vino S. Martini Monti-Leprosorum, xi. l. viii. s. viii. d..
Sancto Audoeno, pro toto anno, ix. s..

12.

OU COMPTE DUDIT PIERRE DE HANGEST, BAILLI DE ROUEN, DU TERME S. MICHIEL OU DIT AN MIL CCC. XVII., FAIT EN ROLLE, EST ESCRIPT EN LA FIN DE LA RECEPTE DUDIT COMPTE CE QUI S'ENSUIT:

Item de Vicecomitatu Aque Rothomagi. Recepta;
De eodem Vicecomitatu recepto in manu Regis per Johannem Le Minier à die dominicâ quâ cantatur *Judica me* ultimo preteritâ usque ad dominicam in octabis Trinitatis quâ Johannes Rungemaille venit ibi ex parte Regis cum predicto Johanne.
De modiacione et acquictatione vinorum franciscorum et marinorum et de quodam dolio vini recepto à Philippo de Valle-Richerii, partes in quodam rotulo, ii. c. lxvii. l. xv. s..
De minutâ pisside receptâ in dicto tempore, lxxvii. l. vi. s. x. d..,
De eodem Vicecomitatu per dictos Johannem Le Minier et Johannem Rungemaille simul à die dominicâ post Trinita-

tem ultimo preteritam usque ad diem dominicam xi^um diem mensis septembris.

De modiacione et acquietatione vinorum marinorum franciscorum et marinorum, partes in quodam rotulo, ii. c. iiii^xx vi. l. xvi. s. viii. d..

De minutâ pisside tunc, vi^xx l. iii. s. xi. d..

De quâdam brancâ dicti Vicecomitatûs, videlicet de magno et parvo ponderibus *(sic)* de stallis et teleneis, traditis ad firmam Garino de Pondere et ejus participantibus, pro medietate, v. c. l..

Summa recepte Vicecomitatûs Aque Rothomagi, xiii. c. iiiii. l. xi. s. v. d..

ITEM EN LA DESPENSE DUDIT COMPTE, EN LA FIN D'ICELLE DESPENSE, EST CONTENU ET ESCRIPT CE QUI S'ENSUIT :

Expense Vicecomitatûs Aque Rothomagi :

Pro feodis et elemosinis, ad hunc terminum, partes à tergo iiii. c. xxxviii. l. ii. s..

Pro sororibus Sancti Mathei, pro medietate, ii. c. l..

Pro baptizatis, iiii. d. ob. par. per diem, pro ix^xx iiii^or diebus, iiii. l. vi. s. iii. d..

Pro locagio domûs eorum, pro medietate, iiii. s..

Pro vadiis liberorum septem baptizatorum, ii. s. ix. d. per diem, de dicto termino, xxv. l. vi. s..

Pro salario Roberti de Frigido-Monte ibi pro Rege, pro medietate, x. l..

Pro justiciâ factâ, xiii. l. x. s..

Pro redditu domini Guillelmi de Fontibus dato eidem et heredibus suis, pro medietate, l. l..

Pro vadiis Emeline Louvel ad vitam, xii. d. per diem, de dicto termino, ix. l. iiii. s..

Pro redditu Mathildi de Synors, pro medietate, lxii. l. x. s..

Pro vadiis Stephani conversi, Johanne ejus uxoris et Ferrici eorum filii, cuilibet vi. d. per diem, de dicto termino, xiii. l. xvi. s..

Pro vadiis datis ad vitam Agnetis et Sedyllie de Sancto Marcello, sororibus S. Mathei, xviii. d. par. per ebdomadam, de dicto termino, xlviii. s. ix. d..

Pro robâ earum, pro toto anno, xxv. s..

Pro alio redditu earum, pro toto anno, xxv. s..

Pro vadiis uxoris Alberti Le Villain, ix. d. per diem, vi. l. xviii. s..

Pro redditu domini Guillelmi de Haricuriâ et domine Blanchie ejus uxoris, hereditario, pro medietate, iiii^{xx} viii. l. iii. s. ix. d. ob..

Pro alio redditu eorumdem amortizato, pro medietate, c. l..

Pro alio redditu eorumdem, pro medietate, iiii^{xx} xii. l. x. s..

Pro redditu dato imperpetuum sororibus de Pissyaco, pro medietate, ll. c. l..

Pro redditu Richardi Noel ad, vitam ii. s. par. per diem, de dicto termino, xxiii. l..

Pro medietate robe ejusdem, l. s..

Pro vadiis datis Droconi Laguete ad vitam, iii. s. vi. d. par. per diem, de dicto termino xxxii. l. iiii. s. par. valentes xl. l. v. s..

Pro vadiis Petri Le Queu ad vitam, iii. s. vi. d. par. per diem, de dicto termino xxxii. l. iiii. s. par. valentes xl. l. v. s. tur..

Pro vadiis Raolini Bosquet ad vitam, xii. d. par. per diem, de dicto termino, xi. l. x. s..

Pro vadiis Mutonis de Buticulariâ ad vitam, viii. d. par. per diem, de dicto termino, vii. l. xiii. s. iiii. d..

Pro vadiis datis ad vitam per litteras Regis Stephano de Jardino, quondam clerico coquine, xviii. d. par. per diem à v^{ta} die Augusti quâ litterâ ejus data fuit usque ad diem Omnium Sanctorum, pro iiii^{xx} vii^{tem} diebus viii. l. iii. s. i. d. ob..

Pro medietate robe ejusdem per easdem litteras, xxx s. par. valentes xxxvii. s. vi. d..

Pro vadiis datis ad voluntatem Regis per litteras Ysabelli filie quondam Francisci baptizati, iiii. d. par. per diem, à x^a die Augusti quâ littera ejus data fuit usque ad diem Omnium Sanctorum, pro iiii^{xx} ii. diebus, xxxiiii. s. ii. d.

Pro medietate locagii domûs ejusdem per dictas litteras, v. s..

Pro vadiis datis à Rege per litteras ad vitam Thome Gordin et Paulo ejus fratri, filiis Johannis baptizati, v. d. par. per diem, à decima die Augusti quâ littere eorum date fuerunt usque ad diem Omnium Sanctorum, pro IIII^{xx} II. diebus, xlii. s. viii. d. ob..

Pro medietate locagii domûs eorum per dictas litteras, vi. s. iii. d..

Pro vadiis datis ad voluntatem Regis per litteras Johanni et Aelipdi filiis Ade baptizati, iii. d. per diem, à x^e die Augusti quâ littera eorum data fuit usque ad diem Omnium Sanctorum pro IIII^{xx} II. diebus, xxvi. s. ob..

Pro medietate locagii domûs eorum per dictas litteras, iii. s. ix. d..

Pro non computato ad Pascha ccc° xvii° pro vadiis Philippi de Valle-Richerii, tunc receptoris dicti Vicecomitatûs, à festo S. Michaelis ccc° xvi° usque ad dominicam quâ cantatur *Judica me* subsequentem, pro viii^{xx} xi. diebus, de mandato magistrorum compotorum, per litteras, xl. l..

Pro victu receptoris nunc dicti Vicecomitatûs, de hoc termino, pro tempore contento in receptâ ejusdem, partes in quodam rotulo, ii. c. lxxix. l. ix. s. viii. d..

Pro nunciis missis per dictos receptores, lxxix. s..

Pro pargameno et palperiis, xl. s. vi. d..

Pro salario clericorum eorum, x. l..

Pro novem minis ad mensurandum sal et pro eis ferrandis, xxi. l. xii. s. vi. d..

Pro salario butticulariorum, pro medietate, x. l..

Pro locagio plurium famulorum, servientium dictos receptores, lxvii. s..

Pro juribus servientium Vicecomitatum et pro utensilibus hospicii dicti Vicecomitatûs, partes in quodam rotulo, xvi. l. ii. s. i. d..

Pro vadiis datis à Rege per litteras Francisco quondam summulario camere Regis ad vitam, xii. d. par. per diem, à xxiiiie die junii quâ dicte littere date fuerunt usque ad diem Omnium Sanctorum, pro vii^{xx} ix. diebus, ix. l. vi. s. iii. d..

Pro robâ ejusdem per dictas litteras, pro toto anno, lxxv. s..

Pro vadiis datis ad vitam à Rege per litteras Robino de Novovico, quondam Falconario Regis, ii. s. par. per diem, à iiiie die aprilis quâ littera ejus data fuit usque ad diem

Omnium Sanctorum, pro ducentis decem diebus, xxi. l. par. valentes xxvi. l. v. s..

Pro redditu debito supra domum dicti Vicecomitatûs Aque heredibus de Cotevrart, pro terminis S. Johannis et S. Michaelis ultimo preteritis, lxv. s..

Pro non computato de eodem ad Pascha ccc° xvii°, pro terminis dicte Pasche et Natalis, lxv. s..

Summa expense Vicecomitatûs Aque, xvii., c. iiii^{xx} xii. l. xvii. s. viii. d..

ET AU DOZ DUDIT COMPTE, EN LA FIN DES PARTIES DE LA DESPENSE D'ICELLUI COMPTE, EST ESCRIPT CE QUI S'ENSUIT :

Partes feodorum et elemosinarum Vicecomitatûs Aque Rothomagi ad hunc terminum :
Presbitero Castri, iiii. s..
Segrestario Prati, xliii. s..
Duabus prebendis Beate-Marie, xv. l..
Heredibus Vincencii de Valle-Richerii, xx. l..
Roberto de Geollâ, ciii. s. ix. d..
Magdalene Rothomagi, xxv. l..
Monti-Leprosorum, xxxv. l..
Grando Monti, c. l..
Aule-Puellarum, c. l..
Becco-Helluini, l. l..
Ysabelli de Gisorcio, vi. l..
Matheo Pidoue, ix. l. xi. s. iii. d..
Preceptori Templi Parisiensis, x. l..
Capitulo Rothomagi, c. s..
Priori de Bello Loco, l. l..
Magistro Petro de Carvillâ, c. s..

13.

OU COMPTE DE PIERRE DE HANGEST, BAILLI DE ROUEN, DU TERME DE PASQUES L'AN MIL CCC. ET XVIII., FAIT EN ROLLE, EST ESCRIPT EN LA FIN DE LA RECEPTE DUDIT COMPTE CE QUI S'ENSUIT :

Item de Vicecomitatu Aque Rothomagi. Recepta :
De eodem Vicecomitatu quem tenent Johannes de Ferrariâ,

Johannes Le Villain et Johannes Camelin, cyves Rothomagi, pro primo vi^{to} cum uno incheriamento per eosdem, ii. m. iii. c. iiii^{xx} l. lxvi. s. viii. d..

Summa per se...

ITEM EN LA DESPENSE DUDIT COMPTE, VERS LA FIN D'ICELLE DESPENSE, EST CONTENU ET ESCRIPT CE QUI S'ENSUIT :

Expensa Vicecomitatûs Aque Rothomagi. Feodi, elemosine et redditus perpetui.

Pro feodis et elemosinis ad hunc terminum, partes à tergo, iiii. c. ii. l. xiiii. s..

Pro sororibus S. Mathei, pro medietate, ii. c. l..

Pro redditu dato domino Guillelmo de Fontibus et heredibus suis, pro medietate, l. l..

Pro redditu dato domino Guillelmo de Haricuria et domine Blanchie ejus uxoris, pro medietate, iiii^{xx} viii. l. iii. s. ix. d. ob..

Pro alio redditu eorumdem amortizato, pro medietate, c. l..

Pro alio redditu eorumdem, pro medietate, iiii^{xx} xii. l. x. s..

Pro redditu dato sororibus Pyssiaci, pro medietate, ii. c. l..

Pro xx^{ti} modiis vini Autissiodorensis redditis capitulo Beate-Marie Rothomagi, pro modio c. s.; valentibus c. l..

Pro deffectu ii. c. iiii^{xx} modiorum vini redditorum ibi, pro modio xx. s.; valent ii. c. iiii^{xx} l..

Pro quodam dolio vini reddito cappellano Castri Rothomagi, pro toto anno, xvi. l..

Summa, xv. lxxviii. l. vii. s. ix. d. ob..

ET AU DOZ DUDIT COMPTE, ENTRE LES PARTIES DE LA DESPENSE D'ICELLUI COMPTE, EST ESCRIPT CE QUI S'ENSUIT :

Partes feodorum et elemosinarum Vicecomitatûs Aque Rothomagi ad hunc terminum :

Presbitero Castri, iiii. s..

Segrestario Prati, xiiii. s..

Duabus prebendis Beate-Marie, xv. l .

Heredibus Vincencii de Valle-Richerii, xx. l..
Magdalene Rothomagi, xxv. l..
Monti-Leprosorum, xxxv. l..
Grandi-Monti, c. l..
Aule-Puellarum, c. l..
Becco-Helluini, l. l..
Isabelli de Gisorcio, vi. l..
Mathie Pidoue, ix. l. xi. s. iii. d..
Preceptori Templi Parisiensis, x. l..
Capitulo Beate-Marie, c. s..
Priori Belli-Loci, l. l..
Pro talentis canonicorum, pro toto anno, xxxvi. s..
Leprosarie Carnotensi, pro toto anno, x. l..
Sancto Laudo, pro toto anno, vi. s..
Sancto Candido, pro toto anno, vi. s..
Pro tribus milliariis allecclum et pro vino Sancti Martini Monti-Leprosorum, ix. s. pro milliari valent ix. l. et viii. s. pro vino.
Sancto Audoeno, pro toto anno, ix. s..

14.

OU COMPTE DUDIT PIERRE DE HANGEST, BAILLI DE ROUEN, DU TERME S. MICHIEL OUDIT AN MIL CCC. XVIII., FAIT EN ROLLE, EST ESCRIPT EN LA FIN DE LA RECEPTE DUDIT COMPTE CE QUI S'ENSUIT :

Item de Vicecomitatu Aque Rothomagi. Recepta :
De eodem Vicecomitatu quem tenent ad firmam Johannes de Ferrarià, Johannes Le Villain et Johannes Camelin, pro secundo vi^{to}, ii. m. iii. c. iiii^{xx} l. lxvi. s. viii. d..
Summa per se...

ITEM EN LA DESPENSE DUDIT COMPTE, VERS LA FIN D'ICELLE DESPENSE, EST CONTENU ET ESCRIPT CE QUI S'ENSUIT :

Expense Vicecomitatûs Aque Rothomagi. Feodi, elemosine et redditus perpetui.

Pro feodis et elemosinis ad hunc terminum, partes à tergo, iiii. c. xxxviii. l. ii. s..

Pro sororibus S. Mathei, pro medietate, ii. c. l..

Pro redditu dato domino Guillelmo de Fontibus et heredibus suis, pro medietate, l. l..

Pro redditu domini Guillelmi de Haricuria et domine Blanchie ejus uxoris ad hereditatem, pro medietate, iiii.xx viii. l. iii. s. ix. d. ob..

Pro alio redditu amortizato, pro medietate, c. l..

Pro alio redditu eorumdem, pro medietate, iiii.xx xii. l. x. s..

Pro redditu sororum de Pissiaco, pro medietate, ii. c. l..

Summa, xi. c. lxviii. l. xv. s. ix. d..

ET AU DOZ DUDIT COMPTE, ENTRE LES PARTIES DE LA DESPENSE D'ICELLUI COMPTE, EST ESCRIPT CE QUI S'ENSUIT :

Partes feodorum et elemosinarum Vicecomitatûs Aque Rothomagi ad hunc terminum :

Presbytero Castri, iiii. s..

Segrestario Prati, xiiii. s..

Duabus prebendis Rothomagi, xv. l..

Heredibus Vincencii de Valle-Richerii, xx. l..

Roberto de Geolia, ciii. s. ix. d..

Magdalene Rothomagi, xxv. l..

Monti-Leprosorum, xxxv. l..

Grandi-Monti, c. l..

Aule-Puellarum, c. l..

Becco-Helluini, l. l..

Ysabelli de Gisorcio, vi. l..

Mathie Pidoue, ix. l. xi. s. iii. d..

Preceptori Templi Parisiensis, x. l..

Capitulo Rothomagi, c. s..

Priori Belli-Loci, l. l..

Magistro Petro de Carvillà, c. s..

15.

OU COMPTE DE OUDART LE COQ, BAILLI DE ROUEN, DU TERME DE PASQUES L'AN MIL CCC. XVII., FAIT EN ROLLE, EST ESCRIPT EN LA FIN DE LA RECEPTE DUDIT COMPTE CE QUI S'ENSUIT :

Item de Vicecomitatu Aque Rothomagi. Recepta :
De eodem Vicecomitatu quem tenent ad firmam Robertus de Castro senior, Guillelmus Thome et Robertus de Alneto cum quodam incheriamento pro primo vi^{to}, ii. m. ix. c. xxxiii. l. vi. s. viii. d..
Summa per se...

ITEM EN LA DESPENSE DUDIT COMPTE, VERS LA FIN D'ICELLE DESPENCE, EST CONTENU ET ESCRIPT CE QUI S'ENSUIT :

Item expensa Vicecomitatûs Aque Rothomagi. Feodi, elemosine et redditus ad hereditatem.
Pro feodis et elomosinis ad hunc terminum, iiii. c. lvii. l. ii. s..
Pro sororibus S. Mathei, pro medietate, ii. c l..
Pro redditu domini Guillelmi de Fontibus, pro medietate, l. l..
Pro redditu domini Guillelmi de Haricuriâ et domine Blanchie ejus uxoris, pro medietate, iiii^{xx} viii. l. iii. s. ix. d. ob..
Pro alio redditu eorumdem, pro medietate, c. l..
Pro alio redditu, pro medietate, iiii^{xx} xii. l. x. s..
Pro redditu sororum de Poissyaco, pro medietate, ii. c. l..
Pro xii^{cim} modiis, sex sextariis vini Francisci redditis archiepiscopo et capitulo Rothomagi, pro modio iiii. l. vi. s.; valent iii. l. xiii. s. vi. d..
Pro lviii. modiis vini Autissiodorensis redditis eisdem, pro modio iiii. l. vi. s.; valent ii. c. xlix. l. viii. s..
Pro deffectu ii. c. modiorum xviii. sextariorum vini, pro modio xx. s., redditis eisdem ; valent, ii. c. xxix. l. xv. s..

Pro quodam dolio vini reddito cappellano Castri Rothomagi, pro toto anno, xiiii. l..

Summa, xxii. c. xxxiii. l. xiii. s. iii. d. ob..

ET AU DOZ DUDIT COMPTE, EN LA FIN DES PARTIES DE LA DESPENSE D'ICELLUI COMPTE, EST ESCRIPT CE QUI S'ENSUIT :

Partes elemosinarum Vicecomitatûs Aque Rothomagi :
Partes feodorum Vicecomitatûs Aque :
Presbitero Castri, iiii. s..
Segrestario Prati, xliii. s..
Duabus prebendis Nostre-Domine, xv. l..
Heredibus de Valle-Richerii, xx. l..
Roberto Geollie, ciii. s. ix. d..
Magdalene Rothomagi, xxv. l..
Monti-Leprosorum, xxxv. l..
Fratribus Grandi-Montensibus, c. l..
Becco-Helluini, l. l..
Ysabelli Gisorcii, vi. l..
Mathie Pidoue, ix. l. xl. s. iii. d..
Preceptori Templi Parisiensis, x. l..
Capitulo Nostre-Domine Rothomagi, c. s..
Priori Belli-Loci, l. l..
Canonicis Nostre-Domine Rothomagi, pro talentis eorumdem, pro toto anno, xxxvi. s..
Leprosarie Carnotensi, pro toto anno, x. l..
Sancto Laudo, pro toto anno, vi. s..
Sancto Candido, pro toto anno, vi. s..
Monti-Leprosorum, pro tribus milliaribus allecium ad precium.

16.

OU COMPTE DUDIT OUDART LE COQ, BAILLI DE ROUEN, DU TERME DE PASQUES L'AN MIL CCC. XXVII., FAIT EN ROLLE, COMME DESSUS, EST ESCRIPT EN LA FIN DE LA RECEPTE DUDIT COMPTE CE QUI S'ENSUIT :

Item de Vicecomitatu Aque Rothomagi. Recepta :
De eodem Vicecomitatu quem tenent ad firmam Robertus du Castel senior, Guillelmus Thomas et Robertus de Lannoy cum quodam incherio, pro secundo vi^{to}, ii. m. ix. c. xxxiii. l. vi. s. viii. d.
Summa per se...

ITEM EN LA DESPENSE DUDIT COMPTE, VERS LA FIN D'ICELLE DESPENSE, EST CONTENU ET ESCRIPT CE QUI S'ENSUIT :

Expensa Vicecomitatûs Aque Rothomagi. Feodi, elemosine et redditus ad hereditatem.
Pro feodis et elemosinis dicte Vicecomitatûs ad hunc terminum, partes à tergo, iiii. c. xxxviii. l. ii. s..
Pro sororibus S. Mathei, pro medietate, ii. c. l..
Pro redditu domini Guillelmi de Fontaines, pro medietate, l. l..
Pro redditu sororibus Pyssiaci, pro medietate, ii. c. l..
Pro redditu deffuncti Guillelmi de Haricuria et domine Blanchie ejus uxoris, pro medietate, iiii^{xx} viii. l. iii. s. ix. d. ob..
Pro alio redditu eorumdem, pro medietate, c. l..
Pro alio redditu eorumdem, iiii^{xx} xii. l. x. s..
Pro quodam modio et dimidio cum sex sextariis vini Autissiodorensis, receptis in dicto Vicecomitatu Aque post Pascha ultimo preteritum reddito capitulo Rothomagensi, pro modio vii. l. xvii. s.; valent xi. l. xix. s. ix. d., deductis xx. s. pro modio qui pro deffectu vini dicti capituli capti

sunt super Regem ad Pascha ultimo preteritum in summâ, ii. c. xxix. l. xv. s. x. l. iiii. s. ix. d..

Pro redditu quem Guyotus Malvoisin, dominus de Roeni et domicella Lore ejus uxor percipere solebant in thesauro Regis Parisiensis, excambiato per dictos conjuges Johanni de Chambliaco et domicelle Johanne ejus uxori, filie deffuncti domini Guillelmi Malvoisin, et assignato per dominum Regem dictis Johanni de Chambliaco et ejus uxori in exhonerando dictum thesaurum, capiendo super istum Vicecomitatum ad duo scacaria, per litteras datas mensis septembris ccc° xxvii°, pro medietate, ii. c. xxx. l. par.; valent turon. ii. c. iiii^{xx} vii. l. x. s..

Summa, xiiii. c. lxvi. l. x. s. vi. d. ob..

ET AU DOZ DUDIT COMPTE, EN LA FIN DES PARTIES DE LA DESPENSE D'ICELLUI COMPTE, EST ESCRIPT CE QUI S'ENSUIT :

Partes feodorum et elemosinarum Vicecomitatûs Aque Rothomagi ad hunc terminum.

Presbitero Castri, iiii. s..
Segrestario Prati, xliii. s..
Duabus prebendis Beate-Marie, xv. l..
Heredibus Vincencii de Val-Richier, xx. l..
Roberto de la Gueole, cxiii. s. ix. d..
Magdalene Rothomagi, xxv. l..
Monti-Leprosorum, xxxv. l..
Grandi-Monti, c. l..
Aulle-Puellarum, c. l..
Becco-Helluini, l. l..
Ysabelli de Gisorcio, vi. l..
Mathie Pidoue, ix. l. xi. s. iii. d..
Preceptori Templi Parisiensis, x. l..
Capitulo Rothomagi, c. s..
Priori de Beau-Lieu, l. l..
Petro de Carville, c. s..

17.

OU COMPTE DE GUERARD POSTEL, RECEVEUR DE LA BAILLIE DE ROUEN, DU TERME DE PASQUES L'AN MIL CCC. XXXVI. FAIT EN ROLLE, EST ESCRIPT, EN LA FIN DE LA RECEPTE DUDIT COMPTE, CE QUI S'ENSUIT :

Item de la Viconté de l'Eaue de Rouen.
Recepte :
De icelle Viconté que tiennent à ferme Robert du Castel, Godeffroy et Vivien dits les Alemans et Guillaume du Castel, pour le premier sixte, ii. m. vii. c. l. l..
Summa, per se...

ITEM EN LA DESPENSE DUDIT COMPTE, VERS LA FIN D'ICELLE DESPENSE EST CONTENU ET ESCRIPT CE QUI S'ENSUIT :

Item despense de la Viconté de l'Eaue de Rouen :
Fiefz, aumosnes et rentes à héritages. — Pour les fiefz et les aumosnes d'icelle Viconté, rabatues iiii. l. t. pour la moictié de viii. l. que les hoirs Ysabel de Gisors avoient en la somme de xii. l. de rente que la dite Ysabeau prenoit par an entre les dits fiefz et aumosnes, lesquelles viii. l. les dits hoirs avoient vendues à Henry Gorren, bourgois de Rouen, duquel Henry, notre sire le duc, les a retraictes par la bourse pour le pris de iiii^{xx} l. qui furent pris sur le dit seigneur, à Pasques derrain passé, demeure les parties au doz, iiii. c. ii. l. iiii. s..
Les seurs de Saint-Mathieu de Rouen, pour moictié, ii. c. l..
Icelles seurs pour la rente des hoirs monseigneur Guillaume de Fontaines, jadis chevalier, vendue à icelles à moictié par Pierre des Essars, bourgois de Paris et sa femme, pour la dicte rente (qu'ils) avoient acheté des dits hoirs, pour moictié, l. l..
Les seurs de Poissy, pour moictié, ii. c. l..
Les chanoines S. Loys de la Sauçoye, pour moictié, c. l..

Guy Mauvoisin et sa femme, ii. c. iiii^{xx} vii. l. x. s..

Pour ung tonnel de vin livré au chappellain du Chastel de Rouen, vii. l..

Pour iii. c. muys de vin livrez à l'archevesque et au chapitre de Rouen, c'est assavoir : lviii. muys de vin françois, xxx. s. le muy et lix. muys et demi et vi. septiers de vin de Bourgogne, xl. s. le muy et ix^{xx} ii. muys et vi. septiers, en deniers xx. s. le muy, valent tout iii. c. iiii^{xx} viii. l. xv. s..

Summa, xvi. c. iiii^{xx} iiii. l. ix. s..

ET AU DOZ DUDIT COMPTE, EN LA FIN DES PARTIES DE LA DESPENSE D'ICELLUI COMPTE, EST ESCRIPT CE QUI S'ENSUIT :

Parties des fiefz et aumosnes de la Viconté de l'Eaue de Rouen, iiii. s..

A deux provendes de Nostre-Dame-de-Rouen, xv. l..

Au segrestain du Pré, xliii. s..

Aux hoirs Vincent du Val-Richer, xx. l..

Aux hoirs de feu Richart de la Hestreye, c. iii. s. ix. d..

A la Magdaleine de Rouen, xxv. l..

Au Mont-aux-Malades, xxxv. l..

Aux frères de Grantmont, c. l..

A la Selle aux Pucelles, c. l..

Au Bec-Hellouin, l. l..

Aux hoirs Ysabeau de Gisors, pour moictié, xl. s..

Aux hoirs Mathieu Pidoue, ix. l. xi. s. iii. d..

Au Commandeur du Temple de Paris, x. l..

Au Chapitre de Notre-Dame de Rouen, c. s..

Au prieur de Beaulieu, l. l..

Aux chanoines de Rouen, pour leurs besans, xxxvi. s..

A la Maladerie de Chartres, x. l..

A Saint-Lo de Rouen, vi. s..

A Saint Candre le Vieil, vi. s..

Au Mont-aux-Malades, pour iii. m. de harenc, le millier....

A iceulx pour leur vin à la Saint-Martin, viii. s..

A Saint-Ouen de Rouen, ix. s..

18.

OU COMPTE DUDIT GUERARD POSTEL, RECEVEUR DE LA BAILLIE DE ROUEN, DU TERME S. MICHIEL OUDIT AN MIL CCC. XXXVI. FAIT EN ROLLE EST ESCRIPT EN LA FIN DE LA RECEPTE DUDIT COMPTE CE QUI S'ENSUIT :

Item de Vicecomitatu Aque Rothomagi. Recepta :

De eodem Vicecomitatu quem tenent ad firmam Robertus de Castro, Godeffredus et Vivianus, dicti Alemans, et Guillelmus de Castro, pro secundo vi^{to}, ii. m. vii. c. l. t..

Summa per se...

ITEM EN LA DESPENSE DUDIT COMPTE, ENTRE LES PARTIES D'ICELLE DESPENSE, EST CONTENU ET ESCRIPT CE QUI S'ENSUIT :

Expensa Vicecomitatus Aque Rothomagensis. Feodi et elemosine et redditus ad hereditatem.

Pro feodis et elemosinis ejusdem Vicecomitatus, deductis iiii. l. turon., pro medietate viii. librarum quas heredes Ysabellis de Gisorcio habebant, in summâ, xii. l..

De redditu quas dicta Ysabellis capiebat per annum inter feodos et elemosinas quas viii. l. dicti heredes vendiderant Henrico Gorren, burgensi Rothomagi, cui Henrico, dominus Dux ipsas retraxit per bursam pro precio de iiii^{xx} l., que capte fuerunt supra dictum dominum ad Pascha ultimo preteritum, restant partes à tergo, iiii. c. xxxiiii. l. ii. s..

Sororibus S. Mathei Rothomagi, pro medietate, ii. c. l..

Eisdem sororibus, pro medietate redditûs qui fuit heredum domini Guillelmi de Fontibus, sibi venditis et amortizatis per Petrum de Essartis et ejus uxorem, l. l..

Domino Guidoni Mauvoisin et domine Lore ejus uxori, pro medietate, ii. c. iiii^{xx} vii. l. x. s..

Canonicis de Sauceya, pro medietate, c. l..

Sororibus de Pissiaco, pro medietate, ii. c. l..

Summa, xii. c. lxxi. l. xii. s..

ET AU DOZ DUDIT COMPTE, EN LA FIN DES PARTIES DE LA DESPENCE D'ICELLUI COMPTE, EST ESCRIPT CE QUI S'ENSUIT :

Partes feodorum et elemosinarum de Vicecomitatu Aque Rothomagi :
Presbitero de Castro, iiii. s..
Segrestario du Pré, xiiii. s..
Duabus prebendis Nostre-Domine, xv. l..
Heredibus Vincencii de Valle Richerii, xx. l..
Heredibus Ricardi de Hestreiâ pro heredibus Gueolle, ciii. s. ix. d..
Magdalene Rothomagi, xxv. l..
Monti-Leprosorum, xxxv. l..
Fratribus Magni-Montis, c. l..
Aule-Puellarum, c. l.
Becco-Helluini, l. l..
Heredibus Ysabellis de Gisorcio, xl. l..
Heredibus Mathei Pidoue, ix. l. xi. s. iii. d..
Commendatori de Templo Parisiensis, x. l..
Capitulo Rothomagi, c. s..
Priori de Bello-Loco, l. l..
Heredibus magistri Petri de Carvillâ, c. s..
Summa, iiii. c. xxxiiii. l. ii. s..

19.

OU COMPTE DE LA BAILLIE DE ROUEN, DU TERME DE PASQUES L'AN MIL CCC. XLVII., FAIT EN ROLLE, EST ESCRIPT, EN LA FIN DE LA RECEPTE DUDIT COMPTE, CE QUI S'ENSUIT :

Item recepta Vicecomitatûs Aque Rothomagi :
De eodem Vicecomitatu qui traditus fuit in custodiâ in manu domini et non ad firmam per ordinacionem et mandatum dominorum comptorum, et fuit ad hoc commissus Vivandus Almani, burgensis Rothomagi, à die S. Michaelis ccc° xlvi^{to} usque ad diem Nativitatis Domini inde sequentis

quâ traditus fuit ad firmam per predictos dominos Vincencii (sic) de Valle-Richerii, partes in quodam rotulo sigillato sigillo dicti Vivandi xiii. c. iiii^{xx} xvii. l. xvi. s. vii. d..

De eodem Vicecomitatu tradito ad firmam predicto Vincencii pro primo vi^{to}, ii. m. l..

Summa dicti Vicecomitatûs Aque, iii. m. iii. c. iiii^{xx} xvii. l. xvi. s. vii. d..

ITEM EN LA DESPENSE DUDIT COMPTE, VERS LA FIN D'ICELLE DESPENSE, EST CONTENU ET ESCRIPT CE QUI S'ENSUIT :

Expense Vicecomitatûs Aque Rothomagi. Feodi, elemosine et redditus perpetui.

Pro feodis et elemosinis dicti Vicecomitatûs, partes à tergo, iiii. c. iii. l. viii. s..

Pro redditu sororum Sancti Mathei juxta Rothomagum, pro medietate, ii. c. l..

Pro alio redditu earumdem qui fuit domini Guillelmi de Fontaines, pro medietate, l. l..

Pro redditu sororum Immuratarum apud Poissiacum, pro medietate, ii. c. l..

Pro redditu canonicorum de Salceyâ, pro medietate, c. l..

Pro redditu domini Guidonis Malvoisin et domine Lore uxoris ejusdem, pro medietate, ii. c. iiii^{xx} vii. l. x. s..

Pro quodam dolio vini cappellano capelle Castri Rothomagi, xii. l..

Pro iii. c. modiis vini quem (sic) archiepiscopus et capitulum Beate-Marie Rothom. capiunt per annum in dicto Vicecomitatu, quando ibi venit modiacio vini, vel xx. s. t. pro modio, quando defficit modiacio, vini, et pro eo quod in isto anno ultimo non extitit in eodem Vicecomitatu aliqua modiacio, redduntur eisdem xx. s. pro quolibet modio; valent iii. c. l..

Summa, xvi. c. l. l. xviii. s..

ET AU DOS DUDIT COMPTE, EN LA FIN DES PARTIES DE LA DESPENSE D'ICELLUI COMPTE, EST ESCRIPT CE QUI S'ENSUIT :

Partes feodorum et elemosinarum Vicecomitatûs Aque Rothomagi :

Presbitero Castri Rothomagi, IIII. s..
Duabus prebendis Beate-Marie, xv. l..
Sacriste Prati, xliii. s.
Heredibus Vincencii de Valle-Richerii, xx. l..
Mathie Pidoue, ix. l. xi. s. iii. d..
Heredibus Ricardi de Hestreyá, c. iii. s. ix. d..
Madalene Rothomagi, xxv. l..
Monti-Leprosorum, xxxv. l..
Fratribus Grandi-Montis, c. l..
Aule-Puellarum, c. l..
Becco-Helluini, L. l..
Isabelli de Gisorcio, xl. s..
Preceptori Templi Parisiensis, x. l..
Capitulo Beate-Marie Rothomagi, c. s..
Priori de Bello-Loco, l. l..
Canonicis Beate-Marie Rothomagi, xxxvi. s..
Leprosarie Carnotensi, x. l..
Sancto Laudo Rothomagensi, vi. s..
Sancto Candido Seniori, vi. s..
Monti-Leprosorum pro suis alleccis, pro tribus milliariis, l. s. milliarium; valent vii. l. x. s..
Item eisdem, pro vino Sancti Martini, viii. s..
Sancto Audoeno Rothomagensi, ix. s..
Summa, IIII. c. III. l. viii. s..

20.

OU COMPTE DE ADAM ALBERI, RECEVEUR DE LA BAILLIE DE ROUEN, DU TERME S. MICHIEL OUDIT AN MIL CCC. XLVII. FAIT EN ROLLE EST ESCRIPT EN LA FIN DE LA RECEPTE DUDIT COMPTE CE QUI S'ENSUIT:

Recepta Vicecomitatu Aque Rothomagensis.
De eodem Vicecomitatu per Vincencium de Valle-Richerii, firmarium ibi, pro secundo vi^{to} cum duobus incheriis, II. m. IIII. c. l., et de non reddito de dictis duobus incheriis ad terminum Pasche precedentis, IIII. c. l.
Summa, II. m. viii. c. l..

ITEM EN LA DESPENSE DUDIT COMPTE, VERS LA FIN D'ICELLE DESPENSE, EST CONTENU ET ESCRIPT CE QUI S'ENSUIT :

Expense Vicecomitatûs Aque Rothomagensis. Feodi et elemosine et redditus perpetui ad hereditatem.
Pro feodis et elemosinis dicti Vicecomitatûs, partes à tergo, IIII. c. xxxiiii. l. ii. s. i. d..
Pro redditu sororum S. Mathei prope Rothomagum, pro medietate, ii. c. l..
Pro redditu heredum domini Guillelmi de Fontaines venditis eisdem, pro medietate, l. l..
Dominus Guillelmus Malvoisin et domina Lora ejus uxor, pro medietate, ii. c. iiii^{xx} vii. l. x. s..
Canonici de Salceyâ, pro medietate, c. l..
Sorores de Poissiaco, pro medietate, ii. c. l..
Summa, xii. c. lxxi. l. xii. s. i. d..

ET AU DOZ DUDIT COMPTE, ENTRE LES PARTIES DE LA DESPENSE VERS LA FIN D'ICELLES PARTIES, EST ESCRIPT CE QUI S'ENSUIT :

Partes feodorum et elemosinarum Vicecomitatûs Aque Rothomagi, ad istum terminum :
Presbytero Castri, IIII. s.
Sacriste Prati, xliii. s.
Duabus prebendis Beate-Marie, xv. l..
Heredibus Vincentii de Valle-Richerii, xx. l..
Heredibus Ricardi de Hestreyâ pro heredibus Geolle, c. iii. s. ix. d..
Item heredibus de Valle-Richerii pro Mathia Pidoue, ix. xi. s. iiii. d..
Magdalene Rothomagi, xxv. l.
Monti-Leprosorum, xxxv. l.
Priori Grandi-Montis, c. l..
Aule-Puellarum, c. l..
Abbati de Becco, l. l.
Heredibus Ysabellis de Gisorcio, xl. l..
Preceptori Templi Parisiensis, x. l..

Priori de Bello-Loco, l. l..
Capitulo Rothomagi, c. s..
Heredibus magistri Petro de Carvillâ, c. s..

21.

OU COMPTE DE JEHAN DU BOIS, VICONTE DE ROUEN, DU TERME DE PASQUES L'AN MIL CCC. LIII, FAIT EN LIVRE, EST ESCRIPT EN LA FIN DE LA RECEPTE DUDIT COMPTE CE QUI S'ENSUIT :

Item recepte de la Viconté de l'Eaue de Rouen. D'icelle Viconté de l'Eaue, baillée de nouvel à ferme à Vincent du Val-Richier, bourgois de Paris, à trois ans commenchiez le jour de Noel ccc. lii. derrain passé, pour le prix de xv. m. v. c. l. l. pour les diz trois ans, par telle manière que il paiera la modiacion de vin que l'en doit à monseigneur l'archevesque et au chapitre de Rouen jusques à iii. c. muys en vin, se tant y vient de vin ; et, se non, en argent xx. s. t. pour muy et aussi ung tonnel de vin au chappellain du chastel ; et dureront les enchières jusques à la Magdalene ; pour moictié première à cest terme du premier tiers an, ii. m. v. c. iiii^{xx} iii. l. vi. s. viii. d. t..

Reddit per extractum ad S. Michael ccc. liii. pro non computato hic de tribus incheriis, m. xxxiii. l. vi. s. viii. d..

Summa per se, ii. m. v. c. iiii^{xx} iii. l. vi. s. viii. d. t.

ET EN LA DESPENSE DUDIT COMPTE, OU CHAPITRE DE DESPENSE DE LA VICONTÉ DE L'EAUE DE ROUEN, EST ESCRIPT CE QUI S'ENSUIT :

Fiez aumosnes et rentes à heritage. Pour les fiez et aumosnes de la dite Viconté les parties ensuivent que l'en souloit mectre en la fin de ce compte, c'est assavoir :

Au prestre de la chappelle du chastel de Rouen, iiii. s..
A deux prébendes en l'église Notre-Dame de Rouen, xv. l..
Au segrestain du Pré, xliii. s..
Aux hoirs Vincent du Val-Richier, c'est assavoir Jehan du Val-Richier, bourgois de Paris, xx. l..

Aux hoirs Richart de la Hestraye qui souloient prendre chy c. iii. s. ix. d., néant doresnavant par le commandement de nos seigneurs fait à l'eschiquier de la S. Michiel derrain passée, pour ce que il en rendroient autant cy dessus en recepte, qui ont esté semblablement raiez et ostez cy dessus du chapitre de demaines fieffez à Rouen en recepte.

A Jehan du Val-Richier, bourgois de Paris, pour Agnesot du Val-Richier, Vincent du Val-Richier pour Mathieu Pidoue, ix. l. xi. s. iii. d..

A la Magdalene de Rouen, xxv. l..

Au Mont aux Malades, xxxv. l..

Aux frères de Grantmont, c. l..

A la Salle aux Pucelles, c. l..

A l'abbé du Bec Helloin, xl. l..

A Ysabel de Gisors, xl. s..

Au commandeur du Temple à Paris, x. l..

Au chapitre de N. D. de Rouen, c. s..

Au prieur de Beaulieu, l. l..

Aux chanoines de Notre Dame de Rouen, xxxvi. s..

A la maladerie de Chartres, x. l..

A S. Lo de Rouen, vi. s..

A S. Candre le Vieil, vi. s..

Au Mont aux Malades, pour leurs harens à cest terme, pour trois milliers de harenc, le millier vi. l. x. s., valent xix. l. x. s..

A iceulx, pour leur vin de la S. Martin, viii. s..

A Saint Ouen de Rouen, ix. s..

Pour la rente aux seurs de Saint Mathieu emprés Rouen, pour moictié, ii. c. l..

Pour la rente d'icelles qui fut messire Guillaume de Fontaines, pour moictié, l. l..

Mons. Guillaume Malvoisin et madame Lore, sa femme, pour leur rente pour moictié, les noms de ceulx qui la prennent et les parties contenues ou xxixe foillet, ii. c. iiii^{xx} vii. l. x. s..

Aux chanoines de la Sauchoye, pour moictié, c. l..

Aux seurs de Poissy, pour moictié, ii. c. l..

22.

OU COMPTE DE SIMON DE BAIGNEUX, VICONTE DE ROUEN, DU TERME DE PASQUES MIL CCC. LV., EST ESCRIPT EN LA FIN DE LA RECEPTE DUDIT COMPTE CE QUI S'ENSUIT :

Item recepte de la Viconté de l'Eaue de Rouen. D'icelle Viconté de l'Eaue qui fut baillée à ferme au terme de Pasques ccc. liii. jusques à trois ans commençans le jour de Noel précédent de la dite Pasques à Vincent du Val-Richier, bourgois de Paris, la fourme et la manière du bail contenue ou ... fueillet, à cest terme par Jehan Braque, la première moictié du derrain tiers an, iii. m. vi. c. xvi. l. xiii. s. iiii. d. t..

23.

OU COMPTE DE THOMAS COUPPEVERGE, VICONTE DE ROUEN, DU TERME DE PASQUES, L'AN MIL CCC. LVI. FAIT EN LIVRE EST ESCRIPT EN LA FIN DE LA RECEPTE DUDIT COMPTE CE QUI S'ENSUIT :

Item recepte de la Viconté de l'Eaue de Rouen. D'icelle Viconté de l'Eaue, hors la ferme des Quatre Piez qui fut bailllée de nouvel par le dit Viconte en la presence de nos seigneurs des comptes Bernart Fermant et Almauri Braque et Jehan Bailliet, trésorier, de Noel ccc. lv. jusques à Pasques ensuivant, des dits Pasques jusques à trois ans après ensuivant à Jehan Alahache, Jehan Guillebache, Jehan Noel et Regnault Benoist, citoyens de Rouen, par le pris de xiii. m. vi. c. l. l. t. pour tout le dit temps, frans et quictes à monseigneur le Duc, à paier, c'est assavoir à cest terme de Pasques m. l. l. l. et les xii. m. vi. c. l. à chascun eschiquier par egalle porcion, durant les dictes trois années et en telle monnoye et pour tel pris, comme il courra à chascun des diz termes, par telle condicion que les dis fermiers acquicteront monseigneur le Duc durant leur dicte ferme, de la moison de vin que a acoustumé à prendre sur ladicte Viconté l'archevesque et chapitre de Rouen, le prieur du Pré, l'abbé de

Cerisy et telle disme comme l'abbesse de Saint Amand prent illec et d'un tonnel de vin deu au chappellain du chastel de Rouen et de toutes autres choses, telles comme leurs prédécesseurs fermiers ont acoustumé à paier; et seront tenus de soustenir douze mines à sel en bon estat et de les rendre en la fin de leur ferme bonnes et convenables de fust et de ferrure, à enchière durant jusques à la Magdalene prouchain venant, de ce par les dessus diz à cest terme, m. l. l. t..

De la ferme des Quatre-Piez avec les droiz, forsfaictures et amendes qui souloient estre baillées avec la dite Viconté prinse de nouvel semblablement par André Doguet, Guillaume Courtoisie et Pierre Père de Noel jusques à Pasques et de Pasques en trois ans, pour III. m. II. c. l. l. t. pour tout le dit temps, à paier, c'est assavoir à cest terme ii. c. l. l. t. et les III. m. l. à chascun eschiquier par egalle porcion durant les dis trois années, en telle monnoye et pour tel pris, comme il courra aus dis termes, par ainsi que, se la monnoye cheoit durant cest terme premier, eulx paieront feble monnoye pour tant de temps que ilz auront tenue la dite ferme à feble monnoie seulement, et surplus à forte; et aux autres termes, durant le temps de leurs fermes, eulx paieront la monnoye courant aux termes, sans ce que eulx y puissent renuncier, et ainsi à cest terme ii. c. l. l. t. qui valent pour vi^{xx} jours que il a de Noel jusques à Pasques, par jour xii. s. viii. d. t., pour xvii. jours que il a de Noel jusques à le xie jour de janvier que la monnoye fut criée au dit pris, xxxv. l. viii. s. iiii. d. t. febles.

Et dudit xie jour de janvier jusques à Pasques pour c. iii. jours au dit pris, ii. c. xiiii. l. xi. s. viii. d. t. fors.

Summa, xxxv. l. viii. s. iiii. d. t. *fortes*.

Et xiie lxiiii. l. xi. s. viii. d. t. *debiles*.

ET EN LA DESPENSE DUDIT COMPTE, OU CHAPITRE DE DESPENSE DE LA VICONTÉ DE L'EAUE DE ROUEN, EST ESCRIPT CE QUI S'ENSUIT :

Fiez, aumosnes et rentes à héritage. Pour les fiez et aumosnes de la dicte Viconté les parties ensuivent c'est assavoir :

Au prestre de la chappelle du Chastel de Rouen, pour moictié, iiii. s..

A deux prouvendes en l'église N. D. de Rouen, pour moictié, xv. l..

Au segrestain du Pré, pour moictié, xliii. s..

Aux hoirs Vincent du Val-Richier, c'est assavoir Jehan du Val-Richier, bourgois de Paris, pour moictié, xx. l..

Audit Jehan du Val-Richier, pour Agnesot de Val-Richier, Vincent de Val-Richier, pour Mathieu Pidoue, pour moictié, ix. l. xi. s. iii. d..

A la Magdalene de Rouen, pour moictié, xxv. l..

Au Mont aux Malades, pour moictié, xxxv. l..

Au prieur et frères de Grantmont, pour moictié, c. l..

A la ale *(sic)* aux Pucelles, pour moictié, c. l..

A l'abbé du Bec-Helloin, pour moictié, l. l..

Aux hoirs Isabel de Gisors, pour moictié, xl. s..

Au commandeur du Temple, à Paris, pour moictié, x. l..

Au prieur de Beaulieu, pour moictié, l. l..

Au chapitre de Notre Dame de Rouen, pour moictié, c. s..

Aux chanoines de Notre Dame de Rouen à cest terme, pour tout l'an, xxxvi. s..

A la maladerie de Chartres, pour tout l'an, x l..

Au prieur et couvent de S. Lo de Rouen, pour tout l'an, vi. s..

Aux chanoines de Saint Candre le Vieil, pour tout l'an, vi. s..

Au Mont aux Malades, pour leurs harens deuz à cest terme, pour tout l'an, c'est assavoir trois milliers de harene, le millier ix. s. t., valent ix. l..

A iceulx, pour leur vin de la Saint Martin derrain passé, pour tout l'an à cest terme, viii. s..

A l'abbé et couvent de S. Ouen de Rouen, pour tout l'an, ix. s..

Pour la rente aux seurs de Saint Mathieu emprés Rouen, pour moictié, ii. c. l..

Pour la rente d'icelles qui fu messire Guillaume de Fontaines, chevalier, l. l..

Monseigneur Guillaume Malvoisin et madame Lore, sa femme, pour leur rente pour moictié, les noms de ceulx qui la prennent et les sommes d'argent contenues ou ... foillet, ii. c. iiii^{xx} vii. l. x. s.

Les chanoines de la Sauchoye pour moictié, c. l.
Les seurs de Poissy pour moictié, ii. c. l.
Summa, xii. c. iiii^{xx} vi. l. iiii. s. iii. d. t. *fortes*.

Collation du contenu ou cayer précédent cestui contenant xii. feuilletz escriptz dont chascun des diz feuillets est signé et en cestuy cayer contenant iiii. fueillez escrips signez, comme dessus, est faicte à la requeste de Me Jehan de la Rivière, procureur de monseigneur le cardinal d'Estouteville, arcevesque de Rouen, de messieurs les doyen et chappitre de l'église de Rouen et autres leurs consors, avec les comptes originaulx, dont dessus est faicte mencion, estans en la chambre des comptes à Paris, veuz par maistre Jehan Esgret, procureur du Roy notre Sire en la chambre des diz comptes, à ce député par le procureur dudit seigneur ou dit trésor et aussi appointé à ce faire par ordonnance de maistre Gallois de Bercus, procureur de Michel Du Buc, demandeur, auquel de Bercus, ou nom que dessus, avoit esté signifflé d'estre présent à veoir faire la dicte collation. Fait le xixe et xxe jours de décembre l'an mil cccc. soixante et cinq, par moy,

J. DE BAILLY (avec paraphe).

III.

Edit du roi Henri II, qui rend force de loi à l'ancien Coutumier de la Vicomté de l'Eau.

HENRY, par la grâce de Dieu, Roy de France, à tous ceulx qui ces présentes lettres verront, salut. Comme de temps immémorial l'office de Viconte de l'Eaue en nostre ville de Rouen, a esté par nous et nos prédécesseurs Roys et Ducs de Normandie, mesmes deuant la réunion dudit duché à nostre couronne, créé et érigé en tiltre d'office formé pour décider des différends que pourroient auoir les marchans de nostre ville de Rouen, ensemble les marchans forains et circonuoisins trafiquans par la riuière de Seine et par la mer, sans qu'ils puissent aller par deuant autre Iuge en première instance, pour leur rendre raison de leurs différends prouenans de leur négotiation aquaticque et marine, estoient oultre et sont les dits marchans subjectz de passer toutes les charte-parties, carquaisons et autres contratz qu'ils feroient à leurs maronniers et voicturiers par eaue au greffe du dict Viconte, mesmes des associations, et généralement tous contractz que faisoient marchans à marchans les uns auec les autres pour le dit faict de leur dite trafficque de marchandises et voictures d'icelles, pour la conseruation de nostre domaine, et auoir congnoissance de ce qui se transporteroit hors et entour en nostre dite ville de Rouen, et à ceste cause, dès l'an mil cinq cens et neuf, au moys de mars, par ordonnance de nostre court de l'Eschiquier en nostre dit pays de Normandie a esté extraict du Coustumier de la dicte Viconté, du registre en nostre Chambre des Comptes à Paris, mis et escript un tableau affiché à la court et lieu de la jurisdiction d'icelle Viconté, contenant par articles les droitz que les marchans nous doibuent payer de leurs marchandises, affin que ceulx qui ont à receuoir nos droitz et acquitz, et ceulx qui les doibuent payer puissent congnoistre ce qu'ils doibuent payer et receuoir sans exiger ne faire faulte, et depuis nostre plaisir a esté ordonner que la grand ferme d'icelle Viconté sera cueillie soubz nostre main, et après auoir veu et leu par nostre Viconté et autres noz officiers en icelle Viconté iceluy tableau confronté au dit Coustumier et en ce faisant trouvé qu'il auoit esté obmis mettre, employer et escripre certains articles du dit Coustumier concernans le pouuoir et auctorité de noz Vicontes de l'Eaue, le faict et décision des amendes et forfaictures qui peuuent escheoir des marchandises mal acquittez, et autres droictures qui nous sont deues en la dicte Viconté, nostre vray et antien domaine, contre lesquelles droictures, forfaictures et amendes n'ont esté par cy deuant entièrement poursuiuis tant pour raison de la dite obmission, mesmes que les fermiers adiudicataires de la dicte ferme n'y auoient tenu la main, combien que icelles fussent adiugées par un seul et mesme prix ; et aussi parce que le dit tableau seroit de présent obscur et terny pour la longue diuturnité de temps qu'il a esté faict, et par ces moyens, et que les dits marchans n'en peuuent auoir congnoissance, nos droictz se perdent de iour en iour à nostre grand préiudice et dommage, et partant est besoing affin que le dit Viconte de l'Eaue et autres noz officiers en la dite iurisdiction ayent occasion, chacun endroict soy, faire leur debuoir de poursuiyuir et garder nosdicts droictz et faire réduire en lumière et congnoissance ce qui auoit esté obmis par cy deuant à receuoir et poursuyuir d'iceulx contenus et déclarez audit Coustumier, Nostre plaisir estre ordonner qu'il sera faict autre et plus ample extraict du dict Coustumier et sur toutes les choses sus-dictes déclarer nostre volonté et intention NOVS A CES CAVSES et autres à ce nous mouuans, voulans les bonnes, notables et antiennes ordonnances qui ont esté faictes par nos prédécesseurs Roys de France et Ducs de Normandie, sur le faict des droicts qui nous peuuent et doibuent prouenir à raison de nostre dicte Viconté de l'Eaue de Rouen, principal membre de nostre domaine au dit lieu, estre maintenus, observez et gardez suyuant la coustume d'icelle Viconté et ordonnance de nostre dit Eschiquier de Normandie, sur ce faict au dit an mil cinq cents et neuf, dont le *vidimus* collationné à l'original est cy attaché soubz le contre-scel de nostre chancellerie, aussi pour fuyr aux abus qui se sont sur ce par cy-deuant commis et pourroient par après commettre, auons dict et déclaré, et de nostre certaine science, pleine puissance et auctorité royale disons, déclarons, voulons et Nous plaist le dit Coustumier sur le faict de nostre dicte Viconté de l'Eaue de Rouen estre maintenu, gardé et obserué au temps aduenir selon sa forme et teneur : sur lequel sera faict ample extraict par article des choses concernans nos droictz, que nous aurions droict de prendre à raison d'icelle Viconté, mesmes sur la iurisdiction d'icelle, et autres choses dessus dictes, lequel extraict deuement veriffié par nostre dict Viconte et officiers d'icelle Viconté sera inscript en un tableau affiché en la iuridiction d'icelle Viconté, et auquel nous voulons y estre eu recours comme à chose approuuée et autentique, pour le contenu en iceluy estre obserué et gardé sur les peines indictes par le dit Coustumier, suyuant lequel nous voulons que toute personne faisant traficque et voictures des marchandises, maronniers et batteliers voicturans icelles marchandises, seront tenus au temps aduenir faire et passer au greffe de la dicte Viconté de l'Eaue tous et chacuns les contratz, charte-parties, et obligations concernans la traficque et voictures des marchandises qui viendront et seront admenez par eaue et par terre en nostre dicte ville de Rouen et ès enuirons d'icelle, ensemble seront tenus venir en la iurisdiction de la dicte Viconté de l'Eaue poursuyuir et deffendre par deuant ledit Viconte ou son lieutenant leurs actions et demandes qui prouiendront du trafic des dictes marchandises et voictures d'icelles, pour du tout estre faict bon et véritable registre en la dicte Viconté, lequel sera commun à nos receueurs et controlleurs commis à la recepte de nos dicts droictz en icelle Viconté, pour en poursuyuir les amendes et forfaictures qui en pourroient prouenir, en sorte que nos dicts droictz soient entièrement gardez et obseruez; et sur lesquelles choses leurs circonstances et deppendances nous en auons interdit et deffendu, interdisons et deffendons en première instance à tous nos autres iusticiers et officiers toute court, iurisdiction et congnoissance, laquelle, comme dict est, nous auons commise et attribué, commettons et attribuons à nostre dict Viconte de l'Eaue au dit Rouen, ou son lieutenant, de nostre grâce que dessus, par ces dites présentes, auquel, attendu les choses et importance dessus dictes, nous mandons et enjoignons faire lire et publier le contenu en nos dites présentes en sa court et iurisdiction, et icelles faire maintenir et garder de poinct en poinct selon leur forme et teneur : ensemble faire publier par les carfours et lieux publicz de nostre ville et banlieue de Rouen, et les *vidimus* d'icelles afficher aux lieux publics, si mestier est, aussi faire imprimer les dictes ordonnances, coustumes et articles, ensemble nosdictes présentes, si mestier est, affin que on n'en puisse prétendre cause d'ignorance. Mandons oultre au premier nostre huissier ou sergent sur ce requis présenter et signifier de par nous à tous nos iusticiers et officiers nos dictes interdictions et deffences sur le faict de la dicte iurisdiction et aux parties de n'en faire aucune poursuite pour raison des choses dessus dictes, ailleurs que par deuant le dit Viconte de l'Eaue ou son lieutenant, sur peine de nullité de tout ce qui aura esté faict au contraire ; et autres peines qui seront veües au cas appartenir, sans que pour l'exécution de nos dictes présentes nostre dict huissier ou sergent soit tenu demander aucune assistance, lettres de prouision, *visa* ou *pareatis*; mandons ouitre à tous nos iusticiers, officiers et subiectz qu'à luy en ce faisant soit obéy, et pour ce que l'on pourra auoir à besongner de ces dictes présentes en diuers lieux : nous voulons qu'au *vidimus* d'icelles faict soubz scel royal ou par deuant un de noz amez et féaulx notaires et secrétaires foy soit adioustée comme au présent original, CAR tel est nostre plaisir, nonobstant quelsconques ordonnances et laps de temps sur ce interuenu, coustumes locales, restrinctions, mandemens et deffences à ce contraires. En tesmoing de ce, Nous auons faict mettre nostre scel à ces dictes présentes. Donné à Compiégne le vingt-deuxième iour de may, l'an de grace mil cinq cens cinquante quatre, et de nostre règne le huictième. Signé, par le Roy, L'EVESQUE DE RIEVX, maistre des requestes ordinaires de l'hôtel, présent, BVRGENSIS, et scellé en double queue de cire iaulne.

IV.

Déclaration du Roy, qui règle les contestations qui peuvent arriver pour la compétence entre les officiers de l'amirauté de la ville de Rouen & le Vicomte de l'Eau dudit lieu.

Du 4. octobre 1724.

LOUIS par la grâce de Dieu, Roy de France et de Navarre : A tous ceux qui ces présentes Lettres verront, SALUT. Nous avons été informez qu'il arrive fréquemment des contestations entre les officiers de l'amirauté de la ville de Rouen et le Vicomte de l'Eau de la même ville au sujet des matières dont ils prétendent respectivement que la connoissance leur apartient, ce qui jette le trouble dans les fonctions de ces officiers et cause de l'embarras aux négocians qui ne sçavent à laquelle de ces deux jurisdictions ils doivent porter leurs causes : à quoi nous avons jugé nécessaire de pourvoir. A CES CAUSES, et autres à ce Nous mouvans, de l'avis de nôtre conseil, et de nôtre certaine science, pleine puissance et autorité Roïale, Nous avons dit, déclaré et ordonné, et par ces Présentes signées de nôtre main, disons, déclarons et ordonnons, voulons et Nous plaît ce qui suit :

ARTICLE PREMIER. Le Vicomte de l'Eau aura seul la connoissance de tous les droits apellez de la Vicomté, ensemble la jurisdiction pour ce qui concerne la perception desdits droits, sur tous les bâtiments plats, et qui trafiquent sur la rivière de Seine, même sur les bâtiments maritimes et marchandises venant de la mer, pour la perception des mêmes droits de Vicomté seulement ; et pour la vérification des droits dûs à la Vicomté, il en sera afiché un tarif en pancarte sur le port, conforme à celui qui est au grefe de la Vicomté. Voulons que tous commis établis pour la perception des droits de la Vicomté, oficiers et travaillans sur la rivière, quais et chemins d'icelle, autres néanmoins que ceux qui doivent être reçûs en l'amirauté, suivant l'Ordonnance de 1681, et l'adresse de leurs provisions, soient sous la jurisdiction du Vicomte de l'Eau.

II. Pour faciliter la perception desdits droits, le Vicomte de l'Eau pourra exiger de tous maîtres de navires et des contre-maîtres de bâteaux plats, lorsqu'ils arriveront à Roüen, et qu'ils en partiront, des déclarations des marchandises dont ils sont chargez, et poura à cet éfet envoïer sur lesdits bâtimens et bâteaux, les commis qu'il jugera nécessaires pour vérifier lesdites déclarations ; et donnera des aquits des droits, avec la permission de charger ou décharger, suivant l'usage ordinaire.

III. Tous les bâtiments maritimes seront tenus de prendre congez de l'amiral de France, qui seront enregistrez aux grefes des amirautez de Roüen, Caudebec, ou autres étans sur la rivière de Seine jusqu'au Havre, chacun en droit soi, de soufrir la visite, et en faire raport à leur retour, soit que leur voïage soit pour aller en mer, ou dans quelqu'endroit que ce soit de la rivière de Seine, sans aucune distinction ; et néanmoins lorsque lesdits bâtimens feront leur commerce ou voïage dans ladite rivière, en-deçà de la Pierre du Poirier, ou dans les rivières qui sont au-dessous, afluantes à la rivière de Seine, la connoissance de toutes actions résultantes dudit commerce, même des cas fortuits, apartiendra à la jurisdiction du Vicomte de l'Eau.

IV. Seront réputez bâtimens maritimes, tous navires construits avec quilles, mâts et voiles, commandez par des maîtres reçus à l'amirauté, et navigans avec des rôles d'équipages, visez au bureau des classes, et composez de matelots classez.

V. Seront au contraire réputez bâteaux plats, ceux qui seront découverts et sans pont, montez par des contre-maîtres et compagnons de rivière, et seront soumis à la jurisdiction du Vicomte de l'Eau, soit qu'ils naviguent en-deçà ou en-delà de la ville de Rouen, sur ladite rivière de Seine, et rivières afluantes ; encore même qu'ils portent mâts et voiles, et qu'ils fussent montez par des matelots classez.

VI. Apartiendra au Vicomte de l'Eau, de donner les congez ausdits bâteaux plats, pour leurs voïages, montans et avalans la rivière de Seine, et autres afluantes à icelle, tant qu'ils ne sortiront point du canal de ladite rivière ; et aura ledit Vicomte toute jurisdiction, pour ce qui concerne leur commerce et cas fortuits ; et en cas de contestations pour dommages causez par un bâtiment maritime, à un bâteau plat, ou par un bâteau plat à un bâtiment maritime, la connoissance en apartiendra à celle des deux jurisdictions qui aura prévenu.

VII. L'amirauté connoîtra seule de tout ce qui concerne les bâtimens maritimes, même pendant qu'ils seront en la rivière de Seine, de leur fret, charte-parties, radoub, avictuaillement, armement, de toutes actions personnelles, qui se formeront de marchands à maîtres de navires, ou de maîtres de navires à marchands, à l'ocasion des bâtimens et des marchandises dont ils seront chargez ; encore que l'action soit intentée contre un domicilié à Rouen, ou dans quelque lieu que ce soit.

VIII. Connoîtra pareillement l'amirauté, des dommages causez par lesdits bâtimens maritimes, aux pêcheries construites dans la rivière de Seine, et de ceux que lesdits bâtimens en recevront ; ensemble des naufrages desdits bâtimens faisans le commerce de mer.

IX. L'amirauté connoîtra aussi de tous crimes, délits et malversations commises sur lesdits bâtimens maritimes, par les gens de l'équipage, ou ceux qui y seront embarquez, soit dans lesdits batimens maritimes, ou sur le quai, pendant le chargement ou déchargement ; comme aussi, de la submersion des gens étans à la conduite de bâtimens maritimes, ou autres embarquez sur iceux, dans la rivière de Seine ; hors lesquels cas, le Vicomte de l'Eau connoîtra de toutes actions, et de la submersion des gens noïez.

X. Apartiendra à l'amirauté, de faire par ses oficiers le rangement des bâtimens maritimes ; ensemble la connoissance des contestations qui pourront survenir au sujet du rangement desdits bâtimens maritimes ; et le Vicomte de l'Eau, de celles qui naîtront à l'ocasion du rangement des bâteaux plats.

XI. Le Vicomte de l'Eau aura la connoissance de tous faits de police, crimes, délits et malversations commises sur la rivière de Seine, quais, taluts et chemins d'icelle ; à l'exception néanmoins de celles qui arriveront dans les bâtimens maritimes, ou sur les quais, entre les gens de l'équipage desdits bâtimens, pendant le chargement ou déchargement desdits bâtimens ; et seront tenus les huissiers et sergens de la Vicomté de l'Eau, d'avoir un bureau qui leur sera commun, sur les quais de Rouen, auquel ils seront obligés de résider, pour l'exercice de leurs fonctions et la commodité du public.

XII. La vente par décret ou autrement, qui sera faite par autorité de justice, des bâtimens, de quelques constructions qu'ils soient, apartiendra à l'amirauté, lorsqu'elle se fera en vertu d'un traité maritime, ou de condamnation intervenue en l'amirauté ; et celle qui se fera desdits bâtimens, en vertu de traitez faits pour le commerce de la rivière de Seine, ou d'autres dettes indépendantes du commerce de la mer, se fera en la Vicomté de l'Eau. SI DONNONS EN MANDEMENT à nos amez et féaux les gens tenant nôtre Cour de Parlement à Rouen, que ces présentes ils aient à faire lire, publier et registrer (même en temps de vacations), et le contenu en icelles garder et exécuter, selon leur forme et teneur; CAR tel est nôtre plaisir. En témoin de quoi, Nous avons fait mettre nôtre scel à cesdites présentes. DONNÉ à Fontainebleau, le quatrième jour d'octobre, l'an de grace mil sept cens vingt-quatre ; et de nôtre régne le dixiéme. Signé, LOUIS : Et plus bas, Par le Roy, PHELYPEAUX. Et scellée du grand sceau de cire jaune.

Lûë, publiée et registrée, l'audience de la cour séante. A Roüen en Parlement, le 16. novembre 1724. Signé, AUZANET.

Déclaration du Roy, portant Réglement pour prévenir les fraudes aux droits du Domaine en la Vicomté de l'Eau de Roüen, pour sa compétence sur la perception d'iceux, et aussi pour l'usage des poids y mentionnez, acordé aux marchands, etc.

Du 24. octobre 1724.

LOUIS par la grâce de Dieu, Roy de France et de Navarre : A tous ceux qui ces présentes Lettres verront, SALUT. Les fraudes aux droits de nôtre Domaine, en la Vicomté de l'Eau de nôtre ville de Roüen, ont souvent donné lieu aux Rois nos prédécesseurs, de les réprimer par des édits, déclarations et arrêts de réglement de nôtre conseil, et de régler la compétence et jurisdiction de nôtre Vicomté en icelle Vicomté. Nous sommes cependant informez, que pour en éluder l'éfet, les marchands de nôtredite ville, abusent du privilége d'exemtion qu'ils ont de nos droits de coûtume, en faveur des marchands forains, et traduisent devant d'autres juges incompétens, la jurisdiction de nôtredit Vicomte, seul juge des droits de nôtre domaine, dépendans de ladite Vicomté de l'Eau, et de tous les cas civils, criminels et de police, qui arrivent sur les riviéres de Seine, Eure, et autres affluantes en icelles, leurs quais, ponts, taluts et chemins le long d'icelles, pour en ôter la connoissance aux receveurs de nosdits droits, et à nôtre Parlement de Roüen, où les apellations des sentences de la Vicomté de l'Eau ressortissent nuëment. A quoi voulant remédier, régler la compétence de la jurisdiction de ladite Vicomté, faire observer la police établie par nos ordonnances, édits, déclarations, arrêts et réglements, et empêcher que nos droits ne soufrent aucun changement, pertes, ni diminutions : A CES CAUSES, et autres à ce Nous mouvant, et de nôtre certaine science, pleine puissance et autorité roïale, nous avons par ces présentes signées de nôtre main, dit, déclaré et ordonné, disons, déclarons et ordonnons, voulons et Nous plaît ce qui suit :

Article premier. Que le Coûtumier de ladite Vicomté, la Déclaration du 22. mai 1554, les Lettres Patentes du 20. juin 1588, les Arrêts de nos cours de parlement, comptes et aides de Roüen, et autres jugemens rendus en conséquence par nos juges, soient exécutez ; et que conformément à iceux, et aux Lettres de provision de nôtredit Vicomte, toutes les matières et droits y contenus, leurs circonstances et dépendances, lui demeurent seuls atribuez, et privativement à tous autres juges, pour en user et joüir suivant que ses prédécesseurs en ont joüi ou dû joüir ; et que pour la sûreté de la navigation et la police des quais, ainsi qu'elle est réglée par les arrêts de nôtredit parlement de Rouen, l'ordonnance du mois de décembre 1672. soit observée et exécutée par nôtredit Vicomte, sur lesdites rivières, oficiers sur icelles, quais, ponts et chemins, dans tous les cas qui y sont exprimez, ainsi et de la même manière qu'elle l'est par les prévost des marchands et échevins de nôtre bonne ville de Paris ; le tout, sans préjudice de la jurisdiction consulaire, pour les cas et matières qui lui sont atribuez par les Ordonnances ; et sans préjudice aussi de la jurisdiction de l'amirauté de Roüen, conformément à nôtre Déclaration du 8. du présent mois. Acordons à nôtredit Vicomte le droit de Committimus aux requêtes du palais de nôtre Parlement de Roüen.

II. Voulons et ordonnons que l'arrest de nôtre conseil, du 17. décembre 1686. soit exécuté ; et en conséquence, qu'il ne puisse être levé ni perçû aucuns droits en ladite Vicomté; et sur lesdites rivières, même pour les voitures publiques, coches et diligences par eau, que les propriétaires n'aïent communiqué leurs titres, baux et commissions à nôtre procureur en ladite Vicomté, et que sur ses conclusions l'enregistrement n'en ait été ordonné par nôtre Vicomte, s'il y échet, à peine de privation des droits desdits propriétaires.

III. Pour éviter les fraudes qui se commettent à nos droits, voulons que conformément aux arrêts de nôtre conseil, des 4. mai 1638. et 9. aoust 1723., à la Déclaration du 17. septembre 1692. et aux Lettres Patentes du 22. juin 1701. les maîtres de navires et les voituriers par eau et par terre, fassent, tant en entrant qu'en sortant, leurs déclarations en ladite Vicomté, des marchandises de leurs charges, contenant leur qualité et quantité, et le poids de celles sujettes à être pesées, et les noms et surnoms des marchands ausquels elles seront adressées, et représentent leurs connoissemens ou lettres de voiture, sur les peines portées par lesdites déclarations et arrêts, de saisie et de confiscation desdites marchandises voiturées, ou autrement transportées dans la ville et banlieuë de Roüen; ensemble des chevaux, charettes, navires, bâteaux, et autres voitures; lesquelles saisies, en cas de defaut de déclarations et de représentation des lettres de voiture, pourront être faites même dans les auberges et cabarets, en cas qu'elles y soient déchargées.

IV. Ordonnons pareillement, que toutes les marchandises que les marchands, bourgeois et commissionnaires de ladite ville de Roüen, feront entrer ou sortir pour compte d'ami, ou transporter hors ladite ville, fauxbourgs et banlieuë d'icelle, par eau ou par terre, seront accompagnées de lettres de voiture ou connoissemens en bonne forme, qui contiendront la qualité, quantité et poids desdites marchandises, le lieu, et les noms de ceux ausquels elles seront destinées et envoïées : Qu'à l'arrivée desdites marchandises, les voituriers par eau et par terre, seront tenus d'en faire au bureau de la Vicomté, une déclaration juste, qui fera mention de leur destination, et de représenter les connoissements et lettres de voiture, avant qu'elles puissent être déchargées en aucunes maisons, auberges, cabarets ou magasins, ni même sur les quais; pour lequel déchargement ils seront tenus de prendre un permis audit bureau, et de païer les droits de coûtume, pour les marchandises qui y sont sujettes; le tout, sous peine de trois cens livres d'amende, et de confiscation des marchandises. Faisons défenses à tous maîtres d'auberges et cabarets, de souffrir qu'il soit déchargé aucunes marchandises d'œuvre de poids, et autres, qu'il ne leur soit aparu d'un aquit ou permis dudit bureau, sous pareilles peines, dont les voituriers ou maîtres d'auberges et cabarets seront solidairement responsables. Ordonnons aussi, que les marchandises déclarées en passe-debout, ne pourront séjourner dans la ville, fauxbourgs et banlieuë de Roüen, plus de quinze jours pour les marchandises qui sortiront par terre ; et un mois, pour celles qui sortiront par eau, sans être réputées venduës, et comme telles après ledit temps expiré, sujettes à nos droits de poids, contrôle et parisis ; à l'éfet de quoi, les marchands seront tenus, à peine de trois cens livres d'amende, de rapporter au bureau de ladite Vicomté dans lesdits termes, le permis de décharger, et l'aquit du paiement des droits de coûtume, lors qu'il en aura été fait, pour leur être delivré un permis de sortir. Défendons aux juges de nos droits en ladite Vicomté, de remettre, réduire, ni modérer les susdites peines ; Voulons néanmoins que les marchandises destinées pour être envolées par eau, soient réputées sorties, lorsqu'elles seront embarquées.

V. N'entendons toutefois priver les marchands, bourgeois de ladite ville, de l'exemtion de nos droits de coûtume, lors qu'ils feront entrer ou sortir des marchandises pour leur compte, dont ils donneront à nos receveurs des déclarations d'eux signées, qu'ils afirmeront véritables, devant nôtredit Vicomte de l'Eau, tous les six mois, aux jours et tems qui leur seront indiquez, par les afiches qui seront mises aux lieux publics de la ville et fauxbourgs ; passé lequel tems, ils seront contraints au paiement des droits des marchandises contenuës en leurs déclarations, comme censées par eux venduës : leur permettons de faire lesdites déclarations par eux ou par procureurs fondez de procurations spéciales, enregistrées au gréfe de ladite Vicomté, où l'enregistrement en sera fait sans frais.

VI. Et d'autant que pour la sûreté de la navigation, il est très-important de maintenir la police établie par les ordonnances et réglements ; voulons que les édits des mois d'avril 1706. et mars 1710., ensemble l'arrest de nôtre conseil, du

23. octobre 1723. soient exécutez ; et en conséquence, que tous voituriers par eau, soient tenus de dresser un inventaire exact et fidel des marchandises chargées dans leurs bâteaux, montans ou avalans, et d'affirmer ledit inventaire véritable devant nôtredit Vicomte de l'Eau à Roüen, qui leur en donnera son certificat ; lui faisant défenses d'exiger plus de vingt sols par chaque bâteau, ainsi qu'il est acoûtumé, à peine de restitution du quadruple.

VII. Voulons et ordonnons qu'à l'égard de nos droits de poids, contrôle d'iceux et parisis, en ladite Vicomté à Roüen, la perception s'en fasse conformément audit coûtumier, à l'édit du mois de mars 1637., aux arrêts de nôtre conseil rendus en conséquence, et à nos Lettres Patentes du 16. décembre 1673. et que toutes marchandises qui s'achétent et se vendent au poids, de quelque qualité qu'elles soient, vieilles ou neuves, de quelque manière qu'elles soient enfermées ou embalées, exprimées ou non audit Coûtumier, ou qu'elles proviennent de quelques œuvres que ce puisse être, soient pesées au bureau de nôtre Vicomté, ou aux poids ambulans d'icelle, et les droits païez conformément audit Coûtumier, édits et arrêts, sous les peines portées par iceux.

VIII. Défendons conformément à la Déclaration du premier juillet 1416. audit Coûtumier, et aux arrêts de nôtre Parlement de Roüen, à tous marchands revendeurs en détail, de tenir en leurs boutiques des poids au-dessus de douze livres en totalité, ajustez sur le marc de Troyes de nôtredite Vicomté, et de vendre à leursdits poids au-dessus de vingt-quatre livres au même marchand, dans chaque jour, en deux pesées, à peine de cinq cens livres d'amende; leur permettons néanmoins d'avoir des poids de vingt-six livres, et de cinquante-deux livres, pour leur servir à vérifier leurs marchandises, sans qu'ils puissent s'en servir pour la vente et livraison d'icelles ; lesquels poids seront à cet éfet écornez. Enjoignons au jaugeur de nos poids, à peine de supression de son ofice, de faire ses visites deux fois l'an, chez lesdits marchands détailleurs, conformément à l'édit de création de sondit ofice, pour vérifier la justesse des poids qu'il leur est permis d'avoir, dresser les procès verbaux des contraventions, donner les assignations devant nôtredit Vicomte, à peine de suspension de son office ; faisant défenses à tous marchands, leurs facteurs, et autres aïans intérêt dans le commerce, de posséder ledit office de jaugeur, à peine de perte dudit office.

IX. Permettons pareillement aux marchands en gros, de tenir en leurs maisons, des poids de vingt-six livres et de cinquante-deux livres écornez, comme il est dit en l'article précédent, à l'éfet seulement de vérifier le poids de leurs marchandises ; leur faisant aussi défenses d'emploïer lesdits poids, ni aucuns autres, pour vendre ni livrer leurs marchandises, sous les peines portées par les édits et règlements : Voulons qu'ils soient tenus de porter leurs marchandises au poids de ladite Vicomté : Permettons au fermier ou régisseur pour l'engagiste du contrôle de nosdits poids et parisis, de faire faire par ses commis, et sans frais, quatre fois l'année, et en telles saisons qu'il lui plaira, la visite desdits poids, dont en cas de contravention lesdits commis dresseront leurs procès verbaux, qu'ils afirmeront véritables pardevant nôtre Vicomte, pour sur iceux intenter telles actions qu'il apartiendra, pour raison desdits contrôle et parisis.

X. Et afin que le public n'ait pas lieu de se plaindre de la justesse de nos poids en ladite Vicomté, voulons et ordonnons que nôtredit Vicomte fasse faire tous les deux mois en sa présence, à la réquisition de nôtre peseur en icelle, les récensemens et réajustemens de nos poids ordinaires et ambulans, par deux maîtres du métier de balancier ; desquels récensemens nôtre peseur tiendra registre en bonne forme, et les fera signer chaque fois par nôtredit Vicomte, sans que pour lesdits récensemens ledit Vicomte puisse avoir par chacun an, d'autres et plus grands droits, que ceux qui lui sont atribuez par l'arrest de nôtre Parlement de Roüen, du 7. aoust 1705.

XI. Voulons que pour les marchandises qui viendront de l'étranger, il soit sursis à l'exécution des formalitez prescrites par nôtre présente déclaration, pendant trois mois, à compter du jour de l'enregistrement d'icelle. SI DONNONS EN MANDEMENT à nos amez et féaux les gens tenans nôtre cour de Parlement à Roüen, que nôtre présente Déclaration ils aïent avec ladite ordonnance du mois de décembre 1672.

atachée sous le contrescel des présentes, à faire lire, publier et enregistrer; et le contenu en icelles garder et observer, de point en point, selon leur forme et teneur, ni permettre qu'il y soit contrevenu, en quelque sorte et manière que ce soit; nonobstant tous édits, chartres, déclarations, ordonnances, réglemens, lettres patentes, arrêts de nôtre conseil, de nos cours de Parlement et des aides, laps de tems, usages et possessions contraires à ces présentes, ausquelles Nous avons dérogé et dérogeons, et aux dérogatoires des dérogatoires; Nous reservant, et à nôtre conseil, la connoissance des oppositions; clameur de haro, chartre normande, prise à partie, et tous autres empêchemens quelconques, si aucuns interviennent, pour lesquels ne sera diféré à l'enregistrement et à l'exécution des présentes; CAR tel est nôtre plaisir. En témoin de quoi, Nous avons fait mettre nôtre scel à cesdites présentes. DONNÉ à Fontainebleau, le vingt-quatrième jour d'octobre, l'an de grace mil sept cens vingt-quatre; et de nôtre règne le dixième. Signé, LOUIS : Et plus bas, Par le Roy, PHÉLYPEAUX : Vû au conseil, DODUN. Et scellée du grand sceau de cire jaune.

Pour faciliter l'exécution de l'art. 1er de cette déclaration, Sa Majesté avait trouvé à propos de faire attacher sous le contrescel d'icelle l'ordonnance de Louis XIV concernant la juridiction des prévot des marchands et échevins de la ville de Paris, du mois de décembre 1672. Il fut enjoint à la cour du parlement de Rouen de l'enregistrer avec ladite déclaration.

V.

Arrêt du conseil d'Etat du Roi portant réglement pour la rivière d'Andelle, du onzième jour de janvier mil sept cent cinquante-sept.

Sur la requête présentée au Roi en son conseil par le sieur marquis de Pont S. Pierre, lieutenant général des armées de Sa Majesté, seigneur dudit lieu et des paroisses de S. Pierre du Pont et de Romilly, tant pour lui que pour les habitans desdites paroisses, contenant qu'il est obligé pour ses intérêts et ceux de ses vassaux, de se pourvoir contre les entreprises des propriétaires et fermiers des moulins servant à fouler et battre les draps, situés sur la rivière d'Andelle, qui, par les exhaussemens extraordinaires des levées et écluses pour l'abondance de l'eau, causent des débordemens continuels dans l'étendue desdites paroisses, et, à la moindre crue d'eau qui arrive, cette rivière, par la retenue de ses eaux, étant toujours à niveau de ses bords, au moyen desquels débordemens les foins, dans les prairies, se trouvent rouillés ou emportés, s'ils sont coupés, comme il est arrivé cette année ; les terres qui sont ensemencées sont sujettes aux mêmes inconvénients tant pour les labourer que pour les récolter, ce qui met souvent les habitants desdites paroisses dans l'impossibilité de payer les propriétaires des héritages qu'ils tiennent à loyer, ainsi que la taille et autres subsides. Le suppliant observera que les débordements fréquens ne sont causés que par le trop gros volume d'eau retenu dans les biais de ces moulins, dont le nombre a beaucoup augmenté depuis quelque temps, et par l'exhaussement des biais des anciens, de façon que ces moulins, qui ne batoient autrefois qu'à peu de pilles, les ont doublées à présent, ce qui, à la vérité, est d'un revenu bien plus considérable pour les propriétaires ou fermiers de ces sortes de moulins, mais aussi, en même temps, cause la ruine de plusieurs paroisses ; inconvéniens auxquels on ne sçauroit trop tôt remédier, parce que ces inondations pénètrent jusques dans les maisons des habitans de ces paroisses par le regorgement des eaux, ce à quoi ils ne sont exposés que depuis l'exhaussement extraordinaire des écluses des anciens biais et la multiplicité des moulins de cette espèce, jusqu'au point qu'ils ne peuvent profiter aujourd'hui des avantages que Sa Majesté leur a faits en faisant construire une chaussée pour arriver au bourg du Pont S. Pierre, qui est considérablement endommagée et deviendra bientôt impraticable, étant entièrement minée par les débordemens des eaux. Les moulins banaux pour les grains, qui sont de toute ancienneté, sont en outre exposés à être inondés quand tous les moulins à draps travaillent ensemble, ou à manquer d'eau quand ces moulins cessent de moudre, ce qui oblige les habitants d'aller souvent au loin faire moudre leurs grains et exposés à manquer de pain, ce qui a excité les plaintes des vassaux du suppliant dans ces paroisses. A ces causes requéroit le suppliant qu'il plût à Sa Majesté ordonner que visite sera faite, par tel ingénieur ou autre personne à ce connoisseur, de l'état et situation de la rivière d'Andelle, depuis son embouchure dans la rivière de Seine jusqu'au bourg du Pont S. Pierre, aux fins de vérifier les faits énoncés en la présente requête, circonstances et dépendances, en dresser procès-verbal et donner son avis pour, ce fait et rapporté, être ordonné ce qu'il appartiendra. Vu ladite requête, signée Bethery de la Brosse, avocat du suppliant, ensemble les délibérations des habitans desdites paroisses de S. Nicolas, du Pont Saint Pierre, de Saint Pierre du Pont et de Romilly, du premier août 1756 ; le procès verbal de visite et reconnoissance de ladite rivière d'Andelle et des moulins situés dessus, fait par le sieur Pecquet, grand maître des eaux et forêts du département de Rouen, en présence des officiers de la maîtrise particulière de Pont de l'Arche, accompagnés du nommé Martinet, expert, le deux octobre ensuivant ; l'avis du sieur de Brou, intendant et commissaire départi en la généralité de Rouen, et celui dudit sieur grand maître, des cinq et huit du même mois d'octobre ; ouï le rapport du sieur Peirenc de Moras, conseiller d'Etat et ordinaire au conseil royal, contrôleur général des finances ; le Roi, en son conseil, a ordonné et ordonne ce qui suit :

Article premier. Que dans trois mois au plus tard, à compter du jour et date de la signification qui sera faite du présent arrêt, le sieur Lancelvé, bourgeois de Romilly, propriétaire des deux moulins appelés de Perpignan, sera tenu de reformer l'exhaussement desdits deux moulins, à peine de tous dépens, dommages et intérêts envers les propriétaires des héritages qui se trouveront inondés et d'amende arbitraire ; en sorte que la portelle du nocq de chaque moulin soit baissée de sept pouces, que les solles gravières, au lieu de surmonter, soient rasantes le vrai fond de la rivière, après cependant que les portelles de descharge, en nombre suffisant, et dont aucune ne pourra être fixe et adhérente, vuideront aussi de fond, de manière que ces portelles ne retiendront jamais un plus grand volume d'eau qu'elles n'en peuvent décharger.

II. Les propriétaires ou possesseurs des neuf autres moulins supérieurs sur ladite rivière supprimeront de même, et dans ledit temps, les solles gravières ajoutées en recouvrement, et auront soin que lesdites solles soient rasantes et que les portelles de décharge vuident de fond, ainsi qu'il est dit en l'article précédent.

III. Le nommé Le Tourneur sera tenu de se baisser de six pouces et de supprimer les solles ajoutées en recouvrement; celle qui subsistera sera rasante le vrai fond, et les portelles vuideront de fond, ainsi qu'il est ordonné pour les deux moulins de Perpignan.

IV. Le sieur marquis de Pont Saint Pierre sera tenu de faire reformer la construction du relais qui est à la tête du faux-bras de la rivière d'Andelle, en sorte que les portelles, tant solles débordantes, puissent pareillement vuider de fond pour empêcher le trop plein au-dessus.

V. Après que les ouvrages et réparations ci-dessus auront été exécutés dans les termes prescrits, il sera procédé à leur réception par le sieur grand maître des eaux et forêts du département de Rouen ou les officiers de la maîtrise de Pont de l'Arche, qu'il pourra commettre, en présence du sieur Martinet, par lequel sera fait deux jauges pareilles tant des vannes du nocq que des portelles, dont une sera déposée au greffe de ladite maîtrise, et l'autre sera remise ès mains d'un des syndics des trois paroisses de Romilly, S. Nicolas et Saint Pierre du Pont Saint Pierre, lesquels en seront dépositaires alternativement d'année en année, à l'effet de vérifier si les propriétaires ou possesseurs des moulins s'y conforment, et, en cas de contravention, d'en donner avis aux officiers de ladite maîtrise, pour y être pourvu ainsi qu'il apartiendra.

VI. Les propriétaires ou possesseurs des moulins depuis et compris les deux moulins de Perpignan jusqu'à la tête de ladite rivière, seront tenus de nétoyer et curer de fond les biais de leurs moulins et d'en rejeter la vase en rehaussement de celui des bords le plus bas de la rivière, et, faute par eux d'y satisfaire dans le terme de six semaines, il y sera mis des ouvriers à la diligence du procureur de Sa Majesté en ladite maîtrise, pour le payement desquels sera décerné exécutoire sur les propriétaires ou possesseurs de moulins, et, après le premier curement fait, ils seront obligés, sous peine d'amende arbitraire, de le renouveller au moins une fois chaque année, après la chute des feuilles.

VII. Chaque tenant ou ayant moulin sera tenu, dans quinzaine du jour de la signification du présent arrêt, de retirer en l'étendue de son usine, du lit intérieur de la rivière, tant les arbres qui pourroient y être tombés que ceux qui seroient excrus.

VIII. Les ayans ou tenans moulins auront soin, à peine de pareille amende arbitraire, que les portelles de leur décharge soient larges et commodes à ouvrir et qu'aucune ne soit fixe et adhérente, et de prévenir qu'il ne s'y forme aucun atterrissement qui puisse en empêcher ou en embarrasser l'usage.

IX. Pour prévenir plus surement les gonflemens d'eau et procurer plus promptement, et sans qu'il soit besoing d'un curage en forme et dispendieux, le nétoyement de fond de la rivière d'Andelle, les ayans ou tenans moulins seront tenus tous les dimanches à soleil levant de tenir leurs portelles de décharge ouvertes jusqu'à soleil couchant de même jour, et ils s'arrangeront ensemble de façon qu'en tout tems il y ait au moins six pouces de bord franc au-dessus de la superficie de l'eau dans toute l'étendue du terrain qu'occupent les moulins, le tout à peine d'amende arbitraire, dont les ayans ou tenans moulins seront solidairement responsables.

X. Auront les syndics des trois paroisses de Romilly, Saint Pierre et Saint Nicolas du Pont S. Pierre, la liberté de visiter la rivière toutefois et quantes ils le jugeront à propos, en se faisant assister du sergent ou huissier des fleuves de ladite maîtrise de Pont de l'Arche, et de faire dresser des procès-verbaux des contraventions qu'ils trouveront être faites au présent réglement, et seront lesdits procès-verbaux déposés, dans les délais de l'ordonnance, au greffe de ladite maîtrise.

XI. L'huissier des fleuves sera tenu de faire de fréquentes visites sur la rivière, à l'effet de vérifier s'il ne se passe rien de contraire au présent règlement, et, en cas de contravention, d'en dresser ses procès-verbaux.

XII. Le fossé de coutume commençant à l'arche S. Nicolas, et retombant par une vanne de décharge dans le lit ordinaire de la rivière, étant presque comblé, sera nétoyé et recreusé dans toute sa longueur dans le terme de six semaines, en observant la pente nécessaire et suffisante pour que les eaux y trouvent leur écoulement.

XIII. Tous les fossés et canaux de coutume creusés dans l'étendue de Pont Saint Pierre pour l'écoulement des eaux, seront nétoyés dans ledit terme par les propriétaires d'héritages des deux côtés, en observant toutefois les pentes nécessaires, et, faute par eux d'y satisfaire, ils y seront contraints par les voies de droit, à la diligence du procureur de Sa Majesté en ladite maîtrise, notamment celui qui commence au coin de l'héritage du sieur de Sacilly et qui conduit les eaux de la Ravine jusqu'à la rivière d'Andelle, sera nétoyé et recreusé sur la largeur de douze pieds, de la profondeur de cinq pieds, par les sieurs Ribart, Mouchart, Hubert et la dame Midi et autres, s'il y en a qui occupent tous les héritages le long des deux bords.

XIV. Fait Sa Majesté défense à tous particuliers, de quelqué état ou condition qu'ils soient, de former sur la rivière d'Andelle aucun établissement nouveau de moulins, ni pêcheries, sans sa permission expresse.

XV. Enjoint Sa Majesté audit sieur grand maître et aux officiers de ladite maîtrise de Pont de l'Arche de tenir chacun en droit sol, et de veiller spécialement à ce que les pêcheries de chaque moulin ne puissent occasionner aucun atterrissement, et qu'il ne se commette sur le cours de ladite rivière rien de contraire à l'ordonnance du mois d'août 1669, et autres réglemens concernant la pêche, notamment à l'arrêt du conseil du 27 mars 1786 ; et sera le présent règlement enregistré au greffe de ladite maîtrise, pour y avoir recours en cas de besoin et être exécuté selon sa forme et teneur, nonobstant opposition, clameur de haro, chartre normande ou autres empêchemens généralement quelconques, pour lesquels ne sera différé, et dont si aucuns interviennent, Sa Majesté s'en est et à son conseil réservé la connaissance, et icelle interdit à toutes ses cours et autres juges. Fait au conseil d'Estat du Roi, tenu à Versailles, le onzième jour de janvier mil sept cent cinquante sept. Collationné avec paraphe. Signé BERGERET, avec paraphe [1].

[1] Arch. de la S.-Inf. F. de la baronnie de Pont-Saint-Pierre.

ADDITIONS ET CORRECTIONS.

—

Page 10, ligne 4 de la note 27 : Len, *lisez* l'en.
Page 31, ligne 13 : île, *lisez* ville.
Page 34, note 2. Il s'agit évidemment du fief de Martot, vicomté de Pont-de-l'Arche. Nous voyons en effet qu'aux termes d'un aveu rendu au Roi par N. H. Guillaume de Livarrout, écuyer, le 27 août 1416, ce seigneur « et ses hommes étaient francs de coustume, péaige, passaiges, tonlieu et autres coustumes en la Viconté de l'Eaue de Rouen et par toute Normandie, Acquitaine, Anjou et Maine ». Arch. imp. P. 305, n° clxxvi. Les termes de cet aveu prouvent que cette franchise avait été accordée au fief de Martot par un des derniers ducs de Normandie.

Page 71, à la suite du dernier paragraphe : En l'année 1413, Pierre Duvet de S. Godard de Rouen, Colin Beaucousin, épicier, demeurant à Paris, Jehan du Porche de S. Maclou de Rouen, prirent à ferme, pour trois ans, la Vicomté de l'Eau de Rouen, au prix de 15,000 l. t. — Reg. du Tab. de Rouen, année 1413, f° 84.

Page 123, ligne 1 de la note 47 : Louis XIV, *lisez* Louis XVI.

Page 136, ligne 5 : Léglise, *lisez* Séglise.

Page 136, à la suite du second alinéa : Un aveu rendu à

l'archevêque de Rouen, seigneur de Fresnes-l'Archevêque, par Pierre de Villiers, dit Taupin, écuyer, mars 1455 (v. s.), nous fournit le renseignement suivant sur les droits du fief du Mesnil-Hébert, quart de fief assis dans la paroisse de Port-Mort, avec extension dans les paroisses de Pressagny-l'Orgueilleux et S.-Pierre-d'Autils :

« Et est la dicte rivière de Saine de mon dit fief depuis la ruelle de la Bardouillère jusques au bout d'en bas, tout au long de mon dit fief, la dicte eaue et rivière pour y faire ou édiffier gors, pescheriez et ce que verroy bon estre, fors que je ne occuppe ne no fache occupper le chemin de la dicte marchandize; et par ce me doivent tous les bateaux montans au long des terres de mon dit fief deux deniers parisis d'acquit, et, en cas de reffus, doivent soixante sols par. d'amende pour chacun denier, dont la moitié est au Roy et l'autre moittié est à moy pour et à cause de mon dit moulin. Item et semblablement les bateaulx qui chargent ou deschargent en ma dicte eaue doivent pelage; pour tant qu'ilz fichent ung pel où qu'ilz lient ou attachent leurs bateaux sur ma dicte terre, ilz m'en doivent pour chacun batel, comme dit est, quatre deniers parisis ; et, ou cas où ilz s'en yront sans paier, le dit batel et toute sa charge seront forsfaiz aussitost qu'ilz seront hors de mon dit fief et de la dicte paroisse. » Arch. de la S.-Inf. F. de l'arch., arm. 2, carton 4.

Page 136. Sur le fief de Tournebu, on peut consulter l'aveu de Louis de Harcourt, du 28 mai 1453, Arch. Imp. P. 307, n° 11. c. IIII^{xx} xvii. J'en extrais ce qui concerne la Seine :

« Item y appartient ung bras d'eau séant au dessoubz dudit Rolle entre Mouceaulx et le dit Rolle, qui peut bien contenir de long 40 perches et 2 perches de lé ou environ, avec le droit en l'eaue de Seine à l'endroit de ses prez et terres, à cause desquelles eaues il dit avoir droit de prendre et avoir dans le (dit) bras sur chascun des pescheurs qui y peschent, c'est assavoir : sur ceux de Bouafle et Mouceaulx, par an, de chascun pescheur, vi. d. p., et ceux de Courcelles chacun douze d. p., et, au regard des autres vacabons, quant ils peschent, pour chacun volage qu'ilz font, pourveu qu'ilz gectent harnois ès dictes eaues, chascun un denier. Item, à cause du trait d'aloses que l'en fait en l'eaue dessus dicte, qui se tire sur le dit pré, doivent les pescheurs qui tiennent à rente dudit Loys la dicte pescherie chacun an v. s. p. et une alose le premier jour de may qui sont comprins ès rentes dessus dictes. »

Page 136, note 3 : p. 307, *lisez* P. 307.

Page 138 : Voici en quels termes sont exprimés, dans un aveu de Philippe de Lévis, du 22 août 1406, les droits des seigneurs de Toeni, sur la Seine :

« Item un port qui est tourné en non valeur, pour ce qu'il ne peut avoir batel ne nasselle que d'un fust ainsi comme d'une auge, appellé le Port Péen ; et à présent ne trouve l'en qui le vueille gouverner ne en donner prouffit. — Item ung autre port sur la rivière de Seine, appellé le Port Pucelle, assis en la paroisse de Benières, lequel est à présent à non valoir pour ce qu'il n'y a point de batel. Item ung batel au Port-Morin pour passer les hostes, subgiez, manans et habitans de la dicte terre de Thoeny. Item la rivière de Saine qui m'appartient à cause de ma dicte terre tout au travers depuis le courtil que tient Jouan Le Bouchier au Roulle tout au travers de l'eaue droit à la maison que tient Jehan Bernart des Mouchiaux ; et dure la dicte eaue jusques à l'endroit des terres du pel estant en la garenne de Thony et l'eaue qui est au long de la dicte garenne de Thoony. Item du dit pel et terres de Vesillon au Val-le-Roy la moitié de l'eaue devers le Chastel de Gaillard jusques au Bisson estant à Bernières au dessoubz de la ville de Pruniers qui est la fin des terres et garenne dudit Thony en la garenne des dictes porcions d'eaue.

« Item les ysles, motelles et motillons me doivent chacun an de cens ou de rente à paier à deux termes à S. Michel lxvii. s., à Pâques xv. s. p.;

« Item la pescherie de la rivière de Saine des basteaux qui peschent en mon eaue, et paie chacun batel par sepmaine i. d. par. à mon prouffit, qui vault communément par an xxx. s. par. ou environ.

« Item le deffens du Grant Ysle en la rivière de Saine, ouquel personne n'ose peschier sans mon congié, et vault par an, iiii. s. par. de rente.

« Item les coustumes de terre, de eaue et liage des basteaux qui peschent en la dicte eaue et souloit valoir chacun an

viii. l. par.; ne vault pour présent ne ne sont baillées que pour lx. s., et y a l'abbé de Conches disme, c'est assavoir la disième sepmaine sur les pescheurs. Item ung deffens d'eaue appellé Tripoulain, et souloit valoir environ par an iiii. s., ne vault pour le présent riens. Item le trait aux alozes en droit l'isle S. Martin et souloit valoir environ deux solz par ans, ne vault pour présent riens. » Arch. imp. P. 307, n° II. c. iiii^{xx} xi. »

Les chanoines de Beauvais, aux termes d'un aveu rendu par eux au Roi, le 15 octobre 1451, à cause de leur noble fief entier, sis en la paroisse de Venables, avaient quelques droits sur la rivière de Seine :

« Pour chacun batel qui pesche en la dicte rivière de Seine, ainsi que notre terre se estent et comporte, nous devons avoir v. s. pour an. Item nous povons faire et donner congié de faire gors en la dicte rivière et de ce prendre prouffit.

« Item nous avons et prenons la xxme journée du port de Muys qui peult valoir xx. s. » Arch. imp. P. 307, n° II. c. l.

Page 139, à la suite du paragraphe premier : On lit dans l'aveu rendu au Roi par Pierre Gougeul, chevalier, pour le plein fief de Rouville, vicomté de Pont-de-l'Arche, paroisse d'Alizai, 4 avril 1419 (v. s.) :

« Les pescheries de la maistresse arche avallant et de celle du costé la maistre (sic) arche montant du Pont de l'Arche, ung moulin sur ledit pont devers la ville dudit Pont de l'Arche auquel sont banniers tous les subgietz dudit fief avec l'isle Grouys, l'isle Saing, l'isle au Picart au dessous du Pont; et en tant que mon dit fief s'estent au long de la rivière de Seine, depuis le borc jusques à la moitié de la dite rivière et au droit de mes ysles tout au travers tant qu'ilz durent, j'ay acoustumé d'avoir la haute justice basse et moyenne avec la pescherie jusques à l'autre rive. » — Arch. imp. P. 305, n° clxxviii. Cf. aveu du 2 avril 1459, par Jacques Gougeul, écuyer, P. 305, n° c. iiii^{xx} l.

Page 142, à la suite du paragraphe premier : Aux termes d'un aveu rendu par Crespin du Bust, écuyer, seigneur du fief de Verclou, paroisse de Freneuse, 27 février 1459, ce seigneur avait « service sur aucuns des dits subgietz de mener le jour S. Gille et ramener au lieu par l'eau de Seine luy, sa femme et famille en vaissel souffisant du port de la sente dudit fief jusques au dit port S. Gille, et en ce faisant leur sont deuz leurs despens. » — Arch. Imp. P. 805, nº II. c. IIII^xx III..

Page 150, fin de la note 17 : p. 307, *lisez* P. 307.

Page 156, à la suite du paragraphe second : Les eaux d'Iville, d'après l'aveu de Jacques de Trye, seigneur d'Iville, du 2 juin 1407, comprenaient une lieue ou environ. Le seigneur, ses gens et serviteurs étaient francs de passage au port de Duclair et aux autres ports qui appartenaient aux religieux de Jumiéges. — Arch. Imp. P. 805. Cf. charte de Guillaume d'Iville (février 1238), aux arch. de la S.-Inf., cartul. de Jumiéges, nº 256.

Page 205, ligne 5 : baronie, *lisez* baronnie.

Page 223, note 2 : Aux termes de l'aveu de Phillebert de la Porte, écuyer, 8 mai 1456, le seigneur de Château-sur-Epte « avait le droit de la rivière d'Ecte, en tant que monte ung quart de lieue de long, à prendre depuis le pont S. Cler en venant jusques à la rivière de Breteronville ».

Page 225, ligne 4 : par exploitation, *lisez* par une exploitation.

Page 233, ligne 26 : Vers, *lisez* Versailles.

Page 236, dernier alinéa : Le manoir du fief de la Salle du Bois, situé dans une île, avait été détruit bien avant les guerres de religion, probablement pendant la guerre de cent ans.

Page 237, note 26 : On voit dans l'aveu du fief de la Salle du Bois, rendu au Roi par Guillaume de Bigars, écuyer, 25 juin 1409 :

« Les moullins vallent en revenue en moultes vertes et seiches, les pescheries et la rivière depuis le pilier de pierre au dessus du cay l'Arcevesque en traversant la rivière jusques à la Villecte et en allant à val jusques à l'Islet enmy la rivière au dessoubz des courtilz de la Villette, avecques deux courans d'eau au dessoubz des moulins de la Villecte, avecques les isles qui sieent sur et environ les dites rivières ; et peult ce valloir communs ans franchement, les réparations rabatues, l'acquit de la porte de l'eaue comprins ens, vallent xxxvi. l. ou environ, à laquelle porte les bateaulx qui montent doivent chascun III. d., dont il y a ung denier pour les palées, et, quant ilz dévallent, il d., et, se ilz porte *(sic)* sel, chacune poise en doit trois croches mesurez par le prévost ou mosnier du dit fief ; et, s'il n'y avoit que ung boissel, si les paieroit il ; et se doivent arrester auprès de la porte et cryer trois foiz, et entre deux criées doit avoir l'espace d'une heure ou environ, ainçois qu'ils puissent ouvrir la dicte porte, et, s'ilz passent sans acquitter, ilz forfont tout. » — Arch. Imp. P. 305, n° clxix.

Page 238, note 29 : Aveu de la seigneurie d'Autheuil, par Roger de Hellenvilliers, dernier avril 1413 :

« Audit fief appartient environ deux acres et demie d'eaue à peschier qui se baille à ferme communs ans au prouffit du seigneur à lxii. s. de ferme ou environ, et a droit le dit seigneur sur chacun bastel amontant la rivière d'Eure et passant par les portes de la dicte rivière de prendre sur chacun batel deux croches de sel soient vuis ou chargés, qui peuvent bien valoir communs ans, au prouffit du dit seigneur, xxv. s. t. de rente. » — Arch. Imp. P. 308, n° xxiiii.

Page 239, note 30 : Aveu de la baronnie d'Ivry, par Pierre Petit, chevalier, 25 juin 1456 :

« Laquelle rivière, en tant qu'il appartient à la dite seigneurie, commence à bien demie lieue d'eaue au dessus de la dite ville, dont le cours d'icelle tant en ruisseaulx que principal est appelé le fossé d'Eure, et dure depuis la rivière d'Ennet jusques à la rivière de Garennes où il y a deux lieues ou environ de longueur.

« Item j'ay droit au dit lieu d'Ivry de prendre et avoir sur chascune queue de vin conduicte et menée en bateaulx sur ma dicte rivière et depuis le dit lieu d'Ivry jusques au moulin Maheust à Pacy, xx. d., en ce comprins le courratage et cayage.

« Item au droict de ma dicte prevosté et travers ay droit de prendre sur chascun basteau montant sel par ma dicte rivière une mine de sel. »

Page 265, ligne 12 : paroisse, *lisez* campagne.

Page 272, à la suite du premier alinéa : Une charte de Philippe le Hardi, du mois de février 1277 (v. s.), parle du Vicomté de l'Eau au singulier, « Et ipsos ad reddendum eis compelli per manum Vicecomitis nostri Aque Rothomagi ». *Cartul. norm.*, n° 917.

Page 296, ligne 29 : la terre est France, *lisez* la terre est france.

Page 371, ligne 17 : excepté le pont de Saine, *lisez* excepté le Pont de Saine.

TABLE DES MATIÈRES.

Acier (Gerbe d'), 12, 203. (Baril d'), 302.
Aficeler la rivière, 138.
Aides envergueurs, 239.
Airain, 289.
Alemandes pour amandes, 289.
Aliénation du domaine, 152.
Alleites ou *aleites*, 10, 286.
Aloses, 137, 149, 157, 165, 166, 287, 300, 502.
Alun, 289, 301, 303, 418.
Amarrage (Droit d'), 160, 167, 169, 171, 173.
Amirautés, 91, 96, 174. Conflit de l'amirauté avec la Vicomté de l'Eau, 91, 92, 93, 481 et suiv.
Ancrage (Droit d'), 172, 173.
Anguilles, 147, 166.
Applet séant, 176, 177. *Vergant*, 167, 175, 176.
Aqua S. Audoeni, 143.
Arbalétriers, 38.
Archet de sel, 239.
Arrimer, arruner, arruneurs, 231 à 235.
Autour dû au chambellan de Tancarville, 16, 17, 300, 301.
Ayes, 138, 140.

Bachin d'avoine, 360, 372.
Bacs, 169, 173, 181-192, 240, 243.
Bacun ou *bacon*, 303, 305, 329.
Bahurt, 348.
Baillis, 8, 91, 96, 102, 103, 110, 247.
Bains, 36.
Balanciers, 112.
Balisage, 167.
Banastres ou *bennastres*, 345.
Baptisés ou *convertis*, 57, 360, 361, 449.
Bardeurs de plâtre, 231.
Barrage (Droit de), 132, 282, 283, 311, 312, 353.
Barragier ou *barrier*, 2, 15, 261, 353, 359, 361, 371, 372.

Barres de Rouen, 359.
Bataille, 85, 364.
Bateaux, 96, 97, 239, 500 et suiv. *Voyez* Voitures d'eau.
Bateliers, 97, 211, 231, 299.
Bâton blanc, 160.
Beaulté, 136.
Benne, 313.
Bergue, 254, 256, 357.
Bermans. *Voy.* Brumans.
Billette, 126, 127.
Blanque, 96.
Blé, 313, 316.
Bois (Droit sur la vente du), 15.
Bois du comté d'Évreux, 242, 243.
Boreschia, 143.
Bouc affranchit les chèvres, 222.
Boucan (Alun de), 303.
Boucherie de Rouen, 316.
Bougrens, 348.
Bourreau, 369, 370.
Bouteille, boutique, buticle, buttcula, 12, 148, 156, 286.
Bouteillerie, bouteillers du Roi, 57, 63, 253, 292, 340, 341, 354, 355, 368, 369, 392.
Braïeus de fil, 303.
Bremennage, 230.
Brésil, 306.
Brotée, 345.
Brouele, 387.
Brouettiers royaux, 231, 378, 379.
Brumans, 57, 97, 231, 254, 255, 256, 261, 356, 357.
Buffet, 303.

Cacheribaut, 50.
Caherie (Ferme de la), 282, 331.
Calonner, 155.
Camayeu, 55.
Canastre, 290.
Cane, 360.
Capel de bonnet, 303.
Caruë (Grande et petite), 231, 256, 257, 258.
Casteloignes, 348.

Castillans, 394.
Cendres, 12.
Certain (le), 170.
Chambre de commerce de Rouen, 121, 122, 171, 199, 206, 207, 218, 219.
Chanvre, 288. — (Ferme du), 282.
Chapelle fondée pour la mort de Jean de Villequier, 163.
Charretée, 22, 291, 292, 294, 316.
Chef de fromages, 12, 304.
Chemins de halage, 94.
Chemineaux, 149.
Chevaliers, leurs priviléges, 129.
Chèvres (Droit sur les), 222.
Choix (Droit prélevé sur les vins), 23, 24, 69, 297, 298.
Cidre, 237, 300, 417.
Cire, 288, 289, 306.
Clercs, 37.
Clerc siégé, 25, 249, 252, 260, 263, 351.
Coction, 303.
Coque de Danemarc, de Flandre, de Frise, 300.
Collége de Justice à Paris, 55.
Combat judiciaire, 84, 85, 364.
Commin, 289.
Compagnie française, 193.
Comptes de la Vicomté de l'Eau, 66, 391-393, 422 et suiv.
Confréries du S. Esprit et de la Trinité à Canteleu, de S. Jacques, S. Christophe et S. Avoye, de S. Nicolas à la cathédrale, 185, 259. Dîners de confréries, 331, 336.
Conservateur des foires, 100.
Contrôle et parisis, 120-123.
Convertis *Voy.* Baptisés.
Corbechon (Hareng), 306.
Coste, mesure, 12, 285.
Couches, 303.
Couleurs, 303.
Coullieux, 370.
Courbage, 94, 131, 151.
Courbe, 152, 252.
Courtiers, 57.
Coute de bourre, 303.
Couteaux, 304.
Coutils, 303.
Coutume (Droit de) sur les vins, 21, 23, 66-68, 291-299.
Coutumes du fief de l'Eau de S. Ouen, 143-147.
Coutumier de la Vicomté de l'Eau, 14, 23, 24, 267.
Coutumier de la Vicomté de Dieppe, 393, 395.
Craspois, 170, 303.
Croches de sel, 237, 238, 503, 504.
Cuilliers de fust.
Cuirein, 289.
Cuiros, 386.
Cuirs, 12, 291, 311, 313, 329.
Cuivre, 289.

Dakrum, 12.
Dart, 146.
Défautes (Des), 341, 342.
Derrées d'oistres, 285.
Desliage, 16, 303, 390.
Desreine, 84, 338, 339.
Destrois, 83, 331, 344, 349, 364.
Diep de l'Eau, 169.
Diligences par eau de Paris à Rouen, 202.
Dîmes, 40.
Dolia de Rochella, 294.
Domanialité des cours d'eau navigables et flottables, 135.
Doublerium, 294.
Doublier, 12, 22, 291, 292, 294, 316.
Dranguet, dranguiaux, 144, 145.
Draps, 283, 304, 311, 312, 347.
Droits maritimes, 174.

Eau du Roi à Vernon, 136.
Eaudle, 172, 173.
Eauries de Tancarville, 171, 174, 176, 179.
Earyes, 161, 165.
Eperlan. *Voy. Esplent.*
Epousailles des nefs, 16, 299, 300, 301.
Escueles, 282, 334.
Esmes, 111, 117, 414, 415.
Esplent, 149, 287.
Estaux (Coutume des), 314. (Contens des), 328. (Ferme des), 282.
Esturgeon, 165, 167, 172, 287.
Etain, 289.
Etalières, 161-164, 166, 167, 168, 169, 176.
Euvre de forge, 289, 303.
Exemptions en faveur des arbalétriers, 38. — des clercs, 306. — des écoliers, 38, 139, 223. — de fiefs, 33-35, 309, 310. — des gentilshommes, 37, 129, 223, 306. — des monnayeurs, 38. — des officiers du Roi, 38. — des pourvoyeurs de sa maison, 38. — des Rouennais, 334. — des sergents d'armes du Roi, 38. — de maisons religieuses, 36. — de certaines denrées, 305-309, 351.

Fardeau, fardel, 12, 311, 312, 347.
Fares, 141, 144-150.
Feintes, poisson, 144, 287.
Ferme des prévôtés, 5, 6.
Ferme de la Vicomté de l'Eau, 231, 331, 393, 499. — Fermes appartenant à l'hôtel de ville de Rouen, 270.
Fermiers de la Vicomté de l'Eau, 27, 56, 231, 388, 389, 421.
Festins, 263-265.
Fiefs exempts. *Voy.* Exemptions.
Fief de l'Eau de Bonport, 138-142.

Fief de l'Eau de S. Ouen, 142-147.
Fief de l'Eau du Roi, 142.
Fiefs et aumônes, 423 et suiv.
Fil, 349.
Fil d'ercal, 289.
Fil en *loissel*, 305.
Flageus, 306.
Flettage, 256.
Flique, 313.
Flottage (Invention du), 223, 224.
Flottage sur l'Iton, 242-244.
Flotte, 176.
Flouée, 149.
Foires, 81, 100, 101. — de Rouen, 73, 390, 412. — de Montivilliers, 409. — du Pardon, 52, 86, 118. — du Pré ou d'Emandreville, 43, 44, 52, 262. — S. Gervais, 50. — S. Gilles, 46, 58. — S. Ouen, 51.
Fours ou *soufiés à ferre*, 301.
Frael de cordes, 304, 305.
Francs bateaux, 146-149, 154, 155.
Francs-brouettiers, 119.
Franc-pêcheur, 154.
Francs-poissons, 172, 176, 180.
Franches nefs, 36, 86.
Franche table de Grestain, 176.
Fuiseaux, 306.

Gague-liards, 256.
Gallon, 12.
Garde du quai, 251, 253.
Garence, 413, 414, 416, 417.
Gengivre, 305.
Gerbe d'acier, 12.
Ghilde des Rouennais, 31, 193.
Girofle, 306.
Glu, 305.
Glusies ou *glufer*, 288.
Gords, 136-138, 144, 148, 171, 175, 217, 231, 500, 502.
Gravele, 306.
Grenier, 12, 285.
Guesde, 416.
Guimple de soie, 303.

Halage, 152, 212, 220, 233.
Hambourg, 286.
Hanas, 302. — de fust, 344, 355.
Hanse, 103, 104, 431.
Harangues, 238.
Hardel, 12, 304.
Hareng, 283, 284, 299, 387, 411, 412.
Harée de sel, 237.
Harerie, 222.
Heurtage, 154, 159-161, 167-172.
Honnêtetés dues au Vicomte de l'Eau et à ses officiers, 260-265.
Hôpital pour les pauvres passants à Port-S.-Ouen, 184.
Hospitaliers, 35, 36, 80, 310, 364, 365.
Hôtel de la Vicomté de l'Eau, 266.

Huche, 303.
Huiles, 293, 296, 306.
Hurtagium. Voy. Heurtage.

Jauge, 130.
Jaugeur, 110, 114, 115.
Jongleur, 268.
Juges consuls en conflit avec le Vicomte de l'Eau, 89.
Juifs, 222, 268, 360.
Juridiction de la Vicomté de l'Eau, 78-87, 323-329, 331, 338, 339, 352, 363-367, 388, 393, 394, 477 et suiv.

Laines, 12, 282, 283, 288, 289, 304, 312, 339, 349, 381, 384.
Lamproie, 144-147, 172.
Lange, 349.
Lastus, 12.
Lavage de glux, 161.
Lest de cuirs, 12, 29. — de harenc, 411, 412. — de maquereau, 285.
Leuberges, 287.
Leumages, 315.
Lieutenant criminel en conflit avec le Vicomte de l'Eau, 95-96.
Lieutenant de police en conflit avec le Vicomte de l'Eau, 96-100, 249, 253.
Lieutenant du Vicomte de l'Eau, 250.
Ligne engluée, 141, 155.
Linge, 349.
Livraisons de pain et de vin, 81.
Loths de cuirs, 12, 291.
Loutre (peau de), 287.
Loz d'Auxerre, 13.
Lus, 144, 147.

Madre, 282, 302.
Maîtrises des eaux et forêts, 93-95, 142, 172, 241.
Maîtres des ponts et pertuis sur la Seine, 131, 194, 195, 251, 239.
Manufactures (Compétence des), 100.
Maquereaux (Coutume des), 285, 286, 387, 416.
Manuscrits du *Coutumier de la Vicomté de l'Eau*, 271-274.
Marchands de l'eau de Paris, 103, 193.
Marée die, 172, 173.
Marsouin, 165, 172.
Menue boîte de la Vicomté de l'Eau de Rouen, 66-70.
Menus courtages, 270, 413, 415.
Mereaux, 9, 10, 130, 299, 330, 353.
Mère (Vins sur), 22.
Messes sur les vaisseaux et allèges, 117.
Mesures, 86, 130, 362, 363.
Mesureurs de grains, 251, 238, 363.
Méteil, 315, 316.

Meule à fèvre, 301.
Miel, 293, 296.
Mines, 12, 57, 290, 392.
Miroeurs, 306.
Modialio. Voy. Mueson.
Monnoyeurs, 38, 39.
Motelles, 140.
Moulins sur l'Andelle, 227. — sur l'Eure, 236, 237, 239, 503. — sur la Seine, 138, 139, 502.
Mourine, 313.
Mueson, 18-23, 27, 31, 36-43, 49, 51, 60-63, 66, 291-297, 306, 316, 317, 320, 340, 355, 361.

Narmée, 155.
Nassons, 141.
Naufrage (Droit de), 173.
Navigation de la basse Seine, 193.
— sur l'Eure, 233.
Niffrun, 303.
Norolles, 261.

Offices aux bermans, 356. — aux hoirs Saudescolle, 53, 355, 356, 392.— d'avocat à la Vicomté de l'Eau, 251. — bouteillers-priseurs de vins, 253, 354, 355. — garde du quai, 253. — garde de la geôle, etc., 45. — garde de la tour de Rouen, 48. — maire et conseillers assesseurs, 400.
Oint, 329, 375, 381.
Oistres, 285.
Ordonnance de la Vicomté de l'Eau, 265.
Orge, 315, 316.

Pail ou *pel*, 137, 500, 501.
Pain (Coutume du), 345.
Paneterie de Normandie, 44, 45, 150.
Papier, 57.
Pasnage, 315.
Pastel, 413, 414, 417.
Péages, 93-95, 124-129, 132, 134, 201, 223, 233-239, 245.
Peaux, 12, 282, 283, 287, 288, 305, 329.
Pêche, 138-140, 150, 152, 169, 221, 236.
Pêche, fruit, 290.
Pêcheurs coutumiers, 141, 173.
Pellaige, pelage, 137, 230, 500.
Perches, 155.
Pesage, 339, 340, 372-384.
Peseurs, 249, 251, 372-384.
Pierre d'acquit de Tancarville, 172.
Pieu (Droit de), à Vernon, 130.
Pilage, 160, 161, 163, 164. *Voyez* Pellaige.
Pimpreneaux, 140.
Pipe, 12, 291.
Places regil, 170.

Plancage, 94, 252.
Plancager-courbager, 94, 95, 213-215, 251, 252.
Pléage, 136.
Plet de l'épée de Vernon, 109, 130.
Plomb, 288.
Poids (Avoir de), 368. — (Denier du) de la Vicomté de Rouen, 52. — et mesures, 57, 78, 103-123, 266, 362, 365, 372, 381. — (Ferme du grand et du petit), 25, 26, 69, 70, 117-119, 251, 283, 421, 422. — aux laines, 119, 120, 266, 381.
Pois, 315, 316.
Poires, 290. — de S. Rieul, 52.
Poise de sel, 12, 270, 304, 416, 419.
Poisson (Coutume du), 282, 287, 314.
Poissons royaux, 153, 165, 166, 170.
Potevines, 373, 379, 385.
Police du quai, de la rivière, des bains, 96, 102.
Pomme au bout de la faux, 212.
Pontage, 100, 132, 133, 134, 270, 417, 419.
Pontonnage, 221.
Porcs, 315.
Porteurs de grains, 231, 258, 259.
Portes d'eau sur l'Eure, 237-240.
Pougas, 288.
Prévôts, 9, 107-109. — de l'eau de Vernon, 129. — de Harfleur, 394. — des marchands de Paris, 98, 99, 202.
Prévôtés, 4, 8, 9, 40. — d'Andely, 138. — de Barnétal, 283. — de Honfleur, 268. — de Paris, 85, 93. — de Vaudreuil, 236. — de Vernon, 133.
Privilège de S. Romain, 103.
Procureur du Roi à la Vicomté de l'Eau, 250.
Pucheurs, 354.

Quadrigata, 294. *Voy.* Charretée.
Quaeir de cordouen, 291.
Quarteron de cuirs, 291.
Quatre-Pieds (Ferme des), 25, 29, 71, 282, 313, 314, 388, 389 et suiv.
Quayage, quéage, cayage, 161, 164, 180.
Quenele, 306.
Queues, 12, 13, 291.
Quinquaillerie, 306.

Réaux de la Vicomté de l'Eau, 120, 384, 385.
Receveur du domaine, 8.
Réchaus (Tonnes des), 291, 292, 294.
Record, 84, 327, 328.
Reechs (Vins), 22.
Reequie (Tonne), 23.
Rodge, 136.
Rôles d'Oléron, 411 et suiv.
Rotage, 138.

— 511 —

Sagena, 154.
Sain, 293, 295, 296, 303, 329.
Saine, 155, 157, 158, 165, 169.
Sarge raiée, 306.
Sarpillerie, 303.
Sarrasins convertis, 56, 57, 272.
Saumon, 144, 147, 149, 165, 166, 172, 287, 416.
Sauvage, 173.
Sceaux de la Vicomté de l'Eau, 421, 422.
Seilles, 354.
Sel (Commerce de) par la Seine et par l'Eure, 235, 239, 270, 503, 504.— (Poise de), 12, 270.— (Redevances en) dues par les vaisseaux à leur arrivée au port de Rouen, 116, 117.—(Coutume du), 323.
Selerenc (hareng), 306.
Semaine du pré, 310. — du prisonnier, 310. — S. Gille, 262. — S. Wandrille, 40, 41, 263.
Sergents de la Vicomté de l'Eau, 57, 333, 358, 359, 370, 371, 389, 392 et suiv. — du fief de la Grue, 57.
Sergents dangereux, 138.
S. Gorgon (Assemblée), 185.
Sidre, *Voy*. Cidre.
Sieu, 289.
Singe, 267.
Stalariæ, 165. *Voy*. Etallères.
Stocfi, 416.
Stul im rete, 165.
Sturiones, 170. *Voy*. Esturgeons.
Superviseur du quai, 100, 253, 343.

Tablettes de cire, 57.
Tache, tacque, tacre, 155, 288, 291, 416.
Tapis de Rheims, 303.
Taqueheux, 234.
Templiers, 36, 47, 80, 310, 319, 364, 365.
Tente, 155.
Tiers de tonneau (Ferme du), 415.
Timbre de martres, 16, 300, 301, 318.
Timbrium, 16.
Titres du Vicomte de l'Eau, 248, 249.
Tolles (Ferme des), 412, 413.
Tonlieu, 40.
Tonneau de la Rochelle, 12, 291, 292, 316.
Tonneliers, 57, 234.
Torels, 306.
Tourteau, tortel, 16, 282, 311, 372.

Travail de maréchal, 183, 211.
Travers, 129, 130, 177.
Traversier, 222.
Treseau, treseil, 12, 18, 23, 291, 292, 294, 316.
Troussel de draps, 12, 303.

Varech, 167, 169, 170, 172, 173, 176, 178, 180.
Vergage, 94.
Vermellon, 306.
Vernis, 305.
Verres (marchands de), 268.
Vertaul, 170.
Verveux, 441.
Vesche, 315.
Vestir, 12, 287.
Vicomtes de Dieppe, 393, 394. — de Rouen, 5, 84, 106, 107.
Vicomte de l'Eau : à quelle époque remonte cette dénomination, 3, 4. — assimilé au prévôt des marchands de Paris, 89, 98, 99.— subordonné au bailli, 8, 102. — magistrat distinct des fermiers de la Vicomté de l'Eau, 9.
Vicomtes de l'Eau, 247-249. Leurs gages, 392. — fermiers, 7.
Vicomté de l'Eau, 2, 4. Son administration, 5. Baillée à ferme, 5, 6, 68, 69, 70, 71, 73. Régie pour le compte du Roi : à qui baillée à ferme et à quelles conditions, 7, 8. Fermes et sous-fermes, 23-30. Ses charges, 40-64. Branches qui en furent détachées, 14. Analogue aux prévôtés, 7. Envisagée comme juridiction analogue à la prévôté de Paris, 93. La plus ancienne juridiction de Rouen, 77-104. Formes de procédures, 83-85. *Voy*. Juridiction. — (Hôtel de la), 55, 56, 266. Coutumier, 28. — de Tancarville, 5, 172, 173.
Vicomté du châtel de Rouen, 336.
Vicomtesses de Rouen, 5.
Vins, 18, 23, 72, etc.
Visites de la rivière d'Eure, 240. — de la Seine, 216, 217, 219.
Voide (Coutume du), 315, 316, 413, 414.
Voitures d'eau, 96, 193-211.
Voituriers par eau, 194, 206-210, 486 et suiv.

Yeyre, 306.

TABLE DES NOMS DE LIEUX.

Acquigni, 237, 240.
Acre (Fief d'), 34, 310.
Acre-Rousselin, 34.
Aizier (Maladrerie d'), 169. [Port d'], 168.
Allemagne, 347, 348.
Ambourville (Fief d'), 34.
Andeli, 33, 97, 124, 130, 132, 137, 138, 195, 198, 202, 217, 218, 222.
Andelle (Rivière d'), 223-233, 249, 491 et suiv.
Anet ou Ennet, 238, 241, 504.
Angleterre (Denrées provenant d'), 17, 283, 285, 289, 347. [Nefs d'], 16, 299, 300, 301.
Anjou (Vins d'), 22, 292, 295.
Anneville, 27, 156, 159.
Aqua-Dei, 159.
Aragon (marchands d'), 17.
Arques (Château d'), 106. [Mesure d'], 107, 113, 114.
Aubevoie, 136.
Aubourville, 153, 310.
Aumale, 238.
Auméville (Fief d'), 34, 309.
Aurea-Vallis, 143.
Aurelandois (Fief d'), 34, 310.
Auricher, 179. (Fief d'), 33. (Le figuier d'), 175.
Aussetot (Fief d'), 33.
Autheuil, 238, 504.
Authieux, 142, 183.
Authouillet, 238.
Auxerre (Vins d'), 22, 66-68, 424 et suiv. (Loz d'), 13.
Avrilli (Fief d'), 106.

Barbarie, 288.
Bardouville, 153, 156.
Bardulfi Villa, 154.
Bas (Ile de) en Léon, 404.
Basqueville, 33.
Beaubec (Abbaye de), 36.
Beaulieu (Prieuré de), 52, 318, 425 et suiv.
Beaune (Vins de), 23, 295.

Beauséjour à Caumont, 151.
Bec-Crespin, dit Mortemer (Fief de), 35.
Bec-Hellouin (Abbaye de), 49, 319, 425 et suiv.
Becquet, 142, 143, 148.
Becquelo (Doitellum de), 143.
Bédane, 198.
Belinguet-Wit (Bliquetuit), 156.
Bernières, 137, 182.
Berthenonville, 221, 222, 503.
Berville, 33, 156-158.
Bigard (Porte de), 239.
Blanc-Rolle (le), 162.
Blanc-Saulx (le), 138.
Blaru (Ponceau de), 95, 216.
Bliquetuit, 156, 161. *Voy.* Belinguet-Wit.
Blondel (Porte), 137.
Boille (la), 317, 319. *Voy.* la Bouille.
Bonne-Nouvelle (Prieuré de) ou de Notre-Dame du Pré, 20, 36, 38, 43, 44, 48, 49, 61, 63, 103, 117, 262, 265, 317, 319, 320, 391, 424 et suiv.
Bonnières, 202.
Bonport (Fief de), 310. — (Couvent de), 19, 34, 36, 138, 183, 361.
Bordeaux, 396, 400, 402. — (Vins de), 24, 296, 321.
Bosse (Fief de la), 183.
Bougival, 129.
Bourgtheroulde (Draps de), 283.
Bouille (la), 27, 100, 145, 149, 152, 183, 203-205, 259, 419.
Boulaye (Baronnie de la), 238. — (Porte de la), 239.
Bourbon-lès-Gaillon (Chartreuse de), 151.
Bourg-Fontaine en Valois (Chartreuse de), 436.
Bourgogne (Vins de), 4, 23, 24, 69, 295.
Bourneville, 159.
Bouteillerie (Fief de la), 310. — à Houquetot, 34. — au sieur de Basqueville, 53.

33

Brébec (Rivière de), 164.
Brest, 224.
Bretagne, 404, 407. — (Oint de), 375, 381.
Breteuil, 33, 309, 390.
Breteronville, 503. Voy. Berthenonville.
Breteville (Fief de), 33.
Brionne (Mesures de), 107.
Buell, 238.

Caen, 159. — (Voie venant de), 346.
Cailli, 21, 237, 240.
Caillouville (Chapelle de), 107.
Calais, 404.
Canteleu, 183.
Catelier (le), 331.
Caterrage ou Carretage, 30, 60, 90, 361.
Caudebec, 29, 37, 90, 91, 97, 107, 108, 161-164, 187-189, 203, 205, 206, 213, 214, 219, 362, 369.
Caudebequet, 163, 219.
Caumont, 27, 151, 152, 155, 185.
Cerisi (Abbaye de), 19, 41, 320, 391, 424 et suiv.
Chambines (Porte de), sur l'Eure, 239.
Chambrai (Porte de), sur l'Eure, 239.
Chambre-au-Leu, 179.
Chambrette de Porqueval, 179.
Charlemesnil (Collégiale de), 120.
Charleval, 231.
Chartres, 233, 234, 235. — (Léproserie de), 47, 318, 425 et suiv.
Château-Gaillard, 137, 501.
Château-sur-Epte, 221-223, 500.
Châtillon-sur-Indre, 55.
Chatou, 128.
Cherbourg, 31, 47.
Chilebof, Chilebo, 15, 170, Voyez Quillebeuf.
Citeaux (Couvents de l'ordre de), 36.
Cléon, 142.
Combarbe, 131, 194, 220.
Conches (Ruisseau de), 242-244.
Conflans, 128.
Conihout (Vins de), 21, 298, 299.
Conteville, 245.
Corval (Port de), 190.
Côte-Saint-Aubin, 198.
Courcelles, 500. — (Bac de), 181. — (La dame de), 360, 372.
Couronne, 27, 51, 68, 203.
Crémanfleur, 177.
Cremonville, 236.
Cressonville, 236.
Crévecœur, 237, 240.
Criquebeuf (Bac de), 183.
Croisset, 145, 184, 185.
Croix-des-Devises (la), 169, 171, 176, 177.
Croix-Nagueron (la), 179.
Croix-de-Périer (la), dite Nogueron, 268.

Croix-Saint-Leuffroy (Baronnie de la), 237. — (Porte de la), 239.
Curid-Valis (Portus de), 189.

Damps (les), 140, 183, 236, 240.
Danemarc (Cuirs de), 17, 300. (Nefs de), 16, 17, 300.
Dangu, 106, 223.
Darnétal (Prévôté de), 25, 283.
Deux-Amants (Prieuré des), 183, 218, 221.
Déville (Moulins de), 14.
Dieppe, 4, 5, 15, 16, 32, 34, 103, 121, 299.
Dieppedalle, 183.
Doit-des-Essarts (le), 169.
Drumare (Fief de), 191.
Duclair, 153, 155, 185, 213, 503.
Dunegate (Port de), à Londres, 31.

Eau d'Aubourville, 153. — de Bardouville, 153.
Eau-Dieu (l'), 152, 153, 159.
Eau-le-Roi (l'), 152.
Ecosse, 404.
Elbeuf, 30, 97, 183, 184, 197, 198, 202, 349, 361.
Emandreville (Foire d'), 43-44.
Emmurées, Voy. Rouen.
Epreville (Rue d'), 236.
Epte (Rivière d'), 221-223.
Espagne (Laines d'), 349. — (Vins d'), 24, 296.
Estelan, 169, 189.
Etouteville (Fief d'), 359, 372.
Eudemare (Fief d'), 184.
Eure (Rivière d'), 95, 96, 139, 233, 237-240, 248, 249, 503, 504.
Evreux (Brotée de pain venant d'), 315. — (Comté d'), 32, 234, 242.
Ezi, 240.

Falaise, 33, 309.
Faucon (Fief) à Oissel, 146, 147, 184.
Fécamp (Abbaye de), 50, 51, 140, 141, 168, 359, 371. — (Vicomté de), 4, 5.
Ferrières (Baronnie de), 106.
Fief aux Malades de Janval, 34.
Fief au Roi, à Port-Mort, 181.
Fiquefleur (Port de), 177, 338, 371.
Flandre, 16, 17, 58, 286, 299, 300, 347, 348, 404.
Floret (Piscariæ quæ dicuntur), 163.
Folleville (Porte de), 239, 240.
Fontaine-Guérard (Abbaye de), 224, 231.
Fontaines (Ste-Marie-de-), 359, 372.
Foucarmont, 34-36, 310.
Foulerie (Port de la), 27.
Fourges, 221.
Fourneaux, 129. — (Bac de), 181, 183.

— 515 —

France (Vins de), 18, 66, 67, 68, 424 et suiv.
Franche-Table-de-Dun, 35.
Frémaincourt (Hameau de), 241.
Freneuze, 183, 502. — (Vins de), 24, 296, 297, 321.
Fresne-l'Archevêque, 499.
Fricault (Porte), sur l'Eure, 237.
Frise, 16. — (Cuirs de), 17. — (Nefs de), 17, 300.

Gaillon, 181.
Garennes, 181, 183, 238, 239, 504.
Garnemue, 404.
Gascogne (Trésel de), 18. — (Vins de), 18, 23, 293.
Gasni, 231.
Gernes (le cap), 31.
Gisancourt, 232.
Gisors, 223. — (Comté de), 181, 182. — (Mesures de), 107.
Giverni, 233.
Gouffre (Bac du), 186.
Goui, 150, 184.
Grammont (Prieuré de), 3, 47, 49, 319, 425 et suiv.
Grand-Beaulieu (Léproserie de), à Chartres. *Voy.* Chartres.
Graverie de Raimbertot (Fief de la), 33.
Graville, 179, 180.
Grestain (Abbaye de), 174-178, 191.
Grue (Fief de la), 148, 149.
Guernesei, 404. — (Nefs de), 16, 299.
Guibran (Ile de), 218.
Guyenne (Vins de), 18.

Harfleur, 18, 108, 109, 121, 123, 192, 268, 394.
Havre-de-Grâce (le), 121, 123, 199, 206, 213.
Héron (le), 232.
Herlandois (Fief), 147. *Voy.* Aurelandois.
Heudebouville, 139, 140.
Heudicourt, 138.
Heuqueville, 138, 236.
Hourtauville, 214. — (Bac de), 186.
Heuze (Fief de la), à Léri, 236.
Hibernie, 299, 300.
Hocqueville (Fief de), à Cani, 35.
Honfleur, 18, 121, 123, 177, 192, 199, 203, 246, 268, 358, 371. — (Amirauté de), 173. — (Tour-Carrée de), 171, 174.

Ile Rabel, 154.
Ile Saint-Joire, 154.
Iude, 288.
Irlande, 31. — (Fourrures d'), 17. (Nefs d'), 16, 173, 174, 288, 299, 300, 301.
Iton, 242-244.
Iville, 159, 503.
Ivri, 238, 239, 504.
Janval (Fief de), 31, 310.
Joseph-Essart, 156.
Jumièges (abbés de), 159, 165, 191. (Bac de), 186, 187. — Couvent de), 128, 132, 158, 160, 170, 171, 186, 187, 189, 213-215, 372. — (Eaux de), 156. — (Peel du Kay le Roi), 28. — (Port de), 27-29, 159.

Kilebue, 170. *Voy.* Quillebeuf.

Landemare (Hameau de), 138.
Lardenière (Fief de), 106.
Léri, 140, 236, 239.
Leure (Havre de), 180, 394.
Lieure (Rivière de), 239.
Lillebelle, 128.
Lillebonne, 169, 171.
Limais, 140.
Lire (abbaye de), 227.
Livet (Fief du), par. d'Oissel, 33.
Loches, 55.
Logempré (Château de), 227.
Londe (Porte de la), 239.
Londres, 31, 56.
Longueville, 129.
Lormais, 139, 140, 183.
Louviers, 124, 198, 234, 236.
Lyon, 235.
Lyons (Forêt de), 224, 225. — (Maîtrise de), 232.

Mahiu (Moulin), 239.
Mailleraye (la), 162, 219. — (Bac de la), 187, 188.
Maison-Rouge (Bac de la), 183.
Maisons, 128.
Majorque (Marchandises de), 17.
Malvoisie (Vins de), 24.
Malvoisine (Fief de), 232.
Manneville, 152, 185.
Mantes, 128, 194, 195, 212, 213, 315, 350. — (Blés venant de), 345. (Vins de), 23, 294, 295, 320.
Marais-Vernier, 169, 174, 175, 184, 191, 243.
Marcilly, 240.
Mare (Fossé de la), par. de Venables, 217.
Marescus-Warneri, 15.
Marette (Terre de la), 181.
Martot, 134, 142, 198, 232, 310, 499. (Bac de), 183.
Maulévrier (Comté de), 164.
Mauni (Baronnie de), 94, 152, 185, 203.
Mayence (Jambons de), 289, 348.
Ménilles (Bac de), 240. — (Porte de), 239.
Merei (Bac de), 240.

Mesnil-Aubé (Bac de), 182.
Mesnil-Hébert (Fief du), 499.
Meulan, 128.
Misselende (Gord de), dans la rivière d'Eure, 239.
Moille-Croste, Molecroste, 152, 153.
Montauban, 234.
Montaubas (Hameau de), 218.
Mont-au-Berger (Fief de), 150.
Mont-aux-Malades (Prieuré du), 46, 262, 317, 318, 391, 425 et suiv.
Montfort (Château de), 52.
Montils-lès-Tours, 33.
Montivilliers, 35, 79. — (Abbaye de), 106, 109.
Mont-Perreux (Terre de), 181.
Mont-Poignant (Fief de), 181.
Montreuil, 241.
Mont-Saint-Michel, 16, 299.
Mortemer (Abbaye de), 36, 38, 181.
Mortille (Pointe de), 239.
Morville (Moulins de), 232.
Moscovie, 288.
Mostelle (Ile de), 218.
Motte (Fief de la), 138.
Mouceaux, 500.
Moulineaux (Port de), 27, 28, 68, 203.
Muids (Bac de), 182.

Nanteuil (Fief de), 34, 309.
Néaufles, 222.
Neuf-Rocher de Vasouy, 268.
Neuilli, 128.
Niort, 33, 310.
Noir-Port, 171, 175, 176, 178.
Noir-Rocher, 178.
Nonancourt, 33, 309.
Norville, 165, 191.
Nourais (Port de), 129.
Nouret, 152, 185.
Noyon, 224.
Nutricilla, 165, 166.

Oise (Rivière d'), 201, 202.
Oissel, 147, 183. — (Fief d'), 146. — (Manoir royal d'), 34. — (Vins d'), 24, 296, 297, 321.
Oizsel, 143. *Voy.* Oissel.
Orcher, 175, 179. — (Château d'), 171, 174.
Oriot (la Fosse-), 237.
Orival, 142, 144, 183.
Orléans (Vins d'), 316.

Paci, 32, 51, 504.
Panneterie (Fief de la), 14, 150.
Paon (le fief), à Montivilliers, 35.
Paris (Abbaye S. Antoine de), 36, 38. — (S. Lazare de), 5. — (Aune de), 113. — (Prévôté de), 1, 6, 51, 53. — (Vins de), 23, 24, 295, 320.

Parquet (Fief du), à la Vaupalière, 35.
Passei (Porte de), 239.
Pec (Port du), 193.
Périers, 224.
Perpignan (Moulins de), sur l'Andelle, 493, 494.
Petiville, 169.
Pierre-du-Poirier (la), 93, 162, 164, 178, 217.
Pierre-du-Figuier (la), 171, 174, 179.
Pinterville, 237.
Pitres, 183, 232.
Poissi, 128, 194, 202. — (Dominicaines ou Emmurées de), 58, 445 et suiv.
Poitevines (Fief des), 53, 120, 373, 379.
Poitiers, 33, 309.
Poitou (Vins de), 22, 294, 295.
Pont-Audemer, 159, 170, 175, 189, 211, 216.
Pont-Autou (Vicomté de), 170.
Pontavert, 202.
Pont-de-l'Arche, 35, 121, 132, 139, 142, 183, 194, 198, 217, 251, 252, 259, 295, 316, 321, 502.
Pontoise, 194, 223.
Pontorson, 34, 310.
Pont-Saint-Pierre, 106, 225, 226, 227, 491-496.
Portemue (Portsmouth), 289.
Port-Herbert, 186.
Portijoie, 182.
Port-Morin, 137, 182, 220, 501.
Port-Mort, 220, 500. — (Bac de), 181.
Port-Paon ou Port-Peen, 182, 501.
Port-Pinché, 139.
Port-Pucelle, 182, 501.
Port-Saint-Ouen, 30, 97, 145, 196, 197, 202, 239, 347, 360. — (Bac du), 183, 184. — (Franc-fief du), 183.
Portus-Herberti, 186.
Poses, 139, 140, 141, 194, 218, 219. (Bac de), 183. — (Passage de), 217.
Poterne (Rue de la), 266.
Pré (Foire du), 262.
Pressagni, 136, 500. — (Bac de), 181.
Puits-Fortin, 169.

Quevilli, 47, 185.
Quévreville (Baillie de), 183, 184.
Quillebeuf, 15, 27, 169, 170, 171, 173, 191, 203.
Quitry-Forêt (Fief de), 106.

Rabat de Quillebeuf, 171, 174.
Rames (Fief de), à Gomerville, 35.
Restival (Pêcheries de), 164.
Rheims (Tapis de), 303.
Risle, 244, 246, 249.
Roche (la), 143.

Roche-Guyon (la), 123.
Rochelle (la), 33, 309. — (Tonneau de la), 12, 13, 22, 291, 294.
Rolle, Roulle, 500, 501. Voy. Roule.
Rolleboise, 202.
Romilli, 227, 491-496.
Roque-de-Risle (la), 245.
Roquette (la), 138, 164, 189.
Rosni, 53, 464.
Rouen, 31, 37, 100, 109, 110, 111, 121, 123, 235, 232.—(Archevêque de), 38, 49, 50, 61, 132, 316, 466, 469, 473, 474, 477, 499. Bac de Rouen à Croisset, 184. Bourgeois de Rouen chargés de l'exploitation de la Vicomté de l'Eau, 6. — Leurs franchises, 20, 21, 31, 32, 310, 334. — (Chanoines de la cathédrale de), 20, 87-39, 49, 50, 61-64, 223, 273, 316, 317, 391, 392, 425 et suiv. Chapelle du château, 51, 52, 318, 327, 425 et suiv. Chapelle du Vieux-Palais, 52. Commerce, 18. Cordeliers, 117, 266. Foires S. Gervais et S. Gille, 46, 262. Geôlier du château, 322. Halle aux toiles, 14. Halle du Vieux-Marché, 388. Hôtel-Dieu de la Madeleine, 51, 152, 318, 425 et suiv. Marché, 52. Moulins, 14, 51. Portes de la ville, 13, 282, 283, 312. Pré au Loup, 97. Prévôté, 49. S. Amand, 20, 22, 38, 40, 317, 320, 359, 371, 391, 423 et suiv. S. Cande le Vieux, 51, 318, 425 et suiv. S. Eloi, 151. S. Gervais, 50, 319. S. Jean, 309. S. Lo, 47, 318, 359, 371, 425 et suiv. S. Maclou, 151. S. Ouen, 51, 142, 232, 261, 263, 317, 319, 359, 371, 425 et suiv. S. Paul, 150, 359, 371. S. Vincent, 116, 117, 266. Tonlieu, 40. Vicomté du château, 336. Vieille et nouvelle ville distinctes quant à la condition, 32, 33, 87. Vieille-Tour, 14.
Rouge-Saule (le), 161-164, 187.
Roule, 136, 137, 202.
Roumare (Grange du comte d'Eu à), 360, 372.
Rouville (Fief de), 502.
Rouvrai (Forêt du), 34, 48.
Royaumont (Abbaye de), 36, 38.
Rue au Masurier (la), 161.

Sahurs, 185.
Saint-Adrien, 142. — (Bac), 184.
Saint-Aquilin, 240.
Saint-Aubin, 169.
Saint-Clair (Pont), 231.
Saint-Cloud, 202.
Saint-Crespin-du-Becquet, 142.
Saint-Cyr, 128.
Saint-Denis, 128.

Saint-Etienne-du-Rouvray, 184.
Saint-Georges-de-Boscherville (Abbaye de), 12, 152-154, 186.—(Bac de), 186. — (Port de), 27.
Saint-Gille, 143, 183, 502.
Saint-Jean-d'Angeli, 33. — (Treseil de), 18. — (Vins de), 293, 295.
Saint-Malo, 410.
Saint-Mauxe (Clos), 237.
Saint-Pierre-d'Autils, 500.
Saint-Pierre-de-Launay (Chapelle de), 231.
Saint-Quentin, 202.
Saint-Romain-de-Colleboso, 33.
Saint-Samson-sur-Rille, 245.
Saint-Sauveur (Rivière de), 249.
Saint-Valeri (Mesures de), 107.
Saint-Vigor-d'Imonville, 179.
Saint-Wandrille (Abbaye de), 38-40, 94, 107, 108, 161, 164, 187, 189, 262, 263, 265, 317, 318, 368, 369.
Sainte-Catherine-du-Mont (Abbaye de), 150.
Sainte-Croix, (Abbaye de), 240.
Sainte-Vaubourg, 47.
Salle aux Pucelles (la), 47, 319, 425 et suiv.
Salle-de-Landemare (la), 236.
Salle du Bois (Fief de la), 236, 503.
Sault-Chevreuil, Sauchevel, aujourd'hui Villedieu, 33, 309.
Saussaye (Collégiale de la), 59, 465 et suiv.
Sausseuse (Prieuré de), 136.
Sèvres, 128, 202.
Sorel, 240.
Sotteville près Rouen, 48, 49, 183.
Sotteville-sous-le-Val, 142.

Tancarville (Chambellan de), 17. (Eaux de), 171-176, 178. — (Passage de), 191. — (Vicomté de l'Eau de) 5.
Thuit (Port du), 190.
Toeni, 136, 137, 501.
Tour de l'Aigle au château de Tancarville, 179.
Tourelle (Franc-fief de la), à Montivilliers, 35.
Tournebu (Fief de), 136, 500.
Tourni (Fief de), 136.
Tourniole (Gué de la), 241.
Tourville, 142, 143, 238. — (Bac de), 183. — (Grange de), 147.
Trait (le), 151, 186, 189.
Transières, 224, 225.
Trestum, 129.
Trésor [Abbaye du], 36, 38.
Triel, 128.
Tripoulain, 501.
Trouville [Baronnie de], 171.

Valasse [Abbaye du], 36, 38.
Val-de-l'Asnerie, 156, 157.

Vallis-Luporum, 153.
Val-des-Leux, 151, 152, 154, 185. — (Port du), 87.
Val-Hullin, 174, 191.
Val-Notre-Dame (Couvent du), 36, 38.
Val-Varin, 169, 174.
Valleville, 164, 165, 167.
Vaudreuil (le), 121, 138, 139. — (Porte du), 239. — (Prévôté de), 236.
Vauvray (Bastide de), 133. — (Port de), 140.
Vaux, 223.
Venables, 132, 217, 502.
Venelle (Gord de la), 143.
Verneuil, 33, 51, 189, 309.
Vernon, 109, 121, 129, 130, 135, 194, 195, 213, 251, 259. — (Péage de), 138. — (Vins de), 23, 24, 295, 330, 331.
Vernonnet (Bac de), 181.
Verselou, par. de Freneuse, 502.

Vezillon, 137, 501.
Vieuport, 215.
Vigaye en l'île Pelée, nom d'une étalière, 166.
Villedieu les Poêles, 33.
Villequier, 163, 164, 217, 219.
Villette (Moulin de la), 237.
Villette (Porte de la), 239.
Villez (Port de), 231.
Villois, 29, 362.
Vuy-Poignant (Fief du), 166.

Walecilla, 165, 166.
Wivilla, 159.

Yarmouth, 404.
Ygoville, 183.

Zélande (Nefs de), 173.

TABLE DES CHAPITRES.

De l'origine de la Vicomté, 1.

PREMIÈRE PARTIE. *De la Vicomté envisagée comme recette*, 11.

CHAPITRE I*er*. Des quantités qui servaient de base au règlement des droits de Vicomté, 12.

CHAPITRE II. De quelques droits de Vicomté, 14.

CHAPITRE III. Fermes et sous-fermes de la Vicomté de l'Eau, 23.

CHAPITRE IV. Exemptions, 31.

CHAPITRE V. Des charges qui pesaient sur la Vicomté de l'Eau, 40.

CHAPITRE VI. Importance des revenus de la Vicomté de l'Eau, 65.

DEUXIÈME PARTIE. *De la Vicomté de l'Eau envisagée comme juridiction*, 77.

CHAPITRE I*er*. De la juridiction de la Vicomté de l'Eau, sa décadence, son rétablissement au XVI*e* siècle, 78. Conflits de la Vicomté de l'Eau avec les juges-consuls, 89; avec l'amirauté, 91; avec les maîtrises des eaux et forêts, 93; avec le lieutenant criminel, 95; avec le lieutenant de police, 96.

CHAPITRE II. Des poids et mesures, 103.

CHAPITRE III. Des péages, 124.

CHAPITRE IV. Des droits de propriété, de justice, de pêche, etc., prétendus sur la Seine, 135.

CHAPITRE V. Des bacs et passages, 181.

CHAPITRE VI. Voitures d'eau, 193.

CHAPITRE VII. Du halage, 212.

CHAPITRE VIII. Du flottage, de la navigation et des droits perçus sur l'Epte, l'Andelle, l'Eure, l'Iton et la Risle, 231.

CHAPITRE IX. Des Vicomtes de l'Eau, des officiers de la Vicomté de l'Eau, gages et festins, 247.

COUTUMIER DE LA VICOMTÉ DE L'EAU, 267.

RÔLES D'OLÉRON, 393.

FERMES APPARTENANT A L'HÔTEL DE VILLE DE ROUEN, 411.

APPENDICE. — I. Quittance pour gravure des sceaux et réparations des poids de la Vicomté de l'Eau (1425), 421.

— II. Extraits de comptes de la Vicomté de Rouen, 423.

— III. Edit du roi Henri II, qui rend force de loi à l'ancien *Coutumier de la Vicomté de l'Eau*, 477.

APPENDICE. — IV. Déclaration du Roi qui règle les contestations qui peuvent arriver pour la compétence entre les officiers de l'amirauté de la ville de Rouen et le Vicomte de l'Eau dudit lieu, du 4 octobre 1724, 481.

— V. Déclaration du Roi portant réglement pour prévenir les fraudes aux droits du domaine en la Vicomté de l'Eau de Rouen, pour sa compétence sur la perception d'iceux et aussi pour l'usage des poids y mentionnez, accordé aux marchands, etc., du 24 octobre 1724, 485.

— VI. Arrêt du conseil d'Etat du Roi, portant réglement pour la rivière d'Andelle, du onzième jour de janvier 1757, 491.

ADDITIONS ET CORRECTIONS, 499.

FIN.

Evreux, A. HÉRISSEY, imp. — 1056.

www.ingramcontent.com/pod-product-compliance
Lightning Source LLC
Chambersburg PA
CBHW051410230426
43669CB00011B/1827